华夏人文历史

姚著中国史 ③

# 南方的奋起

姚大中 著

## 作者简介

**姚大中**，一九二四年生于江苏省吴县。中央大学（南京）法商学院政经系毕业，日本大东文化大学做政治经济研究，台湾东吴大学历史系教授。

# 目录

## 历史曲线两次高峰间的低潮
汉朝崩坏与分裂局面的持续　　003
外戚·宦官·党人　　016
黄巾之乱与所开启的英雄时代　　041
分而合·合而分　　062
五胡十六国连锁反应建国运动　　082
南方切离近三个世纪的南北均衡形势　　111
大分裂末期新时代的孕育　　130

## 二至六世纪社会·经济问题总决算
古代乡制破坏后世族中心社会的成立与式微　　157
世族门阀的历史评价　　174
大流亡潮期间的户口问题　　191
江南·南方开发与地方行政体系推移　　205
分裂期产业·流通诸面貌　　220
交通／都市／商税／货币　　236
土地国有制从试验到完成　　252
农村社会生活秩序大变革与租税制度再编定　　267

## 四百年转型过渡期文化
六朝文化根源的老庄思想与"清谈"　　281
文学·艺术与相关联的学问　　295
史地学·科学与技术　　311
地下史料所见魏晋南北朝人的生活形态与风俗　　329

## 宗教与宗教思想史展开
  道教的起源与诞生    355
  佛教传入中国固定化的轮廓    372
  佛理·译经·中国佛教教义    394
  佛教艺术与南北朝造像运动    418

## 乐浪时代结束前后远东新态势
  高句丽的从中国史转移入韩国史    443
  朝鲜半岛三国的南北朝文化浸润    463
  魏志倭人传·宋书倭国传    473
  大和国家的形成与归化人    495

主要参考书    521

# 历史曲线两次高峰间的低潮

## 汉朝崩坏与分裂局面的持续

　　世界史上最强大国家之一的汉朝，领土之广，人口之众，中央集权统治之稳固，文明水平之高，在同时代国家中，惟一仅有罗马帝国能与抗衡，而继续汉朝这一伟大朝代的，却是个大分裂时期，分裂如果从象征中央集权大帝国开始分解，大军阀董卓废立汉朝皇帝之年（纪元189年）起算，迄于光辉照耀世界史上中国另一伟大朝代唐朝的前身隋朝，结束南北朝对立局面，而中国恢复统一（纪元588年），恰恰四百年。

　　中国史上，因汉朝强力政权崩坏而导引的四百年大分裂，西方与日本史学家便因受观念上汉朝—罗马并立的影响，往往以之比拟为欧洲史上自四世纪末罗马帝国东西分解与五世纪后半西罗马帝国灭亡后，欧洲的分裂支配。这个比拟，对分裂现象诚然相似，实质并不尽然。非常简单而明显的发展说明：中国分裂，结局是再统一，欧洲的分裂却已固定化。日耳曼系法兰克（Frank）王国一度于八、九世纪之交的短暂时期内统一西欧，查理曼（Charlemagne）大帝并因罗马教皇加冕而得登位皇帝，意义也不过落日余晖。十世纪以后，仍由教皇加冕所成立日耳曼神圣罗马帝国（Holy Roman Empire）虽能长久维持，原因又系仅保有名义而无其实际。这些情况，与中国隋唐，甚或再早前身初步统一黄河流域的北魏强力支配，都有区别。此其一。

其二，中国分裂期间，吴国、东晋、南朝，自中原切离另建江南政权，外国历史家，包括日本诸学者的依其地理位置而解释为如同东西罗马分裂，特别是西罗马灭亡后，继续屹立的东罗马帝国，建业或建康也相似于拜占庭。而以此引发闻名的六朝文化，又便是世界文化史上令人耳目清新的拜占庭文化。然而，中国六朝历史与北方历史不可分，仍以隋唐南北统一为汇合，东罗马则历史叙述已被划出"中古欧洲"范畴，历史发展路线也与中国背道而驰，逃不脱帝国再崩坏的厄运。

其三，西罗马崩裂，直接关系到北方当时被指为蛮族的日耳曼诸族。这些初期在原西罗马帝国领域内所建立日耳曼诸王国的欠安定，固类似五胡乱华期原北方游牧民族的黄河流域诸政权，但"五胡"扮演历史角色，都只混乱局面已经形成后的参与者，最早制造中国分裂与汉朝灭亡，都与所谓异民族无关，而出自汉族自身的叛变。这个时间，"五胡"而且早已全被容纳到汉族土地上并汉式文明化，非如日耳曼诸族的须待建国之后才渐渐接受文明洗礼，洗濯其"蛮"性。追踪西欧日耳曼诸族背后而移往东欧的斯拉夫诸族，其与东罗马帝国间的关系也相仿佛。惟其如此，中国"五胡"从无任何一支民族出诸"入侵"形态。他们追随汉族自身的叛乱者而参与建国竞赛，实际应被认为向汉族学习文明的后果，或者说，汉化到达成熟阶段的汉族模仿行为，待到经过政权争夺，自身便从本质上被消灭而加入为真正的汉族。下一页中国历史以及垂久的中国历史，仍然都以统一性的汉族为主体，与罗马历史接棒者，如今日所见各各分立的民族国家，全然异趣。

其四，欧洲分裂形势铸定，自九世纪以后的社会体制，便是以 Manor（一般系依日本惯用历史名词而译之为"庄园"）为基础。政治上维系封建领主一层层附庸关系，经济上强烈表现闭塞的、地方性的、非商业的、农业自给自足性的所谓 Feudalism（一般译为"封建制度""封建社会"）或 Medievalism（中古社会）。中古欧洲封建制度促成日耳曼、斯拉夫的氏族制解体，却也同时摧毁了中央集权制。人民依 Villein（佃户）与 Serf（农奴）的区分，只与基层的封建领主发生直接关系，国家或朝廷徒成没有人民管辖的空壳。从此封建制度到十一、十二世纪十字军东征发生动摇，文艺复兴时代的十四、十五世纪而宣告崩坏，调和统一理想与分裂现实的各个民族国家塑定，经济上也发展成近代资本主义。这个过程，与中国二世纪末以后的分裂形态，大有距离。中国自汉朝末年天灾、人祸交加期间，地方势力抬头，没落的自由农民依附大土地所有者豪族庇护倾向加大，豪族庄园形成一个个独立的经济单位，以及经济关系的回复到强烈自然经济现象，与欧洲罗马帝国动乱与崩坏期间，自由农民献地寻求强有力者安全庇护的情形，固可谓相似。然而，中国从未如欧洲似迁就既已成立的土地—佃户关系或酬庸贵族们，而完成领地采邑分封制度。短暂统一时期的晋朝虽然曾经列爵分土，却仍无封建金字塔的出现。待到五胡乱华，便连晋朝"封建"痕迹也已烟消云散。同时，豪族们社会、政治地位诚然特殊，而发展成历史界习惯所称的"世族"，庄园经济也可举为当时社会、经济形态一大特征，但朝廷仍保有权力，豪族们所领有须向国家纳税的庄园土地与其人民总和，比例上仍远不及国家所直接隶领。凡此，都不能与中古欧洲相提并论，而必须予以澄清。

其五，中国分裂，除了间歇性的极度混乱期，经济严重衰退，多半时间所回复自然经济状态与其闭锁性，都远非欧洲似强烈，五胡乱华期的河西五凉国以与西域盛大贸易为立国基盘，北魏东西交涉史所闻名，南方政权的海上交通与交易也较汉朝愈呈现超越性发达。僧人求法（向西）、授法（向东）运动巨大浪潮展开，又是对外交通畅开的最佳说明。法显旅程，就传统了解的资料，可能又是张骞以后与马哥孛罗以前，世界最伟大的旅行家。而法显之旅，时间却还是五胡乱华后期，向来被认为中国动荡与分裂形势最严重的时期。

其六，东西方分裂期，宗教的隆盛发达固相共通。今日中国人主要信仰泉源的佛教与道教，便都于此时期成立。然而，类似罗马教皇与欧洲基督教会的权威，却从未在中国形成。相对方面，无论中国自身起源的"道"，抑或外来受入的"佛"，从未如欧洲基督教神权的禁锢人民理智、知识与思想自由。换言之，宗教并未对文化发展产生拒斥作用，铸定如欧洲的文明停滞期。相反，中国宗教系因知识分子热爱而得开展，宗教的效率也在调和学术。较之欧洲，呈现乃是逆方向的对文化再成长提供助力。

惟其如此，罗马帝国解体与中古欧洲分裂，较之中国分裂，时间固两不相符，分裂的意义、结局又属迥异。最重要的，中国即使分裂最严重期，历史与文化的整体性也未被破坏。因之，叙述中国自二世纪后半迄于六世纪后半这段时间，与其凭现象谓为分裂，毋宁依性质称之从统一到再统一、从汉族到新汉族的转型过渡期为妥当——这是个堕落与希望两面俱备，从黑暗中透露新生机的特殊性时代。

汉朝政权所以瓦解，传统解释，偏重于后汉宦官与外戚长期斗争的政治因素。后汉宦官、外戚个人与其家族权力欲望驱使下的腐蚀政治，以及相互间激烈斗争的削弱政治机能，自为无可否认，他们对政治斗争所导引国家统制力衰退的后果，也必须负责。但如谓他们便是责任的完全担当者，则未免有失公平。后期政治斗争顶点，堪注意已转变为所谓"士族"与宦官间的对立，结局引入西北军阀而最早扼杀汉朝政治生命，也便由打倒宦官的士族所经手。所以，传统指摘宦官、外戚罪状是比较夸大的，至少，须再添加士族入内。

抑且，汉朝中央集权大帝国崩裂，政治上权力失坠并非惟一原因，社会的、经济的因素同时并发，才是致命打击，才会支解基盘深厚的汉朝成四分五裂。

中国经济社会，自前汉铸定以农本主义为政策的根底以来，后汉生产模式没有什么变化，农业经济发展、土地分配、农耕技术再进步，以保持自耕农的健全存在，固定为社会安定繁荣的要件。统一国家与中央集权制的基盘，也建立于一个个自耕农的直接支配。而相对方面，以纪元前一世纪末为顶点，前汉致命伤的私有土地集中化严重问题，于后汉仍未能获得合理解决。后汉政权的得以成立，只因对此问题予以缓和而非消灭。并且从后汉第一代光武帝自身便是大地主豪族的立场，此问题也不可能获得解决。虽然开明，却是不彻底的经济调整究竟不能长久生效，走向渐渐又随时间发生偏差。纪元一〇〇年左右的和帝时代，向被历史界赞美为后汉太平盛世的代表性时期，所谓"民户滋殖"，其相反意义，却正是后汉盛极而衰的分界时际。

后汉农业生产技术显然超过前汉。但耕地面积，即使最为盛世的和帝时代，官方统计较前汉仍存在百万顷左右差距，约成七与八的比例。当民户滋殖，小农经营的自耕农收获量不能抗拒人口膨胀压力时，便不能不图一时饮鸩止渴而转让土地所有权，没落为佃户。不幸，如此现象，和帝以后的时代便已形成。便是说，进入二世纪以来，土地集中趋向再形增大，土地问题的矛盾回复尖锐化。小农耕地，不断向土地大所有者豪族或侵入农村的商业资本者转移。

土地问题矛盾激化，以及自由生产者自耕农因贫穷化而地位急剧恶化，农民脱离土地与农村人口大量流入都市现象随同发生。不愿意变更身份为佃户者与自由小农家庭的剩余人力，或者改以小商业买卖为生活手段，或者从事独立的手工业，再或者，浪荡城市中无所事事，沦为无业游民。而且，堪注意这些游手好闲者在都市人口中所占比例又特大。二世纪中政论家王符以国都洛阳地区为例，对摒弃土地或被土地摒弃者愈形增多事态提出警告，所著《潜夫论》中的浮侈篇乃是特有分量的文献。文谓：

> 今举俗舍本农，趋商贾。牛马车舆，填塞道路；游手为巧，充盈都邑。务本者少，浮食者众。商邑翼翼，四方是极。今察洛阳，资末业者什于农夫，虚伪游手什于末业。是则一夫耕，百人食之；一妇桑，百人衣之。以一奉百，孰能供之？天下百郡千县，市邑万数，类皆如此。本末不足相供，则民安得不饥寒？饥寒并至，则民安能无奸轨？奸轨繁多，则吏安能无严酷？严酷数加，则下安能无愁怨？愁怨者多，则咎征并臻，下民无聊而上天降灾，则国危矣。（《后汉书》王符传）

不幸，王符所担心的"上天降灾"非系预言，而是二世纪初便已形成的时代征象。史料中洪水、蝗害、凶旱、饥馑、疫疠、盗贼等报告，从中央到地方，通二世纪几乎连年不断。虽然灾害展开初期，安帝邓太后摄政时期（纪元 105—121 年），相当注重灾区复原，所谓"赈给灾民""减免租税""收辑流人""放垦公地"，以及努力兴修灌溉水利工程，但考验经不起无休止持续。更不幸，政治瘤疾羌祸于同一期间自西北蔓延到半个北方中国，天灾下农村劳动力原已严重受损，再遭连连的兵荒马乱与征发从军，人口流失现象愈益加大。政府调查，和帝去世之年的元兴元年（纪元 105 年），全国 5325 万人；安帝延光四年（纪元 125 年）再统计时，只有 4869 万人。二十年中损失人口已是 450 多万或十二分之一的可怕数字。又堪注意，便如延光二年太尉杨震上疏所说："方今灾害发起，弥弥滋甚，百姓空虚，不能自赡。重以蝗螟，羌虏抄掠，三边震扰，战斗之役至今未息，兵甲军粮不能复给。大司农帑藏匮乏。"（《后汉书》杨震传）国家对农民生活与其生产活动，也已因国库空虚而丧失其保障机能，社会生产力与消费力之间，愈益失却平衡。

以后的发展，一方面耕地面积急速缩小，农民的不断流亡，已非消极性灾区、战区善后或社会救济可以收效；另一方面，国家财政穷迫，社会物价腾涨，人民死于饥荒中的较之死于战火者更多，社会不安定状态愈到后来愈加剧。

宦官、外戚之祸，惟有到这个时代，在这种情况之下，才必须蒙受历史谴责。他们不断增长的政治野心与财富欲望，不但对生活在痛苦中的人民直接加大压迫与剥削，其斗争也愈陷国家、社会经济困境于不利。安帝去世后再二十多年的桓帝时代，宦官

权力高涨期开始,而《后汉书》桓帝纪记载当时人民所遭受苦难已如下述:

——建和三年(纪元149年)诏:"朕摄政失中,灾害连仍……今京师厮舍,死者相枕,郡县阡陌,处处有之。"

——永兴元年(纪元153年):"郡国三十二蝗。河水溢。百姓饥穷,流冗道路,至有数十万户,冀州尤甚。"

——延熹九年(纪元166年)诏:"比岁不登,民多饥穷,又有水旱疾疫之困。盗贼征发,南州尤甚。灾异日食,谴告累至。"司隶、豫州饥死者什四五,至有灭户者。

政治斗争者对此景象却视若无睹,漠不关心。抑且,也因他们制造的政治危机而濒临崩溃边缘的经济面愈加重创伤。便在宦官侵蚀政治最烈的次代灵帝在位期间,轰轰烈烈的黄巾之乱农民大暴动揭幕(中平元年,纪元184年),全国陷入社会秩序大混乱与无政府的状态,社会秩序终于脱轴倾斜。愤怒的饥民、野心家、投机分子、大小军阀与地方豪族,全行卷入了此一巨大漩涡。汉朝气运,终在经济的、政治的双重矛盾中写下了休止符。

黄巾之乱已经过去,宦官之祸已经过去,造成汉朝中央政府解体局面的西北军阀统制时代也已过去。而其时,社会生机已奄奄一息,人民也非仅"贫穷"或"痛苦"的字样可以形容。《后汉书》献帝纪兴平元年(纪元194年)条记述:"是时,谷一斛五十万,豆麦一斛二十万,人相食啖,白骨委积",堪谓怵目惊心。同时期政论家仲长统有名的文章《昌言》(见本传),尤可视为半个世纪来人间地狱实况与其所以然原因的总结报告——

盗贼凶荒，九州代作，饥馑暴至，军旅卒发。横税弱人，割夺吏禄。所恃者寡，所取者猥。万里悬乏，首尾不救。徭役并起，农桑失业。兆民呼嗟于昊天，贫穷转死于沟壑矣。（损益篇）

今日名都空而不居，百里绝而无民者，不可胜数。（理乱篇）

权移外戚之家，宠被近习之竖，亲其党类，用其私人，内充京师，外布列郡。颠倒贤愚，贸易选举。疲驽守境，贪残牧民，挠扰百姓，忿怒四夷。招致乖叛，乱离斯瘼。怨气并作，阴阳失和，三光亏缺，怪异数至。虫螟食稼，水旱为灾，此皆戚宦之臣所致然也。（法诫篇）

以后发展，便是疲惫不堪后国家组织再编成的过程。安定势力渐渐形成，社会秩序初步恢复稳定，经济着手重建，纷乱的地方性割据局面经过粗略收拾时，三世纪二十年代出现了分立的魏、蜀、吴三国，中国正式宣告分裂。

三国分立不足半个世纪，顺随全国性复原趋向而新的统一朝代晋朝成立。晋朝在动摇的社会根底尚未完全恢复稳固，以及生产力构造尚未回复破坏前固有水平之际，迫不及待便犯下内讧的严重错误。统一支配仅仅维持一段短暂时间，四世纪初激起较前更大的分解力而国家再度四分五裂。汉化了的原游牧民族与此同时投入北方动荡浪潮中，愈增加了混乱的复杂性，所谓"五胡乱华"一幕展开，中国持续的分裂局面由是铸定。

## 二世纪时中国水旱灾难

（资料来源：《后汉书》帝纪、五行志）

| 年份 | 灾情 |
|---|---|
| 殇帝延平元年 (106) | 五月，郡国三十七大水<br>九月，六州大水<br>十月，四州大水，雨雹 |
| 安帝永初元年 (107) | 郡国四十一，大水<br>郡国二十八，雨雹 |
| 二年 (108) | 六月，郡国四十，大水，大风<br>五月，旱 |
| 三年 (109) | 京师及郡国四十一，雨水，雹<br>三月，京师大饥，人相食<br>又：并凉两州大饥，人相食 |
| 四年 (110) | 七月，三郡大水<br>四月，六州蝗 |
| 五年 (111) | 郡国八，雨水<br>九州蝗 |
| 六年 (112) | 夏旱<br>三月，十州蝗 |
| 七年 (113) | 夏旱<br>夏蝗 |
| 元初元年 (114) | 夏旱<br>四月，京师及郡国五蝗 |
| 二年 (115) | 五月，京师旱<br>五月，京师及郡国十九蝗<br>诏："朝廷不明，庶事失中，灾异不息，忧心悼惧。被蝗以来，七年于兹。" |
| 三 (116) | 四月，京师旱 |
| 四 (117) | 六月，三郡雨雹<br>七月，京师及郡国十，淫雨 |
| 五 (118) | 三月，京师及郡国五旱 |

| | | | |
|---|---|---|---|
| 六 (119) | 四月，沛国、勃海大风，雨雹 | 五月，京师旱　夏旱 | 四月，会稽大疫 |
| 永宁元年 (120) | 京师及郡国三十三，淫雨 | | |
| 建光元年 (121) | 秋，京师及郡国二十三，淫雨 | | 六月，郡国蝗 |
| 延光元年 (122) | 四月，京师及郡国二十一，雨雹 | | |
| 二 (123) | 郡国五，淫雨 | | |
| 三 (124) | 京师及郡国三十六，雨水、疾风、雨雹 | | 冬，京师大疫 |
| 四 (125) | | | |
| 顺帝永建元年 (126) | | | |
| 二 (127) | | 三月，旱 | |
| 三 (128) | | 六月，旱 | |
| 四 (129) | 司隶、荆、豫、兖、冀五州淫雨 | 四月，京师旱 | 京师及郡国十二蝗 |
| 五 (130) | | | |
| 六 (131) | 冀州淫雨 | | |
| 阳嘉元年 (132) | | 夏，旱 | |
| 二 (133) | | | |
| 三 (134) | | | |
| 四 (135) | | | 七月，偃师蝗 |
| 永和元年 (136) | | | |
| 二 (137) | | | |
| 三 (138) | | 八月，太原郡旱 | |
| 四 (139) | | | |
| 五 (140) | | | 京师、会稽饥荒 |
| 六 (141) | | | |

| 汉安元年 (142) | | |
| --- | --- | --- |
| 二 (143) | | |
| 建康元年 (144) | | |
| 冲帝永嘉元年 (145) | | 自春涉夏，大旱 |
| 质帝本初元年 (146) | 五月，海水溢乐安、北海 | |
| 桓帝建和元年 (147) | | 荆、扬二州人多饿死 |
| 二 (148) | 七月，京师大水 | |
| 三 (149) | 八月，京师大水 | |
| 和平元年 (150) | | |
| 元嘉元年 (151) | 四月，京师旱 | 四月，任城、梁国饥，民相食 |
| 二 (152) | 正月，京师疾疫 | |
| | 二月，九江、庐江大疫 | |
| 永兴元年 (153) | 七月，河水溢 | 七月，郡国三十二蝗 |
| 二 (154) | | 六月，京师蝗 |
| 永寿元年 (155) | 六月，洛水溢 | 二月，司隶、冀州饥，人相食 |
| 二 (156) | | 六月，京师蝗 |
| 三 (157) | | 五月，京师蝗 |
| 延熹元年 (158) | | |
| 二 (159) | 夏，霖雨五十余日 | |
| 三 (160) | | 正月，大疫 |
| 四 (161) | 五月，京师雨雹 | 夏疫 |
| 五 (162) | | |

六 (163)
七 (164) 五月，京师雨雹
八 (165)
九 (166)
永康元年 (167) 八月，六州大水，渤海溢
灵帝建宁元年 (168) 夏，霖雨六十余日
二 (169) 四月，大风，雨雹
三 (170)
四 (171) 二月，海水溢 三月，大疫
五月，河东雨雹
熹平元年 (172) 夏，霖雨七十余日 正月，大疫
二 (173) 六月，东莱、北海海水溢
三 (174) 秋，洛水溢
四 (175) 四月，郡国七大水
五 (176)
六 (177) 四月，大旱
光和元年 (178) 春，大疫 四月，七州蝗
（诏策问有"连年蝗虫"语）
二 (179)
三 (180)
四 (181) 六月，雨雹 四月，旱 六月，弘农、三辅螟
五 (182) 夏，大旱
六 (183) 秋，金城河水溢
中平元年 (184) 二月，黄巾贼起 夏疫 三月，司隶、豫州饥，死者
什四五，至有灭户者。

## 外戚·宦官·党人

《后汉书》宦者列传的结论："西京自外戚失祚，东都缘阉户倾国。"此一理念，后世接受为通说，便是认为后汉宦官问题，较之外戚严重。

宦官非汉朝始有，从现存的证据，起源已可上溯到殷朝。殷墟发现甲骨文中，便曾见书有"🐚"象形文字而考定为武丁时代作品的一片。"🐚"代表男性生殖器，"𝑠"则切割的意义①。［武丁王在位约当纪元前一三〇〇年左右，可知中国宦官历史，至迟纪元前十四世纪便已成立。上述甲骨文，且被了解，已可能是世界最古有关宦官的记录。同时堪注意，宦官也非中国独特产物，而系古代世界东西方所共通。］*一般去势男子的流行存在于古代Orient诸国，特别又以埃及与波斯宫廷为有名，今日已系历史界所周知。宦官由何时以及何地创始，东西方间此一习惯有无关联，虽都不明了，但宦官在历史上活跃时期的开始，东西方却至为奇特地相互一致，大约都在纪元前八世纪左右。

古代西方使用宦官习惯的普遍，从西洋历史学之父希腊人希罗多德（Herodotos）有关纪元前五世纪的报道可知。当时，阿垦米尼朝波斯侵入希腊而捕掳的众多希腊少年，便都被阉割充当了宦官。于其同时，希腊人方面也往往制造宦官作为买卖商品，高价供应波斯人。基督教福音书《马太传》第十九章的记载："有生来是阉人，也有被人阉，并有为天国的缘故自阉的。"又可

---

① 三田村泰助《宦官》第 7 页。
* 作者 1976 年自印本（由台湾基隆福明印刷公司印制，三民书局总经销）有而三民书局本没有的，用方括号括出，后文同此。——编者注

知宦官存在的需要性,即使基督教义也予吸收。以后罗马帝国宫中宦官势力,以及回教诸王朝的大规模宦官集团,都是范例。而宦官来源的出自俘虏,刑罚(宫刑)以及自愿阉割或先天性残缺,中国与西方亦复相同。

中国宦官见诸文献,最早是《周礼》,称之"阍人"(掌守王宫)与"寺人"(掌王之内人及女宫之戒令)。战国时代才有"宦者"其名,自此堂堂正正服官意义的"宦"字,以与切割雄性生殖器的"阉"字同音而通用,"宦者"或"宦官"转变成为指净身丧失生殖机能而服务宫廷的男性。名词由来,与西洋宦官希腊语 eunkhos(演化成英语则 eunuch)之为寝室管理或守床之人意义,[1]正相符合。〔大象列星图所谓"宦者四星,次帝座西南,主侍者,帝旁阉人也",又是从天文理论上指示其特性。〕

当宫廷与政府合一,政府公职人员便是皇帝的家臣时代,宦官与非宦官之间,身份上原无区别。宦官反而还因生理缺失,宫闱防范毋须顾虑而得担当非宦官所不可能担当的职务,其地位与权力,也以与皇帝特殊亲密的专利条件,较皇帝左右的非宦者为高且大。其事又属中外一律。

前汉确定区分政府与宫廷,陪伴也才固定了宦官的任用方向。他们自此被排斥于外朝,不具备外朝公职资格;内朝或宫廷,则沿袭向来宦官与非宦官并用的习惯,即使后宫也非禁一般男子出入。所以,较之以前,汉朝可谓已有限制,如秦朝赵高以宦官而为二世皇帝师,位至丞相的例子,不可能再出现。但前汉宦官与非宦官,观念上差距仍不太大,颇多宦官,往往便系犯过

---

[1] 三田村泰助《宦官》第 4 页。

失的非宦官受刑而改任。伟大的历史家司马迁未受腐刑前任太史令，其后则任中书令；武帝宠妃李夫人之兄李延年是宦官，历史上却以有名的音乐家著称；宣帝许皇后之父许广汉也是宦官，许皇后系他未下蚕室前所生女。惟其如此，前汉宦官的身份颇为复杂，特殊性不易辨明，色彩也非如外戚般强烈。前汉宦官在历史上被认为未曾制造"问题"，原因便在于此。宦官的最早发生问题，以及自史书中特列"宦者"专传，堪重视都始自后汉，由来又与外戚问题相关联。

经过新朝短暂间隔，后汉第一代光武帝（纪元25年登位）接受王莽事件的教训，非只外戚回旋于外朝、内朝领袖官位之间的权利全被剥夺，抑且"政不任下，虽置三公，事归台阁"（仲长统《昌言》法诫篇），"宦官悉用阉人，不复杂调它士"（《后汉书》宦者传序言）。光武帝的周详规划防止自身侧近势力再形成，一方面固然外戚势力再抬头的机会被抑制，另一方面，又是士人开始自管理宫廷事务领域撤退，前汉非宦官即使皇后卿的"大长秋"亦得被任命之例，成为陈迹。宦官身份固定化，宫中惟一只有宦官（阉官）始得活动的范围被划定。后汉较之前汉，此为宫廷行政一大转向，也形成其后朝代的传统定制。

后汉近两百年国运初期的三分之一时间内，前汉皇室最大隐忧的外戚专权问题从未存在，制度上的关闭外戚权力之门自是原因，光武帝以后的皇后与后族能谨慎自肃，关系也莫大。光武帝之子、后汉第二代明帝的马皇后系出名门，其父便是"老当益壮""马革裹尸"两句名言所出、后汉开国期间赫赫有名的大将马援。马皇后自身也在历史上被推崇为有学问、有理性、有教养的贤妇人典型，不以母系潜在力而自傲。她一生经历夫、子两代皇帝，当其子章帝"欲封爵诸舅"时，其时已贵为皇太后的她却下诏力辞，诏曰："昔王氏（指王莽家族）五侯，同日俱封，其时黄雾四塞……故先帝防慎舅氏，不令在枢机之位。……吾为天下母，……岂可上负先帝之旨，下亏先人之德，重袭西京败亡之祸哉！"（《后汉书》皇后纪）她的家族，以兄廖为例，同样在《后汉书》本传中获得如下美誉："性质诚畏慎，不爱权执（势）声名，尽心纳忠。"

然而，便自章帝去世而第四代和帝继位，后族自我约束力松弛，制度的杜防功能随同萎缩，外戚势力再度兴起。尤其不幸，宫廷管理方式的改革原为消弭外戚势力，副作用的发展，却培育了雄厚的宦官独立势力形成。后汉极盛时代，便自其时开始走向下坡。

章帝英年而逝，和帝嗣位时年仅十岁（纪元 88 年），皇太后窦后摄政。窦氏是后汉最大豪族之一，光武帝复兴汉朝期间，河西割据者窦融以包含金城（兰州）在内的五郡归顺，位列三公，窦后便是窦融曾孙女。摄政之初，以长兄侍中窦宪为首的自族兄弟们为政治顾问，母系一族发言权顿形增强，再待窦宪建立征伐匈奴大功，自车骑将军进位大将军，便全行破坏后汉制度，回复前汉旧轨迹。但窦宪凯旋返抵国都洛阳之日，遭遇的却是预谋以皇帝命令调动首都警察总监执金吾警力与京师卫戍部队北军五校尉的大搜捕，从征与在京窦氏亲信被一网打尽。副统帅以下，包含出征期间以大将军中护军行中郎将事、著名的历史学家与《汉书》作者班固，都下狱死，窦宪兄弟被逼迫自杀（永元四年，纪元 92 年）。经此政变，和帝才得自太后手中取回皇帝统治权。而此一迅雷不及掩耳的张网捕雀大计划，史料说明，便出自宦官中常侍郑众策划。中常侍与侍中,前汉同官异名,后汉才区别了宦官与非宦官。只是须注意,史料中也曾指出,制造与导演此君主时代第一等大事的郑众,代表的仅是他个人,尚无宦官"集团"作后盾。

后汉外戚再被重用,导因于皇帝年幼,母后摄政时所不可避免,如和帝时代之例为容易了解。而后汉自和帝以后的历代皇帝,却偏偏都走上同一路线。窦宪事件后十多年,和帝又早逝,殇帝于襁褓中继位,未满一年夭折,摄政邓太后与其长兄车骑将军仪同三司邓骘决策,选和帝异母兄的十三岁儿子继承和帝,嗣位为安帝(纪元106年),邓骘进位大将军辅政。后汉邓氏家族家世较窦氏尤为煊赫,邓后祖父邓禹系光武帝创业时"将百万之众"的最大功臣,建国后位三公之上,政府组织中最受尊敬且不常设的最高阶位太傅。邓氏摄政较之窦氏,在位皇帝都非亲生的情况相同,安帝由来已如上述,和帝则宫人所生而窦后所收养。但双方的个人品德与政治业绩,《后汉书》皇后纪评价迥异。窦太后于皇后时代毒害生子贵人,废黜皇太子(便是安帝之父),以自身不能生育而嫉妒失德,被严厉指摘,窦宪兄弟骄纵尤受责备。对于邓太后,《后汉书》虽也批评连同殇帝时代长达十七年的"终身称制",随其去世始归政安帝为不当,但皇后纪中记述邓太后摄政政治,却几乎便似对儒家王道政治虔诚献身的逐条记录。她非仅是出色的美女与才女,儒学教养与贤淑德行也足堪媲美明帝马皇后。二世纪初,正当后汉衰运征兆初起,天灾与羌祸并发,便赖她与她兄弟的领导而"天下复平,岁还丰穰"。《后汉书》对邓骘兄弟的好感,至于给予邓骘"委远时柄,忠劳王室"的外戚执政最大美誉。他们一族力戒骄恣,政治上崇节约,罢力役，推进天下贤士的贤明方针，受到广大知识分子，所谓士族的热忱拥戴，《后汉书》中都曾特笔大书。而邓氏兄弟终局际遇，却是与窦氏兄弟同一命运，以大悲剧落幕——这一幕，随邓太后之死与年已二十八岁的安帝亲政，立即上演（建光元年，纪元121年）。侧近安帝的宦官小黄门江京等勾结安帝乳母王圣，于太后摄政期间，先已屡以太后久不归政系因准备废立的危言，向这位渐渐年长的皇帝煽动与挑拨，待到亲政，便在这些得志的宦官们策动下事件发作。邓氏家族都免官受处分，邓骘与其子愤然不食死。余波中被牺牲的有名人物，其一，与郑众同属太后系宦官领袖，也继郑众卒于邓太后尚系皇后时代的大长秋任内后，于邓太后已系太后时代任长乐宫（太后宫名）太仆，《后汉书》宦者列传评语"尽心敦慎"，而对中国文化抑或世界文化都是伟大的贡献者与大恩人，纸的发明者蔡伦。其二，邓骘推荐与任用诸名士中最有名，自邓骘辟召入幕府而不断升迁至三公（太尉）高位，后汉高深学问与清廉人格代表者之一，流传后世"天知、地知、吾知、子知"拒赂四知名言所出的大儒杨震。两人都是服毒自尽。

和帝时代郑众扮演的虽是个人角色，所打倒外戚也不被后世同情，但其宦官身份，以与皇帝亲密关系而影响政局，终已是最早警号。安帝时代邓氏事件演出，便直接受此鼓励，而性质较上代显然走了样。第一，这是宦官群私利结合与共同行动的第一次，象征了前所未见的、特殊的宦官势力成立；第二，宦官团结势力选择忠贞的邓氏家族与其支持者祭旗，宦官奸黩个性授人鲜明印象自此而始，以后"奸"字也固定代表了宦官。

后汉宦官势力的酝酿、发展，以及所以能发展至与外戚对抗程度，而有二世纪初邓氏事件的潜力表面化，成因甚为广泛——

母后摄政,必然给予宦官活跃的有利条件。后汉儒学普及化,光武帝制定礼治与教化的方向以来,宫廷禁制已较前汉大为严密。尤其邓太后时代,邓骘兄弟过分拘谨小心,直接帮助了宦官势力的形成与庞大发展。《后汉书》邓骘传记载:"和帝崩后,骘兄弟常居禁中。骘谦逊,不欲久在内,连求还第。岁余,太后乃许之。"于是,同样守礼谨慎的邓太后平时便不得不委用宦官,《后汉书》宦者传序言:"邓后以女主临政,而万机殷远,朝臣国议,无由参断帷幄,称制下令,不出房闱之间,不得不委用刑人,寄之国命。手握王爵,口含天宪,非复掖廷永巷之职,闱牏房闼之任也。"以及传论:"刑余之丑,理谢全生,声荣无晖于门阀,肌肤莫传于来体,推情未鉴其敝,即事易以取信,加渐染朝事,颇识典物,故少主凭谨旧之庸,女君资出内之命,顾访无猜惮之心,恩狎有可悦之色。"是对宦官所以能够参与政治,以及所以能够取得信任的简明与中肯说明,潜伏的宦官势力因之渐渐明朗化。以邓太后的精明,固可防止当时不致导引不良后果,然而,宦官以羽毛渐丰,得到机会爆发问题的危机也已蕴伏。此其一。

其二,《后汉书》宦者传序言的另一段又堪注意:"和帝即祚幼弱,而窦宪兄弟专总权威,内外臣僚,莫由亲接,所与居者,唯阉宦而已。"以及皇后纪序言:"东京皇统屡绝,权归女主。外立者四帝,临期者六后。"幼帝而"外立",或者非摄政母后亲生,母子间感情殊难建立为可以想象。而寂寞的傀儡小皇帝,又在后汉修正前汉宫廷制度之下,平时接触的都是宦官。宦官中的不肖者为博小皇帝欢心,或基于自身私利,往往制造无血统关系的名分上"母""子"间摩擦。小皇帝年事渐长,亲情之"爱"未可求,被周围不肖宦官包围而灌输的"恨"意反日益滋长,安帝便是显例。和帝尤存在不易消灭的亲生母梁贵人被窦后逼死嫌隙，所以才有窦宪的公开罪名"潜图弑逆"，实则对此并无证据，毋宁还是母子舅甥间矛盾。而宦官便擅于利用此等矛盾。

其三，后汉之初，光武帝国用、御用一切节约的原则之下，后宫编制原较前汉大为缩小，但中期以后，编制又骤形扩大。《后汉书》殇帝纪载邓太后诏便已明言："自建武（光武帝年号）之初，以至于今，八十余年，宫人岁增，房御弥广。"当时宫人实际数字虽不明了，但依再半个世纪桓帝时代学问家荀爽延熹元年（纪元158年）对策所直指为"无用之女"的"后宫采女五六千人"（《后汉书》荀爽传）推算，则纪元一、二世纪之交，可能便已到达前汉"掖庭三千"之数。随之宦官人数的比例递增，其速度也可以想象。《后汉书》宦者传序："至永平（明帝年号，纪元57—76年）中，始置员数，中常侍四人，小黄门十人。……自明帝以后，迄乎延平（殇帝年号，纪元106年），委用渐大，而其员稍增，中常侍至有十人，小黄门二十人"，便是说，不足半世纪间，以高级宦官为例，即已增加逾倍。值得怀疑的是适应宦官人数不断增添的来源供应问题。参证《后汉书》各帝纪，记载光武建武二十八年、三十一年，明帝永平八年，章帝建初七年、元和元年、章和元年，和帝永光八年等年份，都曾下达"天下犯殊死，一切募下蚕室"的诏书，则此等减一等执行宫刑的各地方死刑犯，多数经过宦官或其家族介绍流入宫廷，非不可能。然则，虽未可据以猜测宫廷暴戾之气便由此带入，但由于宦官大量增多而平均素质降低，或良莠不齐，以及因宦官集团益益庞大而注定其势力的膨胀，为不可避免。

如上背景下的宦官群，自邓氏事件制造是非而得志后，第四年（延光四年，纪元125年）以安帝之崩，又逞其翻云覆雨之能。这一年，皇位迹近儿戏的两度大波动，常态皇位继承法下原不可能发生之事，居然因自私与无知的宦官们搬弄而引发变乱。安帝阎皇后无嗣，受邓氏事件后擢升大长秋的江京，以及中常侍樊丰、安帝乳母王圣母女等怂恿，废宫女所生安帝独生子的十一岁皇太子，另选一诞育仅百余日，辈分却与安帝相等的章帝之孙北乡侯继位皇帝。安帝嫡舅耿宝于邓骘事件后继任大将军，其时加添阎皇后之兄阎显为车骑将军，共同辅助阎皇后摄政。仅一个月，联合阵线便起内讧，两系外戚各各援引宦官支持的斗争结局，阎显—江京派压倒耿宝—樊丰—王圣母女派，后一集团或自杀、或狱死、或放逐。小皇帝接续夭死，在位只二百多天，仍是随阎皇后被尊皇太后而任长乐太仆的江京主意，图再外立幼帝，却因时间未能配合，被以邓太后时代长乐宫低级宦官孙程为首的仗义派宦官，把握帝位悬虚空隙，突袭宦官首脑部，杀江京与其同党领导人，迎接被废的安帝皇太子，得皇帝秘书性质的尚书们响应而召集百官承认，登位为顺帝。在宫中的阎显也被孙程派策动亲卫军逮捕，与其兄弟俱下狱死，阎太后迁移别居，结束持续七个月的宫廷混乱局面。此同一年的两次斗争与宫廷政变，第一次可谓安帝—阎后系统自身间倾轧，第二次则安帝时代失败了的邓太后系统宦官向安帝派反击成功。但无论第一次或第二次，宦官都已与皇位继承发生密切关系，为堪注目，第一次尚通过皇后诏命，第二次则直接便是宦官们的从后台步出前台。宦官影响力已得转移皇位，当又系其势力发展的一大划期。尽管孙程附着的是"正直"色彩，其后又以维护政府忠贞官员与排斥宫中不肖宦官著名。

顺帝梁皇后之父梁商，便是早先被窦太后所害和帝梁贵人之侄，以其女被立为后，依例任大将军。《后汉书》作者虽嫌其"慎弱无威断"，却也给以"商自以戚属居大位，每存谦柔，虚己进贤"（梁商传）的好评。但待梁商之子，《后汉书》形容为斜眼口吃，而精通棋、博、音乐、踢球，吃喝玩乐俱能的花花公子梁冀，由河南尹继父任大将军二十年，情况完全倒转，到达后汉外戚势力与外戚擅权巅峰时代。

梁冀继其父为大将军第四年（建康元年，纪元144年），顺帝去世，二岁的独生子冲帝继位，第二年夭折，摄政梁太后征立远支八岁的章帝四世孙为质帝。再次年，此一聪慧而少不更事的小皇帝，以朝会群臣时直指梁冀为"跋扈将军"而当天便以暴毙闻。其时，梁冀、梁太后正议以幼妹嫁与顺帝同辈，也与梁冀同属公子哥儿型的一位十五岁章帝曾孙，便接受中常侍曹腾建议，决定迎立此人为桓帝。反对最烈而主张迎立"年长有德"的三公李固、杜乔，都在外戚、宦官携手下柱死暴尸。

二世纪四十年代，便以外戚、宦官相互利用，一时利的结合下，以梁冀为中核的梁氏家族发展为后汉从所未见最大权势。《后汉书》所谓"冀一门前后七封侯，三皇后（梁太后、与桓帝成婚的梁冀之妹，以及追封皇后的和帝生母），六贵人，二大将军，夫人、女食邑称君者七人，尚公主者三人，其余卿、将、尹、校五十七人"。迨太后去世与桓帝亲政，梁冀愈益肆无忌惮的一般，《后汉书》又有如下明晰记录：

于是有司奏冀入朝不趋，剑履上殿，谒赞不名，礼仪比萧何；悉以定陶、阳成余户增封为四县，比邓禹；赏赐金钱、奴婢、采帛、车马、衣服、甲第，比霍光；以殊元勋。每朝会，与三公绝席。十日一入，平尚书事。宣布天下，为万世法。冀犹以所奏礼薄，意不悦。专擅威柄，凶恣日积，机事大小，莫不咨决之。宫卫近侍，并所亲树，禁省起居，纤微必知。百官迁召，皆先到冀门笺檄谢恩，然后敢诣尚书。

其四方调发，岁时贡献，皆先输上第于冀，乘舆乃其次焉。

在位二十余年，穷极满盛，威行内外。百僚侧目，莫敢违命。天下恭己而不得有所亲豫。

凡此，以及贪污不法、豪侈无度的描写，都构成《后汉书》中占有甚大篇幅的梁冀传主要叙述部分。

对此巨大压力，桓帝毕竟难以长久容忍，所以当延熹二年（纪元159年）梁皇后又去世，同一年，便在梁冀集团猝不及防的情况下，一次株连极广，几乎变换中央政府全体人事的大政潮兴起。宫廷亲卫军会同京畿监察使又带警备司令性质的司隶校尉，突然袭击与包围大将军府，梁冀夫妇自杀，被捕下狱的梁氏家族与其宗亲，无论老幼一律处死，"其它所连及公卿、列校、刺史、二千石死者数十人，故吏宾客免黜者三百余人，朝廷为空……是时事卒从中发，使者交驰，公卿失其度，官府市里鼎沸，数日乃定，百姓莫不称庆。收冀财货，县官斥卖，合三十余万万，以充王府，用减天下税租之半。散其苑囿，以业穷民"。可谓大快人心，却也是稍有疏漏便后果不堪设想的大冒险。其间缜密部署、保密，以至行动展开时的雷霆万钧，不容对方有时间、空间喘息余地，步步成功，才保障了此次政变的完全成功与绝对成功。而堪注意，这些第一流政变策划者，又便是桓帝左右，以中常侍单超、徐璜、具瑗、小黄门左悺、唐衡为核心的宦官集团。固无论事件演出，原始系因外戚—宦官蜜月期已过，宦官主导煽动桓帝；抑或以桓帝下大决心打倒梁冀，善于见貌辨色的宦官迎合桓帝心意；再抑或桓帝在彷徨无依境况下，同属冒险性质的吐露其意于心腹宦官。从此次梁冀事件，宦官发动政变能力之强，终已可概见。

宦官—外戚之争进行到如上阶段为止，前后六十多年中，可以发现共通征象系每次胜利面都归宦官，也每次宦官背后都存在附着皇帝影子的事实。恰切解释，可知也便是皇帝与外戚之争，宦官因系皇帝代理人而得胜利。下述理由，便足够令皇帝于外戚、宦官两侧近势力中，放心选择后者支持：第一，从前引宦者传论所指出，宦官身体残废，不容易建立如外戚的子孙后代意识，以及因此引起的政治野心；第二，宦官的职务性质与身份，又使得纵然集体势力形成，仍然寄生式依附于寄生体皇室，不具备如外戚似独立的意志表达条件。宦官这些缺陷，于与外戚斗争中，反过来都成了优势。

然而，也便以梁冀事件为转折点，宦官的政治地位显著畸形发展。而其导因，直接又便是皇帝基于前述两理由的对宦官奖励。汉朝从无宫中宦官获得封爵前例，梁冀事件以前半个世纪，郑众才以诛窦宪功业，而于事后第十年"念兹功美"最早开创宦官封侯特例，以后蔡伦、李闰、江京都曾受封，但仍都不过乡、亭侯（列侯分县、乡、亭的等次，系后汉制度，前汉无），食邑除郑众到达一千五百户外，余均三百户，可谓发展的最早阶段。顺帝时孙程等十九侯并封，系第二个阶段，所封都已是县侯，食邑最多孙程万户、王康九千户，最少亦有千户。孙程卒，追赠车骑将军，赐谥，受到同于政府高级官员去世的荣典。阳嘉四年（纪元135年）"诏宦官养子，悉听得为后，袭封爵，定著乎令"，又是不可思议的宦官"后嗣"观念建立，且乃出诸皇帝鼓励。待到宦官们推翻后汉最强大的外戚梁冀，报酬之丰，终于到达突破性的惊人境域。大批封侯宦官中，五个领导宦官单超食邑与前汉最煊赫的外戚之一霍光相等，二万户，其数已超越前汉建立赫赫武功另一外戚霍去病的一万七千户，其余四人，也各各为一万五千户或一万三千户。与之相配当，堪注意又是朝廷用人行政开启"敕用"之门，"旧典：中臣子弟不得居位秉执""旧典：中官子弟不得为牧人职"（《后汉书》杨秉传、冯鲲传）等原则均被破坏。单超生前且已获拜车骑将军高位，而非死后荣典，政治上限制宦官的堤防，至是全告溃决。宦官子弟纷纷立于宦官的背景而飞黄腾达，趋炎附势者也亟亟乎以攀附宦官为登龙捷径。宦官地位全面增高，对政治的发言权增大。于是，一个依附宦官而结集的政治势力圈，自二世纪中桓帝时代明显成立。换言之，斗倒梁冀或外戚势力的结果，替代却是宦官权力系统的独立形成与庞大发展，后汉政治史的宦官权势时代一页，自此掀开。

尤堪重视，宦官自以生理残缺，意识中向来潜伏自卑感。而待每斗争外戚一次，权势愈升高一级的刺激，特别当桓帝时代，外戚的飞扬跋扈几乎全过渡由宦官继承，宦官原先的自卑感，便从逆方向一变而为对常人的强烈报复心理。肉体上性行为纵然不可能，想象中不可能的权力热望，以及家庭观念与人类另一面本能的物质财富向往，一概模仿常人，并且愈较常人为炽烈。而物以类聚，又令宦官相互间的团结力特别凝固。惟其如此，一类共通的代表性乃自此集团铸定,便是贪婪、恶毒与阴险。后汉后期政治由此等人操纵,造成的现象,正如《后汉书》所累累沉痛指出:"是时(延熹时代),宦官方炽,任人及子弟为官,布满天下,竞为贪淫,朝野嗟怨。""皆竞起第宅,楼观壮丽,穷极伎巧。金银罽毦,施于犬马。多取良人美女以为姬妾,皆珍饰华侈,拟则宫人。其仆从皆乘牛车,而从列骑。又养其疏属,或乞嗣异姓,或买苍头为子,并以传国袭封。兄弟姻戚,皆宰州临郡,辜较百姓,与盗贼无异。"(杨秉传、宦者传单超条)而其导因,又如《后汉书》载其时学问家刘瑜疏言所坦率指出:"陛下以北辰之尊,神器之宝,而微行近习之家,私幸宦官之舍。宾客市买,熏灼道路,因此暴纵,无所不容。"荼毒苍生,便是这位历史上有名的浪漫生活者与音乐家桓帝对宦官纵容优待所给付的代价。

托庇于皇帝的宦官嚣张到严重败坏政风时期,汉朝政治史波动最激烈,时间最长久,幅度也最广阔的一次大冲突演出,便是知识分子卷入了斗争漩涡。

后汉儒学发达,非只关系伦理,也影响政治。知识分子所谓士族,特别注重名誉与节操的个人道德实践。依学问与德行为准则而形成舆论,"品核公卿,裁量执政",所谓"清议"影响力之巨为历史所罕见。外戚当政时代,对此巨大舆论力量,仍须容忍与尊重,即使梁冀亦然。事实上,梁冀引入政府的人才且非少,《后汉书》名臣传记中颇有明载出身于其"故吏"者。宦官势力接续这个时代登场,他们的立场、性格都与士人迥异,于是,代表高尚情操、廉洁的士族对代表罪恶的这些刑余之人,发生冲突已为必然之事。气节之士从心理上厌恶发展到言论上共同的反贪欲批判与挑战时,轰轰烈烈的反宦官、反罪恶社会运动展开,所谓"清流"与宦官集团壁垒分明。

与舆论制裁相呼应，士族出身的实力派政治人物又对宦官展开严厉的政治肃清。累世经学，与其父杨震同为海内清望所归，也如其父任至太尉，媲美其父"四知"名言流传后世"酒色财三不惑"佳话的杨秉，到职第一件事，便与同列三公的司空周景"条奏牧守以下匈奴中郎将燕瑗、青州刺史羊亮、辽东太守孙谊等五十余人，或死或免，天下莫不肃然"。秉又奏侯览（其时新兴的当权宦官）弟参为益州刺史，暴虐一州，乃槛车征参诣廷尉，参惧自杀。秉并劾奏览，帝不得已，乃免览官（《后汉书》杨秉传），系正义人士从行动上制裁宦官与其党羽的有名故事。

激烈派另一首脑人物司隶校尉韩演，随之又奏"（左）悺罪恶，及其兄太仆南乡侯（左）称请托州郡，聚敛为奸，宾客放纵，侵犯吏民。悺、称皆自杀。演又奏（具）瑗兄沛相恭臧罪，征诣廷尉。瑗诣狱谢，上还东武侯印绶，诏贬为都乡侯，卒于家"（《后汉书》宦者传单超条）。这个阶段，连同先已去世的单超、唐衡、徐璜，导演梁冀事件的五个领袖宦官，俱告倒仆。

然而，汹涌之势的宦官逆流，已非某几个特定宦官被打倒便可扭转。迨阴谋家宦官们反击，清流被指为"部党""党人"，终于兴起后汉末期政治社会最大风暴"党锢之狱"与前后两次大整肃，时间连续十八年。中间再以与外戚—宦官之争合流而制造澎湃政潮。

磅礴正义之气与宦官邪恶势力正面抗争，于推翻梁冀后第八年的延熹九年（纪元166年）尖锐化到达顶点。走在政治评论前端而后汉从制度上便获得政治发言权的首都所在地洛阳三万多太学生，公开喊出激烈口号，拥护当代名贤与打倒宦官论两大巨头——继杨秉老死而任太尉的陈蕃，以及兼具如今日国家调查局长身份的司隶校尉李膺。愤慨的宦官集团总动员反击，以"共为部党，诽讪朝廷"的罪名激怒桓帝，乃有是年第一次全国性大逮捕"党锢之狱"兴起，李膺与各地学者二百余人下狱，陈蕃被免职。继续追捕正义派人士的"使者四出，相望于道"。容纳陆续被捕者的集中营，堪注意又便是宦官管辖的"黄门北寺狱"。第二年，才因具有外戚身份的另一清流中心人物、章帝窦皇后同族后辈的桓帝继配窦皇后之父城门校尉窦武带头力争，而赦免骚扰天下捕来的所谓"党人"，付以于家乡禁锢终身的处分。

便在因"悉除党锢"而改元的永康元年（纪元167年）末，桓帝尽管前后三皇后，博采宫人五六千人，遗憾未留子嗣一人，短寿而崩。窦皇后与《后汉书》评之为"清身疾恶，礼赂不通"的其父窦武商决，迎立血缘较近，同属章帝子河间王开一系，桓帝的十二岁族侄为灵帝，于次年（建宁元年，纪元168年）初继位。窦武进位大将军，陈蕃被任为太傅，共同辅助窦太后摄政，两人"同心尽力，征用名贤共参政事。引同志尹勋为尚书令，刘瑜为侍中，冯述为屯骑校尉。又征天下名士废黜者前司隶李膺，宗正刘猛、太仆杜密、庐江太守朱宇等，列于朝廷。天下之士，莫不延颈想望太平"（《后汉书》陈蕃传、窦武传）。清流"党人"势力非只恢复，抑且大张。然而，偏差却也便于其时铸定。清流人士重视名节过于生命，党锢之狱原不足威胁或屈服他们，反而声息相通之间，个人声誉愈高。三君、八俊、八顾、八及、八厨，便都是随宦官大迫害而出现的被推崇尊称。三君指窦武、陈蕃与另一位皇族刘淑，李膺则八俊之首。惟其如此，党锢之后的清流人士，对宦官态度愈益强硬，憎恶宦官愈走极端，而偏激到不问是非的地步。再待政治上得志，领导人物窦武、陈蕃肃清宦官势力的决策，继几个颇有才干的宦官领袖被处死后，竟便是反常与错误的企图一网打尽，不辨善恶是非，全灭宦官。而不幸部署时机密泄露，爆炸性大悲剧乃注定不可避免。

　　草率与大意，又系清流派犯下的大错误，防范对象仅及于高级宦官而疏忽低级宦官。发动事变，却正便是低级宦官。窦武自宫中归大将军府时，通过尚书台准备上奏皇太后的这项谋尽诛宦官绝对机密文件，被服役太后长乐宫的小宦官偷拆，奔走相告，《后汉书》记载犯下众怒的情况，谓小宦官咸"骂曰：中官放纵者自可诛耳，我曹何罪，而当尽见族灭？"立向中常侍曹节告发，袭杀滞留宫廷的尚书令尹勋后，胁迫尚书伪造诏书，命令出征返京、不知内情的军事家"凉州三明"之一护匈奴中郎将张奂，策反清流派控制下的北军五营兵士，会同宦官自行率领的宫廷亲卫军，合围大将军府，逼迫窦武自杀，"收捕宗亲、宾客、姻属，悉诛之。及刘瑜、冯述，皆夷其族"。年近八十岁的陈蕃也逃不脱厄运，壮烈牺牲，宗族、门生、故吏，皆斥免禁锢。与窦、陈同列名"三君"之一的侍中虎贲中郎将刘淑投狱自尽。窦太后结束摄政移居别宫。李膺等再遭罢黜。

　　接续"凶竖得志，士大夫皆丧其气"的此一大挫折，第二年（建宁二年，纪元169年），第二次更巨大的党锢之狱展开，桓帝时一度仆倒而又再起的侯览在斗争中充当了刽子手。上年被黜废的"前司空虞放，太仆杜密，长乐少府李膺，司隶校尉朱宇等百余人，皆死狱中，妻子徙边，诸附从者锢及五属。制诏州郡大举钩党，于是天下豪杰及儒学行义者，一切结为党人，其死、徙、废、禁者又六七百人"（《后汉书》灵帝纪、党锢传）。上年悔被宦官利用，力申窦武、陈蕃之冤，又荐李膺继位三公，以图挽救大局的新任大司农张奂，其时也以党罪受禁锢处分。征羌前后三名将的"凉州三明"中最著名望，也是张奂的推荐人与前任统帅皇甫规，愤然亦自首同为党人，此为第一波。三年后的熹平元年（纪元172年）再兴第二波，以狠心大杀戮结束半个多世纪羌祸的"凉州三明"另一人段颎受任司隶校尉，甘愿充宦官爪牙，一举"捕系太学诸生千余人"。第三波熹平五年，永昌太守曹鸾上书请平反冤狱被杀，"诏州郡更考党人门生、故吏、父子、兄弟，其在位者皆免官禁锢，爰及五属"。大整肃至是连续已八年，须待再八年后的中平元年（纪元184年）黄巾之乱展开，才大赦党人解禁，波涛堪谓空前广阔。便因如此较桓帝时第一次党锢更彻底的弹压，后汉学者─名士─太学生间政治运动阵线完全解体。"党锢"意义，几可比拟为秦始皇焚书坑儒以来中国第二次最大的思想压迫，也引发了宦官气焰至于登峰造极。

两次党锢之狱与黄门北寺狱的侵夺司法权，给予宦官以容易利用与滥用权力的经验，未成年的少年皇帝灵帝成为被宦官玩弄的傀儡。未成年皇帝亲政，后汉颇有前例，和帝、顺帝都是，但他们的政治顾问均系学识与行政经验两皆丰富的大臣。惟独灵帝的政治指导者乃为宦官，抑或仰宦官鼻息的大臣。届至成长，亲近宦官与以宦官意志为意志的习惯已难转变，依赖宦官的程度较前代桓帝尤深一层。这种情况之下，宦官已从实质上窃盗了皇帝的权力，大长秋曹节兼领尚书令，便俨然表现皇帝代言人的姿态。抑且如《后汉书》宦者传所说明："灵帝时例封宦者"，封侯演变为宦官无例外的恩典，而不问对国家、朝廷有无贡献，国家政治堕落至如何程度，可以想象。

从第一次党锢以前陈蕃上疏警告阴柔宦官弄权的后果："田野空、朝廷空、仓廪空，是谓三空"（《后汉书》陈蕃传），宦官严重制造社会问题，已可概见，而此尚系桓帝时代。间隔十多年后到灵帝在位，社会—政治矛盾裂痕的加大，又可自郎中审忠疏言了解其一般："群公卿士杜口吞声，莫敢有言。州牧郡守承顺风旨，辟召选举，释贤取愚。故虫蝗为之生，夷寇为之起。"（《后汉书》宦者传曹节条）《后汉书》宦者传与关系人物的传记中，对宦官与其党羽的夺取民宅、发掘坟墓、掠人妻女、侵劫财宝等，榨取剥削、压迫百姓的指控不绝。所以清朝史学家赵翼比较中国历史上宦官之祸，有"唐、明阉寺，先害国而及民；东汉则先害民而及于国"的结论。迨宦官害民的社会问题与经济上连续灾难相结合，终爆发中平元年波动广及全国各地民间的黄巾之乱——这个阶段，宦官阵线已由曹节—侯览的领导过渡到张让—赵忠为核心的所谓十常侍集团。

以前后这些宦官败类概括所有宦官，自非公允。宦官中贤者也不容漠视，灵帝时以自身无功而拒绝依"例"封侯的中常侍吕强，便是其中代表性人物。他对灵帝力陈宦官乱政与后宫彩女愈聚愈多为不当，是《后汉书》宦者传所收集有名的疏言，指名直斥曹节、王甫、张让等"品卑人贱、谀谄媚主、佞邪徼宠、放毒人物、疾妒忠良"。黄巾乱起，也赖他把握此时机勇敢建议，才得大赦党人。可惜这位清流人士大恩人自身，终因此不见容于同僚，受强大的宦官反对势力共同压力，被诬控与党人勾通，而被迫自杀。《后汉书》宦者传吕强条列举与吕强同样被赞美为"清忠奉公"的宦官，另有六人。他们有益于国家的事迹之一，便是以他们中一人的建议，而有后汉学术界著名大事，纪元一七五年洛阳太学五经标准经文，所谓《熹平石经》的成立。此一国定范本的缮写人，又便是后汉大学问家、五经文义统一校勘主持人的蔡邕。虽然立于汉朝政治制度立场，凡此建议，尽管有益国家人民，却仍都非宦官身份者所宜主张。然而，举世汹汹的污浊宦官逆流中，也幸得如吕强等的存在，才偶尔得有清新感受。只是性格属于"清忠"的究竟少数，一般毕生与宫廷生活相结的宦官们，还是耳濡目染于历事数朝皇帝的同类权力者罪恶，而同流合污。

被压迫的士族仍在不屈不挠寻觅机会打击宦官。第二次党锢之狱初期风头人物，与曹节分系宦官两大巨头的长乐太仆侯览首先倒下，自杀（熹平元年，纪元172年）。继之，曹节伙伴中常侍黄门令王甫与其任职长乐少府与沛相的养子两人，以及因结宦官而发达，于前司隶校尉任内经手大捕太学生而位至太尉高位的段颎，都被司隶校尉阳球逮捕而在酷刑下惨毙狱中（光和二年，纪元179年）。但结果，阳球迅速被调离掌有逮捕权的司隶校尉职，改任卫尉。同年，且即卷入继任长乐少府的前任太尉陈球、司徒刘郃与步兵校尉刘纳计划检举曹节、张让案件中，四人同死狱中，胜利仍属宦官。待光和四年曹节死，朝此方向加快发展的十常侍时代来临，后汉政治毋宁已陷入瘫痪期，黄巾之乱民众武装反抗运动高潮兴起，便立于此背景之下。

十常侍如何牢固掌握灵帝，玩弄之于掌心之间？《后汉书》分析，系利用灵帝与此类阴谋家同等旺盛的贪财私欲弱点，加以诱惑。《后汉书》宦者传张让条："帝本侯家，宿贫，每叹桓帝不能作家居，故聚为私藏，复寄小黄门、常侍钱各数千万。常云：'张常侍（让）是我公，赵常侍（忠）是我母。'宦官得志，无所惮畏,并起第宅,拟则宫室。帝常登永安候台,宦官恐其望见居处,乃使中大人尚但谏曰:'天子不当登高,登高则百姓虚散。'自是不敢复升台榭。"可充分说明宦官狡猾伎俩。同条:"黄巾既作,盗贼糜沸,郎中中山张钧上书曰:'窃惟张角所以能兴兵作乱,万人所以乐附之者,其源皆由十常侍多放父兄、子弟、婚亲、宾客典据州郡,辜榷财利,侵掠百姓。百姓之冤无所告诉,故谋议不轨,聚为盗贼。宜斩十常侍,悬头南郊,以谢百姓。'……帝怒钧曰:'此真狂子也。十常侍固当有一人善者不?'"又是被宦官小人包围的灵帝,如何受谄谀、蒙诳而执迷不悟的写实。

宦官怂恿灵帝聚财,光和元年(纪元178年)开始的方法是卖官。汉朝制度,出卖关内侯以下荣誉名位,原系政府弥补财政赤字时被允许的可行方法,但亦限制颇严,不影响实质政治。灵帝循此名目,而实际大为变质,《后汉书》灵帝纪皇皇记载:"(光和元年),初开西邸卖官,自关内侯、虎贲、羽林,入钱各有差。私令左右卖公卿,公千万、卿五百万。"章怀注引《山阳公载记》补充说明:"时卖官,二千石二千万,四百石四百万。其以德次应选者半之,或三分之一。于西园立库以贮之。"便是说,政府实任官员,无论中央或地方,也无论何等高位,均已得出之于"直"。此门敞开时众所周知的一大丑闻,便是曹腾养子与未来权力人物曹操之父曹嵩"货赂中官及输西园钱一亿万,故位至太尉"。后汉政府人事制度与传统具有的清廉政治特质,因之完全摧败。《后汉书》如下几段记录,尤可谓对此传神的描绘:

刺史、二千石及茂才孝廉迁除,皆责助军修宫钱,大郡至二三千万，余各有差。当之官者，皆先至西园谐价，然后得去。有钱不毕者，或至自杀。其守清者，乞不之官，皆迫遣之。(《后汉书》宦者传张让条)

灵帝欲以(羊)续为太尉，时拜三公者，皆输东园礼钱千万，令中使督之，名曰左骖。其所之往，辄迎致礼敬，厚加赠赂。续乃坐使于单席，举缊袍以示之曰："臣之所资，惟斯而已。"左骖白之，帝不悦，以此故，不登公位。(羊续传)

灵帝时，开鸿都门榜卖官爵，公卿州郡，下至黄绶，各有差。其富者则先入钱，贫者到官而后倍输，或因常侍、阿保(傅母)别自通达。是时段颎、樊陵、张温等虽有功勤名誉，然皆先输货财而后登公位。(崔)烈时因傅母入钱五百万，得为司徒。及拜日，天子临轩，百僚毕会，帝顾谓亲幸者曰："悔不小靳，可至千万。"(崔实传附崔烈传)

公开卖官演变到公开勒索，清廉有行之士除非退出这个廉耻荡然的卑劣政治社会，否则，惟有被迫同流合污，以被勒索者转嫁到人民。换言之，鼓励贪污与剥削的形成合法化，到职加倍付款办法便以此为前提。

从对政治圈敲诈勒索发展，宦官的狠毒无人性，又从教唆灵帝直接向民间展开搜括见出。灵帝纪与宦者传的有关记录：

——中平二年，"让、忠等说帝，令敛天下田亩税十钱，以修宫室。"

——"凡诏所征求，皆令西园骖密约敕，号曰中使。恐动州郡，多受赇赂。"

——中平三年，"又铸四出文钱，钱皆四道。识者窃言侈虐已甚。"

——"又造万金堂于西园,引司农金钱缯帛,仞积其中。"

——"时帝多稽私臧,收天下之珍。每郡国贡献,先输中署,名曰导行费。"

则搜括对象,已非限民间,且竟觊觎国库。中平二、三年,时间上正值黄巾初平,全国动乱未已,民生国计极端贫穷匮乏之际,而反从复原的逆方向加大制造国家、社会危机,恶性滥增发行,紊乱币制,打击政府信用与破坏财政收支系统。以视七十年前后汉衰象初现时邓太后、邓骘兄妹兢兢业业的一般,《后汉书》皇后纪所指出:"旧太官、汤官经用岁且二万万,太后敕止,曰:(日)杀省珍费,自是裁数千万。及郡国所贡,皆减其过半。悉斥卖上林鹰犬。……又御府、尚方、织室锦绣、冰纨、绮縠、金银、珠玉、犀象、玳瑁、雕镂玩弄之物,皆绝不作。离宫别馆储峙米糒薪炭,悉令省之。"直有恍若两个世界,以及对后汉命运栗栗危惧之感。而后汉末期宦官阴柔狠毒的愈较其前为烈,又便在如前所引述,他们驱使百官与皇帝共同蹚下浑水,以负害民祸国之责。

黄巾之乱以来,受皇帝巨大影子庇护的宦官愈益变本加厉祸国殃民,以自后汉历史上从所未有的取得部队统率权到达顶点,也写下后汉整部宦官发达史登峰造极的一页。中平五年(纪元188年),灵帝自封"无上将军",皇帝特种亲卫兵团"西园八校尉"成立。八个纵队中的首席上军校尉与权职上全兵团的司令官,便是宦官小黄门蹇硕。宦官除已得以黄门北寺狱干预国家司法权之外,也自此控制了国家经由特选的最精锐兵力。

同一时期,迭次遭受惨烈打击的士族活动呈现低姿态,政治斗争自陈球事件后十年间未得见。但表面的暂时停息,并不表示士族意志消沉，或向腐败宦官巨大压力低头。相反暗潮澎湃，正是最大政变酝酿与暴风雨前夕的慑息沉默时刻。策划的主脑人物，则是自黄巾之乱而拜大将军的灵帝何皇后之兄何进，或者说，仍是外戚。

黄巾乱起第八年与西园八校尉建军第二年（中平六年，纪元189年）四月，灵帝去世，皇子辩继位，何太后摄政，政变立即随何进诛杀蹇硕与接收八校尉部队而表面化。形式仍是外戚与士族携手，决策也仍是全行消灭所有宦官，几乎便是廿一年前窦武时代翻版。但最大区别，参与机密的核心层，上次多属高声望的元老，此次则何进自身以下全系少壮的实力派。主要部署步骤：其一，以杀尽宦官主张最力，后汉"门生故吏遍天下"两大名族之一，与杨氏四世太尉声誉相并的袁氏四世三公后裔，以后活跃于后汉朝代倾覆前后的英雄时代而由何进大将军府掾出身，自侍御史历虎贲中郎将改任西园八校尉之一的中军校尉袁绍，调至司隶校尉位置，担当计划的主持人。另以当时学术界名流，因累与宦官冲突而坚不屈服为何进赏识的前任豫州刺史王允，出任为首都特区行政长官的河南尹，以为辅助。其二，也便出自袁绍建议而获得何进支持，征召其时拥有全国最雄厚与最强盛兵力的并州牧董卓来洛阳，以为后盾。准备中央—地方联合，以武力强行对宦官问题作彻底解决。

洛阳山雨欲来，大风暴迫在眉睫。同年八月，得警的宦官们先发制人，大流血自何进在宫中措手不及被宦官们袭杀而展开，何进直系将领闻悉巨变，立即发兵，会合袁绍族兄弟虎贲中郎将袁术的亲卫军，从外焚烧宫门，尚书们又在宫内接应，袁绍调动大部队迅速到达，混乱中攻入皇宫，疯狂大屠杀于是展开。《后汉书》灵帝纪、何进传与宦者传张让条记述："绍遂闭北宫门，勒兵捕宦者，无少长皆杀之。死者二千余人。让等数十人劫质天子走河上，尚书卢植追急，王允遣河南中部掾闵贡随植后，斩杀之，其余让等皆投河而死。"政治腐败与人民痛苦根源的宦官，无一生还幸免。第二天，自西北向东移动的董卓先头部队也已会合，与政府官员共同迎接小皇帝返回宫廷。后汉侧近势力宦官与外戚，命运相同，同时俱行消灭，士族一时扬眉吐气。

| 皇帝 | 即位时年龄 | 身份 | 摄政 ||||  在位年数 | 寿命 | 生子数 |
| --- | --- | --- | --- | --- | --- | --- | --- | --- | --- |
|  |  |  | 皇太后 | 母子关系 | 年数 | 归政原因 |  |  |  |
| 光武 | 30 |  |  |  |  |  | 33 | 63 | 10 |
| 明 | 30 | 皇太子 |  |  |  |  | 18 | 48 | 9 |
| 章 | 19 | 皇太子 |  |  |  |  | 13 | 33 | 8 |
| 和 | 10 | 皇太子 | 窦太后 | 非亲生 | 5 | 政变 | 17 | 27 | 2 |
| 殇 | 诞后百余日 | 皇子 | 邓太后 |  | 17 |  | 9个月 | 2 | 0 |
| 安 | 12 | 旁支 | 邓太后 |  | （终身临朝） | 邓太后崩 | 18 | 32 | 1 |
| （北乡侯） | 诞后百余日 | 旁支 | 阎太后 |  | 8个月 | 政变 | 8个月 | 2 | 0 |
| 顺 | 11 | 安帝废皇太子 |  |  |  |  | 19 | 30 | 1 |
| 冲 | 2 | 皇太子 | 梁太后 | 非亲生 |  |  | 1 | 3 | 0 |
| 质 | 8 | 旁支 | 梁太后 |  | 7 |  | 1 | 9 | 0 |
| 桓 | 15 | 旁支 | 梁太后 |  |  | 梁太后预知不起（崩前一月） | 21 | 36 | 0 |
| 灵 | 12 | 旁支 | 窦太后 |  | 9个月 | 政变 | 22 | 34 | 2 |
| （皇子辩） | 12 | 皇子 | 何太后 | 亲生 | 5个月 | 政变 | 5个月退位 | 12 | 0 |
| 献 | 9 | 辩异母弟 |  |  |  |  | 31禅 | 54 |  |

然而，西北大军阀董卓登场与军人势力介入中央政府，情势急速再度大变。此一以武力胁夺权力的野心家，陪伴十二岁小皇帝辩仅仅两天，小皇帝便被废，与母何太后先后被毒毙，另立其九岁异母弟献帝。原先与之携手的友人士族，反目为敌，联合阵线瓦解。当董卓的部队源源开拔到国都洛阳，形成对京畿地区的完全控制时，士族抵抗溃灭。半个世纪外戚—宦官—士族不断斗争下疲惫不堪，而武装叛变火种又已燃遍全国之际的国家统制力，再经不起军阀此致命一击，后汉政权终于由瘫痪而面临解体。

## 黄巾之乱与所开启的英雄时代

《后汉书》党锢传序总结："其后黄巾遂盛，朝野崩离，纲纪文章荡然矣。"二世纪八十年代"黄巾之乱"强力民众运动，是连续半个多世纪经济创伤，以及政治上非只未能缓和，且又加速制造的社会问题总爆发。从社会的、经济的意义说，至此阶段，汉朝旧秩序已宣告破产，虽然政治暮运所呈现末期症状，须再拖延将近半个世纪。

前汉所遗留而纪元之初王莽希望解决的土地问题，后汉未能以及未下决心解决，所以二世纪通安、顺、冲、质、桓帝五代，再遭自然灾害与羌祸连连交加时，社会构成基盘已见动摇。二世纪六十年代之末灵帝继统前后，反复变乱的西羌问题虽于投入大量军费、兵力的情况下孤注一掷式告一段落，天灾、荒年、饥馑，以及加剧流行的传染病，却正向更悲惨境界推进，从史料统计可获明晰印象，经济深刻衰退自为无可避免。若干唯政治论的历史学者漠视《后汉书》五行志记录的警告，认为中国地大物博，局部灾害不影响全局，而未对灾害时间、空间以及相互连带关系加以认识，乃是最大误失，从而无由解释黄巾之乱的必然性。应须正视，无休止天灾、兵祸形成严重的社会病态时，所引起盗贼蜂起并发症的益益扩散，正便是大动乱前兆！

《后汉书》诸帝纪所收录，自顺帝登位以迄黄巾乱起的不足六十年间，羌乱以及属于汉朝政府允许迁移到长城地区与汉人混居而逐渐汉化了的其他"五胡"，生活在长江流域暨其以南地区的少数民族诸类型叛乱不计列之外，所谓"盗贼"的汉族自身反抗行动也将近五十次。社会如何动荡为容易明了。

盗贼初起，可能都是断失生业者、逃荒者、逃兵等匆促集合的铤而走险行动，单纯出发于"饥饿"此一人类本能要求。所以，此等乌合之众，如能获得政府帮助或收容时，问题化消似非困难，郡或县的地方警备力量，必要时也足够弹压，其时都非严重事态。这些事态可能因此也未记录入帝王传记的帝纪。而待见诸帝纪，盗贼的意义与暴动性质便已有转变，与黄巾之乱同时期爆发的汉朝极南领土上"交阯屯兵反"，可为例证说明。《后汉书》记述其事：地方长官交阯刺史与合浦太守都曾于事态发生时被俘，当新任刺史贾琮"到部，讯其反状，咸言赋敛过重，百姓莫不空单，京师遥远，告冤无所。民不聊生自活，故聚为盗贼"（贾琮传）。相同的原因，早约二十年前，窦武事件主要人物之一刘瑜延熹八年（纪元165年）应太尉杨秉举贤良方正上书已明言："今中官邪孽……民无罪而复入之，民有田而复夺之。州郡官府，各自考事，奸情赇赂，皆为吏饵。民愁郁结，起入贼党，官辄兴兵，诛讨其罪。贫困之民，或有卖其首级以要酬赏，父兄相代残身，妻孥相视分裂。穷之如彼，伐之如此。"显而易见，超越饥饿暴动范畴的民众运动态势，至迟二世纪中便已铸定。简言之，黄巾之乱只是"民变"不断累积的总爆发，以及点滴汇合为洪流。所以然的原因，便以原始的社会问题附加了政治问题。以贪暴为征象的宦官势力日益抬头，未能解消原已存在的民众痛苦，反又增加民众新的而且更大的痛苦，又是所蕴伏的危机主因素。

（安帝永初元年，纪元107年羌祸起）

顺帝永建元年（126）

二年（127）

三年（128）

四年（129）

　　诏有"寇盗肆暴"语

五年（130）

六年（131）

阳嘉元年（132）

　　海贼寇会稽

　　扬州六郡妖贼寇四十九县

二年（133）

三年（134）

　　益州盗贼

　　诏有"盗贼弥繁，元元被害"语

四年（135）

永和元年（136）

二年（137）

　　九真交阯二郡兵反

　　江夏盗贼

三年（138）

　　九江贼流寇郡界及广陵

　　吴郡丞羊珍反

四年（139）

五年（140）

六年（141）

汉安元年（142）

　　广陵盗贼寇郡县

二年（143）

　　扬、徐盗贼

建康元年（144）

　　南郡、江夏盗贼

　　扬、徐盗贼

　　九江盗贼徐凤、马勉称"无上将军"

　　九江贼黄虎攻合肥，群盗发宪陵

冲帝永嘉元年（145）

　　广陵贼复反

　　九江贼马勉自称"黄帝"

| | |
|---|---|
| 丹阳贼起 | 四年（161） |
| 庐江贼起 | 南阳、襄城、昆阳妖言相署者皆伏诛 |
| 历阳贼华孟自称"黑帝" | 五年（162） |
| 质帝本初元年（146） | 长沙贼起 |
| 桓帝建和元年（147） | 长沙、零陵贼攻桂阳、苍梧、南海、交阯 |
| 陈留贼李坚自称皇帝 | 艾县贼焚烧长沙郡县 |
| 二年（148） | 六年（163） |
| 长平陈景自称"黄帝子" | 桂阳盗贼 |
| 南顿管伯称"真人" | 南海贼起 |
| 三年（149） | 七年（164） |
| 和平元年（150） | 八年（165） |
| 扶风妖贼裴优自称皇帝 | 桂阳贼复反 |
| 元嘉元年（151） | 渤海妖贼盖登等称"太上皇帝" |
| 二年（152） | 九年（166） |
| 永兴元年（153） | 沛国戴异等称"太上皇" |
| 二年（154） | 永康元年（167） |
| 蜀郡李伯自称"太初皇帝" | （西羌悉平） |
| 太山、琅邪贼公孙举等反 | 灵帝建宁元年（168） |
| 永寿元年（155） | 二年（169） |
| 二年（156） | 丹阳贼起 |
| 公孙举等寇青、兖、徐三州 | （东羌悉平） |
| 三年（157） | 三年（170） |
| 延熹元年（158） | 济南贼起 |
| 二年（159） | 四年（171） |
| 三年（160） | 熹平元年（172） |
| 太山、琅邪贼劳丙等复叛 | 会稽人许生自称"越王" |
| 太山贼起 | 二年（173） |

| | |
|---|---|
| 三年（174） | 二月，黑山贼张牛角等十余辈并起 |
| 四年（175） | 三年（186） |
| 五年（176） | 二月，江夏兵反 |
| 六年（177） | 四年（187） |
| 光和元年（178） | 二月，荥阳贼起 |
| 合浦、交阯蛮招引九真、日南民攻没郡县 | 四月，金城人韩遂寇汉阳，扶风人马腾、汉阳人王国并叛，寇三辅 |
| 二年（179） | |
| 三年（180） | 六月，渔阳人张纯与同郡张举之兵叛，寇幽、并二州 |
| 四年（181） | |
| 五年（182） | 十月，零陵人观鹄自称"平天将军" |
| 六年（183） | 五年（188） |
| 中平元年（184） | 二月，黄巾余贼郭太等起于西河白波谷 |
| 二月，黄巾乱起 | 四月，汝南葛陂黄巾攻没郡县 |
| 六月，交阯屯兵反，自称"柱天将军" | 六月，益州黄巾马相自称天子 |
| 七月，巴郡妖巫张修反 | 十月，青、徐黄巾复起 |
| 十一月，湟中义从胡与先零羌叛，以金城人边章、韩遂为军帅 | 六年（189） |
| | （灵帝崩，何进事变，董卓入京） |
| 二年（185） | |

转变性质后"民变"的一般，《后汉书》度尚传有系统性说明："延熹五年（纪元162年），长沙、零陵贼合七八千人，自称将军，入桂阳、苍梧、南海、交阯。交阯刺史及苍梧太守望风逃奔，二郡皆没。遣御史中丞盛修募兵讨之，不能克。豫章艾县人六百余人应募而不得赏直，怨恚，遂反。焚烧长沙郡县，寇益阳，杀县令，众渐盛。又遣谒者马睦督荆州刺史刘度击之，军败，睦、度奔走。桓帝诏公卿举任代刘度者，尚书朱穆举（度）尚，自右校令擢为荆州刺史。尚躬率部曲，与同劳逸，广募杂种诸蛮夷，明设购赏，进击，大破之，降者数万人。桂阳宿贼渠帅

卜阳、潘鸿等……党众犹盛……遂大破平之。尚出兵三年，群寇悉定。七年，封右乡侯，迁桂阳太守。明年，征还京师。时荆州兵朱盖等征戍役久，财赏不赡，忿恚复作乱。与桂阳贼胡兰等三千余人复攻桂阳，焚烧郡县，太守任胤弃城走，贼众遂至数万。转攻零陵，太守陈球固守拒之。于是以尚为中郎将，将幽、冀、黎阳、乌桓步骑二万六千人救球。又与长沙太守抗徐等发诸郡兵，并执讨击，大破之。斩兰等首三千五百级，余贼走苍梧。"同卷冯绲传又补充提示："时（延熹五年）天下饥馑，帑藏虚尽。每出征伐，常减公卿俸禄，假王侯租赋。前后所遣将帅，宦官辄陷以折耗军资，往往抵罪。"二世纪中反抗运动已如何之盛，盗贼流动性又如何之强，政府扑灭此等叛乱又如何效果微弱，以及宦官腐败势力又如何横加阻挠，均可概见。所以，费尽力量敉平一次民众暴动，结局仍是暴动蜂起。一波又一波循环不息，从桓帝时代贯通灵帝时代，推雪球似民变规模愈滚愈大。

也惟其如此，后汉民变或造反，毋宁便是社会病态到达脓疮溃烂阶段的警告。而桓、灵时代权力者宦官势力集团非只无视于此，抑且火上加油，激荡的社会不安现象愈到后来愈深刻，农民与饥民对政府的怨愤，也愈累积为燃烧更烈的怒火，中平元年（纪元184年），轰轰烈烈的黄巾大暴动终于登场。

黄巾之乱的历史性格，已自前此所有民变或暴动的承续与延长，发展到具有总结意味。自高潮掀起以至余波荡漾，时间上兼跨二世纪末与三世纪初，空间由局部的、地方性的推展为全国性。所谓"黄巾"这个历史名词，也由初起时"着黄巾为标帜"，概括为其时所有前仆后继者的民众大运动泛称。主要原动力，便是饥民、隶属农民、自由生产者，以及相与合流的小官吏与土地小所有者的结合。

波涛广阔的黄巾"造反",《后汉书》灵帝纪中平元年条仅有简略记述:"春二月,巨鹿人张角自称黄天,其部帅有三十六方,皆着黄巾,同日反叛。"幕后与其演出的详细记载系在皇甫嵩传,便是:"初,巨鹿张角自称大贤良师,奉事黄老道,畜养弟子,跪拜首过,符水咒说以疗病,病者颇愈,百姓信向之。角因遣弟子八人使于四方,以善道教化天下,转相诳惑。十余年间,众徒数十万,连结郡国,自青、徐、幽、冀、荆、扬、兖、豫八州之人,莫不毕应。遂置三十六方,方犹将军号也。大方万余人,小方六七千,各立渠帅。讹言'苍天已死,黄天当立,岁在甲子,天下大吉'。以白土书京城寺门及州郡官府,皆作'甲子'字。中平元年,大方马元义等先收荆、扬数万人,期会发于邺。元义数往来京师,以中常侍封谞、徐奉等为内应,约以三月五日内外俱起。未及作乱,而张角弟子济南唐周上书告之,于是车裂元义于洛阳。灵帝以周章下三公、司隶,使钩盾令周斌将三府掾属,案验宫省直卫及百姓有事角道者,诛杀千余人。推考冀州,逐捕角等。角等知事已露,星夜驰敕诸方,一时俱起。皆着黄巾为标帜,时人谓之'黄巾',亦名为'蛾(蚁)贼'。杀人以祠天。角称'天公将军',角弟宝称'地公将军',宝弟梁称'人公将军'。所在燔烧官府,劫略聚邑,州郡失据,长吏多逃亡。旬日之间,天下响应,京师震动。"这段四百字的报道,反映值得重视的事实有——

其一,秘密活动时间长达十多年,从事充分而大规模的准备。所吸引信徒、同志或支持者,除了南方沿海交州与西北并、凉两州等边境地区以外,遍布黄河、长江两流域八州。其组织力之强,以及行动部署的周密,从规划全国为三十六个正规作战单位(所谓"方"),显然可见。

其二,准备结集到今日河北、河南两省交界地区安阳与临漳(原文所称的"邺"地)一带主力部队成员,堪注意便是延熹以来叛乱最剧烈与遭受流血镇压最惨酷的长江流域荆、扬两州流民与饥民。

其三,尝试后汉"造反"史从所未见的大魄力中央与地方配合起事,指导者制造宦官间矛盾,以及组织细胞成功渗透入宫廷的事实,无疑都是击中政治要害的最高智慧运用。而行动步骤的政治颠覆优先,修正军事盲动偏差,又系造反史全新的指导原则。

其四,黄巾之乱的注重宣传与提出明确政治主张,以思想凝结民众力量,都须特笔大书。汉朝流行五行之说,谓皇室汉家从天命而君临天下,传的是"火德"。黄巾勃发,以符咒与高明的医术换取民众信任同时,也利用五行理论把握群众心理,喊出的四句口号:"苍天已死,黄天当立,岁在甲子,天下大吉。"后两句预言新的幸福生活到临,乃是约定起事日期的暗号;前两句便依五行相生顺序与土由火而生的原理,说明土德替代汉朝火德的必然性。而土德的象征,又便是黄色。所谓"黄天"与以黄巾为标帜,都基于此一思想立场。

其五,黄巾之乱,指导者张角非只于秘密结社强烈表现为杰出的组织家与政略家,同时也铸定中国宗教史上惟一民族宗教道教的最早原型,以其教典《太平清领书》而名之"太平道",黄巾事发以前都以太平道姿态掩护,太平道起事才有"黄巾"名词的出现。同立于黄巾旗帜,而太平道时代自主流分出,教义相仿，却独自以四川省（汉朝益州）为布道地区，张陵所创立的"五斗米道"，响应起事而随黄巾主流的败亡，一度遭受相似打击，所谓"角被诛，修（即张陵之子张衡）亦亡"（《三国志》魏志张鲁传注引《典略》）[①]。张衡之子张鲁转进陕西省南部的汉中，继续发展五斗米道，至曹操势力庞大时再被破灭。以后张氏子孙另又转移到江西省龙虎山，发达为"天师道"而于道教正式成立时被尊为江南道教的正统。太平道与五斗米道，命运大有差别。

不论如何，道教原型太平道与五斗米道的具有战斗性为显然。而其教义，如教导民众诚信、忏悔、行善、助人等，正史中的记载以《三国志》魏志张鲁传为详，谓："鲁遂据汉中，以鬼道教民，自号师君。其来学道者……皆教以诚信不欺诈，有病自首其过，大都与黄巾相似。诸祭酒皆作义舍，如今之亭传。又置义米肉，悬于义舍，行路者量腹取足。若过多，鬼道辄病之。犯法者，三原，然后乃行刑。不置长吏，皆以祭酒为治，民夷便乐之。"注引《典略》补充说明："及鲁在汉中，因其民信行修（衡）业，遂增饰之。教使作义舍，以米肉置其中以止行人。又教使自隐，有小过者，当治道百步，则罪除。又依月令，春夏禁杀，又禁酒。"《太平清领书》原本已失传，其后身《太平经》则揭示人生六大罪。其第三罪"积财亿万，不肯救穷周急，使人饥寒而死，其罪不除"。第四罪"天生人，幸使人人有筋力，可以自衣食，而不肯自为，反使饥寒，负先人之体，而轻休其力，其罪不除"。如上教义与行为，对于生活于经济萧条、社会动荡、政治腐败环境中的人民，显然都能发生强烈煽动作用。也惟其如

---

[①] 《三国志》通常分为《魏书》《蜀书》和《吴书》，也有称为《魏志》等的，类似情况不一一列举，尊重作者原文，特此说明。——编者注

此主张改造不正常的现世社会，祈望真正太平盛世的太平道思想深植基层群众，而获得广大支持。待到理想中追求幸福的时刻"甲子年"来临此一消息传播，愈鼓舞了热血沸腾的不满现实者心理，天下大乱乃不可避免。

只是，长期准备必然须冒容易泄密的危险，国都洛阳被太平道或黄巾指定重点攻击，部署期间若干迹象的预早显露也可以想象。《后汉书》五行志记载：熹平二年（纪元173年）"雒阳（洛阳）民讹言，虎贲寺东壁中有黄人，形容须眉良是，观者数万。省内悉出，道路断绝"。无妨解释为早自大乱爆发十年前，便已放出的心理攻势信号。再五年的光和元年（纪元178年），五行志又载："何人白衣欲入德阳门，辞'我梁伯夏，教我上殿为天子'。中黄门桓贤等呼门吏仆射，欲收缚何人，吏未到，须臾还走，求索不得，不知姓名。"灵帝纪也列举同一年中，京师与宫廷连续发生的灾异：

——四月，侍中寺雌鸡化雄；

——五月，便是上述白衣人入宫内德阳殿门，亡去不获。

——六月，有黑气堕所御温德殿庭中。

——七月，青虹见御坐玉堂后殿庭中。

——十二月，京师马生人。

以后数年的记录：光和二年，洛阳女子生儿，两头四臂；三年，公府驻驾庑自坏；四年，北宫东掖庭永巷署灾；五年，永乐宫署灾。

如上云云，很可能都是潜伏京师太平道信徒散布谣言与扰乱性破坏行动的配合运用。或者说，国都人心浮动的表现。然而，心理战效果可谓达成，相对方面，因连续的警告而京师治安当局提高了警觉，却也是反效果。终于最后阶段功亏一篑，潜伏京师地下组织核心被粉碎。黄巾起事的实际形式，仍不得不流于匆促应变。"甲子"年份虽符合，时间却仓猝提早了一月，计划中瘫痪中枢政治神经与突袭占领京师的最重要环节，便完全失败。

黄巾反抗运动被迫变质纯军事性，意义等于倒退到前此"造反"老路。见到的只是攻击都市、杀戮官吏，焚烧政府建筑物、抢仓库、掠夺富有者财物、溃决堤防与水浸田地等破坏性举动，积极意义尽失，反抗运动弱点暴露。所以，当汉朝政府调派警备京师的五校尉国家主力部队与动员全国兵力，对黄巾同样作生死大赌博时，胜负之局立可判定。黄巾造反者无论所受军事训练、战斗能力、正规作战的战场攻防经验，全须较政府军逊退一筹。指挥官也无从比拟政府感于事态严重而特选诸将军的具备丰富军事经验与深谙兵法知识。仅凭勇敢、斗志与以生命相搏，支持不了全局，黄巾结局，于是已可预知。

汉朝政府镇压黄巾反乱同时并出的四位将军中，左中郎将皇甫嵩与东中郎将董卓同系西北豪族的代表者，也同与敉平羌祸的前后统帅有亲密关系，前者便是皇甫规之侄，后者则张奂部将，但羌祸最终收场者与第三位统帅段颎已与他们无涉。右中郎将朱儁少年时以任侠闻名，不久前才以扑灭南方交阯部反乱的胜利受到朝廷重视。北中郎将卢植又是"名著海内，学为儒宗，士之楷模"。四人中最有力的皇甫嵩所统率征伐军，自河南省东半部经山东省边界，北向河北省南半部推进，横扫豫、兖、冀三州。顽强抗拒的黄巾部队，一处处都以死伤数万人的惨重损失溃退。同年九月，英雄人物皇甫嵩的强力军队长驱入张氏兄弟本据地巨鹿郡。张角突然死亡，广宗防卫战展开，领导者张梁以下八万人阵亡。十一月，激战移至下曲阳（今河北省晋县），张宝战死，政府军刀锋下，再创一次杀戮十万余人的残酷纪录，皇甫嵩威震天下。同一时期，朱儁也肃清河南省南部的荆州南阳郡黄巾。前后十个月，黄巾主力完全被击溃。

然而，黄巾中心领导尽管瓦解，势力也削弱，其波动地域遍及全国的形势则已铸定。新的首领立即填补，地方性的各支黄巾部队所制造各个事件，连续不断。而且，还非化散了的小部队游击活动，如"益州黄巾马相，众至十余万"（中平元年，《后汉书》刘焉传）；"青、徐黄巾三十万众入渤海界"（初平二年，《后汉书》公孙瓒传）；"青州黄巾众百万入兖州"（初平三年，《三国志》魏志太祖纪），都可说明其浩大声势。迄于二十年后的献帝建安十二年（纪元207年），《后汉书》献帝纪尚有"十月，黄巾贼杀济南王赟"的记录。虽然如上后期黄巾或所谓"黄巾余党"，都继承最早起事时变了质的情况，已不能附带政治意味。

后期黄巾两大系统"黑山"与"白波"，《后汉书》的记载是——

> 自黄巾贼后，复有黑山、黄龙、白波、左校、郭大贤、于氐根、青牛角、张白骑、刘石、左髭丈八、平汉、大计、司隶、掾哉、雷公、浮云、飞燕、白雀、杨凤、于毒、五鹿、李大目、白绕、眭固、苦蝤之徒，并起山谷间，不可胜数。其大声者称雷公，骑白马者为张白骑，轻便者言飞燕，多髭者号于氐根，大眼者为大目，如此称号，各有所因。大者二三万，小者六七千。贼帅常山人张燕，轻勇矫捷，故军中号曰飞燕，善得士卒心，乃与中山、常山、赵郡、上党、河内诸山谷寇贼更相交通，众至百万，号曰黑山贼。河北诸

郡县并被其害，朝廷不能讨。(朱儁传)

灵帝末，黄巾余党郭太等复起西河白波谷，转寇太原，遂破河东，百姓流转三辅，号为"白波贼"。(董卓传)

黑山贼大本营仍在冀州或今日河北省，明显为黄巾主流的死灰复燃。白波贼则以并州与司隶校尉部或今日山西省、陕西省为据点。后者于未来汉朝中央政府解体大逆流中，倒转成为皇帝卵翼者，又是反常时代的反常大变化。

张角秘密结社巨大力量导发了自身的后继者，同时也鼓励非黄巾系统反抗怒涛的追随蜂起。当二世纪八十年代黄巾挑战与被镇压最激烈期间，南起越南—广东，西北迄甘肃—青海方面，反乱正如野火燎原。抑且，二世纪中已形成汉族与非汉族叛乱合流的形势，此期间也愈益明显。凉州原是长期羌祸的发源地，而当叛乱再起，情况便已转变如《后汉书》董卓传所说明："中平元年冬，北地先零羌及枹罕河关群盗反叛，遂共立湟中义从胡北宫伯玉、李文侯为将军，杀护羌校尉泠征。伯玉等乃劫致金城人边章、韩遂，使专任军政，共杀金城太守陈懿，攻烧州郡。明年春，将数万骑入寇三辅，侵逼园陵，托诛宦官为名。……三年冬，韩遂乃杀边章及伯玉、文侯，拥兵十余万，进围陇西。太守李相如反，与遂连和，共杀凉州刺史耿鄙。而鄙司马扶风马腾，亦拥兵反叛。又汉阳王国自号合众将军，皆与韩遂合，共推王国为主，悉令领其众，寇掠三辅。五年，……韩遂等复共废王国，而劫故信都令汉阳阎忠，使督统诸部。忠耻为众所胁，感恚病死。遂等稍争权利，更相杀害，其诸部曲并各分乖。"

相同的例子也可自汉朝东北领土的幽州变乱见之："中平四

年，前中山太守张纯反畔，入丘力居（辽西乌桓）众中，自号弥天安定王，遂为诸郡乌桓元帅。""纯等遂与乌桓大人共连盟，攻蓟下，燔烧城郭，虏略百姓，杀护乌桓校尉箕稠、右北平太守刘政、辽东太守阳终等。众至十余万，屯肥如"。举前太山太守张举为天子，"寇掠青、徐、幽、冀四州"。（《后汉书》乌桓传、刘虞传）

从如上记录，当知叛乱的种族背景，此时已全然模糊，而且往往便被汉族野心家所利用，或直接导演。野心家身份亦堪注意，依引文所提示，马腾固仅县级小官吏与汉—羌混血种，边章、韩遂便都是现任县令或郡级官员，张纯等尤系前任郡级地方长官或当时的地方豪族。反乱性质，由此可发见再增添了新的方向。

陪伴黄巾暴动全国性社会秩序脱轴情势的形成，以及直接关连汉朝覆亡与中国分裂的另一原因，乃系以此划期，地方军事力急速庞大，中央权力也自此向地方分散。适应黄巾余党层出不穷的掠夺与破坏，各地必须自动武装，组织自卫力量保护家园，地方官也必须保持抑且再扩充足够的兵力，随时警备驱逐盗贼侵犯。后汉地方上原不维持常备军队，军队又从未受个人固定控制的传统制度，因之一变。同时，地域区划大过郡级行政单位，且便系以郡县为对象的十三部或十三州监察单位，也自中平五年（纪元188年）改制，监察区转变为与郡直接连结了隶属关系的大行政区，以增大应变机能。《后汉书》刘焉传说明："焉以为刺史威轻，既不能禁（兵寇），且用非其人，辄增暴乱，乃建议改置牧伯，镇安方夏，清选重臣，以居其任……（太常）出焉为监军使者，领益州牧。太仆黄琬为豫州牧，宗正

刘虞为幽州牧,皆以本秩居职。州任之重,自此而始。"于是,迥然改观的现象发生:

其一,军队属于私人,汉朝历史上开始育成了军阀。

其二,强化的行政、军事、监察,集中最高地方长官州牧的一身。宦官蒙蔽皇帝粉饰太平,原已造成地方对中央的离心,此时更获得了力量支持。

其三,地盘意识与占领、扩大地盘的欲望,从此都告萌生。

大行政区最初仅设立于反叛最严重地区,且受任者乃个人资望较高的三人,三人中皇族又占两人。第二年中平六年,才再有董卓的拜并州牧。董卓当皇甫嵩等前此出征结束交卸兵权时,独以凉州人熟悉凉州事务为理由,获准继续弹压凉州叛乱,却以此闻名,并升任前将军。他的拒绝交出他所指挥庞大数量部队,继之便幸运地如上述制度更张而合法化,成为当时掌握最强大兵力的方面军统帅与汉朝历史上最早登场的大军阀。特堪注意,中平六年他膺并州牧新命而军队移向接近国都洛阳的山西省时,正值何进、袁绍谋诛宦官。何进、袁绍企图得到这支精锐部队的外援而予引入中央政府,实际所迎得,慨叹却是董卓与其部队对汉朝最后命脉的扼杀。

董卓所代表的军阀势力,以与士族携手,得士族援引而介入中央政府。但当董卓轻易换立更年幼的献帝为傀儡,自任后汉政治制度所无,其时特设位三公之上的相国,入朝不趋,剑履上殿而总揽权力时,立即替代被清除了的宦官位置,与士族发生尖锐冲突。士族在他血手整肃下彻底败北,董卓个人悍然已是中国史上第一位以武力恐怖统治的大独裁者。四世三公后裔袁绍、袁术兄弟相继逃亡出洛阳,所反映正是士族势力没落,豪族继续影响中央政治的希望幻灭。相对意义，也是豪族势力虽不得不退回地方，却准备以地方的独立姿态对抗中央，地方势力益益抬头。地方豪族，权力强化了的地方长官与各地军阀，对中央离心作用增大从而公开化。

董卓夺权的第二年（初平元年，纪元190年），洛阳以东诸州郡讨伐董卓的统一阵线成立，盟主便是袁绍。联军西进消息传出，董卓一概否决所有反对意见，强制以国都与中央政府迁移到邻近他势力本源地，关中的汉朝旧都长安。临行，放兵在洛阳城内外纵火大掠夺，没收宫廷、富豪财物，数百万洛阳居民全数在武力压迫下随同西迁。二百年繁荣的文化之都，旦夕间化为二百里内无人烟的废墟。而所谓"关东"同盟的军阀团，自一度推进洛阳附近与董卓部队接触，也立即因联合阵线的内讧，以虎头蛇尾姿态烟消云散。

总结董卓前后三年专政，两京与附近郡县宛如瘟神罩临，《后汉书》献帝纪、董卓传对此具有生动的实况缕列：

> （中平六年初入洛阳）是时洛中贵戚室第相望，金帛财产，家家殷积。卓纵放兵士，突其庐舍，淫略妇女，剽虏资物，谓之"搜牢"。人情崩恐，不保朝夕。
>
> 卓悉取藏中珍物。又奸乱公主，妻略宫人，虐刑滥罚，睚眦必死，群僚内外莫能自固。
>
> 卓尝遣军至阳城，时人会于社下，悉令就斩之。驾其车重，载其妇女，以头系车辕，歌呼而还。
>
> 又坏五铢钱，更铸小钱，悉取洛阳及长安铜人、钟虞、飞廉、铜马之属，以充铸焉。故货贱物贵，谷石数万。

（初平元年，自洛阳迁长安）于是迁天子西都（长安）……尽徙洛阳人数百万口于长安。步骑驱蹙，更相蹈藉，饥饿寇掠，积尸盈路。卓自屯留毕圭苑中，悉烧宫庙官府居家，二百里内无复孑遗。

又使吕布发诸帝陵，及公卿以下冢墓，收其珍宝。

又遣将四出虏掠。

（初平二年，在长安）分遣其校尉李傕、郭汜、张济，将步骑数万，击破河南尹朱儁于中牟，因掠陈留、颍川诸县，杀略男女，所过无复遗类。

以视如上记录，董卓暴政与其放豺狼入羊群似指使部下加诸朝野的浩劫，可谓已与宦官或盗贼无异，而迫害较宦官尤为直接，较盗贼或前此他所讨伐的黄巾又为肆无忌惮。特为可怕，董卓个人所患变态的暴虐狂，于抵达长安由相国再行进位太师时愈益炽烈，如前同一的资料来源列举其例：

……生擒颍川太守李旻，烹之。卓所得义兵士卒，皆以布缠裹，倒立于地，热膏灌杀之。

卓施帐幔饮设，诱降北地反者数百人，于坐中杀之。先断其舌，次斩手足，次凿其眼目，以镬煮之。未及得死，偃转杯案间。会者战栗，亡失匕箸，而卓饮食自若。

野兽无人性的统治，终被制裁。何进政变期间要角之一的王允，于政府威权失坠时独撑大局，忍辱负重任三公之一司徒，获得机缘策反董卓亲卫军将领吕布，于董卓统治第四个年头（初平三年，纪元192年），就宫中刺杀董卓。史料记载大快人心的一幕，今日读来仍深感动。此故事也于后世《三国演义》小说著作时，被收录为最动人情节之一，所谓"王司徒巧使连环计"。故事中出现的女间谍貂蝉，又与春秋时代西施、前汉王昭君，以及其后唐朝杨贵妃，中国民间传说同列四大美人典型。形容"美女"的词汇：沉鱼、落雁、闭月、羞花，便依时代序，各各代表四大美人附着的故事。

董卓死讯传出，愤怒的西北将领与他们的士兵，立即自四郊集中，攻陷长安，主要朝臣皆死，王允被灭族。长安城内疯狂大屠杀展开，国都陷入极度混乱的无政府状态。至第三年（兴平元年），《后汉书》的记录仍是官军与盗贼不分："时长安中盗贼不禁，白日虏掠。而（李）傕、（郭）汜、（樊）稠乃参分城内，各备其界，犹不能制，而其子弟纵横，侵暴百姓。是时，谷一斛五十万，豆麦二十万，人相食啖，白骨委积，臭秽满路。"（《后汉书》董卓传）原董卓部将各各自封官爵，复因分赃不相让而相互攻杀，皇帝被劫来夺去如同财物或玩具。然而，也幸得此类野兽型人物内讧火并，以及火并中脱颖较有头脑的次级将领帮助，或者反过来说，另一形式的胁迫，献帝才得于兴平二年（纪元195年），以洛阳为目的地东逃。而其时关中与长安的被破坏面目，已如《后汉书》董卓传所说明："初，帝入关，三辅户口尚数十万。自（李）傕、（郭）汜相攻，天子东归后，长安城空四十余日，强者四散，羸者相食。二三年间，关中无复人迹。"

献帝逃离关中，最早得原董卓已死女婿牛辅部将董承与董卓将领之一李傕部属原白波贼帅投降者杨奉掩护，途中又有白波贼与南匈奴勤王。但在董卓集团高级支配者追击下，董卓传所描述狼狈苦难之状，仍令人不忍卒读：李傕、郭汜悔令天子东归，合张济共追乘舆，"大战于弘农东涧。承、奉军败，百官士卒死者不可胜数，皆弃其妇女辎重，御物符策典籍，略无所遗。"

"天子遂幸曹阳，露次田中。承、奉乃谲傕等与连和，而密遣间使至河东，招故白波帅李乐、韩暹、胡才及南匈奴右贤王去卑，并率其众数千骑来，与承、奉共击傕等，大破之，斩首数千余级，乘舆乃得进。

"傕等复来战，奉等大败，死者甚于东涧。自东涧兵相连缀四十里中，方得至陕，乃结营自守。时残破之余，虎贲，羽林不满百人，皆有离心。承、奉等夜乃潜议过河，使李乐先度具舟舡，举火为应。帝步出营，临河欲济，岸高十余丈，乃以绢缒而下。余人或匍匐岸侧，或从上自投，死亡伤残，不复相知。争赴舡者，不可禁制。董承以戈击披之，断手指于舟中者可掬。同济唯皇后、宋贵人、杨彪、董承及后父执金吾伏完等数十人。其宫女皆为傕兵所掠夺，冻溺死者甚众。"

幸得逃脱追兵，而于第二年（建安元年）七月返抵残破的洛阳，还是一片凄凉景气："是时宫室烧尽，百官披荆棘，依墙壁间。州郡各拥强兵，而委输不至。群僚饥乏，尚书郎以下自出采稆，或饥死墙壁间，或为兵士所杀。"悲哀的另一面，追随献帝颠沛流离于洛阳—长安—洛阳与战火间的累代老臣，多数都已死尽于此劫难中，包含镇压初期黄巾建立赫赫战功，虽先后受宦官与董卓迫害，而官阶上仍相续到达最高位太尉的皇甫嵩与朱儁。

献帝到达安全地带，发现"州郡各拥强兵，而委输不至"，是特堪注目的强烈政治变化。便是说，二世纪汉朝经济衰退，社会波动，宦官黑暗政治，到广幅度黄巾之乱最早引发地方军阀权力的获得承认，再通过董卓专政与其余党所制造无政府状态，中央势力流向地方又加深、加厚基石时，二世纪九十年代所见，地方割据态势的确立已全然明朗化，仅勉强维持中央政府从名义上尚未立即倒塌而已。

但对于无政府局面，终便自建安元年（纪元196年）结束而转换入另一个时代。此一时代，皇帝徒具空名的方向已不能再行转变，固定寄生于地方割据军阀势力之一，也以此一割据势力"挟天子以令诸侯"，从兴起到强大，收拾董卓以来支离破碎局面而把握历史发展主线，为其特征。此一关键势力与代表人，便是曹操。献帝于七月逃归洛阳，协助与导演出奔者立即原形毕露，各各分据高位，开始相互倾轧。其中之一的董承，要求距洛阳邻近，又系割据形势中此时尚属新崛起军阀，官位不过镇东将军，考虑容易接受要求的兖州曹操，来京支援。曹操果然欣然接受要求，八月入洛阳，慷慨资助皇室与政府所需费用、食物。而于此期间，原先挟持皇帝的董卓余党与白波渠帅也全被曹操消灭，曹操乃以洛阳残荒，不宜再为国都为理由，迁移朝廷以及与献帝共患难而凋谢殆尽的残余朝臣至其本据地许（今日河南省许昌县）予以庇护。自此，仅有汉朝朝廷外壳，而曹操集团为实质支配的强力并合各地军阀大事业展开，以迄曹操之子曹丕接收汉朝政权时始再兴起突变性政治高潮。

所以，汉朝的名存实亡，可谓已以董卓入京为征象，但油干灯灭，则中间尚相隔一段过渡时期。而此中国历史上第一个世界性大帝国汉朝朝代名词准备拭抹与中国第一次分裂的前奏性过渡期，乃与汉朝最后一代献帝的在位期相当。其前期六年，系混乱的扩散时期，后期则从扩散渐渐再收拢，此后期的明显分界标志，又便是以许为临时国都，以及以建安为年号的二十五年。

颠波极端剧烈，却是多彩多姿的朝代转换过渡推展，前可概括未来支解中国的原动力地方割据势力形成阶段，后又伸展到分裂局面的展开。约略一个世纪时间，铸定为中国历史上最富于罗曼蒂克的特殊化英雄斗争时代。其事迹要约，包含了汉朝强力统制从摇摇欲坠而解体，支解期军阀互争，以及中国经过被分解三个各各独立的国家，而再归纳到晋朝短暂统一的一系列历程。简言之，一部长期内战史。特饶趣味的，此一英雄时代或中国内战时代的人物，今日中国民间几乎人人得知，其事迹也家喻户晓，已是凡属中国人最熟悉的一段本国史。所以然的原因，得力于历史小说《三国演义》的传播与广泛受欢迎。虚虚实实的史实，通过《三国演义》作者奔放与生动的描述，一个个英雄人物如曹操、诸葛亮等与所附着的浪漫化传奇故事，活跃纸上。刘备、关羽、张飞"桃园三结义"，且成为后世异姓兄弟结拜与今日海外华侨社会加添四弟赵云后，发达的四姓宗亲会理论依据。演义中由丰富的想象力所推出奇计与权谋术数，也在民间津津乐道，流传为兵法的通俗介绍。

但堪注意《三国演义》中戏剧化主角或据而编写的历史上实有英雄人物，出身尽管有异，事迹却都与黄巾有关。他们以讨伐黄巾起家，收取黄巾起事的成果而成功。代表性例子便是三国各个开国领导人物，曹操乃宦官子弟，以骑都尉追随皇甫嵩征伐黄巾时开始闻名西园八校尉之一的典军校尉；刘备是没落了的皇族远支，讨伐黄巾四将军之一卢植的门生，他的第一个官职安喜尉直接便因"率其众从校尉邹靖讨黄巾有功"而得；孙策、孙权是后辈江东豪族，辈分与曹操、刘备相同的其父孙坚最早又便是朱儁佐军司马，总括而言，都是"黄巾之乱"时势制造的英雄。

惟其如此，纪元二世纪末幅度广阔的黄巾民众大运动，虽以自身弱点而失败，但群雄割据局面便由征伐他们的各地军人实力者，或者黄巾自身有组织力的头目交织造成。后者著名的例子系五斗米道张鲁支配陕南汉水流域。正史《三国志》魏志张鲁传说明："（鲁）雄据巴、汉垂三十年。汉末力不能征，遂就宠鲁为镇民中郎将，领汉宁（汉中郡改名）太守。"抑且，黄巾的信仰，"土德取代火德"思想也已成功地盛行民间，汉朝天命已尽与希望汉朝交替的意志为各阶层全面接受。则失败了的黄巾造反，仍对汉朝国家机构崩坏担当了决定性的历史转折任务。《三国演义》英雄时代的开宗明义第一章叙述，因此也便自黄巾之乱开始。

## 分而合·合而分

大小军阀相互斗争与此起彼伏的英雄时代揭幕，至建安元年献帝自关中东归前夕的形势：

——辽宁省、安东省方面与朝鲜半岛，公孙度（幽州东部、公孙氏自改为平州）。

——河北省北部与热河省、察哈尔省东南部，公孙瓒（幽州）。

——河南省北部、河北省南部、山西省、陕西省北部、绥远省、山东省东部，袁绍（冀、并、青三州）。

——山东省西部、河南省东部，曹操（兖、豫两州）。

——山东省南部、江苏省北部，由陶谦转移为刘备（徐州）。
——河南省南端、张绣继其族叔张济领有（荆州南阳郡）。
——湖北省、湖南省方面，刘表（荆州）。
——安徽省、江西省方面，袁术（扬州东半）。
——江南、皖南、浙西，孙策（扬州西半）。
——陕西省南部，张鲁（益州汉中郡）。
——四川、云南、贵州三省，刘璋继其父刘焉领有（益州）。
——甘肃省、宁夏省方面，韩遂、马腾（凉州）。
——广东、广西两省与越南，士燮（交州）。

十三州或十三部中，包含河南省南部、山西省南端一角，以及陕西省中部的司隶部，则唯一中央政府支配权力可及的地域。

如上胶着的地方军阀割据局面，接续分两线突破。其一，接替最早幽州牧刘虞地盘的公孙瓒又被袁绍并灭，袁绍于十三州中独有冀、青、幽、并四州，名实相符已系群雄中的最大势力者。其二，便是献帝脱出关中到达洛阳而地方势力无人加以援手之际，独力担当辅助朝廷重任的曹操。曹操于其时割据形势中，并非强力的实力人物，所以慨然以朝廷保护人自居之初，暂尚不得不以其时政府最高名位大将军礼让与袁绍，自身仅以司空职位总统百官。但曹操无愧杰出的大政治家，如《三国志》魏志太祖纪评语"非常之人，超世之杰"，便自此际"挟天子以令诸侯"的高度政治艺术运用，而终成为他高峰事业的起点，一方面得以较次实力与任何具有雄厚资本的大军阀相抗衡，另一方面，也以支配中央政府而从实质上一举兼领了司隶校尉部的广大地域。待到驱逐徐州刘备的吕布再被消灭，张绣又投降，曹操统制圈急速膨胀，而黄河以北袁绍与黄河以南曹操的均衡势力，于焉成立。中原领导权，已非袁氏独占而系两大对立。

此阶段，早期好友与西园八校尉同事的袁绍与曹操已不得不正面冲突，著名的建安五年（纪元200年）官渡之战于是爆发。袁绍骄兵与曹操哀兵，决定了此役结果。战场上兵力悬殊的曹操，沉着面对他从未经历的巨大压力，策反、机动战、心理战综合运用成功，充分显现他臻于完全成熟境界的大军事家性格，也注定其突破一生事业中最大障碍而步上统一中国北方坦途的好运。战役由袁绍主攻，大军陆续渡河向南，守方曹操结集于官渡（今河南省中牟县北）的精锐主力，一部分乘夜绕道偷袭猝不及防的袁绍后方得手，烧尽袁绍积储的辎重与其粮库。大决战展开，袁绍方面两名将军又突然自战场倒向曹操，于是袁绍全线动摇溃退，败兵被俘活埋于战场的七万人。袁绍狼狈退还其本据地邺（今河南省临漳县），气愤得病，第三年便死亡。

袁绍之死，儿子间内讧制造曹操的有利机会。建安九年（纪元204年）渡黄河进发，占领冀州，曹操自兖州牧改任原袁氏的冀州牧，邺转移为曹操发号施令司令台，与献帝所在地许，自此分离。分领青、幽、并三州的袁绍其余诸子与外甥，以及服从袁氏领导的乌桓种族，也在以后数年中连续被个别击破。建安十三年（纪元208年），便以袁氏势力全行肃清，而在曹操授意下，中枢领导由三公制度改建独任制，曹操蹈袭董卓旧轨迹，由司空进位丞相。其意义，便代表了中原的初步被统一，这段过程，自开始迎接献帝起算，前后经历十二年。

曹操能压倒强过他的巨大对手袁绍而发展为北方中国唯一的权力者，汉朝皇帝名义被利用，以及自身的雄才大略，自是政治上最大凭借与条件。同时，依他"举孝廉为郎，除洛阳北部尉，迁顿丘令，征拜议郎。光和末，黄巾起，拜骑都尉，讨颍川贼，迁为济南相，……征还为东郡太守，不就，称疾归乡里。……征典军校尉（西园八校尉之一）"这段《三国志》魏志太祖纪所载经历，丰富的地方经验，便迥非长期逗留中央政府的袁绍能相比拟。两人相同资历，系自同任西园八校尉之一开始。然后，关东同盟解体，袁绍以渤海太守任冀州牧，推荐曹操为东郡太守，再晋任兖州牧。惟其曹操曾长期亲民，磨炼他认识群众的需要，了解群众的心理，也明了群众的重要与如何利用群众。同以平定黄巾、黑山余党，传记中的记录，他便迥异于公孙瓒、袁绍的仅系消极性"大破""杀戮"，而处置方式有其区别。《后汉书》献帝纪与《三国志》魏志太祖纪初平三年条："青州黄巾众百万入兖州，杀任城相郑遂，转入东平。……击杀兖州刺史刘岱。东郡太守曹操大破黄巾于寿张，追至济北，受降卒三十余万，男女百余万口。收其精锐者，号为青州兵。"建安十年条："黑山贼张燕率其众十余万降。"都可明显提示。黄巾、黑山农民原系绝好的兵力供应来源，曹操鼓励愿意归附者予以改编训练，都成为他强力的优良军队与其后军事发展的莫大资本。

特堪注意，又在曹操的知人善任与认真吸收人才。事业展开期方面大将颇多原系敌方投降将领可无论，侧近智囊团出自同一形态构成便非轻易得以尝试，其四位核心人物，荀彧自袁绍阵营投奔，贾诩随张绣归附，荀攸乃荀彧之侄，程昱则兖州时代闻名聘请，无一人与曹操具有故旧关系。便是说，系已撇开情感成分的纯然理智选择。此一准则自始至终不变，而且愈到权力基础建立愈明确。建安十五年（纪元210年）、十九年（纪元214年）、二十二年（纪元217年）著名的求才三令，已可谓汉朝依

"孝""廉"道德律用人旧传统公开的毁灭性宣言，以及新时代实用性人才的奖励。曹操断然矫治后汉末年以来名节之士走火入魔的病态与偏差，对于政治史抑或社会史都是革命性一大转变。虽然太过迫切的功利主义同样有其偏失，至少，认识旧秩序所以溃败的原因与重建新秩序所需，以此时代而言，都属正确。

曹操大事业厚植基盘，《三国志》魏志太祖纪建安元年条曾特笔大书"用枣祗、韩浩等议，始兴屯田"。便是说，屯田延缓与阻止了社会秩序与生产力继续崩溃趋向。屯田制度为何对激化的动乱收场具有快速的特效药性能？可参证如下军阀内战时代诸记录——

（公孙瓒与袁绍对抗）连战二年，粮食并尽，士卒疲困，互掠百姓，野无青草……旱蝗谷贵，民相食。（《后汉书》公孙瓒传）

自遭荒乱，率乏粮谷。诸军并起，无终岁之计，饥则寇略，饱则弃余，瓦解流离，无敌自破者不可胜数。袁绍之在河北，军人仰食桑椹；袁术在江淮，取给蒲蠃。民人相食，州里萧条。（《三国志》魏志太祖纪引《魏书》）

兵难日起，州郡鼎沸。郊境之内，民不安业，捐弃居产，流亡藏窜。

关东诸州郡起兵（讨董卓），众数十万，皆集荥阳及河内。诸侯不能相一，纵兵钞掠，民人死者且半。久之，关东兵散……岁大饥，人相食。

大乱之后，民人分散，土业无主，皆为公田。（以上均《三国志》魏志司马朗传）

曹操屯田制度推行，系以战乱所形成无主听任荒废的田地收为国有，招募战灾中遭劫流亡难民与散兵游勇，定居耕作，直结曹操所代表的中央政府，租税也不经州县而直接输纳中央。此一制度，自曹操迁帝于许（纪元196年）时，立即于许都周围实行，临时国都的许，因之另一意义也是兵站与供应基地。然后同一方式，再向曹操统制区各地扩散。非只加大财源与保障庞大军队维持的粮食自给，中原流民乱兵问题陪伴解决，社会秩序次第稳定。所以，曹操势力扩大期间，屯田无疑已是内政重心。换言之，屯田政策成功，才保证了曹操势力的增强获得可能。《三国志》魏志太祖纪引《魏书》："是岁（建安元年），乃募民屯田许下，得谷百万斛。于是州郡例置田官，所在积谷。征伐四方，无运粮之劳，遂兼灭群贼，克平天下"，便是屯田绩效的扼要说明。

二、三世纪之交，破残的中国北方渐渐诞育稳定势力时，南方也正出现新的境界。淮南袁术于其族兄袁绍攻灭公孙瓒而全有河北之地的同一年（建安四年，纪元199年），穷迫死于流亡途中，是长江下流局势段落性的发展。其失败原因，据《后汉书》袁术传记载："不修法度，以抄掠为资，奢恣无厌……兵弱大将死，众情离叛。加天旱岁荒，士民冻馁，江淮间相食殆尽……于是资实空尽，不能自立。"可谓与曹操事业蒸蒸日上呈现强烈对比。袁术之死，地盘立即被代表年轻一代的江东孙策所接收。第二年或官渡之战同一年，野心勃勃的孙策又被刺客暗杀，其弟孙权接棒为建设江东六郡发达根本的继承人。

孙氏兄弟对曹操或袁氏兄弟都是后辈。其父孙坚以长沙太守为关东同盟一员，也是同盟中惟一推向最前线与董卓大军激战的勇将。不幸便因其惯于身先士卒，而于随后征伐荆州刘表时阵亡，未能参与群雄角逐的场面。孙策继承其父遗志，初附袁术而久久都被抑制，乃断然脱幅独立开创局面。所以，孙策（与其弟孙权）兴起，性质与类型较之自身原已附着高位的割据者，颇有区别。孙策割据势力中核吴郡便是他故乡，也与袁绍汝南郡人、曹操沛国人（均属豫州），而前者以渤海郡——冀州、后者以东郡——兖州创业的情况不同。其地方军阀身份与强固地盘建立于自身之为当地豪族而结集南方豪族共同携手，以及专注于南方开拓的形态，又于逐鹿中原的当时潮流，呈现相背性的例外。

刘备势力介入荆州与荆州支配者刘表之死，导引前期比较安定的长江中游局势激烈波动，也随同展开泛南方形势的巨大变化。刘表系党锢时代著名"名节之士"的八俊之一，与四川益州刘璋之父刘焉同属更年长的一辈，以及最早期形成的割据势力圈。刘备则在曹操等同辈群雄中，崛起时间表上晚得多，而且"少孤，与母贩履织席为业"，名份上是皇族，平民色彩反较袁绍、曹操、孙坚都浓厚。也惟其如此，创业力量显得单薄，而早期颠仆较任何知名人物为烈。最初以招募义勇兵从征黄巾始得微小官职，而其时袁绍、曹操等均已到达二千石级高位。高唐县令任内又被黄巾所破，投奔早年受教名儒卢植时同学而英雄时代最早发迹者之一的幽州牧公孙瓒，得其提携，以别部司马抗拒袁绍有功，才第一次位至二千石级的平原相，而得推为事业的起点。当初平四年（纪元193年），一度失败于吕布攻击，但迅速回复屹立的兖州曹操发动对徐州陶谦侵略，刘备与陶谦协力拒敌，乃得于次年陶谦老死时接收徐州。隔两年，曹操迎献帝至许，淮南袁术突击刘备，与曹操争夺兖州失利后寄生于刘备的吕布乘机背叛，刘备腹背受敌溃败，逃依曹操，拜左将军，接受推荐领豫州牧。吕布败亡于曹操而袁术又死后，刘备与曹操破裂，北奔投靠袁绍。官渡之战，复被曹操逼迫南走荆州，与刘表势力合流。任职郡守以来，前后十年间，不断于河北、山东、江苏、河南、湖北诸省奔波的生活，建安六年以后，才在南阳寄人篱下的状况下，暂时安定。中国历史上最著名人物之一诸葛亮，便于此期间登场——刘备到达荆州第六年，诸葛亮自故乡琅邪避难寄居南阳，受到刘备礼遇，为之计划的三分天下、复兴汉朝伟大政治蓝图，今日已是众所熟知的故事。自此诸葛亮形成刘备结束飘泊生涯，真正开创其事业的灵魂人物。

刘备新得诸葛亮次年与曹操进位丞相的当年（建安十三年，纪元208年），官渡之战时以严守中立自以为得计的荆州刘表，遭遇了曹操转向南下的大攻击。刘表适当其时去世，继位的儿子刘琮当敌人大军压境，在襄阳不战而降。刘备于逃亡途中被曹操军队追及，全军覆没，幸得仍能保全的水军接应，渡汉水向东，退到夏口（今武昌）才得稳住。接续便是英雄时代最脍炙人口的赤壁之战一幕上演。刘备方面以诸葛亮为代表，与对曹操南下巨大压力同感惊惶的孙权，缔结攻守同盟，团结长江中流域与下游战斗力量，对抗已迅速推进到江陵，正自长江江面与沿岸东下的共同大敌。敌对双方兵力，曹操连同荆州投降的步、骑地面部队与水军，共二十多万人；联军方面以孙权大将、孙策至友周瑜所统率水军三万为主力，配合刘备残余部队与江夏方面不愿投降曹操的陆、水军约三万，合计约六万人之数。

绪战展开，曹操亲自指挥水、陆并进的大军，准备从赤壁山（今湖北省嘉鱼县北）陆口强行登陆时，前锋舰队遭遇抢先已占领陆口，而正自江面逆流迎来的周瑜舰队袭击，大败，曹操命令所有水军一律由长江北岸陆军掩护，向北岸停靠编阵，与在南岸的周瑜部队，隔江对峙。周瑜争取绪战胜利，阻止强敌登陆南岸成功，同盟军士气大为鼓舞。决战登场，周瑜部将黄盖洽妥伪装的投降，时间选择在风向自东南吹向西北而风势又急的午夜，以燃料、油料与硫磺等火具伪装粮船，数十艘巨舰齐驰曹营，将接近时的一刻，依《三国志》蜀志先主传、吴志吴主孙权传与周瑜传的综合记载："（黄）盖放诸船同时发火，时风盛猛，悉延烧岸上营落。顷之，烟炎张天，人马烧溺，死者甚众。""又士卒饥疫，死者大半。备、瑜等复追至南郡（江陵），曹公遂北还。"壮烈的赤壁之战，于焉落幕。

官渡与赤壁，乃曹操一生具有代表性的两大战役。以弱迎强，强大的攻方败绩而弱小的守方大胜，两次战役相同，曹操于其间所担当角色却前后互易。压迫北方势力蒙受莫大创伤而退的赤壁之战，是历史发展下南方潜力与南方人才不可侮的第一次重大启示。统帅周瑜对敌忾同仇、哀兵必胜心理的激发，战场指挥的沉着、战略与战术运用的灵活，以及所特具眼光、魄力与广博的气象等多方面知识，无愧第一流军事家。可惜，未几便行去世。大决战这一年，曹操五十四岁，刘备四十八岁，周瑜三十四岁，诸葛亮二十八岁，孙权二十七岁。

赤壁之战的历史意义，在于诸葛亮隆中（其南阳时所居地名）对策的预言成立，注定为曹操、刘备、孙权三国分立形势的决定性关键。从此曹操放弃武力并合长江以南的希望，全力经营西方，平关中、平凉州、平汉中，约占汉朝全领土百分之六十的黄河与淮河全流域支配权成立。刘备因曹操败退而与孙权分割荆州，建安十九年（纪元214年）又西取益州，建安二十四年（纪元219年）续自曹操控制下夺得汉中而荆州部分沦失于孙权的攻击，领有长江上流域。孙权则长江中、下游与其以南所收复交州领土的支配确立。

曹操爵位，建安十八年（纪元213年）由"侯"受封冀州十郡，称魏公、建社稷、置魏国官属。"魏"的国号，以及汉朝领土上魏国重复支配的二重国家形态与封地人民二重国籍特例成立。第四年（建安二十一年）又进位魏王的曹操，于建安二十五年去世。同年，继位魏王的儿子曹丕，承袭其父二十余年专政期完成汉朝政府内外人事变换的余绪，逼迫已仅具空名的汉朝末代皇帝献帝退位，从手续上与形式上的所谓"禅让"，子国"魏"接替母国"汉"而有天下，朝代嬗代系统上的魏朝建立。建安二十五年被改为新朝代的黄初元年（纪元220年），国都非许亦非邺，而回复到重新建设的洛阳。历史上负有盛名的汉朝，自高祖后四百二十六年或光武帝后十三帝一百九十六年而覆亡。次年，刘备自以身份上继续汉朝系谱，同样登位皇帝，历史上名之为蜀汉或蜀国，都成都。再次年，孙权接续建立吴国，都建业（今南京）。群雄割据形势，此阶段被正式归纳为魏、蜀、吴三个国家，而统一中国最早的分裂三国鼎立时代成立。

汉朝转换三国，支配地域面积与人口最大、最多与最为强大的魏国自汉朝皇帝直接接收政权，毋宁惟一符合"天命所归"的正统意识。于此，魏国第一代文帝曹丕的"黄初"年号值得注意。便是说，与黄巾同一理由，基于五行学说，依五行运转顺序与相生原理，汉以火德，色赤，应天命的新兴朝代必以土德，而所尊重的象征颜色便是黄色。黄巾如此，魏国如此，即使吴国孙权，同样尊重黄色而采用"黄武"为年号。魏国之与黄巾，土德继火德乃共通信念，区别厥惟转移政权所采用手段系暴力革命抑和平革命。中国自纪元前三世纪秦始皇最早上皇帝尊号以来，关于非血统关系的皇帝大位继承，王莽以所谓"禅让"变易朝代乃一大发明，也于中国历史为创例。假托儒家理想中圣人尧、舜、禹美德，以及有德者有天下的儒家政治伦理思想，授意前朝皇帝自愿让位，却沿用圣人禅让美名，此例之开，魏文帝系第二人。以后四百年间，假借和平方式实行篡夺，便成了朝代交替、帝位易姓的公式。

曹丕禅让的一幕，尽管符合儒家理论，但同时并立的蜀汉正以复兴汉朝为当然义务号召，魏国正统色彩便显得黯淡而行为不为后世卫道者所谅解。也惟其如此，同时代的曹操与诸葛亮，两人同为学问家，同为政治家，同为军事家，也同以注重法治精神被后世历史学家所认识，后世一般给予的评价，却成了"奸""忠"两种绝对相背类型的人物代表。

诸葛亮以一身系蜀汉命运，先主或昭烈帝刘备去世时，受托孤重任辅导后主，集内政、外交、军事、财政、产业的决策与执行于一身。五月渡泸，深入不毛，征服云南反叛，稳定蜀汉后方与建立吴国的友好关系后，连续性向魏国展开征伐。其勤劳与以身许国精神，获得后世最大尊敬，读千古名文《出师表》"鞠躬尽瘁，死而后已"之句，无人不深切感动。蜀汉建国第十四年的后主建兴十二年与魏国第二代明帝青龙二年（纪元234年），诸葛亮第六次北伐，亦即通常所谓"六出祁山"的最后一次出兵时，病死军中。这位位丞相之尊与政治上全权指导者的伟人，遗产仅只成都有桑八百株，田十五顷。廉洁之风，又构成他与忠贞相辉映的伟大人格另一面。

与诸葛亮同被视为人格楷范，今日中国民间对之莫不肃然起敬，且较诸葛亮尤为家喻户晓的另一位三国人物关羽，正史记载的事迹，以刘备入蜀时全权留镇荆州为高潮。附着其"万人敌""威震华夏"评语，一系列自桃园三结义以来象征大义与浩气凛然的故事，使关羽于后世非只被尊与孔子"文圣人"并列的"武圣人"，抑且受皇帝追谥"协天大帝"而成为民间普遍膜拜的神。三国或英雄时代所以非常罗曼蒂克，便由中国传说故事中永生不灭，一方面代表"忠""义"，另一方面代表"奸""邪"的各型人物交织而表现。

历史界曾经惋惜曹操赤壁决战的失败，认为这是丧失早日天下统一的机会。实则，长期累积的斫丧伤耗与动乱，决非割据势力相互间任何几次战役便可轻易扭转或立竿见影回复统一。即使赤壁战后十多年三国鼎立新境界成立，仍非复原而仅初步结束支离破碎局面的意义。政治统一的潜力须于约半个世纪的三国时代孕育，才有晋朝并合三国与统一的国家机构复活，其时，追溯黄巾之乱爆发，相隔已近百年。纵然晋朝建立，纳税人口总数尚只一六一六万余，较之后汉盛世和帝时代五三〇〇万人，仍仅成三分之一的比例，以及户口锐减至如此程度与其时所谓的"户口"，都须另加解释。但经济崩溃与社会脱轨后，如何因人力资源摧耗过巨而复原缓慢，或者说，一个世纪尚不能恢复一世纪前旧面貌，也已可以概见。

然而，三国之为中国离乱后的复兴期，迹象也至为明显。国力各别向周围膨胀的事实，特别关于魏国的东方事业，乃是指示。魏国建立近二十年的第二代明帝景初二年（纪元238年），铲灭汉末以来立于群雄斗争漩涡以外的辽东—朝鲜独立势力公孙氏，中国北方实现完全的统一。公孙度、康、恭、渊祖孙三世四代结集中原流亡人民，约半个世纪间俨然一方之雄。魏国替代汉朝，公孙氏的"燕"王仅名义上服属，实质仍是半独立政权。至是才在隔海与吴国携手、对魏国表现反抗态度的罪名下，被武力消灭。便以魏国实现辽东、朝鲜两大半岛的支配，而关联东亚历史的两件大事发生——

公孙氏灭亡第二年（景初三年，纪元239年），日本列岛倭地邪马台联合体女王卑弥呼，遣使通过公孙氏于纪元二〇四年左右分朝鲜半岛乐浪郡南部所新设而魏国继续维持的带方郡推荐，至洛阳朝贡，接受"亲魏倭王"封号与金印。自此邪马台与魏建立频繁接触关系，成为魏国忠诚藩属一员。

卑弥呼初次朝贡后七年，明帝次代废帝齐王芳正始七年（纪元246年），魏国大举征伐立于辽东半岛玄菟郡治下，正在渐渐

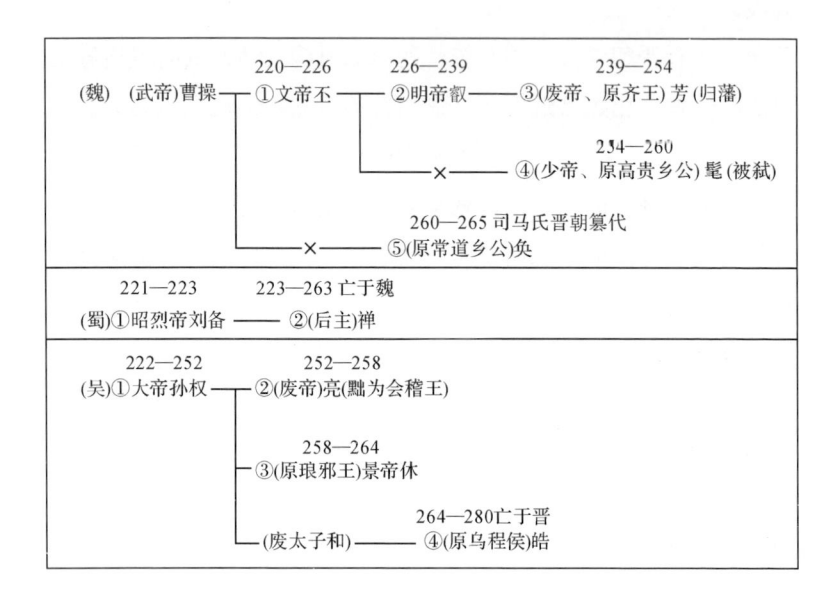

```
                    220—226      226—239       239—254
(魏)(武帝)曹操——①文帝丕——②明帝叡——③(废帝、原齐王)芳(归藩)
                                              254—260
                                  ×——④(少帝、原高贵乡公)髦(被弑)
                              260—265 司马氏晋朝篡代
                          ×——⑤(原常道乡公)奂

    221—223      223—263 亡于魏
(蜀)①昭烈帝刘备——②(后主)禅

    222—252      252—258
(吴)①大帝孙权——②(废帝)亮(黜为会稽王)
                  258—264
                ③(原琅邪王)景帝休
                  264—280 亡于晋
                (废太子和)——④(原乌程侯)皓
```

抬头的通古斯系部族联合国家高句丽。高句丽国都丸都城（今安东省辑安县）在讨伐公孙渊期便已活跃的魏国将军毌丘俭大军攻击下陷落被屠城，新兴势力立被压制。

蜀汉大力开发西南夷，吴国对南方海上交通事业的发达，历史意义都相同。

司马氏晋朝接替是曹丕禅让政治剧的最早仿效者，外貌似同曹魏代汉翻版，实质仍有区别。魏国建立系汉朝政府人事内容被彻底变换后的必然性皇位转移，晋朝却不然，是经过父子兄弟三代四人准备期的政治大阴谋成功。晋朝事业创始者司马懿出身河南省（河内郡）豪族，以稍长于诸葛亮的年龄，自汉献帝迁许时代受曹操罗致，但当曹操在世从未重用。他的发迹系依与登位为魏文帝的曹丕私谊，历明帝至废帝芳时代，已是硕果仅存的元老资望，斗倒以强大势力忠于皇室的后辈皇族曹爽而垄断朝政。司马懿老死，两子司马师、司马昭兄弟相承，连续在大规模肃清反对势力与制造政变的无耻手段下，不断变换傀儡皇帝，接续齐王芳被废，少帝髦且是公开被杀，最后被立的已非文帝后裔而系旁支。司马昭沿袭曹操二重国家前例，受封十郡为晋公。诸葛亮去世第三十年的景元四年（纪元263年），司马昭又以并灭蜀汉功绩进爵晋王，增封至二十郡，这个阶段，狰狞面目已经毕露，所谓"司马昭之心，路人皆知"。果然，灭蜀第三年（咸熙二年，纪元265年，受禅改泰始元年）司马昭卒，三十岁长子司马炎继位，立即篡位为晋武帝。野心勃勃的司马氏，愿望于仅仅十多年间达成。

魏国轻易被篡代，种因于政治上的"不信任"精神与矫枉过正所产生的反射作用。后汉覆亡的政治因素，曹氏以身历其境而最为熟悉，所以曹丕登位，首先便限制"宦人为官者，不得过诸署令"，"群臣不得奏事太后，后族之家不得当辅政之任，又不得横受茅土之爵"（均《三国志》魏志文帝纪）。又因自身魏王继承权原系斗争同母弟曹植而得，登位皇帝后对待皇族的苛刻，魏志中尤被特笔大书，武文世王公传注："封建侯王，皆使寄地，空名而无其实。王国使有老兵百余人，以卫其国。虽有王侯之号，而乃侪为匹夫。……诸侯游猎不得过三十里，又为设防辅监国之官以伺察之。王侯皆思为布衣而不能得。"评语中"禁防壅隔，同于囹圄"之句，尤可见魏国皇族骨肉待遇的悲哀。

严重偏差，应系曹操奖励无行有能人才的影响，以及与豪族间感情距离的拉大。从曹操培育新兴的功利势力压倒袁绍所代表的旧势力豪族、士族人物为起点，魏国对社会结构中相互转移与不可轻侮的士族、豪族势力，坚持了警戒的立场，此由曹氏父子婚姻与汉朝皇室结合豪族的形态全然相对为可知。曹操卞后以曹丕、曹植之母而出身娼家；文帝甄后即明帝之母，乃俘虏而得的袁绍儿媳，另一郭后则难民与奴隶；明帝毛后家庭没没无闻而于文帝时"选入东宫"，另一郭后也系文帝时"本郡反叛，没入宫"。外戚间无一人具有政治背景，勇敢打破古代政治婚姻的原则，固可视为魏国果断魄力，却也过分暴露拒绝豪族携手的意志。其时的巨大豪族势力，于是便被自身即系豪族的司马懿父子所吸引。晋武帝司马炎前后两位杨皇后都是后汉四世太尉杨氏后裔；次代惠帝贾皇后之父，又便是司马昭父子阴谋篡夺期最得手助力与执行主持人贾充，如上都足说明煊赫家族间的大团结。所以，晋朝代魏，意义正代表了豪族势力的向曹氏反击成功，以及曹操提倡实用主义与否定名节，养成朝臣轻易屈服于威胁、利诱风气的矛盾弱点。

惟其如此，司马氏势力由压倒魏国皇室而篡代，毋宁幸运的成分居多，天下统一于如此一个家族所代表的朝代，同系幸运。三国中最弱小的蜀汉而缺少如诸葛亮的伟大政治领袖领导，败亡注定只是时间问题。吴国末代皇帝孙皓又是中国历史上自有"皇帝"尊号以来，第一个以暴逆荒淫著名的昏君，晋朝不过适逢其时出兵而已。

晋朝以连续的侥幸统一中国，杜塞政治上漏洞被特别注意。武帝依于自身侵蚀魏国权力的经验，以及警觉魏国剥削皇族共同力量，致陷皇室于孤立为大不智，断然推行如下两项大改革，其一，对二世纪后半汉朝末年所形成地方权力加重，以及强臣所以形成的现象，加以纠正，在天下恢复统一的理由下，全行解除地方武装。其二，以包含旁支的自族大量封王，封地遍及黄河流域诸军略要区，各各赋以统率强力军队与领地内完全的用人行政权。希望一方面压制异姓，一方面扶掖同姓，以政治权力集中到皇族全集团，而达成捍卫中央皇室，子孙万世的理想。于是，秦朝统一汉族中国以来，从无前例的皇族专政局面成立，皇族权威，如《晋书》八王传序所述可见，便是："出拥旄节，莅岳牧之荣；入践台阶，居端揆之重。"

不幸，美梦迅速幻灭，也随之而晋朝迅速倾覆。倾覆力量，非来自想象与预防的强臣，却正便是被扶植的皇族——"八王之乱"，与其前期症状皇帝、皇族领导的上层阶级腐化生活与对社会的腐蚀力。

史料指示，晋朝关心人民生活与努力政治、经济革新，仅只未统一前的十多年期间，便以平定江南，天下回复统一为界限，反而以战争终止与和平时代来临，全国财富集中到国都洛阳，而上层阶级竞夸豪奢。《晋书》："是时江南未平，朝廷厉精于稼穑"（《食货志》），与"平吴之后，天下又安，遂怠于政术，耽于游宴"（《武帝纪》）的诸记录，对照可谓鲜明。关于后一现象或武帝自身所倡导的奢侈纵欲，《晋书》后妃传胡贵嫔条描写："时帝多内宠，平吴之后复纳孙皓宫人数千，自此掖庭殆将万人。而并宠者甚众。帝莫知所适，常乘羊车，恣其所之，至便宴寝。"类此记述，史书中向来见诸亡国之君，反常的便是晋朝，换言之，开国之君便显现了亡国征兆。

最早讯号仍是经济性的，《晋书》五行志中记载："太康（武帝因天下合一而更改的年号）以后，无年不旱"，已值得注意。待永熙元年（纪元290年）武帝崩，第二代惠帝继位，灾害便愈益扩大。《晋书》惠帝纪与五行志中的记录：元康二年，大疫。四年，大饥。五年，荆、扬、兖、豫、青、徐六州大水。六年，荆、扬二州大水，关中饥、大疫。七年，雍、梁州疫，大旱，关中饥。八年，荆、扬、豫、徐、冀五州大水。永宁元年，自夏及秋，青、徐、幽、并四州旱，又郡国十二旱，六蝗。太安元年，兖、豫、徐、冀四州大水。于是，社会问题陪伴爆炸性激发。《晋书》食货志中元康七年条："秦、雍二州大旱、疾疫，关中饥，米斛万钱。因此氐羌反叛……而饥疫荐臻，戎晋并困，朝廷不能振，诏听相卖鬻。"以及李特载记指称关西饥饿的百姓"流移就谷，相与入汉、川者数万家……聚众专为寇盗，蜀人患之"。正代表性说明严重的饥民流亡潮兴起，以及因此制造的盗贼蠢动。

晋朝立国便亡国的第二个征兆，见于第二代以三十二岁嗣位的惠帝其人。《晋书》惠帝纪记录他的言行："帝又尝在华林园，闻虾蟆声，谓左右曰：'此鸣者为官乎？私乎？'或对曰：'在官地为官，在私地为私。'及天下荒乱，百姓饿死，帝曰：'何不食肉糜？'"如此低能儿而得君临天下，正反映晋朝政治的再一致命弱点，最早豪族们协同立国的力量，此时倒反成了加诸朝廷的压力。以贾充为领袖的豪族集团出发于政治野心与私心，一手拥其愚蠢女婿经由皇太子历程登上皇帝大位，贾充其时固已去世，惠帝仍然受其精明干练的配偶贾后利用为工具。

迨惠帝在位而盗贼蜂起，武帝自以为得计的"去州郡兵"与"行封建制"，立即产生决定性反效果。州郡军队的被解散，地方已无适应盗贼问题能力，只有坐待蔓延。而如同一个世纪前社会波动现象重演之际，司马氏皇族却取代了汉末军阀的地位。各各怀有野心的诸王，借口贾后专政的权力斗争在彼此制衡作用下勉强度过十年，到永康元年（纪元300年），诸王不可遏止的权力欲望终于表面化，而"八王之乱"以诛杀贾后开端，流血大内讧开始。

"八王之乱"是晋朝支解的致命打击，也是中国历史人为因素开启朝代覆亡之门的代表例子。自灭性惨酷内战连续七年，皇族混战又并发因于内乱而壮大的非皇族诸将领推波助澜。混乱的洛阳政变频频，一度失位的惠帝沦为自族野心家反复搬弄的玩物，中国再度陷入无政府瘫痪境地。弥漫中原的全域残忍战火中，饥寒交迫的难民与流民，军人的逃亡者，都在救济绝望中被推入炼狱，也只能在生死边缘蜂起为盗贼。战争、掠夺、凶荒、恶疫、杀人、被杀，循环不已。其时饥饿与叛乱群中属于原游牧民族或"胡人"的，种族色彩便被后世历史界重视，而今日往往以他们与汉族间关系，视同西方的日耳曼诸种族之与罗马人，虽然其时中国"胡族"叛乱性质便是中国的内乱而非外患，且与受难被牺牲的汉族人民相合流，系以汉人为指导者的形态出现。

"八王之乱"到光熙元年（纪元306年），才以东海王越成为最后的胜利者，以及惠帝被东海王越毒毙，另立其弟怀帝落幕。而此中国大衰弱过程中，新的变化又已形成。大规模人民流亡移动与盗贼蜂起浪潮之一，汉化的匈奴单于后裔刘渊所领导胡、汉混合集团，于"八王之乱"结束前两年的永兴元年（纪元304年），以复兴汉朝为号召，而在山西省脱离中央独立。洛阳—中原诸皇族与诸将领间的混战以及政治倾轧，放任此一叛乱势力茁壮扩大，于是，当怀帝继位，接续"八王之乱"而更惨酷的"永嘉之乱"演出。

怀帝永嘉五年（纪元311年），匈奴部队对晋朝国都洛阳外围的惨烈歼灭战，继东海王越病死军中而展开。《晋书》记载"军溃，于是数十万众，（刘汉大将石）勒以骑围而射之，相践如山"（东海王越传），"王公以下死者十余万人，东海世子毗及宗室四十八王寻又没于石勒"（怀帝纪）。洛阳接续在各地自私将领坐视不理的情况下陷落，敌人大杀戮与洗劫后，被俘的怀帝受尽耻辱而死。匈奴攻略军继续自函谷关突入陕西平野，建兴四年（纪元316年），孤立的长安再被攻陷，洛阳残存逃亡至长安忠贞官员迎立的晋朝最后一代愍帝，步上其叔怀帝同一命运。晋朝自武帝即位历三世四代五十二年，统一中国尤不过三十七年，便因洛阳、长安两次大悲剧演出而覆亡。较之魏、蜀、吴三国，享祚相仿佛。

晋朝厄运，上层阶级固为自食其果，以无辜百姓与怀、愍二帝陪葬，毋宁乃人间最大悲哀。《晋书》记载自永嘉元年（纪元307年）以来晋朝最后十年的官民苦难与地狱似恐怖："至于永嘉，丧乱弥甚。雍州以东，人多饥乏，更相鬻卖，奔迸流移，不可胜数。……又大疾疫，兼以饥馑，百姓又为寇贼所杀。流尸满河，白骨蔽野。""建兴四年八月，刘曜逼京师，内外断绝。冬十月，京师饥甚，米斗金二两，人相食，死者大半。太仓有麴数十饼，麴允屑为粥以供帝，至是复尽。君臣相顾，莫不挥涕。十一月，使侍中宋敞送笺于曜，帝乘羊车，肉袒衔璧，舆榇出降。帝蒙尘于平阳。次年遇弑，年十八。""（愍）帝之继皇统也，属永嘉之乱，天下崩离，长安城中户不盈百，墙宇颓毁，蒿棘成林。朝廷无车马章服，唯桑版署号而已。众唯一旅，公私有车四乘，器械多阙，运馈不继。巨猾滔天，帝京危急，诸侯无释位之志，征镇阙勤王之举。故君臣窘迫，以至杀辱。"（帝纪、五行志）可谓血泪写照。

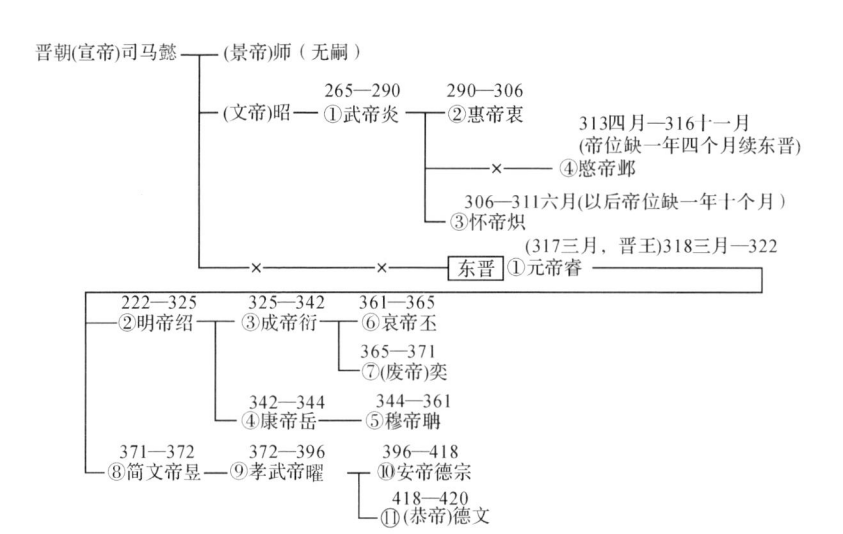

```
晋朝(宣帝)司马懿 ── (景帝)师（无嗣）
                │
                │                265—290    290—306
                └─(文帝)昭 ──①武帝炎──②惠帝衷
                                              │          313四月—316十一月
                                              │          (帝位缺一年四个月续东晋)
                                              └──×────④愍帝邺
                                              │  306—311六月(以后帝位缺一年十个月)
                                              └─③怀帝炽
                                                        (317三月，晋王)318三月—322
                          ──×────×────东晋 ①元帝睿
                222—325    325—342    361—365
              ─②明帝绍──③成帝衍──⑥哀帝丕
                                        365—371
                                       ─⑦(废帝)奕
                          342—344    344—361
                         ─④康帝岳──⑤穆帝聃
                371—372    372—396    396—418
              ─⑧简文帝昱──⑨孝武帝曜──⑩安帝德宗
                                        418—420
                                       ─⑪(恭帝)德文
```

完全崩解而丧失抵抗能力的晋朝朝廷,其预早退到长江流域,同系对洛阳、长安两次浩劫袖手不救的皇族而非司马炎系统一支,与以此为中核结合的力量,于北方沦失后,另建朝廷,保有了南方的半个中国。历史界乃称此南方政权为"东晋",以别于统一期的晋朝或"西晋"。

黄河流域丧尽人性与国家观念的晋朝地方长官或方面统帅,并未能得取巧生存,脓疮由心脏区溃烂至全身时,自食恶果都被消灭。北方从此在胡族支配之下四分五裂,所谓"五胡乱华"或"五胡十六国"时代到临。而代表中国古代文化的两大中心长安与洛阳,长安固早自汉朝末年战火中化为废墟,洛阳虽一度复兴,又以三、四世纪之交连续的战争、屠杀、掠夺、破坏与焚烧,连同藏书与文物再被毁灭于大灾劫中。两大历史名都,几乎都须相隔两个世纪后,才复现生机。

## 五胡十六国连锁反应建国运动

三、四世纪之交晋朝社会混乱情况,可谓便是二世纪后半后汉末年的重演。八王纷争内乱造成劳动人口不足,灌溉网与防洪公共设施事业被大规模破坏,土地放弃,城市与乡村生命、财产的严重损失,农民反抗情绪激化,以及各地农民、流民演化为盗贼蜂起事态的展开,都属相似。显著差异,端在混乱激流中"五胡乱华"局面的形成。然而,"五胡"特有的非汉族因素固值得重视,他们的早已文明化,以及便因愿意汉化而自后汉以来三百年间陆续被允许移住汉族领土,以向汉人学习文明而渐渐蜕变其游牧特质转向农耕的背景，仍须辨别。他们受同时期先已爆发的汉人叛乱影响而叛乱，以及与汉人不满现实者汇合，毋宁又便受汉人鼓励，系向汉人学习的意义。依此了解，五胡乱华的"外族"色彩便不宜夸大或强调。正确而言，他们的叛乱行动，与同一时期的汉人盗贼应属同一形态，乃是中国领土上的"中国"人民内政，较之"入侵"，性格迥然不同。一个明显的比较，如果前汉呼韩邪单于以前，匈奴自草原占领长城以内，才堪称外族入侵，五胡时代已不符合如此条件。抑且，四世纪如不发生五胡乱华或五胡十六国事态，汉族自身类似汉末群雄割据或三国分立的局面，仍会出现。

东自辽河流域，西至天山与哈萨克斯坦草原，北起贝加尔湖与南西伯利亚森林地带，南迄西藏高原的此一广大地域内，自古都属从事游牧诸种族的活动天地。游牧民族以家畜的饲牧为主要生产手段，也以羊、山羊、马、牛、骆驼等家畜为社会财富准则，往往恃其强大骑兵的机动力，急速集中攻击力向周围农耕地带文明国家突袭与掠夺战利品。汉朝统一国家形成初期，便时时遭受强盛的欧亚大陆游牧民族东方盟主匈奴侵略。纪元前二世纪后半汉朝对匈奴的连续性大征伐与前一世纪中呼韩邪单于降伏，大敌匈奴才被压制臣服，而具有匈奴整族救济性的长城线以南移住最早经验。后汉立国与匈奴分裂，一世纪中，立于汉朝保护之下的南匈奴便援引旧例，获准越过长城线进入汉族中国领域，被分配以鄂多尔斯地方或绥远省，以及山西省北部为移住地，以与汉人杂居。

今日经济史、农业史的常识，以牧畜为主生业，通常所称的游牧民族，原非不知农业，待移住并定居农耕地域，必然因适应新环境而主要生活方式转向从事农业，南匈奴便是历史上特为著名的例子。他们一方面随定居时间而人口自然繁殖。另一方面，长城线以外的匈奴人仍在不断向内移住，于是新居住地益益发展到拥有山西省的汾水盆地沃地。其时，进入长城的匈奴人以美稷地方为新的活动中心，远隔沙漠与草原环境，食粮丰富，深一层容易浴于汉族高文化的日光中，传统游牧素质脱落。早期移住内地时尚能维持的固有氏族制，也正渐渐发生变化。到三世纪初曹操专政时代，单于制度终于倒塌，而分五部实行自治，匈奴固有社会组织的最后残余痕迹拭尽。在此一百多年汉族环境中生长的匈奴人新生代，上层阶级的汉化倾向尤为强烈，他们因与汉族通婚混血而姓名改变汉式，也几乎都感染汉族上层文化人的优异教养，深通汉族古典文学。所以，届抵汉末魏初，所谓"匈奴人"，实则残余的仅已一个名词，依五部自治的权利才显现其异于汉族的独特性，差别也仅止于此。

汉朝方面，后汉边郡人口原较前汉为少，一世纪中以后匈奴人被准许移住边郡，亦即基于补充汉人居民不足的理由。迨二世纪中国连遭羌祸与黄巾前后的战乱，西北并州汉族人口愈益锐减，其程度，从《三国志》魏志太祖纪建安二十年条："省云中、定襄、五原、朔方郡，郡置一县领其民，合以为新兴郡"，《晋书》地理志上并州条："（汉）灵帝末，羌胡大扰，定襄、云中、五原、朔方、上郡等五郡并流徙分散。建安十八年（并州）省入冀州。二十年，始集塞下荒地立新兴郡，后又分上党立乐平郡。魏黄初元年复置并州，自陉岭以北并弃之。至晋，因而不改。"同样情形，汉朝并州另两郡西河、雁门，汉末也系"百姓失所，其地荒废"，至三国魏国建国始行徙置与南移。惟其如此，可知三世纪前半时魏国所接收汉朝的郡县建置，已退缩到山西省中部为尽头。又堪注意，汉末动乱期的匈奴人，以立于自治体制的政治保护伞下，相反能得保全其人力，较之同一期间过度损耗的汉人数，正呈现了鲜明对比。如上依新制自治系统而立于汉—魏支配的匈奴人，当郡县南移之际，也陪伴南移而生活地域扩大到山西南部，如《晋书》四夷传北狄—匈奴条所指出："（匈奴）多历年所，户口渐滋、弥漫北朔。建安中，魏武帝始分其众为五部，部立其中贵者为帅，选汉人为司马以监督之。魏末，复改帅为都尉。其左部都尉所统可万余落，居于太原故兹氏县（魏属南迁后的西河郡）；右部都尉可六千余落，居祁县（属太原郡）；南部都尉可三千余落，居蒲子县（汉属河东郡，魏分河东设平阳郡，蒲子县属平阳郡）；北部都尉可四千余落，居新兴县（郡，南迁）；中部都尉可六千余落，居大陵县（属太原郡）。"河东郡于汉朝属司隶校尉，魏、晋时代也与所分设的平阳郡同属司隶校尉部改名的司州。换言之，都已是京畿地区。

早期被准许进入汉族中国领土的游牧民族或胡人非只匈奴，西方边境同种异类的氐、羌，又是另一庞大系统，安置地在甘肃、陕西方面。匈奴以东则通古斯东胡系乌桓，被移住于今日河北、热河、辽宁一带。三世纪初曹操扑灭袁氏势力，追随袁氏的乌桓遭受曹操毁灭性打击，"胡汉二十余万口"全数被勒令南迁内地后，原依长城线与乌桓分居长城内外的外缘同种族鲜卑，又自长城外南移，接替了东北边境乌桓原居住位置。鲜卑种族于其时发达为替代匈奴种族的北方民族主流，系历史一大划期，一世纪南匈奴的进入长城，其内蒙古故居地也以位于长城外东侧的鲜卑人向西移动，渐渐接收了内蒙古全域。到移住长城线以内的匈奴人自早期移住地绥远与山西省北部南移，再循一世纪后同一轨迹，内蒙古鲜卑人又继续南向填补，而铸定自东向西，整条长城线内外均由鲜卑种族分布的形态。此由《三国志》魏志鲜卑传可获明显了解。

汉末与魏、晋之间或纪元三世纪时，胡人内徙的愈益蔚为潮流为值得重视的现象。所以然原因，仍系后汉政策的继续，由于战乱中与战乱后填补大量流失的汉族人民所需要，而出诸政府奖励。群雄割据与三国时代彼此所争夺的标的，非限土地，也在包含了胡人在内的人口。此项现象，《三国志》记载中累可见出，如："（张）鲁降，（张）既说太祖（曹操）拔汉中民数万户以实长安及三辅……太祖将拔汉中守，恐刘备北取武都氐以逼关中，乃徙氐五万余落出居扶风、天水界。"（魏志张既传）"文帝践阼，拜（鲜卑大人步度根）为王，将其众万余落保太原、雁门郡……明帝即位，（另一鲜卑大人）泄归泥将其部众降，拜归义王，居并州如故"（魏志鲜卑传）等，均是。匈奴人的情况也相同，《晋书》匈奴传有如下综合说明："武帝践阼后，塞外匈奴大水，塞泥、黑难等二万余落归化，帝复纳之，使居西河故宜阳城下。后复与晋人杂居。由是平阳、西河、太原、新兴、上党、乐平诸郡靡不有焉。至太康五年，复有匈奴胡太阿厚率其部落二万九千三百人归化。七年，又有匈奴胡都大博及萎莎胡等各率种类大小凡十万余口，诣雍州刺史扶风王骏降附。明年，匈奴都督大豆得一育鞠等复率种落大小万一千五百口、牛二万二千头、羊十万五千口，车庐什物不可胜纪，来降，并贡其方物，帝并抚纳之。北狄以部落为类，其入居塞者有屠各种、鲜支种、寇头种、乌谭种、赤勒种、捍蛭种、黑狼种、赤沙种、郁鞞种、萎莎种、秃童种、勃蔑种、羌渠种、贺赖种、钟跂种、大楼种、雍屈种、真树种、力羯种，凡十九种，皆有部落，不相杂错。"泛胡族不断内徙与定居地不断向南伸展的结果，三世纪中所见，陕西渭水流域与山西汾河流域间广大地域，亦即逼近国都洛阳以北与以西，都形成华夷杂居状态。

如上三世纪时中国北方边境地带胡人大移动潮流展开之受政府鼓励，以及政府对移住者表示欢迎，自以为得计的心情，不难从晋朝初年一位胡人厌恶者的对策中见出："自魏氏以来，夷虏内附，鲜有桀悍侵渔之患。由是边守遂怠，彰塞不设。而令丑虏内居，与百姓杂处。"（《晋书》阮种传）同时期相类似，且预言一时之利必将于未来招来祸患的言论，尚有如："臣以为胡夷兽心，不与华同，鲜卑最甚。本邓艾（三国时魏国灭蜀统帅）苟欲取一时之利，不虑后患，使鲜卑数万散居人间。此必为害之势也"（《晋书》傅玄传上疏）；"魏初人寡，西北诸郡皆为戎居。今虽服从，若百年之后有风尘之警，胡骑自平阳、上党不三日而至孟津，北地、西河、太原、冯翊、安定、上郡尽为狄庭矣。宜及平吴之威，……渐徙平阳、弘农、魏郡、京兆、上党杂胡，峻四夷出入之防，明先王荒服之制，万世之长策也"（《晋书》匈奴传引郭钦上疏）。

以杂居内地胡族适时全数遣返原住地特具代表性的主张，系惠帝初年的江统《徙戎论》。这篇长达二千余字，著名于今日历史界的汉、胡关系史系统性剖析与评论文献，内容主要部分：1.提醒"关中土沃物丰，厥田上上。加以泾、渭之流溉其舄卤，郑国、白渠灌浸相通。黍稷之饶，亩号一钟，百姓谣咏其殷实。帝王之都每以为居，未闻戎狄宜在此土也"。2.报道"关中之人百余万口，率其少多，戎狄居半"的实际事态发展。3. 引后汉羌祸"十年之中，夷夏俱毙。为害深重，累年不定"值得警惕的例子，建议"徙冯翊、北地、新平、定安界内诸羌，著先零、罕并、析支之地；徙扶风、始平、京兆之氐，出还陇右，著阴平、武都之界。廪其道路之粮，令足自致，各附本种，反其旧土，使属国、抚夷就安集之。戎晋不杂，并得其所"。4. 对于匈奴情况，指出"今五部之众，户至数万，人口之盛，过于西戎。然其天性骁勇，弓马便利，倍于氐羌。若有不虞风尘之虑，则并州之域可为寒心"，而主张"申谕发遣，还其本域"。

如上这些少数意见的当时未被重视，汉族历史家以及受其影响的今日外国历史界，几乎都感到惋惜。事实上，三世纪开放政策是否错误，很不容易断言。而且，和平时代如能延续，生活于汉族领土上的胡人定必愈益加大、加深其文明化或汉化，此一推想也必须认定。所以，持平之论，错误不在开放政策，而是政治、经济环境不能保持稳定。于此，晋朝皇室与上层阶级腐化与野心引发的激烈内乱，便难辞其咎。

相对方面，三世纪当时的汉族知识分子间尽管存在胡人厌恶者，"五胡乱华"展开，须注意却未附带民族意识，也绝无任何一"胡"附带民族意识，或者以此号召。其时胡人生活于汉人间的状况，与今日台湾山地同胞颇为相似，今日山胞诚然仍残留若干象征性固有文化，保有部族名称与一部分纯粹血统，但汉式教育水平，以及与汉族同系"中国人"的意识，则已向汉族看齐而合一。以今仿古，同样适用于五胡时代。尽管山胞—汉族（今日）、戎—晋（五胡时代）都仍保留民族分际，却彼此共同自承为中国人。惟其如此，所谓五胡乱华，他们反抗的动机与目的，与汉人盗贼可谓无异,与外国历史家喜爱指为外族入侵的解释,距离尤远。

对五胡乱华与他们展开的"五胡十六国"连锁反应建国运动上限的设定,一般解说以晋惠帝永兴元年(纪元304年)匈奴刘渊于山西建国称"汉"为起点。实则其前已有四川李特(氐族)与湖北张昌(义阳蛮)的独立例子。

关于李特,《晋书》说明他"少仕(陕西)州郡",晋惠帝初,其家族随陕西十余万人大难民潮流入四川。永康元年(纪元300年)八王乱起的同一年,先以组织流民武力帮助朝廷敉平占据成都的益州刺史赵廞叛乱,李特兄弟均拜将军,封侯。第二年(永宁元年,纪元301年),朝廷强迫入川流民返还陕西,乃导发《晋书》李特载记所记述"流人布在梁、益,为人佣力,及闻州郡逼遣,人人愁怨,不知所为。又知特兄弟频请求停,皆感而恃之。且水雨将降,年谷未登,流人无以为行资,遂相与诣特。……旬月间众过二万。于是六郡流人,推特为主",而造反局面展开。便当其时,张昌也掌握"时流人在荆州十余万户,羁旅贫乏,多为盗贼"(《晋书》刘弘传)的情势,而在湖北省兴风作浪。张昌"少为平氏县吏"的出身与李特相同,但其煽动家典型的性格却与李特相异,《晋书》张昌传记载:"太安二年(纪元303年),昌于安陆县石岩山屯聚,去郡八十里,诸流人及避戍役者多往从之。昌乃易姓名为李辰,……据有江夏。……又流讹言云:'江淮以南当图反逆,官军大起,悉诛讨之。'群小互相扇动,人情惶惧,江沔间一时炻起……以应昌。旬月之间,众至三万。……江夏、义阳士庶,莫不从之。"如上两事件,本质纯系汉族自身叛乱可知,而领导人李特与张昌各各为汉化了的非汉族,如未特加说明也不易知晓。张昌其与追随者虽然仅仅几个月间,势力已发展到"跨带五州,树立牧守",却是骤兴骤灭。李特的结局也被官兵攻杀,但其子李雄继承,又从挫折中复兴,且于刘渊称汉王的同一年(纪元304年)稍早,已称成都王。第三年(光熙元年,纪元306年)李雄又进位皇帝,国号"成",较刘渊进位皇帝早过两年,以后被历史界列入"五胡十六国"之一。《晋书》李雄载记推崇这个国家:"时海内大乱,而蜀独无事。故归之者相寻,雄乃兴学校,置史官,听览之暇,手不释卷。其赋,男丁岁谷三斛,女丁半之,户调绢不过数丈,绵数两。事少役稀,百姓富实。闾门不闭,无相侵盗。"

刘渊出身于匈奴贵族家庭,以及八王之战期间担任主角之一成都王颖高级军官屯骑校尉、冠军将军与参丞相府军事的经历,虽较李特、张昌仅只州郡低职,家世、地位高下有别,但彼此间同具参与汉族政治的实际经验相同。刘渊另一身份匈奴自治组织领袖,则以左部都尉留置洛阳侍子而于晋武帝末年继其父任左部都尉,惠帝初进五部大都督,封侯,坐事免职。然后,于镇守河南、河北两省交界处邺城的成都王颖得志时期再起。纪元三〇四年,刘渊以调发匈奴部队助颖而离邺返还山西省中部离石(今山西省离石县)自族领导中心,未及归邺,颖已败,刘渊便被人口急激增殖的匈奴自族推举为全族性大单于。同年,于离石县北左国城,向晋朝宣布独立,称王。并且自认便是汉朝刘氏后裔,尊汉高帝、光武帝与蜀汉昭烈帝为"三祖",上蜀汉后主谥号怀帝,而其自身帝系便直接继承"怀帝",所建立国家的国号因此又便是"汉"。数年后的晋怀帝永嘉元、二年间,是其事业大发展期,向南完成汾水盆地沃地全域的占领,《晋书》所谓"并州诸郡为刘元海（渊）所陷，刺史刘琨独保晋阳（太原）"（怀帝纪）。永嘉二年（纪元 308 年），司州的河东、平阳二郡继续陷落，刘渊终于进位皇帝，定都平阳（今山西省临汾县）。其时刘渊势力急速膨胀，如《晋书》刘元海（渊）载记所指出："上郡四部鲜卑陆逐延、氐酋大单于征、东莱王弥及石勒等，并相次降之。"以后第六年刘渊死，其子刘聪杀兄自立后，便连续演出洛阳、长安相继失守而怀、愍两帝被俘的晋朝大悲剧。

纪元三〇七年或永嘉元年时山西省悲惨萧条的社会现象，《晋书》刘琨传说明："（是年）东嬴公腾自晋阳镇邺，并土饥荒，百姓随腾南下，余户不满二万，寇贼纵横，道路断塞。"所载继司马腾新任并州刺史刘琨到达西方距离离石仅约三百里，三面均已沦陷于刘渊而仅东面得与冀州（河北）相通的半岛式形势屹立下并州首府太原时，沿途目睹的报告原文："臣自涉州疆，目睹困乏，流移四散，十不存二。携老扶弱，不绝于路。及其在者，鬻卖妻子，生相捐弃。死亡委危，白骨横野。哀呼之声，感伤和气。群胡数万，周匝四山，动足遇掠，开目睹寇。"活现纸上的无秩序与人心思变情况，正便是刘渊利用制造叛乱的基盘。所以刘元海载记叙述他于左国城登位时，特笔大书"远人归附者数万"。被刘渊击降合流而于刘聪时代发展为刘汉政权两大异姓主力兵团的王弥与石勒，最早兴起的情况也相同。王弥是山东省（东莱郡）汉人，惠帝末年"亡入长广山为群贼"，永嘉元、二年间连寇青、徐、兖、豫四州，大掠许昌，于进逼洛阳时遭到挫败而倒向刘渊。石勒则上党匈奴支族羯人。《晋书》的记载："太安中，并州饥乱，东嬴公（司马）腾房群胡，两胡一枷，卖充军实，勒亦在其中。"然后在魏郡追随牧马人汉人汲桑造反，元嘉元年攻陷邺城，杀自太原新调任与自东嬴公进爵新蔡王的司马腾。汲桑在政府军围剿中阵亡，石勒便投奔刘渊。到刘聪时代，军事行动在王弥、石勒指挥下，于河南省境内激烈展开，堪注意所获得响应，仍是"河东、平阳、弘农、上党诸流人之在颍川、襄城、汝南、南阳、河南者数万家，为旧居人所不礼，皆焚烧城邑，杀二千石长吏以应弥"(《晋书》王弥传)。

从而可以发觉，刘渊集团自始便以联合匈奴自族与汉人为构成要素。其事业开展的助力，也未脱出八王之祸所形成广幅度汉族难民潮，以及所谓盗贼的范畴。换言之，晋朝以天灾与皇族战乱，造成黄河流域的普遍疲敝，逼迫危险性的流民化汉人贫民层激变，才使晋朝政权发生动摇，匈奴胡人不过因势利导。相反的解释，也可谓汉人危险势力利用了胡人，此由刘渊政治、军事的指导者系为汉人陈元达，石勒也对赵郡名族张宾敬重为事业发展的灵魂人物可知。

胡—汉合流而形式表现为胡主汉从，理由与汉族自身间投奔豪族接受庇护，正复相同。而胡人领袖于汉族领土上特具的部族自治权，也正与豪族对郡县政治的抗拒力背景一致。胡—汉合流趋向非自其时而始，早自二世纪末汉朝动乱期间已见端倪。《后汉书》乌桓传："时幽、冀吏人，奔乌桓者十万余户"；《三国志》魏志梁习传："时（献帝建安中）承高幹荒乱之余，胡狄（匈奴）在界，张雄跋扈，吏民亡叛，入其部落"；《三国志》魏志鲜卑传："（鲜卑轲比能）部落近塞，自袁绍据河北，中国人多亡叛归之"，都是说明。换言之，如同倒向豪族，乃是人民逃避痛苦现实无可选择时的选择。此一趋向，至四世纪初"八王之乱"展开而愈益加大。流入胡族现象的特堪注意者，此时期主对象已是最后移住汉族中国领土，移住范围特广而战斗力又特强的鲜卑。

鲜卑人最初跨越长城线到达中国郡县建置之内，须迟至汉朝末年，以被消灭的乌桓族接班人姿态，被允许留住中国东北境辽河流域。但以与汉族政府建立隶属关系特为亲密，尤其至魏晋时代，因之汉化或文明化的速度也特为惊人。而堪注意，此期间鲜卑族获得魏晋政府宠任与优待的原因，便基于军事上的协力。

胡族提供军事上义务，原系后汉以来他们获准内移的条件。但相对方面，军事义务也限定在为汉族政府"守边"以及接受征调对外征伐，对内镇压盗贼并非胡族责任。汉末混乱期，才有乌桓匈奴骑兵被调入内地对黄巾作战的破例行动初见。曹操兴起与诛灭蹋顿，乌桓部落被迁徙内地，又"帅从其侯王大人种众与征伐，由是三郡乌丸（桓）为天下名骑"（《三国志》魏志乌丸传）。三世纪三十年代，鲜卑因助魏国平定辽东公孙氏而蒙嘉许，并因之被准许广范围移入北方长城区的汉族中国领土，首领们分别接受政府汉式官位与名号。到晋朝，东方辽宁、热河、察哈尔、河北境内鲜卑诸系，已依自东而西不同的居住位置，沿用领导氏族名称而形成慕容氏、宇文氏、段氏等各各分立的形势。八王之战期间，段氏一支得怀有野心的幽州军阀王浚提携，势力最为庞大，受驱使介入皇族间内乱，匈奴人建国，又肩负阻遏石勒势力向东扩张的重任。到王浚被石勒诱杀，原供割据野心家利用为工具的鲜卑部族，也获得机会直结晋朝政府，实力者段匹䃅向晋朝政府效忠，受命继王浚而任幽州刺史。鲜卑人另一主流系西方诸支中，以汉朝末年撤消郡县建制的绥远省东部作移住地的拓跋部。他们当刘渊兴起之初，协助晋朝政府牵制匈奴本据地建有大功，他们累次击退猛烈来犯的匈奴部队，对前后两任并州刺史司马腾、刘琨确保太原的屹立，尽其最大努力。怀帝在位，便由刘琨推荐，拓跋部领袖猗卢受晋朝政府封为代公，部族居留地也获准向南扩大到山西省北部雁门郡境内。愍帝时代，猗卢再进位代王。所以，当五胡之乱序幕揭开，以匈奴人为中核的胡—汉叛变洪流汹涌冲击而晋朝政府军节节败退期间，能在匈奴后方与侧翼作有力抗拒，以及被晋朝依赖为主要力量的，便是以段部、拓跋部为代表的鲜卑人。忠心耿耿的鲜卑诸部族，正与各怀贰心的汉人实力将帅呈现强烈对照。晋朝皇统中断，北方残存将领一百八十人在刘琨领导下，于纪元三一七年向江南割据皇族琅邪王司马睿上劝进表的领衔人，依《晋书》记录为"司空并州刺史广武侯刘琨、幽州刺史左贤王渤海公段匹磾、领护乌桓校尉镇北将军刘翰、单于广宁公段辰、辽西公段眷、冀州刺史祝阿子劭续、青州刺史广饶侯曹嶷、兖州刺史定襄侯刘演、东夷校尉崔毖、鲜卑大都督慕容廆"。内中颇多鲜卑领袖的事实，对鲜卑诸部族其时如何忠诚服从晋朝与履行隶属关系，可以概见。

匈奴叛乱者从刘渊发展到刘聪时代，沦陷区虽然不断扩大，北方局势尚未险恶到绝望境地，仍然残留颇多自由区在晋朝将领手中，此从劝进表具名人职衔容易明了。可惜，如上列名汉人多不过投机分子与观望者，对司马氏朝廷虚与委蛇表示姿态的野心家、割据者而已。特立独行，强烈显现其中流砥柱性格，战斗意志特为旺盛的真诚忠贞伟人，厥惟在太原孤军奋斗与发动此次联名劝进的刘琨。而以刘琨为团结中心所结集的力量，又便是鲜卑部族。此一情况，与前此王浚似乎相仿，但两人人格与对国家的责任心，迥然相异。

北方局势注定在太多的汉族将领败类手中恶化，鲜卑族的政治伦理究竟也不能保证。劝进表中拓跋部未见列名，便因上一年（纪元316年）猗卢之死而拓跋部鲜卑内乱式微。刘琨失却其拓跋部最大支援，不得不在匈奴人势力压迫下放弃太原据点，向东转进，会合段匹磾准备展开大反攻，呈上劝进表便是其时之事。第二年太兴元年（纪元318年），司马睿在江南登位皇帝，悲剧不幸立即演出，已无意于北方事业而以偏安江南为满足的东晋当权王氏家族，竟授意段匹磾加害刘琨。这位自由北方精神领袖之死，北方汉—胡自由阵线抗拒敌人的意志完全崩溃，局势于是急转直下。

刘琨被牺牲的同一年，刘聪亡故，匈奴汉国内讧而归位于刘渊疏族侄辈，与石勒、王弥同为建国三大支柱，当时镇守长安的刘曜。次年（纪元319年），刘曜改国号为"赵"，定都长安。因并灭王弥而愈益强大的东方石勒，于同年背叛刘曜独立，以其本据地襄国（今河北省邢台）为国都，建立另一个"赵"国，历史界以前一赵国通同其前身刘汉称"前赵"，后一赵国则"后赵"，以资区别。

独立后的后赵，十年间先后消灭段匹磾鲜卑与一应清扫北方的晋朝残余势力，剥夺东晋靠北的边缘领土。至纪元三二九年，又完成前赵的并合。领土东起于海，西及甘肃东部，北至绥远，南有淮河流域与汉水流域，北方中国的大半已尽行立于后赵胡—汉联合政权支配之下。

石勒时代，是十六国前期最开朗的时代。石勒的坦诚、大度、能征询意见与接受意见，都是吸引汉人人才向心合作与赢得地方豪族拥护的最大精神资本。同时，五胡胡—汉联合政权汉人指导者的产生决定性影响力，后赵张宾也是特为闻名的代表性例子之一。石勒河北经营与选择襄国为大事业据点，便都出自张宾强力主张。张宾去世以前，于石勒初起时代"专居中总事"，独立后"专总朝政"，对后赵立国的贡献已毋待赘词。此一国家，国都自石勒去世，其侄石虎嗣位而移至原先曹操的大本营邺（纪元 335 年）。

五胡乱华发展至此，后赵与长江以南司马氏东晋、四川李氏成国，三国鼎立并存的形势，几乎已是半个多世纪前魏、蜀、吴三国分立再现，分界线也相似。只是，石氏后赵之于北方，不能如曹魏的据有中国北方全域，东北与西北两地区，已由名义上立于东晋支配之下，而过渡到各别的独立局面。

孤悬于后赵东方领土前端，而依海道继续与东晋政权连系的辽河流域汉族领土，如同段匹䃅以鲜卑族领袖而被任命为晋朝方面大员之例，系自东晋元帝太兴三年（纪元 320 年）任命鲜卑诸部族中最早汉化，也汉化最成熟一支的慕容部领袖慕容廆，继崔毖为平州刺史（次年改平州牧），封辽东郡公而统治。慕容廆念念不忘"受大晋累世之恩"，以及得其强力保护而黄河流域流民潮不断涌入，如《晋书》慕容廆载记所形容"二京倾覆，幽、冀沦陷，廆刑政修明，虚怀引纳，流亡士庶多襁负归之。廆乃立郡以统流人，冀州人为冀阳郡，豫州人为成周郡，青州人为营丘郡，并州人为唐国郡"的形势，已成为四世纪前半吸引难民逃避兵祸理想的安全地带。

相似的情形，与辽东遥遥相对，后赵西方领土前端的河西走廊，又是另一个难民庇护安全岛。早自晋朝惠帝永宁元年（纪元 301 年）"八王之乱"初起，便在新任凉州判史（再改凉公牧）封西平公的汉族张轨大力绥靖与保境安民政策下，长期绝缘体式阻拒中原战火蔓延。《晋书》张轨传所谓"天下方乱，避难之国，惟凉土耳"。张氏子弟自此相承接替统治其地，等于世袭。

然而，可以想象，象征式的晋朝"孤岛"主权支配终不能长久维持。所以，东北当慕容廆之子慕容皝继任平州牧的第四年（纪元337年），已自称燕王，虽然附着的手续仍是向东晋朝廷"言权假之意"，取得正式朝命，而且也继续奉东晋正朔。但第十二年（纪元345年）慕容皝便独立建元，摆脱东晋名义上的支配，而独立"燕"国成立。国都也自慕容廆纪元二九四年开始定居的辽西棘城（今辽宁省锦州），自纪元三四一年迁移以柳城扩建并改名的龙城（今热河省朝阳县）。雄才大略的英主慕容皝领导下，慕容部鲜卑值得特笔大书的伟业，非只建设燕国，已系历史上第一次完成中国东北域内通古斯系诸种族大统一，周围夫余、高句丽，以及慕容氏同系统的段氏、宇文氏等，都先后被征服或并合。到次代慕容俊于纪元三四九年继位，再以获得后赵内乱机会，势力突入后赵领域，占领并第三度迁都到愈向东方的蓟城（今北京）。河西汉人张氏政权，以姑臧（今甘肃省武威县）为国都而形成的独立局面更早。张轨之子张寔已拒绝服从江南东晋政权领导，而继续使用晋朝愍帝建兴年号，其弟张茂嗣位，纪元三二〇年开始已独立建元。再次一代张寔之子张骏时代，势力向西伸入新疆，纪元三二四年或前凉太元元年，鄯善、龟兹、于阗等国均向凉国征伐军投降，晋朝衰退以来的新疆汉族势力恢复进驻。三年后的纪元三二七年或前凉太元四年，吐鲁番戊己校尉领地被改置高昌郡，汉族中国的新疆直辖领土扩大。五胡十六国中立国形态较之刘氏、石氏抑或四川李氏从战斗中成长都有不同的如上鲜卑"燕"国与汉人"凉"国，以其后续有同名国家出现，历史界分别称之前燕与前凉。

便当前凉与前燕先后独立的中间期，南方局势也有变化，五胡十六国中最早建国，领土北有汉中、南包云南的李氏成国，纪元三三八年以李氏间篡代而国号被改为"汉"，又于东晋第五代穆帝的永和三年（纪元347年），被东晋并灭。随之，北方中国局势展开剧烈的波动。

纪元三四九年后赵石虎之死，诸子因争立而自相残杀的结果，爆发了冉闵大流血事件。冉闵是汉人，少年时以战火中孤儿被石勒俘虏，而命石虎收养为子。至石虎在位期间，冉闵之为后赵最煊赫将领，地位已与石虎的在石勒时期相同。邺都内乱与统治阶级间猜忌矛盾激化，终局变质为种族仇恨如《晋书》石季龙（虎）载记所记录："（闵）班令内外赵人，斩一胡首送凤阳门者，文官进位三等，武职悉拜牙门。一日之中，斩首数万。闵躬率赵人诛诸胡羯，无贵贱男女少长皆斩之，死者二十余万，尸诸城外，悉为野犬豺狼所食。屯据四方者，所在承闵书诛之。"羯人整族性被恐怖虐杀的末日一幕，可能是四世纪五胡乱华期最疯狂、最残忍的演出。冉闵血手大屠杀下，于次年（纪元350年）自登帝位，国号"魏"，而人间大悲剧仍续上演。石氏残余势力被彻底歼灭前对冉闵激烈的垂死挣扎，也创下汉人"诸将士死者十余万人"惨酷记录。再次年，国家终于在无人性的此攻彼杀下灭亡。中原无政府、无秩序的大混乱局面，已如《晋书》石季龙载记附冉闵传所载："贼盗蜂起，司冀大饥，人相食。（闵）与羌胡相攻，无月不战。青、雍、幽、荆州徙户及诸氐、羌、胡、蛮数百万，各还本土，道路交错，互相杀掠，且饥疫死亡，其能达者十有二三。诸夏纷乱，无复农者。"便是说，包含汉、胡的人民反流亡潮冲击，形成四世纪五十年代突发性中心事态。五胡乱华的以后发展，堪注意便由此导源。

后赵分解，反流亡返还故乡大浪潮中，其属于关中的一支，二十年前石氏后赵选择投降的氐族领袖苻洪为流人都督，统率随前赵灭亡而被迫迁移关东的汉人与氐、羌。但返乡运动展开，这位深受秦、雍流民爱戴拥护的杰出人物苻洪，却原因不明被暗杀。所以，实际领导流民到达关中的，是其儿子苻健。纪元三五一年，苻健便以长安为国都，尝试独立建国，国号"秦"（前秦）。

同一期间，前燕雄厚兵力消灭昙花一现的冉闵魏国，续又肃清后赵崩裂瓦解期东方各地割据势力，山东、河南、山西等省都加入为前燕领土。于是，纪元三五七年再第四度迁都至后赵国都的邺。这个阶段，性质是五胡乱华的中期形态成立，北方中国前燕、前秦以及河西前凉三国分立，而前燕接替前期后赵，于中期之初立于最强大的优势。一系列变化，都自东晋穆帝在位的十七年（纪元345—361年）间完成。但此形势中，甘肃东南端天水、武都氐人集中地区，另自纪元三四七年起，出现新自后赵统治下解放的氐人杨氏政权仇池小国家，而名义上服从东晋。

北方三大国对峙力量于前秦苻健死，其弟苻坚废侄苻生自立的纪元三五七年开始巨幅倾斜，朝气蓬勃的前秦迅速向雄飞发达大道推进。纪元三六九年占领前燕洛阳是苻坚统一北方大事业的起步，自此十年间，灭亡前燕（纪元370年），揽取仇池（纪元371年），剥夺东晋领土的汉中与成都部分（纪元373年），合并前凉与鲜卑拓跋部代地（纪元376年），东晋因后赵覆亡取得支配权的淮河、汉水流域，至纪元三七九年，也再转移到前秦版图以内。建国时间无论迟早，凡在中国北方土地的各个政权，一应倾覆于苻坚统一大洪流中。前秦领土东起辽河流域，西迄新疆东部，北有内蒙古，南及长江上游，北方中国全域达成天下一家，前秦国家到达强盛巅峰，正如《晋书》苻丕、苻登载记史臣曰所指："平燕定蜀，擒代吞凉，跨三分之二，居九州之七。虽五胡之盛，莫之比也。"也因此前秦声威远播亚洲东、西方，出现苻坚载记所说明"鄯善王、车师前部王来朝，大宛献汗血马，肃慎贡楛矢，天竺献火浣布，康居、于阗及海东诸国凡六十有二王，皆遣使贡其方物"的盛况。如上背景之下，纪元三八三年（前秦建元十九年）于是派出大将吕光西域征伐，逼降焉耆，进军龟兹，大败温宿、尉头等国来援的联军七十余万，龟兹因此被征服而王位遭变换。《晋书》吕光载记的记录："王侯降者三十余国……诸国惮光威名，贡款属路……胡王昔所未宾者，不远万里皆来归附，上汉所赐节传，光皆表而易之。"吕光代表的汉族中国武功，继一世纪末班超，再度威震西域。

五胡时代，历史界给予最高评价的苻坚政绩，关系到一位传奇人物王猛。当前秦立国之初纪元三五四年，长安一度被东晋权力者桓温攻破时，这位其时年仅三十岁的青年王猛，已曾留下会晤桓温时"被褐而诣之，一面谈当世之事，扪虱而言，旁若无人"的脍炙人口故事。王猛拒绝随同桓温前往南方，却应前秦继位者雄才大略的苻坚聘请。他与苻坚间的合作无间与相互信任，几乎便是三国蜀汉刘备与诸葛亮的重演。苻坚对这位汉人重臣的推崇，尤其比拟之为历史上最伟大的政治家、军事家太公望、管仲、诸葛亮三合一的化身。前秦以弱攻强，对领有一百五十七郡，一千五百余县与九百九十余万纳税人口，四世纪五十与六十年代最雄厚势力前燕的攻灭,便由王猛直接领导。经过以征燕统帅身份镇守邺都,"关东六州之内听以便宜从事"的全权善后阶段,王猛便返回中央,集中国家权力,一身同时担任的官职有:丞相(政府最高领袖)、中书监与尚书令(皇帝顾问团主脑与秘书长)、太子太傅(皇位继承人辅导师长)、司隶校尉(京畿最高行政长官)、都督中外诸军事(全国军事统帅)。他自三十五岁开始"权倾内外",迄于五十一岁去世,十七年执政期间业绩,《晋书》苻坚载记有"百僚震肃,豪右屏气,路不拾遗,风化大行"的特笔大书。又详述"王猛整齐风俗,政理称举,学校渐兴。关陇清晏,百姓丰乐。自长安至于诸州,皆夹路树槐柳,二十里一亭,四十里一驿。旅行者取给于途,工商贸贩于道。百姓歌之曰:'长安大街,夹树杨槐。下走朱轮,上有鸾栖。英彦会集,诲我萌黎。'"已是政治清明最高境界的描绘。非仅五胡十六国与东晋对立时代的百年间,也是中介汉朝与唐朝两次历史发展高峰的四个世纪低潮期间,除对诸葛亮以外,史书记录从未再见的赞美词。苻坚载记对王猛的直接批评也相同:"猛宰政公平,流放尸素,拔幽滞,显贤才,外修兵革,内崇儒学,劝课农桑,教以廉耻,无罪而不刑,无才而不任,庶绩咸熙,百揆时叙,于是兵强国富,垂及升平。"

纪元三七五年,中国历史上罕见的政治彗星王猛陨落,是前秦无可弥补的损失。自此,前秦违背王猛指导原则的太过快速军事发展,便因无人作有力纠正而犯下大错误。吕光西域征伐的同一年,苻坚动员全国兵力,对东晋发动总攻击,这一年,东晋正当孝武帝的太元八年。

对晋朝作为时过早的攻击,王猛生前坚持反对立场。其理由，第一，南方雄厚的经济潜力，再加"八王之乱"与"五胡乱华"初期北方人民大量转移南方，所结合对北方的巨大抗拒力，非轻易可以动摇。第二，前秦当前所迫切需要，非对不断扩大了的领土再扩大，而是在已经扩大了的土地上求稳定，以及对因此容纳急速膨胀的不同种族人民间谋求调和，减少政治阻力。基于此一需要，因此王猛不赞成民族调和标的达成以前便放松警戒心理，抑且警告，若干被征服国家、民族具有潜力或危险性的特定人物，必要时须予消灭。但苻坚其人，较之五胡诸君主的最大不同处，便是对被征服国家、民族领袖近乎反常的优遇。五胡之乱展开，凡亡国皇室下场，注定悲惨，晋朝司马氏、前赵刘氏、后赵石氏，莫不整族被屠杀，苻坚独反前例，采取绝对宽大的政策与开放态度。无论投降或被征服，此国皇帝与皇族非只受封爵位，且在前秦政府中保有高地位的实质官职，亡国政府的大臣均被容纳续在前秦政府服务。而堪注意，鼓励苻坚下大决心征伐东晋，正便是如上亡国君臣。代表人物，一是鲜卑慕容俊、恪之弟慕容垂，一是后赵大将与羌族领袖姚弋仲之子、一度投降东晋的姚襄之弟姚苌。相反，氐族自族皇族与大臣都竭力反对伐晋，太子苻宏、宏弟中山公诜，以及王猛地位的继承人苻坚之弟苻融是其中心人物。所以，苻坚伐晋，非仅遗忘王猛制定的建国方针，也是违背自族意志的反常决定。

纪元三八三年对东晋大攻击展开，前秦征集胡—汉战斗人员数字在一百万人以上，可能已是四世纪兵力动员的极限。其作战部署，先头部队以苻融为司令长官，原前燕皇帝慕容暐与其叔慕容垂，以及姚苌等汉—胡大将都容纳在此一指挥系统，配备各地分道结集的步骑二十五万，向寿阳（今安徽省寿县）攻击前进。主力则苻坚亲领步兵六十万，骑兵二十七万，随后陆续开拔前线。另外水军八万，自四川沿长江配合东下。东晋方面，统帅部由大都督谢安领导，调集长江中下游兵力向淮河以东集中。主力八万人由谢安后辈谢石、谢玄统率。前秦前锋急速推进，已渡淮河攻陷寿阳，苻坚便不待主力集结，大军尚在河南省境时，已赶抵寿阳亲自指挥。其时正值前秦最突出前方的一个兵团被东晋消灭，攻势为严密布防的晋军阻止。苻坚、苻融登城"北望八公山上草木，皆类人形"，感觉晋军人数似乎也不为少。所以苻坚对决战已有犹豫，而派出东晋降将朱序向晋方恐吓劝降。朱序却正是潜伏的东晋间谍，反泄漏了前秦兵力部署的主要情报，建议晋方统帅部把握当前时机，速战速决，否则，待百万雄师尽行到达，便难以死里逃生了。敌情判明，于是东晋生死存亡的关键性一战，著名于历史的寿阳东方淮河支流淝水之战展开。综合《晋书》苻坚载记、谢玄传、朱序传的这一幕记录——

"时（秦将）张蚝败谢石于肥南，谢玄、谢琰勒卒数万，阵以待之。蚝乃退，列阵逼肥水。王师不得渡，遣使谓融曰：'君悬军深入，置阵逼水，此持久之计，岂欲战者乎？若小退师，令将士周旋，仆与君公缓辔而观之，不亦美乎？'""坚众皆曰：'宜阻肥水，莫令得上。我众彼寡，势必万全。'坚曰：'但却军，令得过，而我以铁骑数十万向水，逼而杀之。'融亦以为然，遂麾使却阵。""朱序时在其军后，唱云：'坚败！'众遂奔退，制之不可止。融驰骑略阵，马倒被杀。晋师乘胜追击，坚众奔溃，自相蹈藉，投水死者不可胜计，肥水为之不流。余众弃甲宵遁，闻风声鹤唳，皆以为王师已至，草行露宿，重以饥冻，死者十七八。坚中流矢，单骑遁还淮北，收离集散。比至洛阳，众十余万。"惨败景象，以视定议南征前驳斥反战论者的豪语："虽有长江，其能固乎？以吾之众旅，投鞭于江，足断其流"，适得其反。

淝水之战系中国战争史上以少胜多特具代表性的范例。胜负因素，固决定于晋军的战备周全，以及进入情况时八公山伪装与佯动，潜伏分子适时把握敌军临阵撤军的有利形势，与发挥心战等统合战力的一系列战术成功，但哀兵心理，与前此历史上任何重大战役相同，仍属晋方致胜的最大原因。相对方面，前秦也逃不脱骄兵轻敌心理下的历史覆辙。此一战役的巨大影响，非只东晋免于覆亡，苻坚统一中国全域的美梦幻灭，也直接导引中国北方再分裂，抑且较前更严重的分解，而铸定中国南北合一时机的成熟，须再延后两个世纪。

北方安定势力下完成统一未满十年，苻坚的民族政策偏差，便随南侵挫败而内溃为国家崩裂的致命伤。纪元三七〇至三八〇年间，苻坚大量以被征服诸异族与氐人自族交换移殖，鲜卑等种族被强制移住关中京畿地区，而自族十五万户又被命令自京畿迁出，分散各地，于是，核心支柱力量顿形空虚。此于平时尚不致发生变故，却经不住万一不测时外在因素的冲击考验，为意料中事。所以，当伐晋动议初起，太子苻丕等氐、汉大臣便都曾以伐晋不能专从乐观方面估测，以及时机尚非恰当劝阻，苻融且特警告苻坚勿忘王猛遗言，明白指出："陛下宠育鲜卑羌羯，布诸畿甸，旧人族类，斥徙遐方。今倾国而去，如有风尘之变者，其如宗庙何？监国（太子）以弱卒数万留守京师，鲜卑羌羯攒聚如林，此皆国之贼也，我之仇也。臣恐非但徒返而已，亦未必万全。"（《晋书》苻坚载记）苻坚载记附苻融传的记录尤其坦率："慕容垂、姚苌等常说坚以平吴封禅之事。坚之将入寇也，苻融又切切谏曰：'陛下听信鲜卑羌虏谄谀之言，臣恐非但无成，亦大事去矣。垂、苌皆我之仇敌，思闻风尘之变，冀因之以逞其凶德。不足采也。'坚弗纳。"待苻坚自南方败退，统御力崩坏，而国内被征服民族解放运动即怒涛似展开。果如苻融所预测，首先掀起叛旗的，便正是鼓动苻坚侵略南方最力的鲜卑慕容垂与羌族姚苌。淝水会战第二年（纪元384年），前者在河北复兴燕国（后燕），后者在陕西建立另一个秦国（后秦）。慕容氏一族而且东、西并起，慕容泓、慕容冲的"西燕"系统起义于关中后转入山西。另一支鲜卑种族乞伏部又自次年在甘肃南部独立，仇池氏杨氏与代地鲜卑拓跋部分别获得解放，顺五胡潮流渗入中原的"杂胡"之一丁零翟氏也在河南省境大活跃，前秦领土被完全支解。国都长安也由慕容冲攻陷后，再落入姚苌之手。前秦残余势力，随苻坚被姚苌部队俘虏缢死，先是播迁到山西中部，继又逆方向转入甘肃境内，纪元三九四年被姚苌之子姚兴势力追踪驱逐，而流亡青海，终再在乞伏部攻击下被彻底消灭。北方大混乱局面再度呈现之际，南方东晋也趁机收复了四川、湖北等省领域。

　　淝水之战第四年的纪元三八六年是北方大动荡期关键性年份，象征五胡乱华以前秦的统一北方又瓦解而结束中期形态，以及后期形态成立。慕容垂后燕定都中山（今河北省定县），姚苌后秦定都长安，自西域凯旋至姑臧的吕光宣布独立凉国（后凉）建立，都在此一年。四分五裂的北方自此再渐渐归纳为燕、秦、凉三大中心领导，彷佛回复前秦统一以前形势。但历史轨迹重现又似是而非，原因，三大势力外另一具有积极意志而未来北方历史发展便以此为主线的新生力量崛起，便是同系纪元三八六年，鲜卑拓跋部在拓跋珪的领导下，也已于盛乐（今内蒙古和林格尔县）复兴代国，后来以"代"的国号，再改为"魏"，而历史界称之为北魏。

后燕并灭丁零翟氏（滑台，今河南省滑县）与西燕慕容永（长子，今山西省长子县），领先到达事业顶点，却立即在北魏的压迫下衰落。纪元三九七年，国都中山沦陷于北魏的大攻击，退回前燕时代旧都龙城。第二年，因被隔离而孤立的山东省领土，由慕容德成立另一燕国（南燕），都广固（今山东省益都县）。东北本据地后燕慕容氏政权，苟延残喘到纪元四〇九年，也被汉人将领冯跋推翻，另建燕国（北燕），仍都龙城。

与辽东发生密切关系，纪元前三世纪初便已立于中国领土范畴的朝鲜半岛，当五胡乱华初期，中国大混乱开始，半岛汉族统治陷入真空状态。立国于东北安东省境内的通古斯夫余系种族高句丽把握时机，势力伸入半岛与接收了半岛的汉族统治地位。但前燕时代，高句丽遭遇命运却是毁灭性征服。转移到前秦统治而前秦政权又崩坏，高句丽势力乃自被征服诸民族解放运动中复苏，并益益强盛。自此，高句丽非只与后燕累相冲突，高句丽人也大量服务于后燕政府，以及服役于后燕军中。纪元四〇二年，辽河以东主权终于在后燕解体过程中，移入高句丽之手。后燕最终命运的被北燕篡代，冯跋又曾获得留住燕国的高句丽人支持，所以北燕时代，东方领土已退缩到以辽河为界。朝鲜半岛随后也转变为高句丽国本据地，而高句丽愈推向发达尖峰。以后两百年间，辽东此一标准汉式地区，且由此自"中国"长期切离，恢复合并，须待七世纪唐朝。

后燕气运走向下坡期间，后凉再被一再分裂，纪元三九七年至四〇〇年，鲜卑秃发乌孤与卢水胡沮渠蒙逊分别自后凉东、西境独立，国号仍同是"凉"，前者称南凉（都乐都，今甘肃省乐都县）；后者称北凉（都张掖，今甘肃省张掖县）。纪元四〇〇年，汉人李暠领导的集团，又从北凉再分裂而建凉国，历史界称西凉（都敦煌，今甘肃敦煌县）。汉族中国西北境内，一时四凉国并存。

位置介于后燕、后秦间的后秦抬头，乃五胡乱华后期一大特色。其东方发展，领土包容了河南省全域，西方则合并西秦乞伏氏。西秦事业自乞伏国仁创始，至弟乞伏乾归而确立国家规模（纪元388年），国都先在金城（今甘肃省兰州），再迁苑川（今甘肃省靖远县），至纪元四〇〇年被后秦并灭。纪元四〇三年的一年内，后秦又连续攻灭后凉与臣服其余三凉国，完成北方中国中西部的统一。但统一局面仅维持数年，诸征服国家又挣脱后秦桎梏恢复自由，北凉并兼有原后凉领土而迁都姑臧，西凉国都也移至酒泉。国家历史中断八年的乞伏部于纪元四〇八年再建西秦，国都改易到枹罕（今甘肃省临夏县）。其前一年的纪元四〇七年，后秦的绥远南部领土也脱离后秦统制，在匈奴人赫连勃勃领导下独立，国号"夏"，新建设位于陕西、绥远交界处而命名为统万（今陕西省横山县）的城市为国都。

五胡乱华的所谓"五胡"，内涵对象指匈奴、羯、鲜卑、氐、羌。其中氐、羌为同种族，羯人又是匈奴种族十九分支之一力羯种的简称，所以，五胡实际仅是三胡，反过来说，同时期在中国参加建国竞赛的，实际也非仅"五"胡，史书中累予提及的"杂胡"，包含便甚为广泛。高句丽虽因后期国都转移到今日非中国领土的朝鲜半岛平壤而不予计列，但至少五胡前半期仍系中国境内诸胡或杂胡之一，则至明显。此其一。

其二，自北蒙古与南西伯利亚而来的丁零人，也于当时史料中常被提及。他们最早介入中国混乱的历史,依记录系前燕慕容氏强盛时代,《晋书》慕容俊载记说明纪元三四九年"丁零翟鼠率其部降俊,封鼠归义王"。纪元三五七年前燕大远征,遣将"率步骑八万,讨丁零、敕勒于塞北,大破之,俘斩十余万级,获马十三万匹,牛羊亿余万",于是丁零人被大规模移入长城线。前燕转移为前秦统治而前秦再瓦解时,翟氏占领地且扩及到河北、河南两省交界的中原心脏地带七郡,一直到以后北魏太平真君十一年(纪元450年)与南方中国战争期间,北魏太武帝致被围攻的盱眙汉人守将书信中,仍有"今所遣斗兵,尽非我国人,城东北是丁零与胡(指匈奴),南是三秦氏、羌。设使丁零死者,正可灭常山、赵郡贼;胡死,正灭并州贼;氏、羌死,正灭关中贼"(《宋书》臧质传)的叙述,可知相隔一个世纪的五世纪中,南北朝时代之初,丁零系血统者留居黄河流域富庶地的人数尚非少。

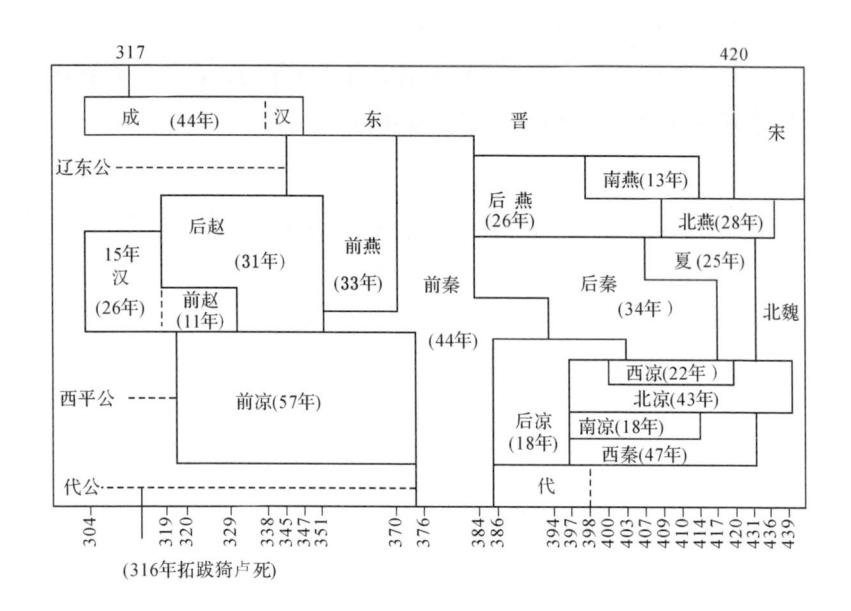

| | | | | | | 317 | | | | | | | | | | | | 420 | | |
|---|---|---|---|---|---|---|---|---|---|---|---|---|---|---|---|---|---|---|---|---|

(表格：十六国与东晋、宋对照表)

成(44年) 汉　东　　晋　　　宋
辽东公----
　　　　　　　　　　　　　　　　南燕(13年)
　　　后赵　　　　　　　后燕(26年)　　北燕(28年)
15年汉(26年)　(31年)　前燕(33年)　　　　　　　夏(25年)
　　　前赵(11年)　　　前秦　后秦(34年)　　　　北魏
　　　　　　　　　　　　(44年)
　　　　　　　　　　　　　　　　　　西凉(22年)
西平公----　前凉(57年)　　　　　　　北凉(43年)
　　　　　　　　　　　　　　　后凉(18年)　南凉(18年)
　　　　　　　　　　　　　　　　　　　　　西秦(47年)
代公----　　　　　　　　　　　代

304　319 329 338 345 347 351　370 376　384 394 397 398 400 403 407 409 410 414 420 431 436 439
　　320　　　　　　　　　　　　386

(316年拓跋猗卢死)

从而了解,"五胡"意义并非绝对性,不过便于说明,代表众多的约数。此一了解,同样适用于"十六国"的数字——

十六国统计,系依六世纪初史学家崔鸿名著《十六国春秋》而得,指前、后、南、北、西五凉国,前、后,南、北四燕国,前、后、西三秦国,前、后二赵国,一成国,一夏国。以后七世纪唐朝修《晋书》,载记部分的蓝本又便是《十六国春秋》。因此史学界习惯上接受了"十六国"此一约数,代表四世纪中国大动乱期间,所有曾经出现于中国的国家。颇多国家不在十六国之数的原因,关于北魏与其前身"代",以崔鸿服务北魏政府,《十六国春秋》著作时存在忌讳与正统意识,不能与"僭伪诸国"并列,理由自可想象。抑且,正确而言,拓跋珪复兴代国以前的"代",也不具备独立国家资格,如同辽东慕容廆初期,或后汉南匈奴,都是立于汉族中国领土上,受汉族政府统制的郡县以外非汉族自治体。其余诸国,或者统治领域过分狭小(如仇池),或者一些流寇式帝王蜉蝣生命(如丁零翟氏、冉闵魏国),再或者播迁幅度太大(如西燕),都从事实上说明不可能详备。

即使十六国,叙述仍有困难,相互间以及对南方东晋政府间的不断战争,领域伸缩性便至大。建国者身份变化与其事迹演进,又往往不容易指示国家存在的上下限,因此关于十六国寿命计算的标准,历史界向来一致。而如上困扰与说明时的混乱,却正是解明大动荡时代必然遭遇,反过来说,也正是时代动荡的最佳说明。这些国家各别的寿命,独立纪元似乎系最妥当的计列准则。依此而言,统治年代最长不过前凉的半个世纪,少者十多年,一般也仅二三十年短暂时间,可谓五胡时代一般现象,以及时代不稳定的具体指示。

五胡时代最后存在的各个地方性国家，南燕（纪元410年）、后秦（纪元417年）亡于东晋，但接收后秦心脏地区关中的，却不就是东晋，而是追踪而至的夏国势力。同一期间，南凉亡于西秦（纪元414年），西凉亡于北凉（纪元420年）。其后，夏、西秦（均纪元431年）、北燕（纪元436年）、北凉（纪元439年），又先后被不在十六国之数的北魏合并。另一非"十六国"内的国家，由仇池改称的东秦，却以太过弱小而反能残存到六世纪初才归并入北魏。所谓"五胡乱华"，一般以纪元三〇四年刘渊建国为起点，落幕年份，便是北魏大合并运动中，五胡十六国最后存在的北凉国家于纪元四三九年被灭亡，时间前后共一百三十六年。而当北方中国除辽东以外，北魏完成全域统一之际，南方中国东晋也已由宋朝替代，中国南、北两大势力对立，而被历史界并列南、北为正统朝代的约一百五十年南北朝时代，接续来临。

　　前后约三个世纪的五胡时代与南北朝，历程各占其半。特堪注目，除南方汉人政权之外，北方无论五胡或北朝，国家领导性格全呈现胡—汉联合政权，可强烈显示，尤其前一阶段频繁的国家兴亡时代，特为明显。此一时代中，胡人建国固必以得到汉人支持为基本，汉人建国同以结合胡人力量为条件，换言之，无论胡人—汉人间主从关系如何，胡—汉携手的形态则一。"五胡十六国"中汉人政权也同被"胡"的观念所概括，正代表了四世纪连锁反应建国运动的共通特色。而"胡人"转移至汉族领土的时间固有久暂，其以立于汉族领土，并与汉族混居、通婚而久已汉化的现象则无不同。移住的实质，也便以放弃自身游牧传统而愿意汉化为前提。民族意识因之随自身固有的社会组织、经济与文化形态发生根本上变化，早与汉族混同为"中国人"。建国期间，又对社会、经济、文化更高境界的汉式政治获得经验，同时，混乱局面下原已仅余民族名词的诸种族间不断以及加大迁徙混血，"中国人"思想也直接向"汉人"范畴转变。经过北朝稳定推进血统定型的阶段，到隋唐完成中国南北再统一时，一个崭新的、满孕了充分新生命力的新汉族，也便是以原汉族为主流，注入了历史上所有进入汉族中国与愿意汉化的原游牧诸种族血液的更生汉族，陪伴在中国历史上诞生。

## 南方切离近三个世纪的南北均衡形势

五胡乱华大变局展开，被颠覆的晋朝政权退到江南以及保有长江流域以南成功，而有东晋局面的开创。东晋复兴，以及此一历史界承认为中国全面性动乱期间正统朝代的南移长江流域，在中国社会史、经济史、文化史上，都是划期性大事件。

东晋第一代元帝司马睿，在晋朝皇族系谱上已是旁支司马懿曾孙与晋朝开国者武帝司马炎叔父之孙，其祖以晋朝立国时众建宗室诸藩而得封王，司马睿自身也因此继袭琅邪王，与惠帝为同辈份。司马睿当"八王之乱"自毁性内战时，属于扮演压轴主角的东海王越派系，也便因这位族叔成为"八王之乱"最后得势者，而得先受命镇守下邳（今江苏省邳县），继又于怀帝即位之年（永嘉元年，纪元307年），被命移镇建邺或今日的南京，而渐渐发展其自身的独立势力。司马睿封地系今日山东省临沂县的琅邪郡，而琅邪正是晋朝掌握雄厚政治权力集团之一的名族王氏出身地。司马睿便因这层关系，当中原鼎沸，名门大族纷求保全政治权益时，得到了琅邪王氏的充分支持。五胡乱华初期东海王越死，晋朝覆亡第二年（纪元317年），四十一岁的司马睿得五十岁的琅邪王氏后裔王导，以及年长王导一岁的堂兄王敦协力，由琅邪王进位晋王，建元建武，东晋政权成立。再第二年（纪元318年）晋王进位皇帝，改称太兴元年，国都建邺也改名建康。

建康东晋政权的领土范围，大略相同于三世纪吴国，也便以吴国所开发江南富源为立国基石。国都也相同，仅名词由建业改为晋朝接收后的建邺，再自东晋建国而改建康。

约百年之后，同一基础上，东晋再转换为南朝或依序宋、齐、梁、陈四朝代的相续嬗代，领土与国家性质，都一贯性相共通。所以，历史界往往以东晋与南朝五朝代，连同最早立国于江南的吴国，自三世纪迄六世纪前后三百多年，建都于南京的江南政权，合称六朝。

因此，东晋与晋朝（或西晋）之间，所存在区别非只形式上的偏安与统一而已。实际上，东晋名义固仍是晋朝，谓与统一时代一脉相承，国家基础的实质，却隔代继承三十多年前被晋朝消灭的三国分立时代吴国。其间，关系到南方势力对北方或中原所潜在敌视性的抗拒力。

历史上最早代表南方与北方抗衡的楚国势力，汉朝时印象已渐模糊。三世纪吴国在江南独立自主建国，北方的对立意识才再度鲜明。"吴"也因之替代"楚"成为南方的代表名词。晋朝统一中国，统治者骄妄的战胜者心理，未设想须要解消南、北观念，相反，歧视吴人与自统一政府较高阶层中排斥吴人，从吴国豪族与丞相后裔陆机上书的凄凉之言："至于荆、扬二州，户各数十万，今扬州无郎，而荆州、江南乃无一人为京城职者，诚非圣朝待四方之本心"（《晋书》贺循传）可知。有三俊美名的陆机，其弟陆云，与另一吴国丞相后裔顾荣，于吴国灭亡后曾满怀希望偕赴洛阳，结局或受谮而死，或郁郁返乡。

纪元二八〇年晋朝灭亡吴国，吴人从未心服，他们否定统一理论，不认为南方有与北方合并的必需。而且，乃系因吴国皇室自身颓废，才被晋朝侥幸征服，并不等于南北双方政治、经济优劣的判决。所以，潜伏反抗意识，毋须等待政治上不平等待遇的刺激。基本上，早在南北统一之际便已敌视，吴人坚信不久他们仍将恢复独立。《晋书》五行志中收录吴国亡国时流行的童谣："武帝太康三年平吴后，江南童谣曰：'局缩肉、数横目，中国当败吴当复。'又曰：'宫门柱，且当朽，吴当复，在三十年后。'又曰：'鸡鸣不拊翼，吴复不用力'"，可以反映吴人念念不忘复国的共通心理。所以，"八王之乱"引起全国性人心浮动时，江南感染特为强烈，所谓"窃发为乱者相继"（《晋书》五行志中）。其中最大一波，乃是惠帝永兴二年（纪元305年），庐江人大军阀陈敏在历阳（今安徽省和县）竖起叛旗与据有吴越之地。特堪注意，对于此次蠢动，镇压之功非归诸晋朝政府军，反而便是江南或吴人自身力量。顾荣等吴中名门豪族势力，以"除三害"历史故事闻名的晋朝名人周处之子周玘为中心领导相结合。于第三年（怀帝永嘉元年）消灭陈敏。此一事件的所以值得重视，第一，陈敏自号"楚公"，非只对吴人产生感情距离，且以纪元前吴、楚最早的仇恨而引起江南人反感。第二，陈敏出身寒门而非豪族，代表的背景与立场都与诸大族相背。因此，豪族们最初虽也曾考虑与之合作，结局却断然步上了相反的方向。从陈敏事件可以发觉，江南人尽管期望复国，但对如何达成此一愿望，则显然徬徨与矛盾。司马睿到达江南系紧随此一事件之后，也便利用吴人内部弱点而东晋得以建国。便是说，适时把握了吴人自身豪族间尚未产生露骨的野心家，抑或尚在犹豫的空隙，此系司马睿与其支持者琅邪王氏所代表自北方转移南方的豪族势力一大成功。否则，时间稍有延迟，江南另成局面，可能将与东晋无缘。

晋元帝司马睿能在北方局势恶化以前，时间与条件都尚未不利到被当地拒绝之际，抢先到达江南，可谓与西晋创业同样幸运。但是，遭受江南人冷漠仍不可避免，《晋书》对此明晰说明："（元帝）徙镇建康，吴人不附。居月余，士庶莫有至者……（王）导因进计曰：'古之王者，莫不宾礼故老，存问风俗，虚己倾心，以招俊乂。况天下丧乱，九州分裂，大业草创，急于得人者乎？顾荣、贺循，此土之望，未若引之以结人心。二子既至，则无不来矣。'帝乃使导躬造循、荣，二人皆应命而至，由是吴会风靡，百姓归心焉。自此之后，渐相崇奉，君臣之礼始定。俄而，洛京倾覆，中州士女避乱江左者十六七，导劝帝收其贤人君子，与之图事。"（王导传）所以，能得勉强立脚江南，前提条件便是竭力迁就与取媚土著势力，对于"率合乡里义众，三定江南，开复王略"的周玘，尤不能不特以其家乡"别为义兴郡，以彰其功"（《晋书》周玘传）。江南阻力排除到可以稳定脚步，如王导传所言，须待第四年洛阳沦陷，大多数中州人士逃避更剧烈的战祸而一波波渡来江南。

吴人方面，复国意念虽受"八王之乱"刺激一度炽烈高涨，但如《晋书》五行志中所提示，所有童谣预言的应验，"于时吴人皆谓在孙氏子孙"。陈敏事件的失败，未始非即此一心理因素的牺牲者。然而，陈敏尽管被吴人豪族联合阵线打倒，吴人豪族以事件平定而心理上的惆怅、懊恼与茫然有空虚感，也可以想象。他们可能已觉醒孙氏子孙旧幌子号召为无济于事，但新的精神结合力量一时尚未能产生。司马睿正值此一空隙抵达建邺，既以礼遇相加，相对方面，吴人对司马睿虚伪的敷衍应酬，于晋朝政府倒塌迹象尚未明显表露以前，也仍属需要。但时机稍纵即逝，待王敦以重兵翼卫司马睿于外，王导以司马睿智囊策划于内的形势形成，以及中原人民与北方豪族继续不断迁来南方时，再图反抗已不可能。吴人豪族态度，因此不得不转变认为无论皇帝何人，脱离北方统治而复国的愿望终已达成。《晋书》五行志中记载江南童谣"数横目"的注脚："案横目者，四字。自吴亡至元帝兴，几四十年。元帝兴于江东，皆如童谣之言。"可以说明，吴人的观念，即使东晋建国，仍不代表晋朝复兴，却是吴国复活。同时，东晋政府结合北方流亡势力与江南土著势力的联合政权形态，实质与同时期北方的胡—汉联合政权，意义上也无不同。惟其如此，东晋皇统固属司马氏，朝代也被历史界认系晋朝正统的延续，国家性格却非前后符合。正确而言，应是一个利用了晋朝名义新建立的国家，以及新成立的政权。

汉朝社会形成的豪族，到魏晋已与政治密切结合，东晋时的印象愈益鲜明。元帝司马睿自东海王越助手脱离洛阳，至江南独立创造局面，堪注意无论动议或行动上的支援，都出自原与司马睿同属东海王越班底，以及其时第一流豪族的山东王氏家族。较元帝年长九岁的王导领导中央，王导堂兄、晋武帝之婿王敦又前后敉平长江、淮河流域不服从领导的割据军阀，结集巨大兵力控制长江中游军略地区为武力后盾。所以当时人已有"王与马（司马氏）共天下"之语。待东晋政治稳定展开，源源渡来的北方豪族势力益益增大而在南方生根，豪族社会地位便以世代牢固附着政治权力，出现为世族新姿态，政治史上著名的江南"门阀政治"或"世族政治"于是成立，铸定为自此以后三百年江南政治一大特征。《晋书》所谓："晋主虽有南面之尊，无总御之实。宰辅执政，政出多门，权去公家，遂成习俗。"（姚兴载记）虽然世族门阀政治，意义并非"政治独占"的同义字，而止于与无此社会地位的寒门素族相对，政治上高位优势、发言权优势，以及便利于取得高位、发言权的固定化凭借，所谓起家华选，坐致公卿。简言之，不平等系在世族的登用、升迁优待。但尽管如此，世族与寒门的政治上不平待遇，仍属明显。

以东晋建国为起点的如上政治结构，显然矛盾——

矛盾之一，江南新来者与土著之间，随北方沦陷与"侨""旧"之分判明，冲突乃为必然。《晋书》周玘传记录："玘宗族强盛，人情所归，帝疑惮之。于时中州人士佐佑王业……（玘）忧愤发背而卒。将卒，谓子勰曰：'杀我者诸伧子，能复之，乃吾子也。'吴人谓中州人曰伧，故云耳。"周勰传："时中国亡官失守之士避乱来者，多居显位，驾御吴人，吴人颇怨。"须重视，周玘继顾荣老死而愤卒，尚在东晋朝廷未成立前的晋朝愍帝建兴元年（纪元313年），接续才有元帝的自琅邪王进位晋王。再上皇帝尊号之举。而便在此一期间，吴人与江南地方势力步步被北方渡来豪族压倒，联合统治"侨""旧"平衡势力倾斜，政治上明显出现渡来者侨姓反客为主现象。最早与北方势力携手的顾荣之辈，被愤愤不平的吴人唾骂，一直到五世纪后半南朝，仍可由如丘灵鞠之语闻知："我应还东掘顾荣冢。江南地方数千里，士

子风流，皆出此中。顾荣忽引诸伧渡，……死有余罪。"(《南齐书》文学传）

矛盾之二，门阀政治下世族与皇室间的摩擦。

矛盾之三，世族自身间的倾轧。

矛盾之四，世族与寒门间的政治上不平等待遇。

如上矛盾关系的错综并发，早自元帝登位皇帝第五年永昌元年（纪元 322 年）以迄次代明帝太宁二年（纪元 324 年）的王敦事变已表面化。此一已成为全国最大实力人物的变志，《晋书》有关纪、传说明："王氏强盛，有专天下之心。大将军江州牧敦素有重名，又立大功于江左。专任阃外，手控强兵，群从贵显，威权莫贰。遂欲专制朝廷，有问鼎之心。（元）帝畏而恶之，遂引刘隗、刁协等以为心膂。敦益不能平，于是嫌隙始构矣。永昌元年，敦举兵于武昌，率众内向，以诛刘隗为名，又上表罪状刁协。敦据石头，六军败绩，尚书令刁协奔于江乘，为贼所害，镇北将军刘隗奔于石勒。敦既入石头，拥兵不朝，放肆兵士劫掠内外。官省奔散，惟有侍中二人侍帝。帝遣使谓敦曰：'欲得我处，但当早道，我自还琅邪，何至困百姓如此？'敦乃自为丞相，收骠骑将军戴渊，尚书左仆射、护军将军周颛害之，还屯武昌。襄阳太守周虑又承敦意，袭害镇东大将军荆州牧甘卓。及帝忧愤而崩，明帝太宁元年，加敦黄钺、班剑，奏事不名，入朝不趋，剑履上殿，移镇姑孰，自为扬州牧，以吴兴沈充、钱凤为谋主。时右将军会稽内史周札一门五侯，并居列位，吴士贵盛，莫与为比，王敦深忌之。二年，及敦疾，钱凤以周氏宗强，与沈充权势相侔，乃说敦曰：'今江东之豪，莫强周、沈，周强而多俊才，宜先为之所，后嗣可安，国家可保耳。'敦纳之，乃袭杀周札而尽灭其族。敦曰：'我死之后，莫若解众放兵，归身朝廷，保全门户，此计之上也。退还武昌，收兵自守，贡献不废，亦中计也。及吾尚存，悉众而下，万一侥幸，计之下也。'凤曰：'公之下计，乃上策也。'遂内谋举兵内向。"结局幸因王敦发动武装政变初期便死，叛乱得迅速被扑灭。而前后三年事件中牵涉的主要人物身份，刘隗、刁协原系北方郡级长官，较王氏迟过江而为反对王氏势力的实力人物；戴渊与周顗则与元帝抑或王导、王敦同属东海王越系统内同辈份人物。如上四人中，戴渊为吴人寒门，刁协北方寒门，刘隗、周顗同系北方豪族。关于甘卓与周札，则代表了江南地方势力，甘卓系早期与周玘、顾荣等共同消灭陈敏的豪族之一，王敦得志时代镇守襄阳，支持皇室从王敦背后牵制王敦；周札便是周玘之弟。沈充又与周氏对立而为江南地方派系另一主流，钱凤便是沈充所推荐，王敦侧近灵魂人物与为王敦连系江南豪族的桥梁。

巨大政潮过去，王氏家族在江南的最大门阀地位并未受损。王导反得先后受元帝与在位仅三年的明帝遗诏辅政，经历三代皇帝，最后如同王敦位至朝廷为之特设的丞相，享尽人间荣华富贵去世。而另一方面，继王敦担当东晋北方关系上战略枢纽地带的长江中游湖北省全权统制长官，与因之发展为全国最大军事力量的吴人寒门陶侃，以及陶侃的继任者明帝庾皇后之兄庾亮，又相续形成抵制王导势力的中心人物。东晋朝廷，便如此因政治上多角性矛盾相互牵制而维持其平衡均势。

东晋政治统一的基盘建立于权力矛盾制衡作用失却平衡时的政治斗争，王敦事件平息第三年与东晋第三代成帝嗣位第二年，再度爆发，而且同样以武装叛变姿态出现。出身北方民众地方自卫团首领而南来位至方面大将的苏峻造反，攻陷国都建康。而敉平此一事变的统帅，便是陶侃，早期刘琨的秘书长或长史温峤又是实际负责人与前敌总指挥，军事行动的主力。温峤当年奉刘琨之命携来北方自由区汉—胡将领一百八十人联名向元帝劝进表文，也因刘琨之死，以其代表人或继承人身份留住江南，可惜苏峻事件次年便行去世。

东晋第三次巨大政潮须再相隔四十年，亦即东晋百年历史的中期上演，且与东晋建国即已存在的最大政治问题相关连。此一问题，便是国家主权支配应以现有范围的人与地为满足，抑或出发于晋朝正统立场，而须从事回复北方统治大事业的政策抉择。

一项前提性了解，至少东晋创业之初，对于北方问题态度是消极的，如下很多事实都可说明——

其一，自元帝以琅邪王身份抵达建邺以迄正位晋王，前后经历十一年。第五年时，洛阳情势始告危急，而元帝便是同时期坐视不救诸方面统帅之一。第十年时长安再告陷落，江南仍然漠不关心。虽然出诸元帝自身意志抑或实力派王氏家族意志，为无从确知，但无论何一情况，都不能以基础尚未稳固或无勤王能力推诿，则可断言。王敦领导下的大兵力便是反证。如依前引王导为元帝计划笼络江南人心时所言，初抵江南便表达"大业草创"的思想，毋宁胸有成竹。诚然，独立东晋或者其时尚未设想，但划定江南为割据地盘的野心则充分显露。简言之，已决心背弃晋朝政府。然则，对中原沦陷，非只漠不关心系当然之事，抑且更为欢迎。基于如上意念，当无可能期望其对北方问题态度的转变为积极。

其二，元帝在江南正位晋王，初建东晋朝廷时的北方局面，敌人优势尚非绝对性压倒。临危效忠的敌后自由象征刘琨，屹立为不愿屈服者的团结领导人。也因了他个人声望与影响力，才能号召北方将领联名劝元帝登大位。其时元帝仅称晋王而非皇帝，顾虑可能便是北方晋朝旧势力，待得到刘琨他们的拥护与劝进，才敢于次年正式登位皇帝。而刘琨下场，却是被阴谋缢死，北方连锁防卫阵线便随此中心环节的摧毁而瓦解，北方全成为陷区。而给予此一北方最后堡垒彻底打击的阴谋家，《晋书》指出，正又是东晋最大实力人物王敦。

其三，同一时期，刘琨好友祖逖的事迹也已登场。两人同以产生中国战斗性成语而成历史名人，"闻鸡起舞"兼指两人少年同学时代；"枕戈待旦"指事业巅峰期的刘琨；"击楫中流"便是祖逖事业的起端。当刘琨在北方力撑危局时，祖逖率领他的同族数百家到达南方，请求给予军械、人员与粮糒补给，支持他北伐。而《晋书》记载，他所获得允准的，只是"给千人廪，布三千匹，不给铠仗，使自招募"（《晋书》祖逖传）。以如此一支没有装备与武装的队伍，祖逖却仍能凭个人坚强的意志、无比的信心，与卓越的组织力，沿途结合坞主们地方自卫武力，处处获得民众响应，从淮河流域步步推进，全行收复了黄河以南所有晋朝失地。当令人兴奋的他准备渡河消息传抵江南，江南政府非只未因此而给以充分支持，或加大其指挥权，反而派出一位吴人大将予以监视。受牵制的祖逖，便因此于王敦叛变的前一年，气愤死于雍丘（今河南省杞县）大本营。已收复的领土，随之再度沦陷。

从如上诸事态，可以相信，背叛晋朝，原是元帝与其教唆者转移江南的目的；放弃北方，也便是东晋立国的基本原则。而此决定，正出于来自北方的世家大族共同意志。吴人对于北方事业的不关心为可以了解，原籍北方世族也对恢复故土表示冷淡，似乎违背常情。但如果注意魏、晋自汉朝转换形成无廉耻的政治社会风气，对此便不难恍然。便是说，个人利益与家族观念都已高过国家。三世纪中魏、晋交待系出于大家族间私相授受，西晋覆亡悲剧也由自私豪族一手制造。同样，琅邪王氏领导下豪族们逃到江南，由割据到另建朝廷，仍非爱国而出发于私利与保家意图。新天地如能符合理想，便无必须返回北方的理由。而实际上定居江南之后，南方富源的充沛，以及生活条件的优裕，愈坚定他们安于现状的意志。刘琨、祖逖规复计划必须破坏，原因无非便为了与他们的利益原则相抵触。

与北方南渡豪族或以此渐渐蜕变的世族相对，寒门以无强固经济面附着，家族私利意识比较淡薄，国家观念也相衬得以突出。同时，他们在政治发展途径被世族垄断的情况下，除非个人有能力克服不容易突破的门第障碍，或者得皇帝特予援引，便永远固定在政府低级阶层而与高位无缘。东晋时代北方领土规复论的强烈主张者，因此便以北方南渡寒门或与皇室特相亲近者为主流。他们立于国家立场的责任论，北伐主张固已必然提出，依于政治公平原则，以及变更以江南经济产业为条件而发展的门阀政治现状，惟一可选择的途径也是北伐。透彻而言，随北伐展开而以中央政府与国都迁回北方才能阻止世族继续以经济结合政治的发展。北伐正反两项意见于东晋前半，于是被反复论辩而演变为敌对政治派系斗争的中心课题，迄东晋国祚之半，终于到达高涨期而引发大政潮。

继祖逖北伐建有赫赫功业的桓温，原籍谯郡而以洛阳陷落后的永嘉六年（纪元312年）出生于江南。其父"少孤贫"，东晋建国之初于太守任内殉职，家世代表性的属于寒门颇为鲜明。桓温幼时，以得其父好友，刘琨化身人物温峤喜爱而纪念性被命名"温"。他于卅四岁开始发达的基石，又系接替父执辈与温峤接班人庾氏兄弟长江中游的军政长官位置。至名望、事业扶摇直上时，愈好自比刘琨，曾以被人形容其容貌、风范相似刘琨而沾沾自喜。凡此都堪指示，桓温系继承刘琨的理想与其遗志。或者说，一个隐隐存在于东晋已近半个世纪的刘琨崇拜集团，到刘琨第三辈桓温才煊赫得志。享年六十多岁的桓温，正与东晋百年国运的前半相当，近三十年轰轰烈烈的桓温时代，意义也等于东晋前半终了的划期。

桓温自东晋成帝之弟穆帝永和元年（纪元345年）任荆州刺史，第三年平定四川，灭亡五胡十六国中成国改建的汉国，东晋朝廷主权乃得扩大到长江全流域。再七年，又把握北方后赵崩裂与前秦初建的局势不稳定机会，进行他第一次北伐，长安收复后又因部队补给问题退出。两年后（永和十二年，纪元356年）第二次北伐，洛阳收复成功，所以再隔两年的升平二年（纪元358年），有迁回政府到洛阳的正式方案提出朝廷。然而，这位升任国家武装部队最高统帅的军事首脑桓温，却也因此与握有政治实权的门阀发生了正面冲突。对他激烈攻击的反对声中，还都方案被否定，反对派理由，竟然明白便是"植根于江外数十年矣，一朝拔之。舍安乐之国，适习乱之乡，将顿仆道涂"，以及唱出"古今帝王之都岂有常所"的低调（《晋书》孙绰传）。这是桓温政治生命第一次遭受残酷打击，收复区军、政善后工作也在门阀压力下，不得不交出与世族谢氏。结局河南终又被放弃，桓温辛勤的北方军事胜利成果化为泡影。

对国家具有高度责任感的桓温，并未灰心，待经历哀帝至废帝太和四年（纪元369年），第三次北伐与对前燕的大攻击展开。不幸，当胜利推进而又粮尽退兵途中，遭到前燕精锐部队猛烈反攻，出征的五万骑兵与步兵损失了三万多人。对北方军事上严重挫败，再激发国内政治风暴。政敌们的无情抨击与讥讽，刺激愤慨的桓温于第二年断然废换被门阀包围的废帝，改立明帝之弟与穆、哀、废三帝的叔祖简文帝。同一年，气势如虹的前秦灭亡前燕。简文帝在位二年而崩，子孝武帝继位次年（宁康元年，纪元373年），桓温老死，结束其多彩多姿的一生。然而，废立非只系东晋空前大胆之举，历朝均属忌讳。惟其如此，桓温终不获当时与后代原谅，《晋书》中便视同王敦被列入叛逆传，追随其同乡前辈曹操，历史界增多了一个引起争论的人物。

自桓温死后十年，孝武帝太元八年（纪元383年），东晋名门之一谢氏家族领导下，淝水之战奇迹似胜利，是东晋立国以来，各个矛盾敌对派系在国家存亡关头第一次，也是惟一一次的大团结。前秦战败后北方陷入大分裂与长期混乱，东晋方面威胁解除，紧张的局面松弛，一时保全了东晋命脉。

然而，抗战胜利并不保证政治内在矛盾的化消。孝武帝不知寒暑饥饱的痴儿子安帝嗣位，桓温幼子桓玄于反叛朝廷的诸地方军阀相互攻伐声中崛起，淝水之战再二十年或桓温死后第三十年（元兴二年，纪元403年），已丧失其父志趣的桓玄由相国、楚王而篡位为皇帝。但仅仅八十天，便被自低级军官步步擢升为大将的职业军人刘裕号召效忠皇室的讨伐军消灭，安帝复位。自此以义熙（安帝）、元熙（恭帝）为年号的十五年间进入刘裕时代，或者说，东晋朝代的总结期。

刘裕祖籍彭城，以东晋穆帝永和十二年（纪元356年）出生于平民家庭，正当前秦苻坚继位前一年，以及桓温收复洛阳的同一年。桓温去世，刘裕年十八岁，如同桓温童年衔接刘琨晚年，均系第三代人物。特堪重视，又是刘裕强烈表现为继承桓温遗志的北伐规复运动坚决主张者，以及刘裕时代的等于桓温时代重演。当刘裕以扑灭国内叛变势力起家，地位益益抬高而掌握国家权力时，连续对外战争的胜利成果是惊人的：义熙六年（纪元410年）灭亡山东省南燕，义熙八年（纪元412年）灭亡重新在四川省独立的短命成国，义熙十三年（纪元417年）灭亡河南省与陕西省的后秦，再度收复洛阳与长安。可惜，这位卓越军事家亲自指挥下收复长安后，便因为他在后方负责补给勤务的最主要助手突然去世，而不得不亲返江南，期望统一中国的大事业中断。第二年，留守长安的将领间内讧，关中地区又转移入南下攻击的夏国之手。但即使如此，刘裕的伟大战果与所规复北方领土面积之广，于东晋历史上仍属空前。长安失守的同一年，刘裕弑安帝改立恭帝，仅相隔元熙元年一年，次年便踏袭魏、晋所谓"禅让"形式，年已六十五岁的刘裕自行登位为皇帝（纪元420年），改建宋朝。东晋四世十代一百零三年而亡。

刘裕以与桓温相同的抱负追随同一路线，态度上也如同桓温，极端厌恶世族门阀与以他们为代表的消极、奢侈、放浪生活。至于最后，终不得不各各演出废易皇帝与篡位，为纠正风气而采用的方法诚然偏激，心情仍是沉痛的。所以刘裕即位为宋武帝，立即着手的大事便是节约与整肃政治纪律，不幸这位富有志气与理想的皇帝在位三年便去世。虽然其子文帝仍能继承父志，减轻人民负担，恭俭蓄积，增大富力，但再以后的皇帝已不能抗拒物质诱惑，门阀世族势力与其对政治的腐蚀力也如旧。结局，被另一军人之家取得政权，宋朝被禅代为原籍兰陵的萧道成齐朝。革新、腐化又一循环开始，被同族远支的萧衍梁朝禅代而结束。梁朝再被吴兴郡人陈霸先陈朝禅代，已是江南政权最后一个朝代。

门阀政治下朝代的推移，为何皇位反而连续落入寒门平民之手？门阀中人绝少阴谋反叛朝廷？理由正如同为何门阀反对北伐规复，须从他们的思想、生活方式，以及其时社会形态求取答案。便是说，并非他们的野心被压制，或者不敢尝试，倒反是他们对皇位篡夺不感兴趣。门阀政治铸定以前，亦即世族以其前期豪族姿态存在，尚未从社会、经济、政治完成其地位的固定结合以前，可以有王敦造反之例。迨此之后，世族政治权益随其稳固的社会基石而同在，或者说，有生俱来，便无追求政治理想的必要。抑且，后裔们经济面物质生活优裕，又愈流反常的怠惰为正常。除非世族群共通基盘的家族利益与社会地位蒙受损害，无意如淝水之战例子的奋起。皇位何人，朝代如何变易，只须无损门第，都无所谓，于他们无涉。相对方面，仅仅朝代变换，无论从形式或实质都无从动摇世族地位，仍不能不尊重其门第。朝代变换期的皇室与世族间关系，如同大海中投下小石所激起的涟漪，立即恢复平静。所以，后世历史界讥评此极端现象，谓"世族无功臣"。惟其如此，为国家担心机，已只有寒门中人。皇帝被既不能命、也不能行的世族钳制，自元帝信用刘隗、刁协以来，注定也惟有依赖与提拔寒门为侧近力量。门阀政治时代而寒门仍能具有地位与作为，便因处于皇室与世族的矛盾夹缝空隙。尤其关于站立捍卫国家第一线的军人，风流衰靡的世族，除非将军或方面统帅，已不愿也不屑为。于是，一项特堪注目的现象成立，每逢战事，便阻挡不了平民或所谓寒门出身的职业军人势力抬头。宋、齐、梁、陈开国皇帝无一不是平民军人，原因乃在此。这是江南政权演进至后期的特质之一。

特质之二，自东晋以来，宋、齐、梁诸朝代皇室，原籍无一非在北方，换言之，都是四世纪渡来江南的北方移民后裔，陈朝开国君主陈霸先系惟一南方土著寒门人士。所以，也惟陈朝建立，性格才同于三世纪三国时代吴国，而为完全南方色彩的朝代。或者说，晋朝以来吴人复国梦想，至此阶段才真正实现。然而，意义却也已等于江南政权的回光返照，接续便被吞噬于北方的中国统一运动中。

宋朝建国第十九年，北方中国正当北魏结束五胡乱华局面，中国形成南、北均势对立，历史界因之称自此展开的历史发展时代为南北朝。南朝便合寿命最长半个世纪、最短仅廿多年的宋、齐、梁、陈相续四个朝代，前后一百六十九年。连同前代东晋、江南独立政权经过二百七十二年，至纪元五八九年而被北朝系统合并，中国恢复统一。

与南朝同时并存对立一百多年的北朝，在中国历史上具有特殊重大的意义，非只容纳了游牧民族新生力而形成更广阔波涛的新汉族大洪流于此期间铸定，也总结中国四百年分裂，对中国最伟大朝代之一的唐朝具有先导作用。换言之，占有迎接光明灿烂新时代的承上启下枢纽性位置。惟其如此，北朝诸朝代尽管继承五胡十六国，却在汉族中国历史上，亦必须承认之为与南朝平等的正统朝代。

北朝波动期与朝代变易，都在后期。当南朝宋、齐、梁三朝相续嬗代时，北朝以北魏为惟一的朝代。而北魏前身，又便是晋朝覆亡前的拓跋部鲜卑人自治体"代"。他们沿阴山山脉移住到绥远南部的早期历史，开始于汉族中国三国时代，北魏建国被尊为始祖的拓跋部首领力微，纪元二六〇年左右，以汉朝定襄郡成乐县改称"盛乐"（今内蒙古和林格尔县东）为据点，建立周围鲜卑诸部落统一领导，初与三国中北方的魏国维系宗主—从属关系，魏景元二年（纪元二六一年）派出长子沙漠汗常住洛阳为人质，此系鲜卑拓跋部统治阶级直接接触汉族文化的最早记录。晋朝接替魏国，沙漠汗由晋武帝遣回，准备继老迈的力微之位，却因沙漠汗久居中原，失却内部支持，兄弟间又相互争立而引起纷乱。《晋书》的记载：诸大人忌"太子（沙漠汗）风采被服同于南夏"，予以害死后，其父亦在诸部叛乱中死亡。事变年份，依《魏书》纪元二六一年后第十六年的说明推算，当系晋咸宁三年或纪元二七七年。自此经过二十年左右的混乱与分裂，拓跋部再自大致十年左右的三部分立过渡期，以及与晋朝重建亲密从属关系，而回复到更大规模的统一，领袖便是晋怀帝永嘉四年（纪元310年）受封代郡公的沙漠汗之子猗卢。晋朝并接受他要求，划拨句注陉北马邑、阴馆、楼烦、繁畤、崞五县之地，供鲜卑人居留地扩大到山西省北部，于是，平城（今山西省大同县东）与盛乐并立为拓跋部的南北都。晋愍帝建兴三年（纪元315年），猗卢进封代王，食代、常山二郡禄，开始建置汉式官属。可惜第二年此一鲜卑族英雄便被逆子弑害，诸部叛离，随之被五胡十六国中石氏后赵征服。纪元三三八年，俘留邺都的猗卢侄孙什翼犍获准返还故地，收集残部。卅多年后，以后赵瓦解获得解放的"代"国再度灭亡于五胡十六国中最强大的苻坚前秦，什翼犍被俘归长安，土地与人民交由匈奴人托管（纪元376年）。隔十年，年仅六岁时以亡国被俘虏而在中国内地接受教育长大成人的什翼犍之孙拓跋珪，于前秦崩坏时逃归绥远，从匈奴人手中夺回故地，复兴独立代国，建元登国，展开他征服周围匈奴人、氐羌人、丁零人，以及非拓跋部诸鲜卑族的大事业。十年后攻占强盛的后燕中原地域，充分吸收后燕政权中优秀汉人分子，也便因新锐汉人智囊团的建议，于是扬弃附庸时代"代"的名词，由代王改称"代汉为魏"

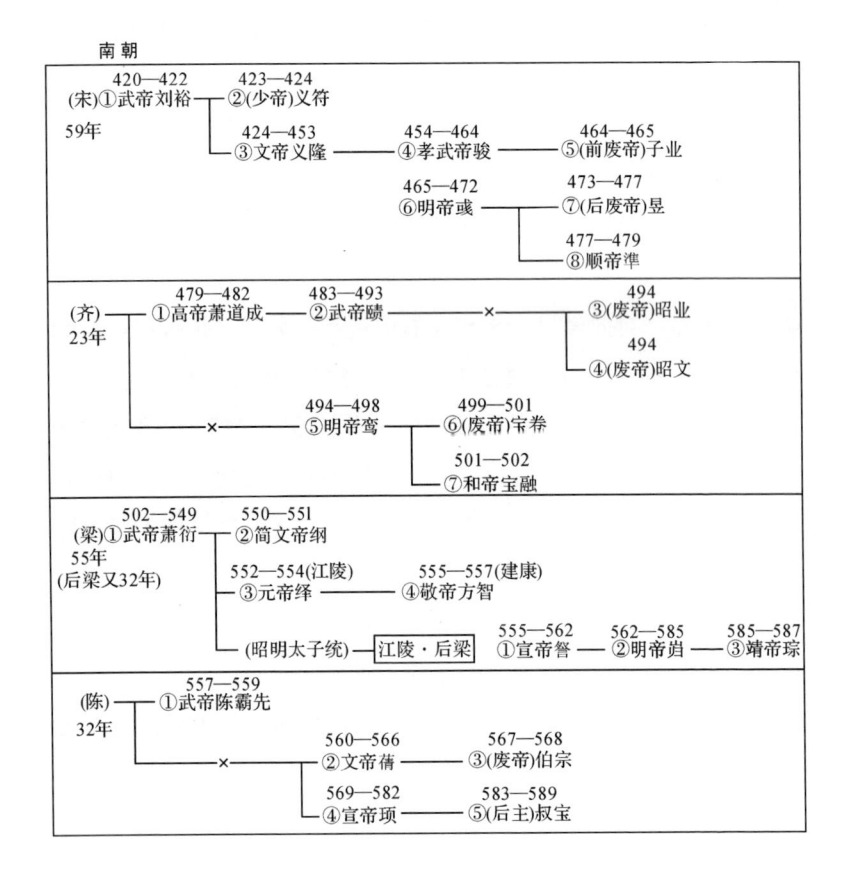

### 南朝

(宋) 59年
- 420—422 ①武帝刘裕
- 423—424 ②(少帝)义符
- 424—453 ③文帝义隆
- 454—464 ④孝武帝骏
- 464—465 ⑤(前废帝)子业
- 465—472 ⑥明帝彧
- 473—477 ⑦(后废帝)昱
- 477—479 ⑧顺帝准

(齐) 23年
- 479—482 ①高帝萧道成
- 483—493 ②武帝赜
- × ③(废帝)昭业 494
- ④(废帝)昭文 494
- 494—498 ⑤明帝鸾
- 499—501 ⑥(废帝)宝卷
- 501—502 ⑦和帝宝融

(梁) 55年 (后梁又32年)
- 502—549 ①武帝萧衍
- 550—551 ②简文帝纲
- 552—554(江陵) ③元帝绎
- 555—557(建康) ④敬帝方智
- (昭明太子统) 江陵·后梁
- 555—562 ①宣帝詧
- 562—585 ②明帝岿
- 585—587 ③靖帝琮

(陈) 32年
- 557—559 ①武帝陈霸先
- × 560—566 ②文帝蒨
- 567—568 ③(废帝)伯宗
- 569—582 ④宣帝顼
- 583—589 ⑤(后主)叔宝

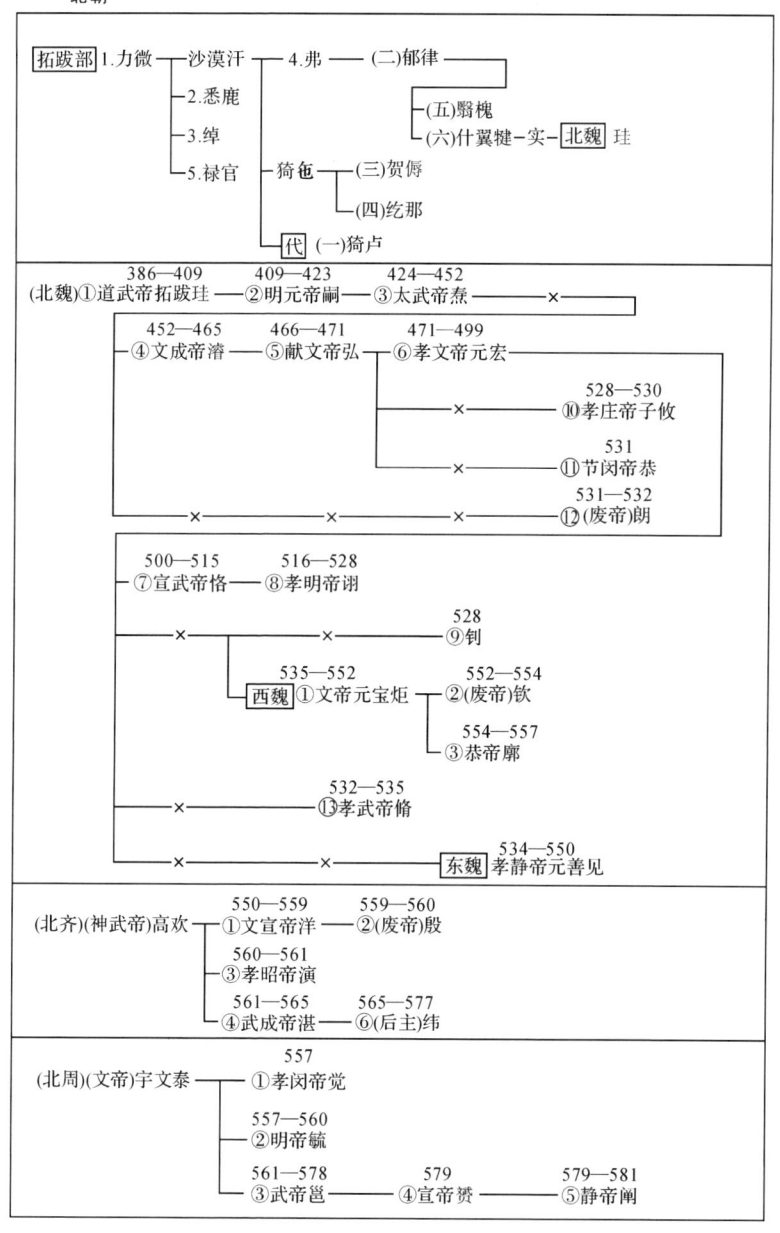

北朝

```
拓跋部 ┬ 1.力微 ┬ 沙漠汗 ┬ 4.弗 ── (二)郁律 ┐
       ├ 2.悉鹿                              ├ (五)翳槐
       ├ 3.绰                                └ (六)什翼犍─实─ 北魏 珪
       └ 5.禄官  └ 猗㐌 ┬ (三)贺傉
                        └ (四)纥那
                 └ 代 (一)猗卢
```

```
              386—409        409—423      424—452
(北魏) ①道武帝拓跋珪 ── ②明元帝嗣 ── ③太武帝焘 ──×
       452—465      466—471      471—499
      ─④文成帝濬 ── ⑤献文帝弘 ── ⑥孝文帝元宏 ┐
                                         │  528—530
                                         ├×─⑩孝庄帝子攸
                                         │  531
                                         ├×─⑪节闵帝恭
                                         │  531—532
      ──×────────×────────×──└⑫(废帝)朗

       500—515      516—528
      ─⑦宣武帝恪 ── ⑧孝明帝诩
                                 528
      ──×────────×──⑨钊
                535—552      552—554
              西魏 ①文帝元宝炬 ┬ ②(废帝)钦
                             │  554—557
                             └ ③恭帝廓
                 532—535
      ──×──⑬孝武帝脩
                                534—550
      ──×────────×──东魏 孝静帝元善见
```

```
            550—559      559—560
(北齐)(神武帝)高欢 ┬ ①文宣帝洋 ── ②(废帝)殷
                  │  560—561
                  ├ ③孝昭帝演
                  │  561—565      565—577
                  └ ④武成帝湛 ── ⑥(后主)纬
```

```
              557
(北周)(文帝)宇文泰 ┬ ①孝闵帝觉
                  │  557—560
                  ├ ②明帝毓
                  │  561—578      579          579—581
                  └ ③武帝邕 ── ④宣帝赟 ── ⑤静帝阐
```

意义的魏王，改元皇始，象征新局面创始（纪元396年）。再隔两年，逐出后燕势力于其国都中山，初步完成中原的统一时，便自盛乐迁都到强制大量移民重建的平城，确立国号为"魏"，而登位为第一代道武帝，再改元天兴（纪元398年，东晋安帝隆安二年）。一个充满了活力的新朝代于焉诞生。自力微至拓跋珪七世一个半世纪，累兴累仆的拓跋部，自此迈向彷佛前秦黄金时代的发达境界。这个朝代，以后历史界因与三世纪三国魏国区别，而名之"后魏"，或者依南北朝方位，称"北魏"。

北魏道武帝、明元帝、太武帝祖孙三代，接连都是具有卓越领导能力的战斗英雄与国家英明君主。经过半个世纪努力开拓国土，太武帝太延五年（纪元439年，南朝宋文帝元嘉十六年），五胡十六国中最后存在的北凉，终也被并灭。抑且，便以北凉领土西端吐鲁番盆地高昌郡的并合，北魏势力直接锲入新疆，六年后的太平真君六年（纪元445年）新疆五大国之一的鄯善便被灭亡，而于纪元四四八年成立鄯善镇"比于郡县"。北魏完成领土东起辽河、西至新疆中部的北方中国统一大领土国家建设。至太武帝次代文成帝时代，外交上也出现五十余国朝贡的历史盛况，北魏国势登峰造极。

## 大分裂末期新时代的孕育

结束近三百年大混乱与大分裂的机运终于渐渐透露曙光。历史界报导中国南北回复统一此一大事，却往往强调再统一由北方并合南方的结局，因此非只对统一容易授人突然的感受，混乱与分裂由北方而起，对于为何反而仍自北方统一中国全域，也会令人兴起疑问。

实际，四至六世纪中国混乱与分裂的严重病状，非为突发而系二世纪后半已渐渐形成的宿疾复发。换言之，前期症状先已延续一个多世纪，治疗未复原时再度加剧，而出现如四世纪后的状况。这个时期，已是中国统合国力或中国文化整体从基盘上的斫伤与破坏。所以，复原也不可能仅恃政治、军事单方面环节力量，而仍待浑厚的中国文化经济磐石恢复奠基后重建，这是基本理解之一。

基本理解之二，对于历史的、传统的中国文化，分裂期间南方事实上已是变型。南方继承汉朝儒家思想自二世纪末以来急速衰微的趋向，而发达为以所谓南朝文化或六朝文化代表的实质，乃是消极、浮夸，以及暮气。相对方面，保护中国传统文化命脉与再建设正统的责任，倒反须由混乱与分裂的北方负起。早期较汉族全然不同文化类型的原游牧民族诸种族，从接受汉化到担当回复儒家指导力重任，对南方恰成对比，也与混合汉—胡血统的新汉族育成过程相配当，而呈现为历史发展的一体两面。中国再统一，主线于是铸定须在北方。

基本理解之三，历史界一般都以五胡乱华解释为只有破坏而少建设的混乱期高潮，外国学者尤其以西方稍后展开的日耳曼系种族大迁移相比拟，而解释之为东西方相同的"蛮族入侵"。如上解释多少都有修正的必要。五胡"乱华"非与进入汉族环境同一行为，反而是定居汉族环境与汉化到达相当程度时的后果。较之纪元三七五年黑海北部南俄沃土的日耳曼种族因被自东方侵入的匈奴族追迫而向西移动开始，随同牵引日耳曼诸种族一系列连锁侵入西罗马帝国领域的历史内容,迥然有异。"乱华"时的五胡,因此已不再是野蛮人,乱华也不能全被视为野蛮行为或全系破坏,此于汉族中国的官方史书《晋书》中,亦未抹杀事实。只因他们学习汉式政治经验尚未成熟,所以希望升起又毁灭,毁灭又升起。他们不断浮动的历史,显得所呈现都是建设与破坏,文明与野蛮性格的一幕幕交替,所建立的各个国家寿命又都非常短促。以致延迟中国统一的时间,须待北朝安定势力稳固之后。

自此,经过严冬迎接阳春,北朝政治、经济、社会、军事一系列改造,均已在辛勤灌溉回复传统中国文化的旧干枝开出了新花朵。与南朝相对照,进步与保守,新锐与腐化,北方优势愈到后来愈明显。待隋朝最后接收北朝政权,由北方统一南方的伟大历史时刻终于到临。一个充满了新生机与新希望,具有质实刚健气象的新汉族,与中国随大分裂结束而以最绚烂中国文化负盛名,如日正当中的世界性汉族大帝国唐朝,相继而兴。

五胡十六国大场面展开,登场的各个建国人物与其后裔,史料所显示其中甚多深通汉族文学,与汉族知识分子同样身受高级教育而呈现优秀文化人姿态,对于近三个世纪的历史演进,中国再统一与其时代转换的连结性,也存在密切关系。《晋书》对领先在黄河流域独立的原匈奴族汉国三代五人统治者,曾分别有以下的教养说明:

——建国者刘渊,字元海,"习毛诗、京氏易、马氏尚书,尤好春秋左氏传。孙吴兵法,略皆诵之。史汉诸子,无不综览"。

——渊子和,字玄泰,"好学夙成,习毛诗、左氏春秋、郑氏易"。

——和弟聪,字玄明,"幼而聪悟好学,年十四,究通经史,兼综百家之言，孙吴兵法，靡不诵之。工草隶，善属文，著述怀诗百余篇，赋颂五十余篇"。

——聪子粲，字士光，"少而俊杰，才兼文武"。

——刘渊养子（疏族侄辈）与改建汉国为赵国的刘曜，字永明，"读书志在广览，不精思章句。善属文，工草隶。尤好兵书，略皆谙诵，以琴书为事"。

然而，读书接受教育的文化人，汉人中已有贪婪、骄纵、淫恶之徒，抑或野蛮的刽子手与暴徒，转换气质时的原游牧民族领袖并无不同。又不幸，五胡诸国往往第二代便出现了暴发户性格。刘和"内多猜忌"，刘聪"游猎无度"，刘粲"威福任情"的记载，与他们的教养简历，便至为不调和地同时见于《晋书》诸载记。改建前赵的刘曜，《晋书》中颇多推崇，却也留下建筑其父、妻坟墓，动员六万人，工作日一百天，"二陵皆下锢三泉，上崇百尺，积石为山，增土为阜，发掘古冢以千百数，役夫呼嗟，气塞天地。暴骸原野，哭声盈衢"的残酷与浪费劳动力记录。

五胡十六国时代所有独立政权，情形多相彷佛。最早的统治者都可被承认英明之主，后继领导人矛盾性格便强烈显现。国家组织的效力因此必然降低，事业的成功因素非但不容易累积，至于结局，连已建立的脆弱基础也被冲毁。地域性强烈的国家与政权，对外发展注定从地理条件上受到限制为无论，其有资格更上层楼发展而灭亡的国家中，后赵是个特具代表性的例子——

后赵创业者羯人石勒之为五胡时代伟大君主，足与前秦苻坚映辉。其人的勤奋、勇敢、善良与豁达胸襟，无愧国势隆盛到统一黄河流域广大心脏地区，而值得尊敬为五胡十六国英雄人物典型。他出身奴隶，可能是五胡君主中惟一不识字或无缘接触学问的粗人，但尊重读书人与注意教育，却印象特殊鲜明。追随刘渊初任河北方面军司令官之际，史书已有"众至十余万，其衣冠人物，集为君子营"的特笔大书。确立襄国事业基础时，"立太学，选将佐子弟教之"，"增置十余小学于襄国四门，简将佐豪右子弟以教之"，"命郡国立学官，置弟子，三考修成，显升台府"。建国以后，政府中且特设经学祭酒、律学祭酒与史学祭酒，以提高教学效率。自身则"雅好文学，虽在军旅，常令儒生读史书而听之"。政治设施方面，了解"功力不可并兴"的人力节约原则，亲耕籍田，"遣劝课大夫与典农使者循行州郡，核定户籍，劝课农桑"的记录，累见于他的传记。律令制度整备，"重其禁法，不得侮辱衣冠华族"，以身作则调和民族感情的一则故事："勒以参军樊坦清贫，擢授章武内史。既而入辞，勒见坦衣冠弊坏，大惊曰：'樊参军何贫之甚也？'坦性诚朴，率然而对曰：'顷遭羯贼无道，资财荡尽。'勒笑曰：'羯贼乃尔暴掠耶，今当相偿耳。'赐车马衣服装钱三百万。"年六十岁临终遗令："三日而葬，内外百官既葬除服，无禁婚娶、祭祀、饮酒、食肉。敛以时服，载以常车，无藏金宝，无内器玩。"读《晋书》石勒载记，对石勒的质朴可爱，可以想见。中国佛教奠基的重要时代，后秦姚兴继承前秦苻坚，苻坚时代又便继承的是后赵石勒时代。

以后的发展，继位者石勒之子石弘，"幼有孝行，以恭谦自守，通经、律、兵书，虚襟好士，好事文咏"的仁厚而懦弱的文士式君子。未几，便被石勒之侄石虎杀害而夺取统治权，石虎统治的十五年，《晋书》石季龙（石虎）载记以几乎与石勒相等的篇幅记载其事迹，内容却与石勒载记全然相反，绝大部分都系印证"史臣曰"评语所指摘"穷骄极侈，劳役繁兴。畚锸相寻，干戈不息。刑政严酷，动见诛夷。惵惵遗黎，求哀无地"的资料蒐集，怵目惊心详细描述其凶毒性格。然而，以视所记录，如全以暴君、恶人或杀人犯形容，也非公平，《晋书》仍有"季龙虽昏虐无道，而颇慕经学，遣国子博士诣洛阳写石经"等善良面记述。若干暴政的形成，也不能尽行责备政策错误而系执行偏差，如"使令长率丁壮随山泽集橡捕鱼以济老弱，而复为权豪所夺，人无所得焉。又料殷富之家，配饥人以食之，公卿以下出谷以助振给，奸吏因之侵割无已"。后赵结局，便在兼有善—恶、贤—暴两面性格的支配者所制造动荡政局下，石虎死后诸子内讧而解体。

五胡君主矛盾的精神状态，牺牲者非只人民，君位随残忍血手转移的现象，最早建国的汉国便已创始。第二代刘和兄弟相互攻杀，其弟刘聪取代。刘聪死，后族靳準之乱，继位的刘粲与"刘氏男女无少长皆斩"，而有疏族刘曜的诛灭祸首与改建前赵国家的一幕。刘曜亡国于后赵，石勒的征服军司令官石虎又对刘曜全族夷灭。石虎登位，其子十三人，八人先后自相斗争残杀或便被石虎忍心处死，余五人与孙三十八人又被石虎养子冉闵在"尽殪石氏"时诛戮。

五胡十六国后期，随前秦的短暂统一与再分裂展开，政治上矛盾循前期同一轨迹而愈深刻，分裂又再分裂，所出现国家多数呈现虚脱无力化。这个阶段，北方比较稳固的统一可能性，反而因诸"国家"力量的拉平与彼此疲乏不堪而渐渐成熟。但统一力量已非出自其中的任何一国，而系虽在五胡潮流中成长，却非"十六国"之一，长期立于北方中国最北方与混乱中人力、物力损耗最少的北魏。

至于南方，此时正值东晋过渡到南朝诸朝代。而五胡乱华诸君主性格，却惊人地倒反转移到了南朝。清朝历史家赵翼在其名著《廿二史劄记》宋齐多荒主一篇中，综合说明："古来荒乱之君，何代蔑有？然未有如江左宋、齐两朝之多者。宋武以雄杰得天下，仅三年而即有义符（少帝）。文帝元嘉三十年，号称治平，而末有元凶劭之悖逆。孝武仅八年，而有子业（前废帝）……明帝五年而有宝卷（废帝东昏侯），统计八九十年中，童昏狂暴，接踵继出。盖劫运之中，天方长乱，创业者不永年，继体者必败德。是以一朝甫兴，不转盼而辄覆灭。"以视五胡时代的前治后乱，以及君主在位年代一般都短促的现象，全然相仿。时代的明暗相移，也自宋朝八帝而只四帝获得谥号，齐朝七帝而只三帝获得谥号（最后一代禅位者均后朝加谥），其余均称废帝或少帝，可以概括了解。

南方君主，个人性格的直结政治与影响政治，自不若北方强烈。门阀与朝代暮运期权臣掌握权力的情况之下，每个朝代除由前朝权臣演变的第一代君主之外，后继者颇少能力跃出塑定了的南方特有政治形态。所以，果能在位时间较久，出现的便是所谓太平治世：宋朝是新朝代建立四年后第二世与第三代文帝的"元嘉之治"，齐朝则创业主三年在位后的第二世与第二代武帝"永明之治"。实则，视史书所赞美此等时期"内清外晏，四海谧如"，"府藏内充，民鲜劳役"之词，与五胡有为之君治世，并无不同，在位年数也相当。光明面辐射的广博与影响深远，与统一中国时代，前此汉朝的"文景之治"或后此唐朝的"贞观之治"，都不可同日而语。正确代表"元嘉""永明"之治内容，还是以建康为中心的南朝文运，中国文学史上负有盛名的南朝文化受注目。至于政治，固然南方代表的暮气与五胡时代北方授人混乱的印象，仍有区别，而如《宋书》批评孝武帝，"尽民命以自养，桀纣之行也。……虽有周公之才、之美，犹终之以乱，何益哉"，仍然落入五胡时代同一模型。

南朝门阀把持朝政，与"官以贿就，挥一金而取九列，寄片札以招六校，骑都塞市，郎将填街"的腐败政治社会，注定会制造无所事事与少不更事的年轻皇帝因游手好闲而惹是生非，如《宋书》《南齐书》生动描述这些"废帝"在位时，宫楼壁间尽绘淫画；殿上养驴，御床边养马；因厌恶其叔而命左右侍从猥秽淫污其婶而旁观笑乐；私出皇城，夕去晨归，晨去暮归，途中逢人便杀，日必数十人，必见伏尸流血而后快；击脑、槌阴、挖心，剖孕妇腹察看男胎抑女胎；微服行市中，混入婚娶、葬送挽车行列；偷狗煮食，与恶少群街头聚赌；客串强徒抢劫商人等等出乎常情的丑行。《廿二史剳记》以如上诸游荡儿、恶童、不良少年、无赖子、淫棍、凶手、暴君类型的丰富资料剪裁，而整理为文长四千多字，洋洋大观的宋齐多荒主篇。

而如上南朝少年皇帝的暴虐狂与流氓行径，倒反便被大臣指为荒主而构成不可恕的罪名。抑且，皇族间也以性格上同一类型，相互施加暴力，杀戮流血乃不可避免。此与五胡时代君主与皇族的下场，又属殊途同归。《廿二史剳记》宋子孙屠戮之惨篇统计，宋朝第一代武帝七子，继位者少帝与次子被大臣所杀，三子即元嘉之治的文帝，四子被文帝所杀，五子为其侄前废帝所杀，六子谋反被杀，仅第七子得善终。文帝终局惨死于其太子之手，十九子中孝武帝与明帝先后嗣位，二人善终，一人奔魏，三人早卒，其余十一人，绝大多数死于孝武帝、明帝两度展开的兄弟相残。孝武帝二十八子，十人夭殇，二人以前废帝兄弟互斗被杀，十六人为继位之叔明帝所杀。明帝十二子已届亡国，新朝代成立，宋之王、侯无少长被杀尽。所以，宋武帝七子、四十余孙、六七十曾孙，三世中十之八九死于非命，而且无一人幸运留有后裔。齐朝血染宫廷的命运相同，第五代明帝以旁支（创业者高帝兄子）从政变中夺得皇位，凡高帝、武帝一脉子孙几乎尽行诛灭，演出历史上稀见残忍的近亲集体大屠杀。到朝代再转换为梁朝时，明帝自身一系子孙也仍逃不脱同一厄运。

南朝以文运昌隆著名于历史，而政治与被汉族文化同化的五胡君主所领导期间，并无区别。关于这一层，如果不能摒弃汉族中心主义与汉族自大心理，而公正、客观予以承认，则于中国历史将不可能正确理解。最低限度，对于为何未来统一中国的，乃是继承五胡局面的北朝而非南朝，解说上将形成虚脱、牵强，而且矛盾。

南朝齐的接续朝代梁，五十五年享国年代中，四十七年均建国第一代武帝治世。梁武帝三十九岁登位，八十六岁死，系南朝在位最久与最长寿的皇帝，治世真正发展为南朝或连同东晋在内，三百年江南政权最安定繁荣的经济、文化黄金时代。他个人特具有教养的文化人性格，与被誉为历史上个人生活最朴素的皇帝，都在前后时代的君主中为罕见。夷灭前朝皇族也只明帝一系，宽大、仁慈地保全且重用自明帝残忍手段下漏网的齐高帝其余后裔。其开明的和平主义，大力提倡文治，奖励学术与艺术，政治上结集有能力、有教养的人才参加新政府，努力于法制的整备；经济上保护农事，减免租税，安置流亡农民，整理币制、发行新的强力良质法定货币；教育上开放五馆学校，国家给以学生公费，通过国家考试而任用为官员的制度尤须重视。此一考试——

任用相连结的梁武帝创举，堪重视以后到隋唐，便被确定为人才识拔垂久法则的科举制度。梁武帝无愧一代贤君。可惜，南北对立形势中，南朝发达的时间已嫌太迟，万难赶过百年前便立国，百年间国运又早已蒸蒸日上的优势北朝。

北魏拓跋部国家的最初成立，原系五胡一环节，以及"乱华"潮流的延长。开国期间连续三代雄才大略君主在位，以及其后嗣位皇帝都能兢兢业业，终于超脱五胡式国家原型，统一北方成功，而昂然登入堂堂大国范畴，终因此于南朝宋、齐治一乱起伏期，建立了南北对抗的绝对优势。鲜卑人领导阶层与汉人携手下独特具备的强劲战斗力、团结力，以及组织力，都是优势的条件。而基本上，又是北方中国支离破碎经过一百年，单一汉式人文环境的矛盾随时间而从递减到消失。拓跋部于混乱接近尾声时期最后介入，顺理成章接过了最后一棒，此其一。其二，关系到拓跋部鲜卑人惊人的汉族文化吸收力与速率。他们到达汉族环境的时间在五胡中为最晚，三世纪中才仿效先进诸胡族，向汉族中国政府输诚效忠，获准自内蒙古移住到绥远—山西交界地区接受保护，仅仅一个多世纪，已汉化成熟到太祖道武帝拓跋珪建设纯正汉式国家的境地。中国南、北回复统一，便因如此充满朝气的力量勃兴，而透露最早曙光。抑且，开国期间皇室间流血杀戮同样惨烈，道武帝死于亲子之手，太武帝被宦官杀害，情况与五胡十六国虽仍相同，只是，北魏诸帝均未附着如五胡时代抑或南朝宋、齐君主昏暗腐败的事迹，而呈现又是异于五胡与南朝的发达精神面。

北魏国家依循五胡十六国胡—汉联合政权公式出现于历史，清河名族崔宏、崔浩父子以儒学门第历道武帝、明元帝、太武帝三代备受尊敬，担当政治、军事的指导者与顾问，以及天子教养师长，最为有力人物。北魏国家统治组织的成立，制定律令，努力于产业开发与生产力复原，北方中国统一大事业的规划，便都以崔氏家族为中心。崔氏结局，固以权势太过庞大犯忌，连同亲族范阳卢氏、太原郭氏、河东柳氏等五族并行诛灭。却立即有渤海高允以五十年间历任五帝重臣的姿态，继承为汉人集团中心人物，汉人势力非只未受挫折，反而愈益茁壮。

汉人愿意与胡人合作，追求崇高政治理想与现实的期望保持既得利益两项目的，可能兼具。取得统治权的胡人方面，尽管早都已在汉族环境中接受汉式文明与汉化，统治包含了先进汉人在内的行政经验究嫌不够，而统治的行为本体，又是高度技术与艺术。所以胡人支配，定必出诸胡—汉联合政体形态。尤其关于郡国，与土生土长的豪族力量不可切离，五胡时代已必须通过豪族而支配，石勒便是最擅长运用这层关系的胡人君主，北魏时代仍然相同。便是说，胡—汉联合政权形态的地方政治，主体尤其全系汉人，与汉人政权时代并无变化。变化所及的胡籍领袖所构筑上层统治网，却同样不能脱离汉人协力。政治上如此比重的北魏汉人豪族，一方面对已经汉化了的鲜卑人担当再汉化、再教育指导人，另一方面，堪注意自身又追随南方，以社会地位、经济潜力与政治牢固结合，而铸定了世族形态。换言之，世族此一特定阶层，南北朝时代已共通存在于中国南北方。

拓跋部鲜卑的强烈感染汉族文明，早自定居绥远后半个世纪，以及拓展地盘到山西北部，四世纪前半成立晋朝统制下的自治区"代"时，已见迹象。其时他们自称"轩辕之苗裔"（《魏书》卫操传），此一意识且出诸文字表达。虽然可能也基于自治区胡、汉杂居，调和民族感情所需要，但重要的是，引汉族夸傲的最早祖先为自身祖先，或者说，与汉族具有共同祖先，便是精神的被汉族同化。此与五胡匈奴人中代表文明的刘渊自承汉朝子孙而建国称"汉"，代表野蛮的赫连勃勃自称夏后氏后裔而以"夏"为国号，意识都相同。到北魏建国，南北朝对立形势铸定，一项颇有趣味的文字官司兴起。南朝依鲜卑部族旧有习俗用索辫发，称呼北魏为"索虏"，相对方面，北魏依长江大水，谓南朝为"岛夷"，如《宋书》《魏书》传记体例所显示。"虏"的解释仅止于强盗或俘虏，"夷""狄"却都是汉族本位思想下，蔑视非汉族为野蛮人所给予的名词，此一惟汉族使用始谓恰切的"夷"字，反而被北魏用以指南朝，正说明参与汉族社会与蒙受教导力量寄托者北方世族巨大影响的北魏鲜卑人，已如何从思想上以及实质上转变自身为汉族。五世纪北魏鲜卑人仅能保留象征性固有民族称谓，而生活、文化已与汉人无所区别的实质，中华民国成立以前，二十世纪初清朝满洲人便是复制品。也从现代人记忆犹新的清朝满洲人镜子，得以反映古代北魏鲜卑人汉化水准的一般。抑且，清朝皇统只有蒙古人母系而无汉人血统的纪录，北魏依《魏书》帝纪与皇后传指出，却自第三代太武帝母杜贵嫔开始，惟一例外文成帝之外，献文帝母李贵人、孝文帝母李夫人以后，已是代代皇帝均出汉人母系。惟其如此，拓跋氏皇统，愈到后来汉人血统成分愈浓厚，这又是北魏鲜卑人如何向汉族转换的事实说明。

北魏政治制度，如何从学习汉化到成熟运用，《魏书》官氏志与食货志又有明晰的过程推移记录：

——"太祖登国元年因而不改，南北犹置大人，对治二部。"

——"登国初，太祖散诸部落，始同为编民。"

——"皇始元年，始建曹省，备置百官，封拜五等。"

——"天兴元年，置八部大人于皇城四方、四维，各置一人，谓之八国。"

——"天兴初，制定京邑，以为畿内之田。其外四方四维，置八部帅以监之，劝课农桑。"

便是说，拓跋珪最早复兴"代"国以登国为年号的期间（纪元 386 年以后十年），虽仍维持原有南、北两部（盛乐、平城）统治形式，但已解散游牧民族传统的部族制而改采汉族"编民"行政体制。以拓跋部鲜卑自族、非拓跋部鲜卑诸部族，以及非鲜卑族诸部族，共通地、概括地赋予"北族"名词，如同郡县建制内的汉族，全行收归国家直接支配。解散部落编制后的原部落首长，一律改授汉式爵位。部族联合构筑时代，元首除自身部族外，须透过诸成员部族长始得支配各该部族人民的统治原型被扬弃，代国集权国家形态最早铸定。到拓跋珪代王改称魏王的皇始元年（纪元 396 年），南、北部大人名义与北族、汉族二重统治形式，也因中央、地方政治制度整备而取消。北族诸特设官职全行向汉族看齐而转入汉式行政系统范畴，如《魏书》非汉籍人物诸传记叙述履历变换所显示。

天兴元年（纪元 398 年）拓跋珪登位皇帝，确立国号为"魏"，迁都平城与制定大京邑，山西北部今日大同与古时代郡周围，撤消郡县建制，改划京畿特别行政区八个区，所谓"八国"或"八部"。平城地区原系胡—汉杂居，此时大量移来汉族人民，充实京师经济机能，所谓"劝课农桑"，并集中北族居住。所以八部京畿组织，以其全国统治中心的政治特性，而与一般州郡有别。新置诸长官也以限定原部族联合时代部族长（大人）级人物担当，而沿用了"八部大人"旧名词，但管辖对象则亘于北族—汉人双方，并非统治上二重制的恢复。相反，移住新国都与大京畿地区的鲜卑自族，却自此便转变其籍贯为"代人"，如《魏书》胡籍诸人传记所显示，而为鲜卑人自列于清河崔氏等之例的汉化里程又一标志。

北魏最早三代皇帝在位的纪元四世纪末至五世纪前半，继国都平城建设，沿汉朝长城地区，陆续设定怀朔（最西，今绥远固境县）、武川（今绥远武川县）、抚冥（武川以东）、怀荒、柔玄（怀荒以东，今绥远兴和县）、御夷（最东，今察哈尔沽源、多伦二县）等六镇，如同京畿地区非郡县制度范围而成立军政合一的军事管制体系，此一狭长的广大汉胡杂居六镇特区，系北魏统治特殊强力的地区，与平城相连结，具有国家中枢延长的性格，才是北族聚居的大本营。此一形态的统治，其后到明朝，便形成长城"九边"与"卫所"体制踏袭的前例。二世纪末汉朝末年以来久已废置的长城线，也被大规模认真整修。长城观念与长城，原系汉族基于分隔农耕—游牧环境的理想而建立。到北魏立国，非只全盘承受，抑且于历史上从原始的国境线意义，开始转变为防卫功能的国防线。北魏由自身之为游牧民族而终至代表中国抗拒草原势力，而且是愈益重视长城与依赖长城的抗拒，北魏鲜卑人变换自身为汉族的彻底，于长城回复与六镇设立，尤其容易明了。

北魏胡人汉化运动，与其政治灿然成熟的相辅相成，至统一北方后约半个世纪，第七世与第八代孝文帝而再出现划期性跃进。其中心事态，便是太和十八年（纪元494年，南朝齐明帝建武元年）国都再自平城向南移建到黄河平原的洛阳。孝文帝五岁嗣位，其祖母文成帝的汉人皇后冯氏以太皇太后临朝听政二十年，纪元四九〇年冯太后去世，孝文帝亲政，迄于纪元四九九年（太和二十三年），三十三岁的孝文帝崩。祖、孙两人于五世纪后半的一系列革命性建置与革新方针，都在迁都前后强力执行。冯太后是位历史上罕见具有政治理想与魄力的杰出女性，北魏改行俸禄制，土地国有的均田制与税制、户籍、与基层行政组织相配合的三长制立法，都自此女性伟大人物与她的顾问群而实现。英迈的孝文帝踏袭此一康庄大道加大精进，亲政第五年，便以历史性习惯堆积，不适宜于新政为理由，而断然放弃百年来的旧国都平城。式微已近两个世纪的历史名城洛阳，系南朝成立第四年与继承宋武帝的少帝暴卒之年（纪元 423 年），随北魏太武帝的征服大浪潮而自南朝转移入北魏，至是被孝文帝选定为新国都与革新运动推行中心而加以重建，洛阳乃再度呈现繁荣大都市面貌而大放光芒。此一阶段，孝文帝已不能以冯太后摄政时期的努力于法令整备为满足，而是迈开更须勇敢与决心的一大步，热心对自族残余胡式痕迹的彻底清除与改造了。

即使置于汉、唐时代也是伟大的国家元首与优秀文化人孝文帝，自国都改建到洛阳短短三年间，对其时谓之"北族"或"北人"的语言与服装，均在连连的严正诏命下强制禁绝，姓氏也仿效汉人世族，被制定一百十八汉姓分配更换，孝文帝自身与皇室的拓跋氏同样改为汉姓"元"为倡导。北人显贵平民多于国都南迁时随同定居洛阳。太和十九年也"诏迁洛之民，死葬河南，不得还北。于是代人南迁者悉为河南洛阳人"（《魏书》孝文帝纪）。至此阶段，北魏"北人"如同中华民国成立与清朝覆亡后的满洲人，仅仅维持的民族意识也已化消，而完成了真正汉人的转变。

所不同，满族系随国体变易而更改汉姓转换为汉族，北魏"北人"则是迎接文化最盛期来临时的强力法令下达成。虽然无论现代的满族或古代的鲜卑人与北族，再或者泛五胡，汉化都非单一方向的绝对性汉族文化接受，逆方向他们固有文化同样获得机会渗透汉族文化。便是说，当北魏北族汉化过程中，北族的语言以及衣、食、住生活形态，其与汉族文化不相冲突或违背的部分，影响汉族文化内容变化也为不可避免。惟其汉族文化加添北族文化因素，才得推动汉族文化波澜愈益广阔与壮大，以及容易吸收并鼓励北族参加汉族范畴，汉族也因新血统渗合而扩大更新为新的汉族。只是，其时北族文化如何倒流，以及何等成分倒流，已以隐伏入汉族文化与转移为汉族文化，今日为不能详知。

| 太和五年（481年） | 更定新律 |
| --- | --- |
| 七（483） | 禁自族同姓相婚 |
| 八（484） | 行俸禄制 |
| 九（485） | 行均田制 |
| 十（486） | 行三长制 整理州郡，置三十八州 |
| 十七（493） | 重建洛阳 |
| 十八（494） | 迁都洛阳 禁北人服制 |
| 十九（495） | 禁北语 制定北人姓族 奖励与汉人通婚 |
| 二〇（496） | 拓跋氏皇室改姓"元" |

孝文帝热忱的革新运动，却因太过激进，瞻前而未顾后，洛阳迁都发生了副作用。此一副作用的致命性，于孝文帝与其次代皇帝时代固以潜伏未见崩发，最后导引了国家分裂与朝廷倾覆的结局，便是残留北边的北族与皇室间关系益益疏远所招致的严重后果。

六镇与旧都平城一体两面，共同结合为国家支配核心的时间长达一个世纪。迁都洛阳，六镇的直接影响便是不得不与中央切离，一方面从实质上贬低了地位，另一方面，又随时间而显露其边境荒瘠的性格。军管区长官的所谓镇将原与中央政府高官互调，也非自族显贵不具备任用资格，至此阶段，已全被冷漠，南迁族人高官无人愿意重返荒僻的北边。至于如《魏书》所说明："自定都伊洛，边任益轻。惟底滞凡才，出为镇将"（广阳王深传）的地步。六镇长官既追随地理上的形势而制度上从中央系统被剔除，留住当地的北族居民自愈被遗忘，较之南迁中原富庶地带，生活安泰舒适的族人，判然分划两个世界。六镇北族在精神、物质差距不断增大的情况下，不得不步上任凭沦向贱民化的悲途，后世史学家对此沉痛指出："自孝文定鼎伊洛，务欲以夏变夷，遂至矫枉过正，宗文鄙武。六镇兵卒，多摈弃之，有同奴隶"（《文献通考》兵三后魏条按语），可以明了一般景况。而洛阳同族权势者惊人豪奢的生活享受，却如河间王府的有奴隶六千，妓女五百。两相对照，六镇北族普遍心情的怨恨与激愤可以想象，郁积的怒火于待遇不能获得改善时注定必难抑制。

不幸，严重损害北方自族利益的倾向果真日益恶化。迁都第二十一年，孝文帝第三代年幼的孝明帝继位，其亲生母汉人胡太后临朝听政，后族、皇族、大臣间展开错综的政治斗争。以后随皇帝渐渐年长，又加添制造摩擦，北边六镇终于此际兴起反抗运动，变乱屡仆屡起，到胡太后残杀十九岁亲子孝明帝，另立三岁幼帝的宫廷悲剧演出时，遗留北方旧势力最强大的一支尔朱荣振振有词，南下发动大攻击，洛阳政权被推翻，胡太后与幼主当城破之际，同被沉死于河，幼主钊在位仅两月。王公与政府显要二千余人被攻入城中的尔朱荣与其部队集体屠杀，对仇恨的报复到达沸点。其时，距离孝文帝之死仅二十九年（纪元528年，南朝梁武帝大通二年），一位非孝文帝系统的皇族孝庄帝，由北方旧势力代表者尔朱荣拥立为傀儡皇帝。

北魏后期现象之一，为汉人军事势力抬头。当北魏勃兴期的社会分工，大体鲜卑自族专任战斗，而汉人耕种，其后以大量补充汉人募兵，而六镇胡—汉混合部队的汉人比重渐渐加大，尔朱荣事变，其亲密战友与代表尔朱荣留守后方领导六镇的，便是汉族职业军人高欢。尔朱荣反动势力得志未久，在与孝庄帝的冲突中被杀，孝庄帝又被尔朱氏家族杀害，皇位变易频频。结束混乱局面，镇压尔朱氏家族而自身成为第二尔朱荣的，又便是以晋阳（今山西省临汾县，以前的平阳）为据点，已膨胀为其时最庞大武力集团的高欢。高欢的傀儡皇帝孝文帝之孙孝武帝不甘被压迫，于纪元五三四年逃奔长安，依靠鲜卑籍镇守大将宇文泰。高欢再度变易皇位，并在"洛阳久经丧乱"的理由下，迁都至邺。长安也紧随孝武帝受猜忌丧失生命，推出另一傀儡皇帝。如上北魏前此从未经历的剧烈政治波动，都在纪元五二八年后数年间连续发生。

北魏命运，于尔朱荣军队进入洛阳时实际已经断送，此时便依今日陕西、山西省界，自北向南流的黄河划界，正式分裂东西魏。各各经过名义上仍维持拓跋氏皇帝的短暂过渡期，东方舍弃再度破残的洛阳，改以邺为国都的东魏，领先于纪元五五〇年（南朝梁简文帝大宝元年）仿效南朝禅让，朝代转换为高欢后裔建立的"齐"（北齐）。七年后的纪元五五七年（南朝梁—陈交代之年），西方以长安为国都的西魏，也以同样方式被权力者宇文泰后裔的"周"（北周）替代。拓跋魏自纪元三八六年太武帝初建代国到西魏禅位，前后共一百七十一年而亡。其末期，东魏的寿命自纪元五三五年开始仅十七年，西魏政权也只纪元五三五年起维持二十三年。而已改汉姓元氏的拓跋氏皇族下场也至堪悲哀。北齐建国时尽诛诸元，男子无少长皆斩，所杀至三千人的数字，史书说明："婴儿投于空中，以槊承之，悉投尸漳水，剖鱼者多得爪甲，都下为之久不食鱼"，可谓人间无比惨痛的大虐杀。

北魏末期政治大波动，堪注意幅度亦波及南方而巨大影响南朝政局。南北朝对立形态出诸战争与和平交替，敌对双方平时投奔方式的人物交流与战场上将领相互投降，均为常例。东魏时代高欢之死，与其子不睦的高欢最有力汉人大将、河南兵权委任者侯景便投降了南梁。梁武帝太清二年（纪元548年），侯景再因与梁朝政府间彼此互不信任，自投降南方后移驻地淮河流域寿春反叛，攻陷建康。梁武帝萧衍在位近半个世纪，这一年的结局，却在侯景软禁下，形同俘虏似饿死。第三年，其继位之子简文帝又连同此一系的子孙均被侯景杀害。侯景另立一位梁朝皇族栋为帝，作短暂过渡后，自登帝位，国号"汉"（纪元551年）。孝武帝另一受封湘东王而镇守长江中流的儿子元帝于次年（纪元552年）在江陵嗣位，侯景伪政权也于同年被以王僧辩、陈霸先为主力的江陵兵团消灭。但仅仅经过两年（纪元554年），北方西魏的江陵大攻击展开，梁元帝被俘遇害。次年，江陵虽仍恢复萧氏家族皇帝，并且便是文学史上闻名而早卒的梁武帝昭明太子后裔，却已成为受西魏扶植的附庸政权（纪元555年）。同年，建康同样恢复萧氏皇位，先是受北齐保护，后来又在王僧辩、陈霸先倾轧下，后者打倒前者而成为实际支配者。到第三年（纪元

557年），建康梁朝终被陈霸先建立的陈朝替代。所以，梁朝实质只有武帝一代，自"侯景之乱"便已宣告灭亡，以后近十年，不过形式上的断续存在，并且如同北方被分解为两国。换言之，六世纪时中国，南、北再分裂为同时并存的四个国家，其中依附北朝势力的江陵政权，历史上称之为"后梁"。

侯景事变给予南朝的致命打击，非只梁朝因此覆亡，陪伴又摧毁了江南政治传统。侯景叛乱军侵入国都时期，近半年的攻防战与掠夺、破坏暴行，开出绚烂六朝文化之花与经济繁荣中心的建康城内外，追随洛阳化为废墟。抑且，也以攻陷前后对王侯朝士、富家豪室的恣意逮捕、压榨与侮辱，门第尊严尽被剥夺。接续纪元五五四年江陵之役，又是"擒梁元帝杀之，并虏其百官及士民以归，没为奴婢者十余万，其免者二百余家"（《周书》文帝纪），"江陵既平，衣冠仕伍并没为奴隶"（《周书》唐瑾传）。江南世族经此两度彻底毁灭的厄运，从未动摇的门阀政治支柱，终于不得不告倒塌，接续出现的陈朝，便已由土著势力所替代。江南文运，也以建康、江陵两次大劫难，尤其西魏军攻陷江陵，书库中自建康移来的古今图书十四万卷，尽被大火烧毁，追随南朝世族的悲哀命运而濒临死灭。

但陈朝究竟已呈现南朝的末期形态，领土加速缩小正是最大征象。南北朝对立，南朝每一次朝代变易，北边国界定必较前朝向南退缩一次。东晋末与宋朝初年刘裕时代系三百年江南政权领土范围最广大的时期，从山东省到陕西省南部，沿黄河以南都立于主权之下。以后，与北魏的分界线便退到淮河，甚或淮河以南。梁朝"侯景之乱"，再在益益倾斜了的天平上加重砝码，淮南、淮西、襄阳—江陵、汉中地区、四川全省，北边与西边外缘大片土地尽行受动乱影响而脱离支配，随北方的接收而转移主权。到陈朝成立，所以已局促到以长江为界，领土范围较三世纪三国时代吴国尤小的国家。

六世纪前半政治大波动现象固为南、北相共同，意义却全然相反。南朝所代表，系向消极、颓废、糜烂的途径堕落已不能自拔。北齐与北周立国，前者二十八年，后者二十五年，连同各别的前身东、西魏，也都未满半个世纪，反复的变动，却正呈现为迎向飞跃猛进更高一层境界时的突破与过渡。一个充满了新希望与新生机的新时代，以及新的大汉族民族国家再建立，便以此为关键完成转换。

东魏—北齐、西魏—北周，历史界曾谓为胡人汉化运动大潮流中回光返照式的反动性胡化运动。关于东魏—北齐，指出尽管高欢乃是汉人，史料却强调代代累积母系鲜卑血统远超过父系汉人，与北魏皇室恰恰相反。关于西魏—北周，指出宇文氏当政的西魏时代（恭帝元年，纪元554年），一度非只皇室之姓再自元氏恢复原来的拓跋氏，汉人权贵也逆向鲜卑化，改变汉式单姓为由朝廷赐予的胡式复姓，如隋朝之祖杨忠为普六茹氏，唐朝之祖李虎为大野氏。实则，反汉化姓氏变换实行前后仅一年，第二年，仍由朝廷下令前赐姓皆复旧，而恢复汉姓，民族特质与文化的转换也无关胡人血统成分比例，隋、唐建国者同属母系鲜卑血统浓过父系汉族，而唐朝仍是汉族文化最光明灿烂的代表性朝代。所以，历史发展下的北朝分裂，性格还是前进而非后退。只是，分裂双方前进的速率有其区别，大体上，北齐比较进步缓慢，自北魏基础上大幅再突破、再创新的乃是北周。北齐最大贡献在于法典制作，河清三年（纪元564年）颁布的十二律（名例、禁卫、户婚、擅兴、违制、诈欺、斗讼、贼盗、捕断、毁损、厩牧、杂律），对中国法律史上的刑法立法具承先启后地位。笞、杖、徒、流、死五等刑，以及反逆、谋大逆、谋叛、恶逆、不道、大不敬、不孝、不睦、不义、内乱的"十恶"罪名，都自北齐创定，犯十恶者无论何等身份，概在不赦，便是后世俗语"十恶不赦"的由来。北周继北魏孝文帝而奋力要求对汉族传统文化的最终符合，成就尤其亘于政治、经济、军事等多方面。

西魏—北周的伟大成就，关系此一地区汉人势力的特殊膨胀与活跃。北魏后期，汉人势力对军事、政治的比重已明显突出，特别因北族移住中心的立于河南省境，到达陕西省或"关中"地区的北族，人数比例远较"关东"为少。所以当西魏—北周以关中为政治中核而建国，汉人发言权且较北魏时代愈益增大，以及汉人支配的色彩愈鲜明。北周战斗力泉源府兵制的于西魏大统十六年（纪元 550 年）成立，史书说明"仿周典，置六军，籍六等之民"，提案人便是汉人大臣苏绰。府兵制外貌沿袭鲜卑八部、八国或八大人制旧貌，组织中成员却几乎已尽行变质为汉人，所谓"于是广募关陇豪右，以充军旅"，主帅八柱国也多数任命汉人。而外貌的仿效八部，意义毋宁是关中汉人吸取北魏无保留与急进的错误经验，平衡已步步立于被动与劣势的原北族人士情绪，对革新实质并无冲突的政治艺术成熟运用。随之的汉人一度赐以胡姓，似乎也出自同一理由。

尤其重要，儒家精神至西魏—北周时代明显复兴。儒家思想与儒家政治指导原则，以及学问研究根本经典的经学，随二世纪末大动乱而式微以来，命脉保全主要处所，原非兵灾波及比较缓和的南方，反而是剧烈波动的北方。此一反常现象，于北魏时代已形加大，儒家理想的文明主义、文治主义，便是孝文帝太和革新运动的推动力。西魏—北周代兴，中国传统思想的儒家理论终于充分实践。其象征，便是以《周礼》为范式的官制创定。此一划时代的建国新理想与政治革新运动，于府兵制实行后第七年的西魏恭帝三年（纪元557年），由关中汉人世族苏绰、卢辩领导，而踏实展开，其特征，在于精简政治制度与所带动的素朴社会特性。

西魏模仿古代周礼改制的同一年，权力者宇文泰去世。年末，继承他权势的儿子便推翻西魏自立，此一后继朝代以恢复古代周朝制度为理想，也如古代周朝的建都长安，因此国号断然选择了"周"。北周以精益求精的革新态度掌握历史发展主动权，其包含四川而全有黄河、长江两大河川上游的西部半个中国，又从地理形势上指示历史发展主线必须依于北周。纪元五七七年，北周终于并灭北齐。第四年的纪元五八一年，北周宇文氏政权又在如巨洪决堤，膨胀到极限的汉人势力压制下，被迫禅位汉人集团实力人物外戚杨坚，国号"隋"，南北朝于是立于共同的汉族支配。隋文帝（杨坚）开皇七年（纪元587年），回复北方中国汉人政权的隋朝，以消灭后梁而实现全中国统一的大事业起步。再两年（开皇九年，纪元589年），南方陈朝在毫无抵抗能力的情况下，继被灭亡。

从隋朝到唐朝，象征的是旧时代被扬弃，一个新的统一中国与新的汉族正式诞生。而此一继汉朝在世界史上大放光明的朝代，却自北朝孕育，也以北朝的文物制度为基盘，经济制度继承的是北魏均田制，兵役制度又是北周府兵制的延续，法律则北齐河清律令为蓝图。而唐朝特被后世赞美的政治上切除世族之瘤，人民参政权恢复到如汉朝的一律平等，也正是踏袭北魏政治革新项目之一"不限资荫，惟在得人"的已铸定轨迹而予光大。所以，唐朝气象万千的势运固系南北兼蓄，主泉源的发自北方应须承认。南朝代表旧时代没落而北朝酝酿新时代兴起，正是南北朝历史的概括特征说明。

# 二至六世纪社会·经济问题总决算

## 古代乡制破坏后世族中心社会的成立与式微

介乎汉—唐两次世界性大帝国中间的汉族中国低潮期或分裂期，特堪注目的征象，乃是"世族"形成社会结构的中心。自二世纪以迄六世纪四百年间政治、社会、经济诸形态与其连带诸问题，莫不缘此引发，也必须循此主线始得明晰解释。

世族的固定化，从萌芽、发展，到稳固，大体的时间配列便是汉末—魏晋—东晋、南北朝。换言之，自汉族中国社会秩序开始剧烈波动，随每一次巨大波涛的起伏，世族成长率加速推进一步。其背景与社会不安定，又或政治分裂现象相始终，本质上便是变态的产物。到隋、唐重建统一的、强力的中央集权成功，新的社会稳定秩序确立，变貌推移期内的产物"世族"也陪伴趋向化消。

世族出现，汉朝大土地所有者豪族便是孕育胚胎，但在汉朝，豪族转化为世族的最大条件政治凭借并未具备。汉朝四百多年历史，伟大在于保持国民身份与权利、义务的平等精神。"虽丞相子亦在戍边之调"，被历史界传为美谈的前汉平民色彩可置不论，后汉虽以成功地利用豪族而完成国家建立，对地方有力者豪族必须加以怀柔与保障其经济上利益，豪族与一般平民的政治平等原则仍然不变。抑且，惟其建国者光武帝自身便出身豪族，能得深切了解豪族，所以怀柔的另一方面，便是慎密隔离其与政治的直接联系。在提倡儒学的大原则下，鼓励豪族子弟以与一般平民同样接受儒学为条件，以发生政治的过滤作用。因之，豪族参与政治，从理论上说，非凭经济势力或社会地位，所依乃是与之全不相关的儒行"孝"与"廉"。而选举的孝、廉准则具开放性，豪族与平民为无身份间区别，或者财产上歧视。荡荡坦途，高官致位仅与个人学问、道德、声名成正比而非财富，此一原则，至少后汉政治建设的立意如此。

然而，任何美法良制，决非十全十美而完善无缺。选举制度，所谓"乡举里选"与道德标准相结合亦然。便以道德上的约束，一方面推举者对被推举者负有永久的连带责任，另一方面，被推举者因怀有知遇之恩，对推举者一生尽其忠诚，甚或酬报之于推举者后代。此一类型的相互间情感与道德的结合，谓之汉朝的"两重君主"为恰切。便是说，君—臣意识非只存于皇帝与臣下间，同时也存在于长官与僚属间。此种意识前汉已然，后汉愈因气节相矜而充分发挥。如果推举者学问上又系特有成就与受人尊敬的大儒，则名满天下的必然结果，又成了"门生故吏遍天下"。于是其副产物世代相互援引风气与政治势力的固定倾向，渐渐都在育成。知晓上进的豪族子弟，非只自上代继承财产与继承社会地位，又必能跻身官界，非豪族也可因代代为官与挟持名望，在地方上建筑巩固根底而发展成豪族。易言之，一方面豪族官僚化，一方面官僚豪族化，倾向都自后汉中期以后加大，乃有杨氏、袁氏四世三公前所未有之例，从现实出现，此其一。

其二，自后汉后半流行的歌谣："举秀才，不知书；察孝廉，父别居"得知，名节之士真伪难辨的弊病，认真说来，势所难免。尤其太过重视名节的结果，往往流于矫情与偏激，后汉末年党锢之祸，便由这些偏激的名节之士所制造。尽管他们喊出的口号是反宦官、反腐败，对于颠覆后汉政权，政治斗争双方都须共同负起责任。所以，后汉后半虽谓政治社会的参与机会均等，公职必须通过选举或辟召的公平原则都不变，但公平的弹性减弱，究竟是个不祥征兆。而且，财富与地方权势虽谓与选举原则无关，实质的蒙受影响为无可避免，无论积极方面或消极方面，都对豪族有利。

更堪注意，又是后汉中期以来，与豪族官僚化、官僚豪族化形势发展相配当的经济、社会组织变化。汉朝国家，原以自由小农民支配为政治构成基盘，农村的社会结合形态呈现为乡里组织，乡、里层次许以一定限度的自治。选举制度所谓"乡举里选"与所依凭的舆论，便与之相对应。乡的性质，乃是最高自治单位，同时也系最低级地方行政单位，国家秩序便依乡村自律秩序而维系。但后汉中期以后饥馑、旱魃、洪水等灾害连续，宦官们与其党羽又不断迫害地方，一度缓和的土地兼并现象于是再度激起，商业资本又与土地资本合流，而出现史料中暴富拥有数百顷田的记录。一般放弃了田地，生活与生产活动失却保障机能的农民们，便不得不舍乡里流亡他乡，社会大量增多游民与流民，其结局，如非沦为盗贼，便不能不求取大土地所有者豪族庇护而成佃农或奴隶。此一过程中，将领、地方官，或者乡人中具有组织、领导能力者，又往往因收容与团结难民而崛起为新豪族。

乡里制自然性生活秩序，于是便在一方面农村经济破产，农民放弃生产而向外流浪潮展开；一方面豪族急激进行土地兼并，垄断地方人力、财力的两面压力夹击下，遭到破坏。此一期间，豪族势力的益益伸张，已在不安定形势中发生了莫大影响力，便是说，家乡生命、财产已惟有在当地豪族势力保护下才得保全，对抗政治、经济诸不利因素，也惟有恃豪族为最有力凭借。于是，被破坏而动摇了的乡里社会组织，其取代形态，便是乡里渐渐为有力豪族所把持，以及依豪族为中心而存在。此一转变，随黄巾动乱之起与其初步敉平，而划期性迈开大步。自治体象征的乡三老，也由地位的渐渐虚职化，而终至最后从制度中消失。乡举里选依凭的地方舆论，也因形成舆论场合的乡里自治体变质而无隐讳有利于豪族。到其后三国魏国九品中正制度成立，乡里舆论便名、实均转入豪族的社会舆论支配时代。

战争与动摇的社会基盘上，以乡里组织破残而抬头的地方豪族新面貌，三世纪初汉朝崩裂为三国前夕，政论家仲长统有明晰说明："豪人之室，连栋数百，膏田满野。奴婢千群，徒附万计。船车贾贩，周于四方。废居积贮，满于都城。琦赂宝货，巨室不能容；马牛羊豕，山谷不能受。妖童美妾，填乎绮室；倡讴伎乐，列乎深堂。宾客待见而不敢去，车骑交错而不敢进。三牲之肉，臭而不可食；清醇之酎，败而不可饮。睇盼则人从其目之所视，喜怒则人随其心之所虑。此皆公侯之广乐，君长之厚实。"（《后汉书》仲长统传录所著《昌言》理乱篇）"井田之变，豪人货殖，馆舍布于州郡，田亩连于方国。身无半通青纶之命，而窃三辰龙章之服；不为编户一伍之长，而有千室名邑之役。荣乐过于封君，势力侔于守令。财赂自营，犯法不坐。刺客死士，为之投命。"（《昌言》损益篇）

如上说明值得注意处，不是大土地所有者的奢华与其权势惊人发展，而系社会组织关系已突破血缘宗族范畴的实质变化。换言之，豪族以同族与宗亲结合为中核，周围大量附着了非血缘的奴隶与称之"客"的庇护民，而成立的豪族集团或豪族组合形态铸定。

［中国大规模支配性用之于生产的奴隶制，早随周朝封建社会崩溃而不能成立，汉朝直接生产者已转变一夫一妇为单位与小面积土地耕作的独立自耕农，所谓良民或齐民。但前汉尚有相当数字的奴隶存在为不可否认。后汉光武帝以来努力解放奴隶，自主家征收特重的人头税，以及立法规定，掠夺良民与买卖人口者处罪，以为限制。社会结构中奴隶的比例由此减至极小，此时代记录中所谓"奴婢"，多数已属官奴婢。但当后汉中期以来，朝廷的强大权力萎退，法律失效，先是宦官、巨室利用权势，继则农民、流民因饥馑、贫乏出卖子女或自卖，再或者战争中家破人亡，私奴婢增多趋向再度加大，而且，主要又都落入了豪族之手。］

"奴婢千群"，固足反映豪族们拥有众多私有奴隶的共同现象。而所谓"客"，意义乃沿续战国时代的食客，汉朝称之"宾客"。"宾"或"客"，对象又指与有力者成立私的庇护关系的个人或家属，系自汉末大动乱期间，随流亡潮展开与豪族保护伞扩展，而此等人的身份大为跌落。出现于《三国志》中，便有"宾客""客""荫户""家客""私家""客户""奴客""僮客"种种称谓。"奴""客"并称，一般"客"的地位沦落与"奴"相彷佛又为可知，也如同"奴"的由主家世代继承领有，以及得由主家与主家间相互转让、赠与，与"奴"的区别仅在不得自由买卖而已。也即自此期间开始，荫客制度终于被政府承认为既成事实，并依其性质，而归纳之如晋朝占田法所说明的两类：其一"佃客"，便是说，在豪族势力下被吸收的没落或流亡农民，以户为单位，依于豪族大所有土地佃作而生活。或者，自愿以田地荫附豪族，仍归自己经营，惟须以一定范围内收获量交付主家，作为获得保护的交换条件。不论何一方式，劳动形态均已自政府直接支配与直接课税对象的自耕农，转变为豪族佃农，抑且，突破汉朝佃农仍须向政府登录的法律范畴，逃脱了国家户籍，自朝廷的"编户"转变为豪族的"领户"。他们向豪族缴付佃租与服役而逃避国家义务，负担种类如旧，却已非混乱期特形繁重的政府劳动力役、征发从军与加重税负的对象。此即自耕小农民所以愿意投靠豪族，牺牲其独立性接受豪族庇护的原因。其二，以个人为单位而从属于豪族，身份较高于佃客，自主家给衣食而听从差遣者称"衣食客"，掌家政管理者则另称"典计"。

　　豪族大土地经营所构成庄园，史书上的名词："庄""园""墅""别业""别墅""庄园"等，都是。其劳动力便以动辄拥有百数，甚或数千荫客与构成直接财产的奴婢为基盘。战争频繁与各地割据势力形成期间，国家生计凋敝，生产衰退，货币不能流通，支撑濒临崩溃的经济危局，已惟有各别集中劳动力的豪族大面积庄园经营。庄园生产形态自前汉已经存在，至汉末至三国而全面发达。虽然一处处孤岛式庄园，带动的是全国性倾向于后退到自给自足封锁性经济或自然经济范畴，其在动乱期保证相当比例人口的衣食无虞，则毋宁仍对社会提供了莫大贡献。另一方面，兵荒马乱中自由交通阻塞，商业萎缩，又惟有豪族具有力量突破封锁社会樊篱，此于一般人民而言，又便是商业的独占行为。豪族们以庄园经营利益进行商业上交易，抑且从事高利贷剥削自由农民，再加大了土地兼并。于是，雪球似循环翻滚下，豪族财富益益增大，生活享受益益奢侈，而如仲长统《昌言》所描述。如此方式的大土地耕作，庄园中山坡河川渔、猎、牧、材薪采伐、矿产开发，依于农、牧、矿诸产业基石的加工与手工业，以及如上述混乱期闭塞社会的独占性商业交易，自三世纪以后构成特殊发达的庄园经济与所结集劳动力，已陪伴豪族势力，壮大到与郡县或政府对立的态势。

庄园经济生产关系上的奴、客，堪注意另一形态又发展为豪族私兵，所谓"部曲"。"部曲"原系汉朝国家的军事用语，以"大将军营五部，部下有曲"的军队编制简称"部曲"，概括"部下之兵"或"部队"的意义。当中央权威减退而地方势力增大时，"部曲"已自官兵渐渐向将领私兵支配的性质演化。大混乱期间，势力强大的地主——豪族基于地方自卫的要求，又以其领户与奴隶大量改编私兵，而仍旧沿用"部曲"名词，性质显已迥异。换言之，最初部曲专指兵士，汉末三国以来，乃转变为豪族组合中接受保护的"奴""客"，与经济面构成一体两面的私家军队组织。与之配当，又是地方豪族领导下，构筑称之"坞"的堡垒供作自卫手段。所谓"坞"，意义等于军事上小要塞，形态呈现四周筑有防壁的村落，或者说，具体而微的小城池。一世纪初前后汉之交的新朝乱世，坞壁已在豪族发展史上最早出现而发挥效用。后汉后半羌乱期间，又以被利用组织民间武力抗拒羌人而著名，魏郡、赵国、常山、中山有六百十六坞，河内有三十坞，冯翊有五百坞，扶风、汉阳、陇道有三百坞等记录，《后汉书》西羌传累见之。"坞"的代表性个例，动摇后汉政权根本的大军阀董卓所私有"万岁坞"为特闻名。

便如此，地方豪族在动乱期由经济上自给自足，推展到军事上武力自保，又由保卫自身扩大到负起保卫地方的责任。他们各各发展武装势力与建立防卫网抵御兵祸，固于时代为必要，却也对加速汉朝政权分解具有推动力。三国开国人物中，曹操个人虽非豪族，但他压倒最坚强对手与"势倾天下"的最强大豪族袁绍，加以利用的也便是豪族群。代表例之一，其亲信侍卫长许褚在《三国志》魏志中的出身便被描述为："汉末，聚少年及宗族数千家，共坚壁以御寇。"刘备兴起也因政治婚姻得到豪族支持，最后娶孙权之妹为众所熟悉的有名故事；早期与糜夫人成婚，又如《三国志》蜀志糜竺传："糜竺于是进妹于先主（刘备）为夫人，奴客二千，金银货币以助军资。"孙权则直接便是豪族中人，其余有关人物如李典部曲三千余家居乘氏，孟达率部曲四千余家降魏，李桓部曲万口等，《三国志》中累累可见。

所以，豪族势力从社会、经济、军事各方面同时抬头，立脚基盘当汉末三国时代已告稳固。虽然大、小豪族间势力颇有差距，但大规模拥有财力、劳动力与武力者，对郡县政治的可以无视与不服从，史料中所特笔大书"郡县贫弱，不能与争"（《三国志》魏志卫觊传），已明显指示了时代特征。也惟其地方豪族中有力者的联合势力与携手，才得维持三国政权的成立与安定。顺此方向，一项从所未见的现象铸定，豪族子孙不但继承上代社会地位与生业，并且继承了上代对政治的影响力。具体言之，非仅奴、客、部曲的隶属关系世代相沿，政府中高官、高位也往往世代相续。四世三公在后汉尚为被人艳羡的特例，三国以来，却已形成了常态，豪族从政治制度即便利于介入政府，乃是汉朝不能想象的巨大转变。促成力量，便关系到三国魏国所创始的历史上有名的"九品官人之法"（十世纪宋朝以后的史料，别称之为"九品中正法"）。

九品官人制度起自魏国开国重臣陈群建议，创始年代一般依唐朝历史家杜佑意见，列为汉魏交替之年的纪元二二〇年（汉献帝延康元年，禅让后改元黄初元年）。立法背景，在于适应社会基层乡里制破坏与地方舆论力量离散后，汉乡举里选穷途末路的新形势。抑且，乡举里选以"孝""廉"道德准则选拔人才，对治理乱世已不切合实际，所以曹操时代已断然放弃。九品官人制度便遵循曹操效率主义原则，希望制度化垂久灵活有能力官员供给泉源的机能，一种迎合新时代的新的人才登用法。制度重心，系推翻乡举里选由地方官依据地方公论推举人物的旧方式，改自中央政府主要职任间选择地方土著出身者，专责担当对当地优秀人才的调查与评选。此一职务，在郡谓"小中正"，在州谓"大中正"。新方法的运用，以调查所得人才，依学识、才能区别九品，为"乡品"，经小中正附加评语报告大中正复审后，汇报中央职司人事行政的吏部尚书。与之相对，全国公职视其官位高低，同样区划九品，为"官品"。乡品与官品对应，适才适用，由吏部任命以相当的等位。其实例，如乡品二品，其人即自官品六品起家（"起家"谓最初的官职），最后可到达官品二品。如此于州、郡各各设置衡量与推荐公职候补的中正专任官，由中正再采信舆论，国家则依中正所推荐人才等级而任命其人以相对应官职的方法，其精神，已由汉朝平等的官吏登用法，一变而以人才分等级为基准。

此一制度，自三国魏国开始，历晋朝、南北朝，相续沿袭为官吏登用的原则，前后近四百年。至隋朝统一南北而废止，以后替代的，便是科举制度。但迄于清朝末年科举时代的中国政治制度，九品官人制仍残留永久性影响，便是：官员以一品至九品的"品"区别高下等级，以及选举与用人——进退的两个系统间，不再发生连带责任问题。

九品官人之法的希望得到真正人才为无疑问，"中正"之名也想见其须立于公平立场。而愿望完全落空，结果非只失败，也与预期恰恰相反。漏洞在评定乡品，可以决定一生官运，而决定乡品的"中正"，又免除了举者须对被举者品行与成绩负责的义务。更重要的，"中正"多数自身便以豪族参加政府。即使"中正"确能公正，而舆论的供以顾问者，仍难免受本乡有力豪族的影响或压力。所以，九品官人法的运用，无论从何角落，都对豪族有利。也惟其如此，九品官人之法为豪族敞开一条通往政府的大道，徒然使从未被承认的强大豪族与政治上权力结合，转向为合法化。

九品官人之法的大弊，自三国魏国立法当时已明显暴露，迨豪族相互勾结下司马懿父子孙三代四人阴谋篡代而晋朝成立。九品官人制度对豪族的附着黏度愈益牢固。政论家刘毅痛切批判的九品八损疏中"上品无寒门，下品无势族"名言，早自三世纪后半晋朝初年便已流传。但这些反对意见在当时与以后都已不发生效用。"中正"之职与豪族紧密结合，一方面，识别人物变质为惟有辨认门第，九等差别已只家世高下之分的意义。相对方面，豪族政治地位愈益升高，势力强大的豪族愈向强大化方向演进。到东晋政权以得北方豪族协力而在建康建立，江南地沃人稀，又允许豪族结集流民加大势力伸张，与社会、经济权益相结合的高官高位政治权益，生根条件终于此期间成熟，政治上门阀特权出现，而渐渐塑定历史上习惯称谓"世族"的新的面貌。所以，简扼而言，世族意义，乃是社会地位—豪族，经济地位—庄园大土地所有者与庞大人力、财力拥有者，军事地位—部曲私兵主人，政治地位—门阀，固定了四合一综合体。不符合此等条件的，相对便称之庶姓或寒门。世族继承其前身豪族屹立为社会结构的重心，寒门却是社会间大多数人士，世族—寒门，由此因各各固定化而形成两个鲜明对立的社会阶级。寒门转换为世族的机会，也便以世族形态成立期的东晋为断限。陶侃、桓温已是最后的例子。但堪注意，惟其世族或门阀的根源仍是社会的而非政治的，或者说，社会身份才是政治地位基石，政治优势仍须通过九品官人法护身符而把握。与周朝封建贵族政治权益有生俱来，由政治特权才导引社会地位的赋有，恰恰相反。所以铸定世族一家一族利益高过国家的共通意识，以及所以得容忍东晋以来南朝一个半世纪间频繁的平民朝代交替。而朝代交替，又仅只表面上军人之家政权推移，对于世族优位的社会实质甚少变化。

历史上的世族以南朝为代表，而南朝世族的定型，也关系到他们都被塑定为一个个接受完善教育，具有高深教养的文化人，性向已转移入文化范畴。他们的高水准物质生活与精神生活，创造了高水准的南朝文化。反过来说，南朝文化开展与南朝文化的所以在中国文化史上特享盛誉，又便以高贵的世族社会优裕经济背景为泉源。

同时期的分裂北方，世族形态也追随南方而成立，但时间则较迟。五胡争乱之际，地方豪族纠合流民发展保护家乡的自卫组织，或率领转住他方，居称"坞主"，动称"行主"。北方民众大量流入南方便在此形态下进行。残留北方的大小豪族所构筑坞壁，功能也于此期间发挥到顶点。《晋书》诸载记记录魏郡、汲郡、顿丘五十余壁，梁、陈、汝、颍之间百余壁，黎阳三十余壁，以及新兴、雁门、西河、太原、上党、上郡之地垒壁三百余，关中堡壁三千余所等数字，可供参考。东晋初期，自北移南"行主"之一的祖逖北伐成功，最大助力也因得这些地方武装团体支援，所谓"诸坞主感戴，胡中有异谋，辄密以闻"。

五胡巨大激流中，北方豪族的没落与新兴，固有浮沉，较之新陈代谢前魏晋时代面貌并非一致，但抗拒逆流，保全家乡生命财产的效力发挥则相同。豪族受社会一般人民拥护与尊敬，也属当然之事。惟其如此，五胡时代追随汉末形态，豪族形成社会秩序的维持者，而对社会统制机能又较汉末更形增强。此一态势，以及地方上大小豪族的实力，逼迫五胡政权不能不加重视，接受坞壁林立之为地方团结力象征，灭之不易，拔之不尽的教训，而迁就事实如《晋书》诸载记的史料说明，往往对坞、壁、堡、垒统领之主，直接任命以为郡县长官，以博取豪族协力。相对方面，北方诸豪族也基于保全地方，避免被攻击破坏的理由而愿意妥协。相互携手的结果，魏晋文物制度与传统，因此得幸运被维护，如石勒"续定九品，典定士族"，苻坚"复魏晋士籍"，均是。于是，北方尽管立于五胡动乱时代，强大豪族的世族化却正向江南迎头赶上。到北魏或北朝统一北方，自第一代道武帝以后历代皇帝一系列区别"贵""贱"诏令的政治助力，以及效仿南朝九品官人制度下，异族皇帝与汉人豪族间携手特惠的政治力为后盾，非只汉人社会世族定型，向汉人大姓门第看齐与转化的北族贵族，同样也已世族化。

无论江南世族抑北方世族，其经济支柱建筑于大土地所有，或者说，发达的庄园，为基本理解。南北朝世族各各拥有广大面积庄园与大量成立主从关系的"领民"，而从事自给自足封锁经济，依此特征，今日历史界往往比拟之为欧洲中古庄园制普及时代的封建社会。然而，此一比拟，却忽略了中国世族庄园非构筑自政治上封建支架的事实。抑且，南北朝世族对朝廷固具有特权，相对仍负有一定的义务，如史料所说明，对国家不能豁免租税，并无如同中古欧洲诸侯权利的赋予，此其一。其二，世族各别的庄园尽管大而且多，如《宋书》孔季恭传附孔灵符实例说明："产业甚广。又于永兴（浙江省嘉兴县）立墅，周回三十三里，水陆地二百六十五顷，含带二山。又有果园九处。"谢灵运亦自言有："北山二园，南山三苑。"但对国家整体而言，所有世族庄园土地面积的总和，所占比例并非过巨，世族庄园而过分发达时且须受压制，孔灵符便被"有司所纠"。所以，南北朝时代，任何庄园主人都不成立地方割据形态，较之欧洲"封建"，距离可谓尚远。

关于南北朝庄园，日本学者又往往依其本国历史上，以中国唐朝均田制为蓝本的班田制崩溃时代开始，土地允许世代私有而庄园发生、庄园制形成的了解，套入急剧扩大的庄园以铸定为特定区而特殊发达的范式，认定中国南北朝世族庄园的特质便与此相共通。实际，如天下土地（庄园）悉领于藤原氏之手，以及平氏一族拥有五百余所庄园之例，中国南北朝便从未发展至此境地。尤其日本庄园制基本特征，以免除租税与朝廷检使禁入庄园，所谓"不输""不入"权的特质，中国世族也从未具有。中日历史上的庄园制，还是不能等量齐观。

外国历史家对中国大混乱期间庄园的畸形发达现象，既系立定于自身历史过程的比拟而解释，偏差自易发生。任何两个国家、地区或民族的历史现象外貌可以相似，内涵却以发生地地理、人文性格与其历史发展各别背景的差异，而不能以此视彼。犹之乎历史分期，西方历史界所区划上古、中世、近代、现代的时间上下限，便以文明进度而非适用于任何地区与民族。今日核子时代，地球上却仍然存在落后地区与未开化民族，此一部分"原始"时代地与人的历史，在历史分期统一规格中也列入"现代"，宁非太不调和？所以，对于中国大混乱期间庄园的畸形发达现象，如果外国学者间为图解释上方便，或者便利于其本国人对中国历史的容易认识，而立定于自身历史过程比拟，则偏差尚有可原。中国人自身也惟视外国历史现象为公式，强自身的不同以与外国同，便属显然的失当。这是必须加以辨明的。同样，欧洲抑或日本封建社会中，各各陪伴产生 Knight 或武士，与因之而附着的浪漫故事，中国南北朝也都不曾发生。此一情况，又是中西或中日互不相同发展的说明。

综合而言，中国南北朝世族的构成社会中核，以及他们对社会、经济、政治的具有巨大影响力，为无可否定，庄园规模的盛大也可以想象，但都非绝对。寒门仍是社会的有力阶级，南方诸朝代的开创者，便无一出身世族。庄园虽发达，经济史地位仍被同时期政府大力推行的土地国有制度均田制压倒，郡县制也仍是完整的国家地方行政制度。但反过来说，均田制秩序时代而庄园制仍与并存，又堪确认其不容漠视的时代特色。遗憾则任何直接关系庄园经营形态的资料说明，史料中都保存得非常少，详情今日不能明了。

与庄园问题相关连，《魏书》邢峦传："俗谚云：耕则问田奴，绢则问织婢"，以及《宋书》沈庆之传："治国譬如治家，耕当问奴，织当访婢"的南北朝奴隶问题，受史学界注目。贱民自良民层分化现象的扩大，后汉末天灾、人祸期间早已开端。抑且，"客"的变质，良民、贱民间再浮现了一层半贱民或上层贱民，但"客"究非"奴"的同义字。真正奴隶，仍是史料中给有特定名词的"奴婢"——因罪没入官家的官奴婢之外、大量出现属于私人财产的私奴婢。

三国—晋朝豪族各各保有奴隶的数字，自《三国志》《晋书》诸传记资料，可部分得知。四世纪初"八王之乱"，"张方大掠洛中官、私奴婢万余人，西还长安"，是条凡历史界都注意的记录。东晋立国江南，奴隶人数随北方难民潮涌至而再度增加。东晋第一代元帝与其时最大豪族王敦间的冲突，奴隶问题堪注意便已是导火线之一，元帝智囊刁协建议"以奴为兵"，转移强大豪族奴隶为国家兵源，元帝集团的大将刘隗、戴渊，又从实际行动上"悉发扬州奴为兵御敦""调扬州百姓家奴万人为兵"。而王敦正式发动武装政变的口实，也便指摘刘隗、刁协"免良人奴，自为惠泽"。个例中授人印象最深刻是名臣陶侃的"家僮千余"。另一例子，刁协子孙由寒门上升世族，到东晋末期的纪元四〇〇年左右，也已"有田万顷，奴婢数千人"。虽然自晋朝"发奴助兵，号为四部司马"（《晋书》惠帝纪太安二年条）开始，以迄江南时代，政府保留兵员不足时向世族征集奴隶从军的权力，以及因此而累次解放奴婢，但世族固定化以来，汉朝原已萎缩的奴隶层，陪伴回复确立其社会结构中的比重〔阶级意义〕则堪明了。

北方情形相类似，由八王、永嘉两次大祸乱而过渡到五胡大分裂时代，一般良民层全面崩坏，混乱情况远超过东晋，奴隶产生因之也较东晋愈为容易。到南北朝对立局面铸定，便如《魏书》所见，分赐百官奴隶数字少者数人、数十人，多者二三百人，皇族、世族"奴婢千数""僮仆千余""家僮以千数"的记录也累有出现。

汉末以来畸形展开的变态社会中，奴隶使用发达至南北朝已系顶点。却是，也便自此阶段而已停滞，甚或下降。未能向奴隶制的轨迹发展。若干外国学者对中国南北朝的附会之说，不宜过分夸大。

阻挡南北朝奴隶制成立的原因，其一，三世纪以来未曾中止的半良民、半贱民式"荫客"，一直到南北朝仍续发展，如"时百姓遭难，流民多庇大姓以为客"（《南齐书》州郡志上南兖州条），"魏初不立三长，故民多荫附。荫附者皆无官役"（《魏书》食货志），产生了缓和功能。其二，关系到奴隶供应来源，由战俘或罪人家属没为官奴婢的，固可经皇帝赏赐而转变为私奴婢，而多数场合的私奴隶发生，还是人民因贫困自卖或出卖亲属。奴隶买卖的价格，后汉外戚、宦官得志期间的安帝建光二年（纪元122年）行情，乃成人奴隶缣四十匹，少年二十匹。此一数值，与后汉死刑囚的免死赎偿缣数，约略相当（明帝在位期间，最初定死罪入缣二十匹，继改四十匹，再改三十匹。以后诸代皇帝大抵以二十匹为准）。但视担当工作性质的不同而奴隶价格有其差别，也可以想象，如手工艺奴隶便应较耕作奴隶高价，抑且，也与时代环境的供求律相适应而时价互异[①]。有关此方面情形，南北朝史料都未明载。日本学者曾依宋世坐罪为奴，可纳绢四十匹

---

[①] 参阅拙著《黄河文明之光》，汉朝社会、经济层面剖析章。

偿罪之例，认定南朝奴隶价格大抵相等于绢四十匹。绢的在于宋朝，标准价格一匹千文，四十匹绢换算便是四万。而其时米价一斛五十文至一百文，所以可推断奴隶价格相当高。梁律"赎死者金二斤，男子（绢）十六匹"，如果后汉奴隶价等于死囚赎偿价的比例为无误，且同样适用于南朝的话，又可指示，南朝奴隶价格为高过汉朝。此一推定如果成立，则以奴隶价昂而削弱购买奴隶兴趣，可能又是南朝奴隶增加量趋于缓和，以及宁愿以"客"替代的原因。

一般而言，南朝奴隶数字遏止膨胀，早自宋、齐时代已然，北朝则否。北魏非只始终保障世族的奴隶所有权，均田制且允许世族庄园面积随其奴隶无限制增加而增加。末期宣武帝延昌二年（纪元513年），且从法律上明定奴、良之别（虽然内容不详）。可知北朝奴婢应用与奴隶劳动的普遍，远超过南朝。须至分裂期的北齐，奴隶依良丁受田的数额始在法令上有其限度，北周尤其累颁奴隶解放令。至此阶段，北方的奴隶问题也渐渐缓和。

历史上煊赫一时的世族终已如落日斜阳。南朝世族于优厚的地利条件下腐化面扩大，以及他们过分的文学、艺术偏爱，政治、军事实际责任转移到寒门之手，世族自身无能、无力化弱点加大，被淘汰命运先已注定。北朝均田制原也对世族保护与限制土地兼并的效用互见，与均田制具有密切关系的"三长制"法令发布，又呈现了汉朝乡里自治组织破坏后，革命性新的村落制度建立意义，以后户籍整备与国家直接掌握农民为前提，最早铸定了"行政村"性格，堵遏户口继续向世族转移的漏洞。历史上有名的府兵制自北周创始，个人与家族的私兵也转变为国家部队。到中国回复统一，隋唐均田制奴隶受田规定全被废止，奴隶数字以严格限制奴隶所有而显著减少。世族政治护符九品官人制度被新的科举制度替代。世族的政治、军事、经济权益尽行切离，残余仅只根源的社会高名位，却也在政治开放与社会地位平等精神下形成架空意识。具有辉煌历史的"世族"时代，由此徐徐闭幕。

## 世族门阀的历史评价

南北朝世族渊源与汉朝豪族具有直接的血缘关系，却已非汉朝豪族范畴而发展为另一形态，也为可知。其原型转变的起步，晋朝成立已有明显迹象，便是与政治关系的密结。三世纪八十年代，晋朝结束二世纪后半以后约一个世纪动乱分裂期，暂时恢复统一秩序，堪注意的现象，皇室司马氏固系三国魏国时代豪族集团领袖，开国"八公"中，除了大司马石苞（渤海人）少时为县吏，又贩铁系例外以外，太宰安平王司马孚、太傅（荥阳）郑冲、太保（琅邪）王祥、太尉义阳王司马望、司徒（陈国）何曾、司空（颍川）荀𫖮、大将军（临淮）陈骞等七人，以及另外的佐命之勋骠骑将军（太原）王沈、车骑将军（平阳）贾充诸最高阶位人物，全是同一类的非皇族即豪门大族。便是说，后汉后半以来"豪族官僚化、官僚豪族化"的发展方向愈益明朗。陪伴此一现象，又是豪族为中核的政治社会崇尚奢侈。奢侈原系豪族财富的代表性征象，但天下财富以四海归一而向国都洛阳集中时的晋朝为尤甚，而且便以开国当代武帝自身带头。见诸《晋书》，如下引之例颇多：

——武帝之婿太原王氏一系的王济："武帝尝幸其宅，供馔甚丰，悉贮琉璃器中。蒸肫甚美，帝问其故，答曰：'以人乳蒸之。'"（王济传）

——重臣何曾、何劭父子、"（曾）性奢豪，务在华侈。帷帐车服，穷极绮丽。厨膳滋味，过于王者。每燕见，不食太官所设，（武）帝辄命取其食……食日万钱，犹曰无下箸处……（劭）骄奢简贵亦有父风，衣裘服玩，新故巨积。食必尽四方珍异，一日之供以钱二万为限。时论以为太官御膳，无以加之。"（何曾、何劭传）

——武帝夺取魏国政权最大帮凶与儿女亲家贾充之孙贾谧："其骄宠奢侈逾度，室宇崇僭，器服珍丽。歌僮舞女，选极一时。开阁延宾，海内辐凑。贵游豪戚及浮竞之徒，莫不尽礼事之，或著文章称美谧……皆傅会于谧，号曰二十四友。"（贾谧传）此二十四友文学集团的著名人物，包含闻名历史的美男子潘岳，吴国才子陆机、陆云兄弟，以《三都赋》享誉的左思，奢侈名人石崇，以及其后于五胡乱华初期以孤忠博得后世莫大尊敬的刘琨。

晋朝豪奢最堪举代表性的人物，便是贾谧二十四友之一与石苞幼子石崇。他以文学家潘岳《金谷诗序》特予赞美的洛阳西北郊金谷别墅为中心，傲视群伦的豪侈一般，《晋书》记录："财产丰积，室宇宏丽。后房百数，皆曳纨绣、珥金翠，丝竹尽当时之选。……与贵戚王恺、羊琇之徒，以奢靡相尚。"（石崇传）"石崇以奢豪矜物，厕上常有十余婢侍列，皆有容色，置甲煎粉、沉香汁，有如厕者，皆易新衣而出"（王敦传）。石崇与获武帝援助而成为他财富竞赛最大对手、东海王氏后裔与武帝叔舅王恺间的"斗富"，是则历史上脍炙人口的故事，《晋书》生动描述："恺以粘澳釜，崇以蜡代薪。恺作紫丝布步障四十里，崇作锦步障五十里以敌之。崇涂屋以椒，恺用赤石脂。崇、恺争豪如此。武帝每助恺，尝以珊瑚树赐之，高二尺许，枝柯扶疏，世所罕比。恺以示崇，崇便以铁如意击之，应手而碎。恺既惋惜，又以为嫉己之宝，声色方厉。崇曰：'不足多恨，今还卿。'乃命左右悉取珊瑚树，有高三四尺者六七株，条干绝俗，光彩曜日，如恺比者甚众。恺恍然自失矣。"（石崇传）

与纨绔贵公子相对，豪富另一类型为守财奴，美称则可谓蓄财家。琅邪王氏子孙一支的王戎，官至司徒，"性好兴利，广收八方园田水碓，周遍天下。积实聚钱，不知纪极，每自执牙筹，昼夜算计，恒若不足。而又俭啬，不自奉养，天下人谓之膏肓之疾。女适裴頠，贷钱数万，久而未还。女后归宁，戎色不悦，女遽还直，然后乃欢。从子将婚，戎遗其一单衣，婚讫而更责取。家有好李，常出货之，恐人得种，恒钻其核"（《晋书》王戎传）。

无论奢或啬，所说明"财"与"势"相结合的事态则一。也影响一般民间，抑或豪族家奴的奢侈风习。所以当时人感慨而言："古者尧有茅茨，今之百姓竞丰其屋。古者臣无玉食，今之贾竖皆厌粱肉。古者后妃乃有殊饰，今之婢妾被服绫罗。古者大夫乃不徒行，今之贱隶乘轻驱肥。"（《晋书》傅咸传）由此导源，便如史料中所指示政治怠惰与腐败的一般："纲纪大坏，货赂公行。势位之家，以贵陵物。忠贤路绝，谗邪得志，更相荐举，天下谓之互市。"（《晋书》惠帝纪）接受正统儒家教养的知识分子疾首痛心之余，于是王沈（另一王沈）《释时论》、蔡洪《孤愤论》、鲁褒《钱神论》、杜嵩《任子春秋》等一系列激烈抨击时政的文章，都自三世纪九十年代左右广泛流传，道出了被拒斥于逆流以外者的共同心声。

《晋书》中曾收录《释时论》与《钱神论》两篇。前者给予无耻的官场现形以无情暴露,用东野丈人与冰氏之子的对话方式表达,叹息"少长于孔、颜之门,久处于清寒之路,不谓热势,自共遮锢"。后者讥讽金钱万能,充分尽文字上嬉笑怒骂之能。如此当头棒喝,于二世纪末以来地方基层架构破坏,随豪族崛起的形势重行建筑,社会舆论丧失独立性而依附于豪族,势利与谄媚倒反成为常态的三至四世纪之交时代,效果与反应的微弱自可想象。但到后世,如上作品却都博得广大同情与激起共鸣,而认定其不朽的历史价值。尤其《钱神论》,已被推崇为讽刺文学代表作,主旨"钱能通神",以及今日家喻户晓钱的别号"孔方",谑称又是"家兄",都便是这篇文章中的用语。

八王内乱与五胡乱华相续下中国不可收拾的大分裂局面形成,仅仅四分之一世纪时间,一个新兴朝代与统一国家迅速解体,晋朝豪族对国家社会巨大腐蚀力的影响可见。而便在此过程中,豪族自大、自满与骄恣纵欲所附着的丑恶面终被明晰揭发。他们以经济优裕育成凭几摇麈尾而谈哲理,所谓"清谈"的风雅生活,原被社会所艳羡,相对方面,晋朝政治所以松懈与怠惰,脱离现实的流行性浮夸清谈便须负责。当国家危急时期,清谈人物懦弱、卑鄙、贪婪、颠顶、自私自利,以及无耻的另一人格,充分暴露糜烂生活与颓废风俗并发症的道德堕落必然弱点。而此一弱点,正是晋朝政权所以轻易倾覆的致命伤。战祸中晋朝豪族人格卑劣的一般,名族王氏可引为代表:

——被当时塑定为偶像的清谈大家琅邪王衍,《晋书》谓其"盛才美貌,明悟若神,常自比子贡。兼声名藉甚,倾动当世。

妙善玄言，唯谈老庄为事。每捉玉柄麈尾，与手同色……朝野翕然，谓之'一世龙门'矣。累居显职，后进之士，莫不景慕放效，……矜高浮诞，遂成风俗焉"。而当永嘉之乱尖锐化，国都外围攻防战展开，五胡乱华数年来最悲惨的一次战役，便在王衍以太尉高阶位被推为统帅时演出，数十万军队全军覆没，王衍自身也被俘。而被俘后面晤敌军指挥官石勒时，《晋书》记录的却是他如下一副丑态："衍自说少不豫事，欲求自免，因劝勒称尊号。勒怒曰：'君名盖四海，身居重任，少壮登朝，至于白首，何得言不豫世事邪？破坏天下，正是君罪。'使左右扶出。谓其党孔苌曰：'吾行天下多矣，未尝见如此人。'"无耻的下场，王衍仍免不了一死。(王衍传)

——上述战役之后，洛阳陷落，河北方面军政长官太原王氏后裔与王沈之子大司马王浚，《晋书》叙述他先则"布告天下，称受中诏承制，……备置众官"。继又"以父字处道，为'当涂高'应王者之谶，谋将僭号"。而生活仍如承平时代"矜豪日甚，不亲为政"。结局，此一幼稚的野心家企图利用石勒，反受石勒诱骗被处决。死前石勒指控他的罪名，《晋书》记载义便是："勒数浚不忠于晋，并责以百姓馁乏，（浚）积粟五十万斛而不振给。"(王浚传)

如上两项事态极端相反，但所指示，却殊途同归都是晋朝当权豪门大族的遗弃国家与丧失国家观念。汉朝豪族经过以汉末—三国承启，前后约百年的间隔而演进为晋朝豪族，意识上的转变，便以此区别。简言之，汉朝遗留下高尚而廉洁的风气已被破坏无遗。汉朝特别注重的道德与名节，至晋朝已不可想象。所以，如以汉朝豪族为基准，西晋时，水平已大幅倾斜。

如果以晋朝豪族高官一概而论，全比如王衍、王浚，自非持平。后世历史家沉痛指"清谈灭晋"，也仅持理由的一端。洛阳沦陷与怀帝被俘后愍帝的在长安被拥立，是其反证。到长安再陷落而晋朝灭亡，东晋政权退守江南，黄河流域也还有刘琨挺拔坚持。但刘琨承平时代并未得志，世乱才识忠贞，在豪族中是少数中的少数，抑且，刘琨最后终在独力奋斗环境中，反被撤退到江南的豪族主流派陷害而被牺牲。惟其如此，相对的发展，没有如刘琨般度量的一些反对"清谈"，不愿与晋朝豪族主流同流合污，以及蔑视无耻大官的地方豪族与知识分子，对晋朝政府既然感到极度灰心与失望，只有断然倒向五胡一边，而宁愿与胡人领导者合作。这是至堪注意的历史现象，也是五胡所以获得汉人实力人士拥护，以及五胡所以能在黄河流域立国的原因之一。

晋朝灭亡前后，豪族主潮流移向江南，专以竞占山泽，展开大土地领有为事，则可了解，他们选择南方成立新政府，以及晋朝命脉由他们延续的目的，乃系立于他们自身的利益基准为原则。便是说，豪族主流自北方播迁到南方，携来的仍是旧观念、旧意识，以及他们的晋式生活。

东晋创业所依赖的实力后盾王敦是个足资说明的代表性人物，早期"有高名，尤好清谈"而为石崇好友与座上客，结局则背上了叛乱罪名，可谓王衍与王浚的混合体。东晋独立局面展开系纪元三一七年，其时王敦已五十二岁，其族弟王导五十一岁，其余北方渡来诸豪族的中心人物，如荀崧尤长过王敦而届五十六岁。他们出生期都在三国魏国与晋朝交替前后，早年的生活形态，于江南新环境中非只仍然适合，抑且因新环境的富庶而愈容易培育。从而下一代以次所形成东晋上层社会，从《晋书》诸传记转载正义人士的上疏内容："选官用人，不料实德；惟在白望，不求才干。乡举道废，请托交行。有德而无力者退，修望而有助者进。称职以违俗见讥，虚资以从容见贵。当官者以理事为俗吏，奉法为苛刻，尽礼为谄谀，从容为高妙，放荡为达士，骄蹇为简雅"（熊远传）；"今并兼之士，用之无节。蒲酒永日，驰骛卒年。一宴之馔，费过十金；丽服之美，不可赀算。盛狗马之饰，营郑卫之音"（范宁传），当知全然系洛阳时代翻版，也愈因江南地方安适而清谈奢侈生活愈为得其所哉。

对此等人政治纪律松弛与风俗颓废表示强烈反对者的实力派，最后如非自身向腐败低头，便是反抗彻底失败。前者之例，早年孤贫至须"其母截发得双髲，以易酒肴"待客的陶侃，曾严厉批判清谈家放弃国家责任感，虚耗光阴于无益的浮言与逸乐，谓"大禹圣者，乃惜寸阴，至于众人，当惜分阴，岂可逸游荒醉，生无益于时，死无闻于后，是自弃也"。又说："樗蒱者，牧猪奴戏耳。老庄浮华，非先王之法言，不可行也。君子当正其衣冠，摄其威仪，何有乱头养望，自谓宏达邪？"而发达至顶峰后，《晋书》的记载却已是"媵妾数十，家僮千余，珍奇宝货，富于天府"（均陶侃传）。后者之例，则桓温痛恨王敦与愤慨指摘："遂使神州陆沉，百年丘墟，王夷甫（王衍）诸人不得不任其责。"（桓温传）他以最激烈的反攻北方实际行动，支持其不屈服意志，遭遇又是周围豪族沉重压力下郁郁去世。陶侃与桓温乃是东晋前半期两个奋起与豪族搏斗的国家权力人物，而仍然难对挽回政治社会消沉、腐化逆流发生作用。

相对的重大意义，便由于东晋前半期反抗意识清除成功，豪族向世族形态发展，终自东晋后半期以后而保证步入了坦途。世族发展成熟时的特征，又便是形成期所累积的清谈与逃避现实性向，以及个人的放浪逸乐生活享受。与之同时，世族优越感与赢得社会尊敬愈益强化，血统意识以及详尽记录家族—宗族世代分支流布的重要性，陪伴确立，"谱"或"谱牒"成立的需要加大。至九品官人制度发达到顶点的南北朝，谱牒非只世族自身保有，也由政府抄录收藏，供为选任官员时依凭。世族（士）—平民（庶）两个相对社会阶级的截然分划与鉴别，准则端系谱牒有无记载。谱牒对于世族固定化形态的维持，提供了文字凭证，"谱学"也以其特殊性与周密性，而形成世族时代以来独特的重要学问，余波一直延续至今日。

对于南北朝定型期的世族大姓，以及同时发达的"谱学"，《新唐书》儒学柳冲传收录柳芳论文，有其综合性介绍：

> 魏氏立九品，置中正，尊世胄，卑寒士，权归右姓已。其州大中正、主簿，郡中正、功曹，皆取著姓士族为之，以定门胄，品藻人物。晋、宋因之，始尚姓已。然其别贵贱、分士庶，不可易也。于时有司选举，必稽谱籍，而考其真伪。故官有世胄，谱有世官，贾氏、王氏谱学出焉。由是有谱局，令史职皆具。过江则为"侨姓"，王、谢、袁、萧为大；东南则为"吴姓"，朱、张、顾、陆为大；山东则为"郡姓"，王、崔、卢、李、郑为大；关中亦号"郡姓"，韦、裴、柳、薛、杨、杜首之；代北则为"虏姓"，元、长孙、宇文、于、陆、源、窦首之。"虏姓"者，魏孝文帝迁洛，有八氏十姓，三十六族九十二姓。八氏十姓，出于帝宗属，或诸国从魏者；三十六族九十二姓，世为部落大人。并号河南洛阳

人。"郡姓"者以中国士人差第阀阅为之制，凡三世有三公者曰"膏粱"，有令、仆者曰"华腴"，尚书、领、护而上者为"甲姓"，九卿若方伯者为"乙姓"，散骑常侍、太中大夫者为"丙姓"，吏部正员郎为"丁姓"。凡得入者，谓之"四姓"。又诏代人诸胄，初无族姓，其穆、陆、奚、于，下吏部勿充猥官，得视"四姓"（按：《魏书》官氏志太和十九年条："其穆、陆、贺、刘、楼、于、嵇、尉八姓，皆太祖已降，勋著当世，位尽王公、灼然可知者。且下司州吏部，勿充猥官，一同四姓"）。北齐因仍，举秀才、州主簿、郡功曹，非"四姓"不在选。故江左定氏族，凡郡上姓第一则为右姓；太和以郡四姓为右姓；齐浮屠昙刚《类例》凡甲门为右姓；周建德氏族以四海通望为右姓；隋开皇氏族以上品、茂姓则为右姓；唐《贞观氏族志》凡第一等则为右姓；路氏著《姓略》，以盛门为右姓；柳冲《姓族系录》凡四海望族则为右姓。不通历代之说，不可与言谱也。今流俗独以崔、卢、李、郑为四姓，加太原王氏号五姓，盖不经也……

晋太元（东晋孝武帝年号）中，散骑常侍河东贾弼撰《姓氏簿状》，十八州百十六郡，合七百一十二篇，甄析士庶无所遗。宋王弘、刘湛好其书。弘每日对千客，可不犯一人讳。湛为选曹，撰《百家谱》以助铨序，文伤寡省，王俭又广之，王僧孺演益为十八篇，东南诸族自为一篇，不入百家数。弼传子匪之，匪之传子希镜，希镜撰《姓氏要状》十五篇，尤所谙究。希镜传子执，执更作《姓氏英贤》一百篇，又著《百家谱》，广两王所记。执传其孙冠，冠撰《梁国亲皇太子序亲簿》四篇。王氏之学，本于贾氏。

唐兴，言谱者以路敬淳为宗，柳冲、韦述次之。李守素亦明姓氏，时谓"肉谱"者。后有李公淹、萧颖士、殷寅、孔至，为世所称。

初，汉有邓氏《官谱》，应劭有《氏族》一篇，王符《潜夫论》亦有姓氏一篇。宋何承天有《姓苑》二篇。谱学大抵具此。魏太和时，诏诸郡中正，各列本土姓族次第为举选格，名曰"方司格"，人到于今称之。

柳芳列举诸大姓，过江侨姓中的王氏特为世人所熟悉。当魏—晋时代，颍川（河南）荀氏、河东（山西）裴氏、太原（山西）王氏、琅邪（山东）王氏等，势力原都同等庞大。待东晋江南政权依琅邪王氏力量而得建立，琅邪王氏在于江南，于是通东晋，乃至南朝独占为第一流世族中的第一流。以淝水之战为划期，晋朝清谈家"八达"之一的谢鲲一族因保全东晋命脉功业，陈郡谢氏乃得一跃而在世族历史上"王、谢"并称。虽然依《晋书》所收集人物传记的篇数与人数统计，显示的还是琅邪王氏影响力远超过陈郡谢氏，但传记中谢氏被描述与王氏同一类型，以及淝水之战统帅谢安的时代恰当世族形成期，正可引为说明世族如何面貌的具体例证——

谢安于东晋立国第四年（元帝太兴三年，纪元320年）生，孝武帝太元十年（纪元385年）卒。寿六十六岁，一生约当东晋历史的三分之二，死后三十多年而朝代变换。《晋书》谢安传的记事，如下几部分都堪注意：

——弱冠诣王濛，清言良久。既去，濛子修曰："向客何如大人？"濛曰："此客亹亹，为来逼人。"王导亦深器之。由是少有重名。(王濛传:"濛与刘惔齐名友善,时人凡称风流者,举濛、惔为宗。"谢安之妻,便是清谈大家刘惔之妹。)

——寓居会稽,与王羲之及高阳许询、桑门支遁游处,出则渔弋山川,入则言咏属文。放情丘壑,每游赏,必以妓女从。〔以书圣王羲之所书《兰亭集序》而闻名的永和九年(纪元353年)上巳会稽山阴兰亭修禊,便由如上等四十余人参加。王羲之即琅邪王氏后裔,王导侄辈,较谢安年轻一岁,两人乃亲密好友。〕

——累辞不就,及(弟)万黜废,安始有仕进意,时年已四十余矣。征西大将军桓温请为司马,将发新亭,朝士咸送。中丞高崧(南方土著)戏之曰:"卿累违朝旨,高卧东山,诸人每相与言,安石(谢安字安石)不肯出,将如苍生何?苍生今亦将如卿何?"安甚有愧色。

——(既仕),不存小察,弘以大纲,人皆比之王导。尝与王羲之登冶城,悠然遐想,有高世之志。羲之谓曰:"夏禹勤王,手足胼胝;文王旰食,日不暇给。今四郊多垒,宜思自效,而虚谈废务,浮文妨要,恐非当今所宜。"安曰:"秦任商鞅,二世而亡,岂清言致患耶?"

——苻坚率众号百万,次于淮肥,京师震恐。加(卫将军)安征讨大都督,(安兄子冠军将军)玄入问计,安夷然无惧色,答曰:"已别有旨。"既而寂然。玄不敢复言,乃命张玄重请。安遂命驾出山墅,亲朋毕集,方与(张)玄围棋,赌别墅。安常棋劣于玄,是日玄惧,便为敌手而又不胜。安顾其甥羊昙曰:"以墅乞汝。"安遂游涉,至夜乃还,指授将帅,各当其任。(谢)玄等既破坚,有驿书至。安方对客围棋,看书既竟,便摄放床上,了无喜色,棋如故。客问之,徐答云:"小儿辈遂已破贼。"既罢，还内，过户限，心喜甚，不觉屐齿之折。其娇情镇物如此。

——性好音乐……及登台辅，期丧不废乐。王坦之（太原王氏子孙）书喻之，不从。衣冠效之，遂以成俗。又于土山营墅，楼馆林竹甚盛，每携中外子侄往来游集，肴馔亦屡费百金，世颇以此讥焉，而安殊不以屑意。

豪门世族如何矫揉造作，制造清誉，以待价而沽，平步青云。得志后生活醉生梦死如旧，清谈如旧，自傲所谓风流或风雅。位至高官时临事又漫无主见，伪装神秘与镇静以掩饰颠顶的面貌，全可了然。也惟其如此，东晋历史上特笔大书的淝水大捷，全系包含谢安之侄前敌指挥官谢玄在内，对敌人正面作战的诸将领与忠勇战士功绩，与谢安无涉。而谢安却以名义上的统帅占有了最高美誉，东晋高官高位者的名族共同形态，便可以此代表。一方面，他们承受其宗族前辈如谢安伯父谢鲲等教养；另一方面，再以他们的影响，开拓了南朝世族成熟期的境界。走向的铸定，便是家世、名誉、修养的外貌要求愈益畸形化，以及如上外壳内涵的愈益无能、无力化。

南朝社会世族畸形化发展，清朝历史家赵翼《廿二史劄记》整理有关史料所撰江左世族无功臣篇，曾有综合说明。其前段文字的摘录："六朝最重世族，其时有所谓旧门、次门、后门、勋门、役门之类，以士庶之别，为贵贱之分。积习相沿，遂成定制。陶侃微时，郎中令杨晫与之同乘，温雅谓晫曰：'奈何与小人同载？'……杨方在都，缙绅咸厚之，方自以地寒，不愿留京，求补远郡，乃出为高梁太守。……侯景请婚王、谢，梁武曰：'王、谢门高，可于朱、张以下求之。'一时风尚如此。即有出自寒微，奋立功业，官高位重，而其自视，犹不敢与世族较。陈显达既贵，自以人微位重，每迁官，常有愧惧之色。诫诸子曰："我本志不及此，汝等勿以富贵骄人。"又谓诸子曰："麈尾是王、谢家物，汝不须捉此。'"

世族以门第、资望结合的门阀自我社会隔绝士、庶后，所谓庶姓或寒门、素族在沉重心情压迫下所表现自卑感，以及士、庶不通婚、不同车的歧视寒门现象，自赵翼摘要都可充分明了。抑且，不同社会地位之人不相往来，不相坐语。虽贵为天子，对门阀同样必须尊重，以及于消弭与缓和社会阶级的不平等无能为力。以下史料记事都是说明：

> 路太后弟子琼之及弟休之、茂之，并超显职，太后颇豫政事……琼之宅与太常王僧达并门，尝盛车服卫从造僧达，僧达不为之礼。琼之以诉太后，太后大怒，告上（孝武帝）曰："我尚在，而人皆陵我家，死后乞食矣。"欲罪僧达。上曰："琼之年少，自不宜轻造诣，王僧达贵公子，岂可以此事加罪。"（《宋书》后妃传路淑妃条）

> 太宗崩，（蔡）兴宗与……同被顾命，被征还都。时右军将军王道隆任参内政，权重一时。蹑履到前，不敢就席。良久方去，竟不呼坐。元嘉初，中书舍人秋当诣太子詹事王昙首，不敢坐。其后中书舍人王弘（非琅邪王氏之王弘，系另一同姓名寒门）为太祖所爱遇，上谓曰："卿欲作士人，得就王球（太保王弘从父弟）坐，乃当判耳。殷、刘并杂，无所知也，若往诣球，可称旨就席。"球举扇曰："若不得尔。"弘还，依事启闻。帝曰："我便无如此何。"五十年中有此三事。（《宋书》蔡兴宗传）

时中书舍人徐爰有宠于上（宋文帝），上尝命（王）球及殷景仁与之相知。球辞曰："士庶区别，国之章也。臣不敢奉诏。"上改容谢焉。（《南史》王球传）

中书舍人纪僧瀹真，幸于（齐）武帝，……谓帝曰："臣小人，出自本县武吏，邀逢圣时，阶荣至此。……唯就陛下乞作士大夫。"帝曰："由江敩、谢瀹，我不得措此意，可自诣之。"僧真承旨诣敩，登榻坐定，敩便命左右曰："移吾床让客。"僧真丧气而退，告武帝曰："士大夫故非天子所命。"（《南史》江敩传）

"士、庶天隔"（王弘传语）的社会意识被确立，世族骄傲自大的另一面形态也陪伴塑定，他们富贵与生俱来，习惯于优游清谈与文学相尚，不耐烦无论家务或国家政务的劳累。家务自有奴、客代劳，政务便交付了寒门下级官吏。尤其耻为军人，对于此等职位宁愿放弃。《梁书》何敬容传论指出："魏正始及晋中朝，时俗尚于玄虚，贵为放诞。尚书丞郎以上，簿领文案不复经怀，皆成于令史。逮乎江左，此道弥扇。……宋世王敬弘身居端右，未尝省牒，风流相尚，其流遂远。望白署空，是称清贵。"《陈书》后主纪论也说明："自魏正始、晋中朝以来，贵臣虽有识治者，皆以文学相处，罕关庶务。朝章大典，方参议焉。文案簿领，咸委小吏，浸以成俗，迄至于陈。"皇帝与大臣间感情建筑于如下所述的关系上，又足引为南朝政治特有的征象："（范晔）善弹琵琶……上（宋文帝）尝宴饮欢适，谓晔曰：我欲歌，卿可弹。"（《宋书》范晔传）"上（齐武帝）曲宴群臣数人，各使效伎艺，褚渊弹琵琶，王僧虔弹琴，沈文季歌子夜，张敬儿舞，王敬

则拍张。"(《南齐书》王俭传)

世族自尊、自大,以及浓厚的家族意识下,对于国家非只不负责任,也逃避责任,其成因与结局,《南齐书》褚渊、王俭传谓:"魏氏君临,年祚短促,服褐前代,宦成后朝。……故主位虽改,臣任如初。自是世禄之盛,习为旧准,羽仪所隆,人怀羡慕,君臣之节,徒致虚名。贵仕素资,皆由门庆,平流进取,坐至公卿,则知殉国之感无因,保家之念宜切。市朝亟革,宠贵方来,陵阙虽殊,顾眄如一",是简赅说明。也惟其如此而欣然迎接新朝代的,反而便是世族中人,如赵翼所指"江左世族无功臣"现象。抑且,朝代禅让转换,奉玺赍册的中介人,便都是世族大臣,自东晋最末第二代安帝一度失位于温玄时的王谧、谢澹开例以来,宋—东晋交代系谢澹、刘宣范(王俭时已去世),齐—宋交代时系褚渊、王僧虔,梁—齐交代时系王亮、王智,陈—梁交代时系王通、王玚。《南齐书》王僧虔传曾大书:"王家门中,优者则龙凤,劣者犹虎豹",经手变换朝代的司仪人,从如上列举诸人可知,绝大多数正便是继承东晋,一百七十年间南朝世族门阀中最受社会尊敬的琅邪王氏家族。

南朝世族畸形发展的清谈、社交生活,从而偏差也愈拉愈大,走入死角。史料世族诸传记中不断记录注重个人身材、仪容、风度、谈吐、声音等容止美条件,南朝世族体能一般都呈现无力化。关于这方面报导,六世纪后半颜之推教训子孙的著作《颜氏家训》乃是最珍贵资料。颜之推原系梁朝官员,亲历"侯景之乱",至纪元五五六年西魏江陵之役,他是被捕虏者之一。以后自西魏脱走北齐,继位高官。北齐败亡,又仕北周与隋。所以他一生阅历丰富,见闻广博。《颜氏家训》二十篇,详记南北朝双方好尚差异，以及彼此不同的风俗习惯，乃系目睹的写实记录，了解南北朝时代社会文物第一手贵重文献。他于《家训》中批判南朝世族子弟的怠惰无力与无能——

  江南朝士，因晋中兴，南渡江（左），本（卒）为羁旅，至今八九世。未有力田，悉资俸禄而食耳。假令有者，皆信僮仆为之，未尝目观起一墢土，耘一株苗，不知几月当下，几月当收，安识世间余务乎？故治官则不了，营家则不办，皆优闲之过也。（第十一篇涉务）

  梁朝全盛之时，贵游子弟，多无学术，至于谚云："上车不落则著作，体中何如则秘书。"无不熏衣剃面，傅粉施朱，驾长檐车，跟高齿屐，坐棋子方褥，凭班丝隐囊，列器玩于左右。从容出入，望若神仙。（第八篇勉学）

  梁世士大夫，皆尚褒衣博带，大冠高履，出则车舆，入则扶持，郊郭之内无乘马者。……及侯景之乱，肤脆骨柔，不堪行步，体羸气弱，不耐寒暑，生死仓猝者，往往而然。（第十一篇涉务）

惟其如此，以北方渡来名门大族后裔为代表的南朝世族，其架构崩坏，直接原因固以"侯景之乱"与西魏江陵攻掠两次毁灭性兵灾，基本上则南朝世族的自灭。矛盾因两次兵灾而表面化，南朝的北方籍世族乃不得不急速衰退。至最后一个朝代陈朝，已是"吴姓"土著世族抬头的时代。

关于北方，北魏时代豪族势力续续扩张的结果，如同南朝，名门大族被社会公认其优越地位，卢、崔等姓尤其崇高。孝文帝迁都洛阳第二年（太和十九年，纪元495年），著名的姓族分定政策发布，改汉姓的原北族高官八姓也被比拟之为汉人四姓，提拔之为世族，赋以如同四姓的社会地位，并保证八姓与四姓共同的政治优待。同时，原北族以改"代"为"魏"的皇始元年（纪元396年）后，依其家世代官历为规准，决定"姓班""族官"两类家世，汉人则以最近三世官历为基准，区分膏粱以下六类家世，如唐朝柳芳所追述，而予如上各等级世族通入"士流"。其余无论汉人或原北族，都属"流外"，便是庶人之家。北方社会士庶界限，于是据家世等级制度完成建立，而严格区分，士庶间且在诏令下明定禁止互通婚姻。

但堪注意，北朝姓族分定令实行，附着的乃是汉人韩显宗所建议选贤与能原则，换言之，家世主义与贤才主义并重，并非对世族出身官员的无条件容忍。相对方面，北朝世族热心政治与忠实履行对国家的责任，又与南朝世族强烈对比。抑且，北朝世族成长于患难之中，团结力远较南朝强固，也非如南朝世族家族结构的松懈，而形成大宗族联合。凡此，相同的世族范畴中，北朝世族所呈现强势，正是北朝政治势力所以压倒南朝的原因之一。

然而，世族的终须步上暮运，南北仍属同一轨迹，北周武功比家世更受尊重，先已从观念上予世族意识以否定。制度的连连锐进革新，而到隋、唐统一国家新局面开创，世族历史乃不得不正式宣告落幕。南北朝世族特别重视的氏族谱牒，至唐朝也被断然重编，以及以政治力量贬抑原订的高名位。唐朝盛极而衰，中国再一次社会秩序破坏期唐末—五代时代来临，世族的残余社会影响力，终尽行消灭无痕迹。

# 大流亡潮期间的户口问题

二世纪后半中国大混乱幕帷揭开，触目处是自此以后史料中失常的户口统计数字。

| | | | |
|---|---|---|---|
| 后汉 | 顺帝永和五年（纪元140年）户9698630，口49150220 | | 汉永和五年十三州郡国户口：冀州90万户，592万人<br>益州153万户，720万人<br>扬州102万户，433万人 |
| | 桓帝永寿三年（纪元157年）户10677960，口56486856 | | |
| 三国 | 魏 | 约数：户66万，口443万 | 魏景元四年（纪元263年）灭蜀统计 |
| | 蜀 | 约数：户28万，口94万（另将士10万人，吏4万人） | |
| | 吴 | 约数：户53万，口230万（另将士23万人，吏3万人），晋太康元年灭吴统计 | |
| 晋 | 武帝太康元年（纪元280年）口16163863 | | |

资料来源：《后汉书》郡国志并注，《三国志》蜀志后主传注，《三国志》吴志孙权传注，《晋书》地理志。

便是说：强烈授人以人口数字急剧降低的印象。自汉朝桓帝以后相隔一百多年，晋朝恢复天下统一之际，全国人口数仍落在桓帝时代三分之一的比例以下。尤其三国分立期间，无论三国中任何一国，人口都难当以之为建国中心地区的汉朝一个州，三国总计仍只800万人的数字，较之汉朝桓帝时代且已激减七分之六。尚未届临今日核子战争的古代世界，一个世纪间，人口消灭能否如此快速，值得怀疑。相反，晋朝太康元年统一天下，扣除并灭吴国所得人口，原魏、蜀两国地域约得1380万人，与魏景元四年的两国合计551万人相较，十七年间增加一倍，人口自然繁殖率是否可能如此迅速，又值得怀疑。

如上现象，历史界往往仅以战后或社会秩序不安定期间户口调查不精密解释。事实上，户口统计的绝对正确，今日世界尚不可能，而于古代中国，也不容全然抹杀其相当程度的可靠性。二至三世纪间中国人口增减现象，如果对所登录对象的"编户"能有前提性认识，解明才容易接近实际。便是，国家依缴纳赋税统计户口，记入户籍者因此也专限纳税户口。战争、疫疾、饥馑，可以大量减少纳税户口，但纳税户口的减少，却非全出诸丧乱与饥馑死亡的原因。《三国志》魏志袁绍传注引《九州春秋》："邑有万户者，著籍不盈数百，收赋纳税，参分不入一"，以及《三国志》蜀志诸葛亮传注引《魏略》载诸葛亮之语："今荆州非少人也，而著籍者寡"，都可视为注脚。晋朝人口忽又回复增加，也便以"著籍者寡"因素消失的结果。明确而言，决定于流离逃难的人民已恢复定居生产。

晋朝统一的和平康乐期不过短短十多年，"八王之乱"导发自四世纪初展开的中国历史上最大骚乱期，全国再一次人口激速陷落低潮，《魏书》食货志所追述："晋末，天下大乱，生民道尽，或死于干戈，或毙于饥馑，其幸而自存者盖十五焉。"人民直接牺牲于灾荒与战火，自为人间地狱最鲜明的怵目惊心悲惨景象，但死亡之外，全国性人民流散播迁，对人口减少抑或户籍脱漏，影响更形严重。

经济资源主要依存于土地生产物的古代社会，兵燹与水旱灾害交迫下，田野荒废，农民因生活陷入绝境而不得不堕落悲惨的流亡之途，乃成为所谓"流民"。"流民"此一名词，纪元前二世纪末大历史家司马迁于其名著《史记》中已常用，指的便是如上丧失生计之资、彷徨无所依的失业农民群。滔滔流亡潮掀起，陪伴又加大破坏生产关系，移动幅度增广，互为因果的结局，社会存立基础终发生动摇。汉末—三国时代便已存有经验，呈现"兵难日起，州郡鼎沸，郊境之内，民不安业。捐弃居产，流亡藏窜，虽四关设禁，重加刑戮，犹不能禁"（《三国志》魏志司马朗传）情况。五胡乱华序幕揭开，永嘉元年（纪元 307 年）刘琨受命新任并州刺史，赴山西太原就职途中所目睹，记述时尤其如下之句："臣自涉州疆，目睹困乏，流移四散，十不存二。携老扶弱，不绝于路。及其在者，鬻卖妻子，生相捐弃。死亡委危，白骨积野。哀呼之声，感伤和气。"（《晋书》刘琨传）较汉末更为严重的人口问题与流民问题，从而发生。

离家背井，情绪原已抑郁沉重的流民群，当忙于内战的晋朝支配阶层对之漠不关心，抑或处置方法上失当时，复杂的心情已易转化为愤怒。而移动到达地突形增加如许众多的流民，与土著间感情以及现实的粮食供应来源，又都会随时制造纠纷。饥饿、压迫、歧视、仇恨诸因素交织，社会问题的死结愈缠愈紧，流亡潮惟一的出路只有化为群盗，或与移住地土著不良分子共同扰乱治安，于是暴动如火如荼展开。《晋书》逆盗传所记载，便多数明言与永嘉或永嘉以前流民有关，而诸传记主人如王弥、张昌、王如、杜弢等，又都便是流民大众的指导者。

特堪注意，流浪农民集体移动目的地，立于战火之外被划为异民族移住地的区域也被列为理想。此一风气，而且早自汉末动乱期已形成，乌桓、鲜卑的壮大与加速汉化，关系于巨大汉族流民力量投入，乃史学界所共知。晋朝大乱，流民与异民族合流现象愈益加大，汉化了的异民族指导者非只受汉族叛乱鼓励，蠢蠢欲动，抑且便因投奔汉人教唆而卷入叛乱涡漩。流人—群盗—

异民族三位一体，便是中国历史写下最惨痛一页"五胡乱华"的成因。十六国先后出现，大体同一模型。刘渊以"远人归附者数万"而开创独立局面，李特、李雄父子尤其自身便是典型流民。

惟其如此，退向江南的东晋政权固须重视南渡流民问题，北方五胡诸国同样都以安置流民为事业起点，其支配地位的稳固抑失坠，流民问题处置是否适当已是最关重要的关键。石勒以奴隶身份在饥饿暴动中崛起，他的强大赵国便建立于与流民良好关系上。石氏灭亡，又因后继者损毁此一基础，如石虎时代的"百姓失业，十室而七"。而石氏政权流人都督苻洪、苻健父子，又因得遣还关东的秦、雍流民拥护，把握建设秦国的机运。

辽河流域慕容廆势力伸张，原因并不例外，《晋书》慕容廆、慕容皝载记明载："（永嘉初）连岁寇掠，百姓失业，流亡归附者日月相继。……建武初，元帝承制拜廆假节、散骑常侍、都督辽左杂夷流人诸军事……流人之多旧土，十倍有余……南摧强赵，东灭句丽，开境三千，户增十万。""流人"字样如同苻洪，被列入东晋所给付官衔已堪注目，流民之为燕国事业基础也可完全明了。

河西的张氏汉人割据政权也是，《晋书》张轨传记载，洛阳沦亡，长安尚存期间，"中州避难来者，日月相继，（轨）分武威置武兴郡以居之"，与慕容廆新置冀国等四郡的情况，正复相同。

兵祸中流亡潮，从预定目的地的选择与行动相一致，了解其移动并非盲目。如此有组织的流民播离，也自汉末已开其端。原籍临淮郡的吴国名臣鲁肃，于淮南陷入离乱时，率族放弃故乡渡江南下，依《三国志》吴志鲁肃传注引《吴书》记载："使细弱在前，强壮在后，男女三百余人行。州追骑至，肃等徐行，勒兵持满。"正是武装庇护流民群移动的一例。

晋朝永嘉前后，北方社会秩序混乱，得乡党拥戴的地方豪族或"坞主"，一方面结集农民自卫，一方面也表现为他乡移来流民的保护者，野心家且于此机缘中积极招徕。因此，规模较大的坞壁、坞垒中，往往聚有数千流民避难，并予流民武装化，组织军队。

　　与"坞主"意义相似，则流亡行动展开时的领导者"行主"，所谓居称坞主，行称行主，原属二而一的人物。此类流民集团领袖均以组织能力强、才识手腕高人一等被推戴，凡关于目的地的选定，流浪途中的纪律，同伴间伤亡疾病与其他互助救济事业，都须面面兼顾。有名的例子，便是四世纪前半祖逖，他于永嘉丧乱之际，率领亲党数百家自故乡河北省北部范阳郡避难淮、泗，抵达泗口（今安徽省五河县西北，泗水、淮水合流地方），再渡江向京口（今江苏省镇江市）移动。另一个有名的例子，又是同时期自山东省向南移动，由郗鉴指导的数万人大集团，东晋政府成立后接连王敦、苏峻两次反叛，郗鉴集团都曾站在政府立场，对镇压反叛尽大力。被消灭的逆臣苏峻也相同，《晋书》说明他由坞主而为行主的经过："峻少为书生，有才学……永嘉之乱，百姓流亡，所在屯聚，峻纠合得数千家，结垒于本县……远近感其恩义，推峻为主。……率其所部数百家泛海南渡。既到广陵，朝廷嘉其远至，转鹰扬将军。"

　　由各支行主共同形成的流亡潮整体移动方向与途径，汉末以来都以关中与中原为祸乱导源地，流浪的最早出发点因此也便是关中与中原，而其理想中和平安全地带则分向南、北，并随战火的蔓延，主方向再逐步向南推移——

　　（一）以长安为中心的关中地区人民，流播最近系西边的毗连地区凉州（甘肃），或南向汉水上游的汉中地区，如"关西民从子午谷奔之者数万家"之例（《三国志》魏志张鲁传）。

沿汉水继续南下，汉水、长江合流点的荆州或今日湖北省，一时形成流亡潮立足中心，所谓"（关中）人民流入荆州者十万余家"（《三国志》魏志卫觊传）。

今日四川省或当时益州，又是流民向往的避难安乐地，"南阳、三辅民数万户流入益州"（《后汉书》刘焉传）便是说明。

（二）中原人放弃河南平野故乡流亡，主方向乃是幽州或今日以北京市为中心的河北省北部，所谓"青、徐士庶避黄巾之难，归虞（幽州）者百余万口"（《后汉书》刘虞传）。再顺此方向继续流向公孙氏支配下的平州（辽宁、吉林与朝鲜半岛）。

（三）徐州彭城一带或今日山东、江苏接界地区，又是流民集合重心。史料中"是时徐方百姓殷盛，谷实甚丰，流民多归之"（《后汉书》陶谦传），以及曹操大攻伐时"凡杀男女数十万人"，都堪指示。

再继续向南移动，出路已是长江下游扬州，当时依长江转折方位而称的江东、江左或江南。如记录中所称的"汉末大乱，徐方士民多避难扬土"（《三国志》吴志张昭传），以及"自庐江、九江、蕲春、广陵户十余万，皆东渡江，江西遂虚，合肥以南唯有皖城"（《三国志》吴志孙权传建安十八年条）的淮南流民大移动。三国分立中吴国建国江南，奠基于所收容多数流民。

四世纪初天灾、战乱再起的形势与汉末相仿佛，流浪之路仍以洛阳、长安为起程。陕西省方面越险道出四川省，或者沿汉水出湖北省，或者西向出甘肃省河西地方，或者又自山西省方面继续东向。河南省方面则出河北省，或者通过河北省北部再遥远转往辽东。出现在《晋书》中的记载，如"（关中）百姓相与入汉川者数万家。由是散在益梁"（李特载记），"（梁、益）流人在荆州者十余万户"（刘弘传），"河东、平阳、弘农、上党诸流人之在颍川、襄城、汝南、南阳、河南者数万家"（王弥传），"司隶部人奔于冀州二十万户"（刘聪载记）等，都是。

而当北方全域沦陷前后，中原各地流民被迫步步退缩到已成多数流民收容所的彭城地区，再须后退时，流亡潮最大一波于是展开，便是以彭城为中途站的指向淮南与长江下流域江南。移动波澜如何广阔，从《晋书》王导传所形容"洛京倾覆，中州士女避乱江左者十六七"，可以想象。东晋朝代以如上向南迁徙的流民潮主流支持而得成立与延续，其后南朝宋、齐、梁开国君主家族刘氏、萧氏祖先，都系于此大移动时代渡来，而其所由，又均彭城方面。

移向江南的流民幸能于新环境中获得安定。在于北方，则五胡十六国兴亡频频，流民浮动却百年间未曾停止，且其形态急速向强制性被动的暴力移动转变。兵祸严重损耗人力，在人口原已大量减少的时期，战争目的，因此非单纯要求土地，更要求人力资源的补充。换言之，转移敌方人口以充实自身地盘内兵源与经济基盘。所以一次战役结束，附着便是被掠夺人民全数移住的事实，对象也共同包含汉人与胡人。此一现象，汉末—三国已然，五胡时代尤甚。《晋书》中自五胡十六国前期汉国刘聪驱掠长安士女八万余还平阳，攻陷三渚并二万余户迁平阳，以至后期北凉沮渠蒙逊袭南凉，徙其众八千余户而归，夏国赫连勃勃袭南凉，驱掠二万七千口而还等记录，不绝于有关传记。此其一。其二，基于政治或经济政策需要，自身土地上人民又往往被移住指定的新地区，被移住同样互及汉族人民与包含支配者自族的胡人，也同样自三国时代已开其端。如此附着了强制力的人民移动，须在南北朝均衡局面中，逐渐由缓和而至中国回复统一期始终止。

惟其如此，二世纪末迄于六世纪末的全盘过程，可谓民族大移动时代，无论汉人或进入汉族中国的所有胡人，全被投入此一铸炼洪炉，地区相互间流动率之高，时间之久，人数之众，流动幅度之广，都属空前。四百年彻底性汉—胡混血与东、南、西、北各个方位人民重新编组的结果，便是续写更辉煌中国历史之页的新汉族诞生。而黎明前黑暗的煎熬，正便是过程中人口所以减少，以及统计上发生困难的原因。统计中人口所以锐减，死亡之外的最大原因，又便直接导源于人民流亡问题。

流亡问题关系户口统计数字减少的深刻印象之一，流民被战火追迫愈走愈远，至辽河两岸也非干净土时，便只有继续越过鸭绿江，进入朝鲜半岛汉朝以至晋朝的乐浪郡与带方郡境内。迨五胡乱华扮演配角，以鸭绿江北岸为据点的高句丽四世纪时强大到并灭半岛上汉族郡县，五世纪又占领辽河以东地域之际，所居住汉族人民便都须自汉族中国户籍隐灭。此一鸭绿江内外的广大地区，正与魏、晋"平州"全领域相当，《晋书》地理志记载平州领有五郡、二十六县、一万八千一百户。抑且，汉末以来历次混乱期，北方或南方汉人又曾一波波从海上渡往朝鲜半岛抑且日本列岛，此于中国史料虽无说明，韩国、日本史料都明示不在少数。类似的情况，如《宋书》荆、雍州蛮传所记录："宋民赋役严苦，贫者不复堪命，多逃亡入蛮。蛮无徭役，强者又不供官税。"外流的人口，无论到达外国或逃避蛮民间，其自汉族中国户籍统计中划出，自为当然。

之二，战争—流亡—编户减少间的连锁关系，影响国家财政收支与人力征调，于是杀鸡取卵式加重编户税负与劳役。而苛税与剧役双重压力，又再迫令家破人亡而倒反形成编户损失的原因。互为因果循环，户籍上人口数字便只会继续减少，无从期望其回复增加。现实问题之一，无能力生儿育女，《三国志》"其生子无以相活，率皆不举"（魏志郑浑传），《晋书》"生儿不复举养，鳏寡不敢妻娶"（范宁传）等，均能指示动乱期人口生育率必然急降的趋向。

之三，便是流民生活穷迫，走投无路时的没入大土地所有者为奴隶，或者，被吸收投向豪族庇护之下为佃农。"豪族多挟藏户口"的记载不绝于史书，而豪族领户愈益增多的相对，国家户籍中的编户自愈减少。

之四，乡里制社会基层组织崩坏，陪伴出现的变态的"或百室合户，或千丁共籍"（《晋书》慕容德载记），以及"民多隐冒，五十、三十家方为一户"（《魏书》李冲传）之类，人口自国家户籍表面脱漏的现象，与豪族挟藏户口相互表里，共同构成严重的户籍紊乱两大因素。《梁书》贺琛传所谓"百姓不能堪命，各事流移。或依于大姓，或聚于屯封"，正是综合说明。"搜括户口"因此为每个"国家"或朝代所共同重视。但在无休止战争与流亡潮或政治移民现象未停歇期间，成绩从未稳定，隐漏调查既得效果往往迅速被冲毁。也惟其如此而搜括—逃漏的持续，一直到南北朝后期仍然。

之五，自五胡乱华时代到南北朝，宗教发达为社会上、下层共通信仰。寺院僧尼团体发达而为足与世族相等的有力财团姿态出现。"普度众生"教义与免向国家纳税服役的权利，吸引惊人多数的平民庇护到寺院中。《南史》循吏传载郭祖深上书梁武帝之言："都下佛寺五百余所，穷极宏丽。僧尼十余万，资产丰沃。所在郡县，不可胜言。道人又有白徒，尼则皆蓄养女，皆不贯人籍，天下户口几亡其半。"《魏书》释老志也记述："愚民侥幸，假称入道，以避输课"，以及"所在编民相与入道，假慕沙门，实避调役"。寺院成为人民遁逃薮与隐匿人口漏洞之大，南北朝情况相同。

之六，关系到兵役制度。汉末广阔的流亡潮随战争并起，依户籍征兵已不可能，以后人户移动愈形混乱，且在各种形式下藏匿，征发愈感困难。而战争未停息期间，兵员的随大量消耗而须补充为必然。所以，先则强迫拉夫，如《三国志》的悲惨写实："（袁谭）别使两将募兵下县，有赂者见免，无者见取，贫弱者多。乃至于窜伏丘野之中，放兵捕索，如猎鸟兽。"（魏志袁绍传注引《九州春秋》）继而便有三世纪三国分立时代"军户"或"兵家"制度的成立，兵与其家属另录兵籍，与民籍隔离，平时与民同样耕种，战时专备出征。抑且，兵籍世代相继，父死子承，兄亡弟继，不能转入民籍，社会地位也较一般平民或民户为贱，仅稍高于奴隶。所以魏国法律，明定军户子女禁与官吏通婚，兵而逃亡，家属没入官家为奴隶。蜀、吴也相同，两国灭亡时的民、兵统计分录便是。而军户的另立，又必然减少民户。

另一名词称之"世兵"的军户，成立来源的多数系亡失生业者流民，以及与之成分相同的敌军投降者或俘虏，为可明了，而其补充仍然还是流民与逃亡者。《晋书》记载四世纪东晋时代"隐实户口，料出无名万余人，以充军实"（庾冰传），以及"海陵县界地名青蒲，四面湖泽，皆是菰葑，逃亡所聚，威令不能及。璩建议率千人讨之。时大旱，璩因放火，菰葑尽然，亡户窘迫，悉出诣璩自首，近有万户，皆以补兵"（毛璩传）。逃户补兵数字可达如此之多，户籍上人口逃漏的程度也堪想象。

便在东晋与五胡十六国对立期间，北方军户制度固在混乱局面中解体，东晋军户同样以系由逃户补充不可恃而萎缩。战争时兵源的开拓，东晋政府最初系征发豪族私有的奴兵，史料有"元帝南渡，调兵不出三吴，大发不过三万。每议出讨，多取奴兵"（《文献通考》兵制）的说明。其后，自良民中招募不退役的职业兵为主，四世纪中有名的桓温北伐中原，依赖便是与军户有别的募兵。淝水之战建立大功，由谢玄统率而原负保卫首都建康重任，以京口（今江苏省镇江）为据点的北府兵，也是募兵组合。取代东晋的宋朝开国皇帝刘裕，其职业军人出身，最早便隶属谢玄诸将领之一而其后成为北府兵团实权人物的刘牢之。以后桓温遗留以江陵为根据地的西府兵团统帅桓玄消灭刘牢之，北府军人又在刘裕团结领导下推翻桓玄，五世纪初刘裕并合长江中、下游两大强力募兵集团，乃成为他转换朝代的武力资本。

而此赫赫有名的东晋北府兵团，其前身或招募的原始构成体，堪注意仍是流民。详言之，便是《晋书》中与温峤合录同一卷的郗鉴，于四世纪初率领自山东省撤退到南方，支持政府扑灭王敦、苏峻两次叛变的移民集团。由此一庞大流民群为基盘的募兵部队，先是驻防长江北岸广陵（今江苏省江都县或扬州），继则渡长江移驻南岸，并建设京口，开创京口军团的最早原型。此一位至太尉的东晋初期大臣郗鉴，去世前上书荐举继任人之所言："臣所统错杂，率多北人，或逼迁徙，或是新附……太常臣谟、平简贞正，素望所归，谓可以为都督、徐州刺史。臣亡兄息晋陵内史迈，谦爱养士，甚为流亡所宗，堪任兖州刺史。"京口军团或北府兵的性质可知。

南朝诸朝代建立，渐渐已成无用之物的军户，终以政府累次发布解放军户命令，而从制度上被淘汰。梁武帝诏令"兵、驺、奴婢"并列，世兵分解的方向铸定。国防与战争，任务担当者便统一为平时的募兵，以及战时的征发平民。此类方式，与同时期对立的北朝正相合流。到北朝府兵制而经隋、唐统一时代修正，中国兵役制度回复完整，四百年前汉朝兵役普遍化与兵农合一的原则重建。

历史上著名的府兵制，性质上可区分之为前、后期，北朝创制期为前期，唐朝则后期。汉朝以来兵役史上征兵—募兵—征兵的完成回复，以及摆脱北方特殊色彩而发展为中国全域性，固然都系后期之事，但后期府兵制的基盘仍在前期，乃由前期府兵制演进而成。前后期相互关系，正如同经济史的均田制。兵役义务的平等精神，也便自前期北周府兵制而建立。北周府兵制创建时间在西魏时代的大统十六年（纪元550年），较政治上周礼官制改革运动展开早过六年，以视均田制实行，则须迟六十多年。府兵制建议人苏绰对此兵役制度的设计，无愧一大杰作，采用原鲜卑部落遗制外貌而内涵汉人的强大组织力与战斗力。依北魏"八国""八部"大人编组原则，以全国分划一百兵役单位的"百府"，分别由代表八部落遗意的八柱国统辖，征选汉人农民的强健者，每六家选一人，与北族共同充当府兵，免除租税与力役，接受训练专任战斗。第十二年或已进入北周时代的纪元五六一年，"改八丁兵为十二丁兵，率岁一月役"。府兵自此每年由八梯次改为十二梯次调训。再十二年，依《隋书》食货志的说明，北周武帝建德二年（纪元573年）又制定"改军士为侍官，募百姓充之，除其县籍，是后夏人（汉人）半为兵矣"。所以，虽然北周府兵来源仍滞留募兵阶段，而且兵、农判然区分，但私兵转变为国家部队，兵役平等与神圣观念建立，以及军人身份的抬高，自二世纪末堕入变态的混乱期以来，六世纪中，都已在北方最早回复正常，较之南朝，进步又是超越性的。抑且，严密的兵役制度，基盘立于完整的户籍，二至六世纪间多角化广泛关系社会、政治、经济、军事等各方面的人口流动问题，也必然自北周首先结束，为可断言。

于此，可以归纳到五胡乱华以来，史料中留存官方户籍资料所以不完备的原因。极端混乱与人口流动率偏高期间固可谓调查不易。但在较安定的地区与时代，如东晋、北魏也无户口统计遗留，而三长制实行的必须以户籍整备为前提又系众所了解，则可以相信，问题已不在调查困难与否，而为另有原因。此一原因，应系调查所得资料已于反复战争中损失。隋朝初年发起官方图书征求运动的牛弘说明中国书籍所遭五次厄运：秦始皇焚书是一厄，王莽覆亡期是一厄，董卓敲起汉朝丧钟是一厄，永嘉之乱是一厄，梁元帝江陵之难又是一厄。五厄中后三厄不幸连续发生于二至六世纪，特别第五次劫难，南方梁朝以"侯景之乱"而政府撤退到长江中游的江陵，官藏图书随同迁移，而北方西魏大攻击来临，江陵临时国都竟于敌军到达前，自行演出十四万卷珍贵图书尽付一炬的悲剧。南方诸朝代户籍的大部分残缺，可能便基于此一层原因。北朝情况相同，《魏书》地形志也有"永安末年（尔朱荣之乱），胡贼入洛，官司文簿，散弃者多。往时编户，全无追访"的明白说明。

然而，片断的户口记录残存，如附表所见，仍然值得重视。其一，南方陈朝至隋开皇九年（纪元589年）灭亡时六十万户的数字，与纪元二八〇年三国吴国灭亡时户口相较，三百年来几乎无何增长。而北朝北魏盛时户口多过晋朝统一时代一倍,即使分裂期北齐的 2000 万人口,仍然超过晋朝全盛期的 1600 万人。南、北两组统计数字对照,至少可以显示南、北方各别对户籍整理的成绩,以及所附着的努力态度,此其一。其二,从南北朝现存最后户口统计年代之后约三十年的隋朝户口数字显示,特别关于户数的多过南、北合计一倍有余,又可以明了,至少在于南北朝时代的南方,户口隐匿与逃漏仍为如何严重,其彻底整理,必须待到中国回复统一以后。

| | | |
|---|---|---|
| 南方 | 东晋 | 缺 |
| | 宋 | 户 906870<br>口 4685501(《宋书》州郡志,孝武帝大明八年,纪元 464 年统计) |
| | 齐 | 缺 |
| | 梁 | 缺 |
| | 陈 | 户约 600000(《隋书》地理志) |
| 北方 | 五胡时代 | 1. 纪元 319 年,石勒以河北二十四郡,户 29 万,建赵国(《晋书》石勒载记)<br>2. 纪元 370 年,前秦灭前燕,阅其名籍,凡郡 157,县 1579,户 2458969,口 9987935(《晋书》苻坚载记)<br>余缺 |
| | 魏 | 不完整,《魏书》地形志:"正光(纪元 520—524 年)已前,时惟全盛,户口之数,比夫晋之太康(纪元 280 年平吴统一中国),倍而已矣。孝昌(纪元 525—527 年)之际,乱离尤甚,于是生民耗减,且将大半。" |
| | (分裂) 北齐 | 户 3302528<br>口 20006686(《周书》武帝纪,纪元 577 年周灭齐统计) |
| | 北周 | 缺 |
| 统一南北后隋炀帝大业五年(纪元 609 年)调查:户 8907546,口 46019956(《隋书》地理志) | | |

## 江南·南方开发与地方行政体系推移

中国四百年分裂与混乱中人民的播迁流徙，诚为历史悲剧，但分裂与流播导引享誉文化史的六朝文化，以及以之为发达背景的江南开发，却相对也铸定为划期性历史贡献。现代中国文化最盛与产业最富庶地区的最早形态，便直接于此期间导源。

所谓"江南"，如依自然地理与自然条件统一性的观点，应以长江下流域三角洲为范畴。但从中国文化史而言，江南须指广大的南方地域，而且，依于时代推移，并无一定的范围限定。大体所指，乃以长江三角洲为基点，包含了今日浙江省北半部，以及安徽省的南部在内。约略与汉朝十三州中"扬州"东半部相当。

中国文明之光，以今日河南省为中心而四射，纪元前八世纪以后春秋战国时代，已自北方向南广幅度扩散，汉水下游与长江中流域的楚，长江三角洲的吴，浙江绍兴方面的越，都坚实扎根。简言之，湖广与江浙昂然登入了文明世界。尚在最初形成阶段的汉族，也自黄河流域而其范畴扩大及于南方，但一个长时期内，北方汉族向南方移住的趋向尚不积极。历史时代以前便已在当地的主要人种，乃是苗族与越族。

秦—汉政治大统一实现，江南以及一直推展到南海的广大南方土地都被纳入中国行政组织，也陪伴秦始皇、汉武帝两代南方大征伐与驱逐异族先住民，而敞开汉族向泛南方移殖的康庄大道。

自从汉族或前期汉族诸种族足迹到达南方开始，已有有关南方地理、民情的文字记录，供今日历史界依此二千年前复原图，而对古代南方或江南地方获得具体认识。司马迁亲身经历江南，以所目睹记入其巨著《史记》货殖列传时，有"江南卑湿"与"楚越之地，地广人稀，饭稻羹鱼，或火耕而水耨，果隋蠃蛤，不待贾而足，地势饶食，无饥馑之患。以故呰窳偷生，无积聚而多贫。是故江、淮以南，无冻饿之人，亦无千金之家"的风土写实，被历史界珍视。

《史记》以前，《尚书》禹贡篇与《周礼》同系最早述及南方范畴特具价值的文献。《禹贡》说明江南扬州"田下下，赋下上"，长江中流域荆州"田下中，赋上下"，地味分别在九州中被列最低与倒第二，代表生产力的赋税，扬州却已居第七位，荆州尤达第三位高位。《周礼》夏官职方氏又明言扬、荆两州"其谷宜稻"。两书著作年代，曾在学术界引起长期论争，今日则已能肯定，如篇名或书名指为大禹（传说中纪元前2200年左右的人物）与周公（纪元前十二世纪末）所著固不可信，但《禹贡》于纪元前六至前五世纪之交春秋时代完成，《周礼》又系纪元前三世纪战国时代著作，大体可谓正确。则年代与原始汉族的南方眼界开阔，正相配当。

亘十《禹贡》—《周礼》—《史记》所记述的时代，可得如下明晰印象：

第一，中国区分"南""北"，历史上大体均沿淮水、汉水一线为标志。以农业而言，便是麦作地带与米作地带之分，而此一分界线，早随历史时代开始便已存在。《周礼》九州农产品说明，对扬、荆两州仅言稻，青州（淮、泗一带）稻、麦并重，黄河流域的豫、青、兖、幽、雍、冀六州则黍、稷等种类。换言之，与黄河流域以粟、黍、麦为主的旱田农业相对，江南农业见之于历史记录，自始便以适应南方沼泽地特征，亦即司马迁所说明"江南卑湿"地理条件而展开的水稻栽培为主的水田农业。江南水稻作起源之早为可了解。

第二，湖北省江陵—武汉地区荆州，当纪元前五世纪与其以前，富力已在九州中仅次于黄河大平原冀、豫两州而居第三位，正说明春秋战国之际，楚国因何雄视中国，以及发展到足以对抗北方的原因。低度开发的扬州或吴、越经济地位较低，但也较汉中地区（梁州）与山东省（兖州）都高。长江流域不可忽视的经济潜力已最早显示。只因水田经营方式与中原有异，而其时对地力的认识尚嫌不足。

第三，司马迁记载"火耕水耨"的农法，便是放火烧清田间野草而播种，待发芽的稻秧成长至七八寸时，芟除同时出现的杂草，并灌水入田，草死而苗无损。此类不经过植秧、分插程序的直播法，尚系原始性低农业技术，以及南方农业的后进征象。

古代南方沼泽、米作地带低度开发现象与低生活水平，至汉朝而大幅进步。官方的汉族居民户籍统计可指示此一事实，特别当后汉时代。《汉书》地理志平帝元始二年（纪元2年）与《后汉书》郡国志顺帝永和五年（纪元140年）记录，汉朝十三州中代表南方的益、荆、扬、交四州人口，于全国人口总数比例上，前汉占20%（5960万人中的1270万），后汉则33%（4910万人中的1820万），两次统计的一百四十年间隔期间，增长13%，此其一。其二，南方超过一百万人的大郡，前汉仅南阳（荆）、蜀郡（益）、会稽（扬）三郡，后汉已滋长为南阳、零陵、长沙（以上荆州）、巴郡、蜀郡、永昌（以上益州）、豫章（扬州）七郡。其三，后汉郡县增减与人口增减相对应，西北渭水流域以及北方其余地区，颇多前汉郡县已被撤废，相对方面，南方新郡县多在后汉时代设置。会稽郡即系顺帝永建四年（纪元129年）分割，新设的吴郡在旧会稽郡治今江苏省吴县或苏州，会稽郡治转移至今浙江绍兴。

然而，汉朝的南方成长形势，从前述七大郡可知，主要发展都在中原边缘的淮南长江中、上流域。今日江浙两省心脏地带江南的开发，仍然缓慢。分割后吴郡（70万人）、会稽郡（48万人）合计，超过前汉会稽郡（103万人）未满二十万人，指示的毋宁只是自然繁殖成果，而无加添移民力量的迹象。

黄河流域中国文明加速传播江南，以及江南地方形成与黄河流域对等的经济、文化中心地，乃是三世纪三国时代以后之事。后汉崩坏期间，北方豪族与流民，抑且同属扬州政治地理的淮南，或同系南方范围的荆州人士，基于求取安住与发展理由而移动，目标指向新兴以土著势力为中核而茁壮的吴国建国地江南沃土落脚，与早期到达江南的汉族土著协力，江南地方产业乃得向北方先进地域水准，迎头赶上。《三国志》吴志除建国者孙氏家族外，收录传记共五十七篇，诸传记主人的籍贯统计，今日江南或当时所谓江东的三郡中，吴郡十三人，其姊妹郡会稽郡八人，国都建业所在地丹阳郡一人，扬州其余诸郡六人，荆、交、益州四人，北方诸州廿五人。江南建国，如何得力于南、北方人士共同携手为可知。江南急速开发，也以此时期的加大吸引外来移民为起步。

汉末以来政局演变到三国鼎立，对中国的统一性固系反动，而相反方面，从集中北方的中国势力分散意义，汉族势力与文化，却也因此得分三个中心与三个方向各别坚实发展。魏国向朝鲜半岛与日本海方面推进的东方事业，蜀汉自长江上流域与吴国自江南的发展方向，同样对汉族中国领土内非汉族诸种族的开化具有重大贡献。所以，三国时代政治上呈现分裂，对落后地区的经济、文化开发而言，则是具有积极意义的汉族势力膨胀时代。

　　诸葛亮《出师表》名言"五月渡泸，深入不毛"，以及流传广远的七擒七纵，德服南蛮王孟获民间故事，所代表便是蜀汉南向泸水地区，对云南、贵州方面征服与开拓成功史实。中国西南内地，今日以四川、西康、云南为中心，西向出缅甸可通印度，东向则贵州省与广西的广大地域，所居住异民族，包含藏、泰等诸种族，司马迁《史记》给以"西南夷"此一概括的名词。三国蜀汉事业，便踏袭以及加大汉朝的西南夷开化轨迹。关于诸葛亮南征（后主建兴三年，纪元225年）开化云南省，《三国志》蜀志诸葛亮传本文与注引《汉晋春秋》补充记事，以及常璩《华阳国志》，都是了解其伟大业绩的重要资料。蜀汉在三国分立形势中领土为最小，仅得汉朝十三部中的益州全境（十二郡国）与凉州一郡，结局在相同面积土地上增加到二十二郡，以及《三国志》蜀志记载追随诸葛亮诸拓殖英雄马忠、张嶷等，继承诸葛亮遗志加诸夷人的恩泽与得夷人拥戴的描写，可了解三世纪蜀汉的开发效果。

　　与蜀汉齐头并进，三国吴国的路线与对象，则浙江、福建、广东方面，秦、汉时代的南越或百越，以及湖广南蛮。如上种族大体与西南夷同一文明来源，开始接触汉族文明之光较西南夷略早，但开拓与发展的加速，却仍须至吴国时代。吴国占有汉朝十三部中扬州六郡与荆州七郡的绝大部分（仅安徽省北部扬州九江郡与河南省南部荆州南阳郡属魏国），以及汉朝交州的全部。自孙权立国，郡数增加至三十一，国势隆盛与发达的迅速，又超过了蜀汉。

吴国南方开发本格化，重心置诸先住民"山越"方面。早期文献中并无有关"山越"情事的说明，大体便是"百越"系统的一支，而以住居山中为特征，而后汉末年才有"山民"与"丹阳山越贼"之语，出现于记录，《三国志》吴志诸葛恪传记载："丹阳地势险阻，与吴郡、会稽、新都、鄱阳四郡邻接，周旋数千里，山谷万重，其幽邃民人，未尝入城邑，对长吏，皆仗兵野逸，白首于林莽。逋亡宿恶、咸共逃窜。山出铜铁，自铸甲兵。俗好武习战，高尚气力，其升山赴险，抵突丛棘，若鱼之走渊，猿狖之腾木也。"可了解山越生活情况，以及他们由一度隔绝深山而至寇掠平地，为汉族所知，实际便因汉末混乱期，汉族流民逃亡入山与之勾结的结果。经诸葛恪传介绍，又明了山越分布地域的广泛，自江苏省、安徽省、江西省，通过浙江省全境至福建省，都有其踪迹。丹阳郡南部（今日安徽省南境与浙江省钱塘江以西）山地尤其人数最多与势力最盛。吴国建国大事业展开，山越问题的解决，自始便是前提性课题。《三国志》吴志周瑜传叙述："（孙）策曰：吾以此众取吴、会，平山越。"以迄孙权时代，名将贺齐、全琮、诸葛恪等前后辛勤经营，约半个世纪间，占有南方山地的如上强悍土人才完全平定，而史料中有关山越的记载结束。同时，山越问题解决，恰当说来，也是山越完成汉化的意味。吴国强劲军队兵员一部分，其时已以山越补充，如诸葛亮之侄吴国风云人物诸葛恪早年受命任丹阳太守前拟定的计划："出之三年，可得甲士四万。"此一事实，便必须立于山越相继汉化的基础。山越另一名词"山民"的被承认与汉人同等为"民"，也说明同一事实。惟其山越汉化，南方新郡县乃得不断建置，今日福建省最早由县升格为郡，便自吴国于纪元二六〇年以会稽郡南部分置建安郡。

吴国南方拓殖势力继续推展，标的已是粤江流域与红河流域的南越之地。此一地区，于汉朝十三部或十三州中称"交州"，但与汉式统治并存，独立于郡县制度之外的南越酋长领有土地仍多，实质开拓仍待三国时代吴国。于此，前导者士燮的业绩不容漠视。士燮以广西地方（苍梧郡）汉族移民后裔而"少游学京师"，返回交州后，汉朝末年仕至今日越南河内地区的交阯郡太守，把握全国性动乱与中央权力失坠的机缘，以两弟分任日南郡（今越南中部）太守与南海郡（今广东省广州）太守，在中国极南地区建立稳固的半独立政权，如《三国志》吴志士燮传所指出："兄弟并为列郡，雄长一州。"《三国志》著者非只推崇士燮"体器宽厚，谦虚下士，中国士人往依避难者以百数"，也引述汉末群雄割据局面中时人之言："大乱之中，保全一郡，二十余年疆场无事，民不失业。羁旅之徒，皆蒙其庆。虽窦融保河西，曷以加之？"交州如何得士燮领导而发展为和平康乐之土可知。此汉朝十三州中惟一未沦为战场的交州割据者，最先系与荆州刘表携手，以后从名义上服从孙权吴国。如同北方辽东公孙氏与魏国的关系。黄武五年（纪元226年）士燮年九十岁死时，在交阯已四十多年。便在同一年，吴国势力随士燮之死而介入交州，先分割交州东部建置广州（治所南海郡）为前进大本营，将军吕岱大军继即接收士氏家族支配权。又便在同一年，广州撤消建置回复并入交州，两广、越南直接受吴国强力支配。士氏被消灭，乃是半个世纪前，汉末群雄割据局面形成以来，最后结束的两支半独立势力之一，待稍后辽东公孙氏也被魏国消灭，三国各别的完全支配才名副其实。

士氏并灭后三十多年，魏—晋交代的前一年（纪元264年），交、广两州乃由吴国确定分立，交州领有越南中北部、广东省西部与海南岛（孙权时代，海南岛复置珠崖郡）；广州领有广东省其余大部分与广西。汉朝大交州七郡，至此阶段，已发展为交州八郡（内汉朝旧有四郡），治所续在交阯郡；广州七郡（内汉朝旧有三郡），治所便是南海郡。但繁荣发达的第一大都会仍是交阯郡。

|  | 交阯郡 |  | 苍梧郡 |  | 南海郡 |  |
| --- | --- | --- | --- | --- | --- | --- |
| 前汉 | 746237人 | 10县 | 146160人 | 10县 | 94253人 | 6县 |
| 后汉 | 缺 | 12县 | 466975人 | 11县 | 250282人 | 7县 |
| 吴国 | 无记录 | 14县 | 无记录 | 11县 | 无记录 | 6县 |

注：人口统计以纳税有户籍者为对象，换言之，限于汉人，当地的非汉族不计。

吴国吕岱的士氏讨灭与西南经略，余势愈向南伸，推展中国声威远播中南半岛南部与南海。中国对南方的海上发展，汉朝海上通商与海外贸易无疑是第一步。吴国又在汉朝的事业基础上加大开拓步伐。吕岱自纪元220年迄于黄龙三年（纪元231年）驻节南方的方面统帅任期中，累以贸易需要而连续派出远征队、探险队，其接受派遣的部下朱应与康泰，"南宣国化"到达目的地，已是今日高棉的当时扶南，以及今日越南南部的林邑。朱应、康泰滞在扶南与林邑活动期间，所得附近诸国与海洋各国、各岛传闻，以及由种种情报而吸收的新知识范围，及于一百数十国之数。待两人归国，都以之笔录为报告。康泰著《扶南记》与《吴时外国传》(两书被疑即同一书的异称)，对三世纪南洋各国风土民俗的了解，特具价值，遗憾是原书于后世散失，只佚文断片被《水经注》等引用。正史之一《梁书》海南诸国传，亦即以康泰之书为编纂蓝本，而得保存原书部分内容迄今。朱应著《扶南异物志》，后世也因引用文始得知其书。另两本吴国时代著作，万震《南州异物志》与沈莹《临海水土志》，同样代表了吴国努力东南海上事业倾向的成果说明。

吴国海上发展而影响久远的大事，又是中国一大地理发见的台湾最早印上汉族足迹。《三国志》吴书孙权传黄龙二年（纪元230年）条："春正月，遣将军卫温、诸葛直将甲士万人，浮海求夷洲与亶洲。……（亶洲）所在绝远，卒不可得至，但得夷洲数千人还。"亶洲系今日何地固不容易臆测，夷洲的考定便是台湾，今日学术界已无异论。继海南岛之后，今日中国领土内的两大海岛，一千七百年前便已相继决定其归属。

所以，三世纪吴国当三国分三个方向开拓中国北、西、南，铸定最早的定向性南方开发形势时，其着眼是全面的。申言之，以江南新开的经济力量为事业盘基，而泛南方广大面的产业，以及南海诸国交通所蓄积富力为支援。长江中游吴国新设立的武昌郡被选择为第二国都，可以说明此一事实。

吴国领域中核江南或江东三郡（吴、会稽、丹阳）的自吴国起步而深度开发，为堪注意。当四世纪初中原鼎沸，躲避战乱寻求安定和平之境的北方汉族，相继追随指导者"行主"逃离故乡与移住江南以来，江南地方经济的、文化的进步，乃得于东晋—南朝踏袭吴国轨迹的两百多年间，再度飞跃加大，于江南开发史上刻划明显标志。于此期间渡江流向江南的汉族，对早已定着南方的汉族而言，都是新来者。江南开发，却便因如此众多新来者的充沛力量增加，而掀开空前活泼的一页。

倾向的巨大转变，可自江南人口分布比例得知。晋朝灭亡吴国，中国获得短暂统一第一年（太康元年，纪元280年）的户口统计，被录入《晋书》地理志时，扬州户数尚次于荆州。一个多世纪之后，间隔东晋而至南朝第一个朝代宋朝，扬州户数便已超越荆州一倍多，尽管扬、荆两州的政治地位相等。尤堪重视，宋末大明八年（纪元464年）的调查，全国476万人口中，扬州已占约三分之一的145万，此其一。其二，扬州领域，也自纪元三世纪末晋朝分割今日江西省、福建省另建江州，而缩小为江苏省长江以南、安徽省南部与浙江全省，换言之，东晋—南朝时代的扬州，已与"江南"观念相吻合，扬州或江南合一为同义字。其三，扬州中的吴郡（今江苏省吴县或苏州）一郡，又独占42万人，接近全国人口十分之一，与人口密度仅次于扬州而占州级第二位的南徐州人口相等。如上统计，可能不代表真确性，但所指示倾向当可采信。宋末领土，大抵相当于三国时代吴、蜀两国之和，而全国人口约三分之一集中到江南，江南如何自东晋渡江以来急速发达，形成南方心脏地区，为可显见。

江南飞跃进步，直接关系北方渡来者大举向江南移动而开始其新生活时，携来众多的农业资料与优秀的农业技术、农具。江南气候温暖，地味肥沃，地理条件的适宜于农作，原已胜过北方，其时再因北方先进农业经验导入，向来的小范围水田农业形态转变为大规模经营，江南土地生产力于是急激向上。此一过程中，北来豪族们在晋朝以前原属地广人稀的江南，强制占有未开发的空闲地与山川陂泽，固系严重剥夺小农民生计。但他们所拥有雄厚财力对江南经济力跃进的密切关系，也不容漠视。大土地所有在东晋—南朝特殊发达，正是所有者豪族结合大宗族、亲党，以及佃客、奴隶、流民，投下充分资本与人力资源的努力成果。立于此一意义，豪族或其后身世族，无可否认仍具有莫大的历史贡献。

使大规模水田开发与急激增产成为可能的前提，治水灌溉事业也在东晋—南朝而跃入昂进时代。江南称之"陂"或"陂池"的灌溉用人工贮水池、人造湖与人工开凿的运河川渠，以及导渊集水，设立水门遮断或引入用水以资调节的方法，汉朝南方虽然已多采用，但突破性活泼发展，有系统整理湖川与开凿河塘，建设灌溉水利事业，都在南方独立时期。而大面积农田经营得以成功，稻米收获量适应水田开发面积增大的趋向，快速上升。只是，江南稻作自吴国通过东晋至南朝，如旧停留"火耕水耨"的质朴农法而无变化。江南水稻农田采用高深的插秧农法，稻作栽培脱离直播阶段，乃中国恢复统一后的唐朝之事。迨中国再一次大混乱而第十世纪建立的宋朝时代，江南低湿沼泽地带又广泛出现后世江南水田特征的围田与圩田。所以江南开发，自四至六世纪南方独立转折性发展以来，主要力量都依赖治水灌溉，或者说，水利、交通问题的解决。中国南北统一实现，隋炀帝连络中国南北的经济大动脉大运河完成，其自扬州跨渡长江的南方部分，便以南方政权诸朝代陆续开凿修建的各段运河连络而成。惟其如此，江南开发的历史，意义也等于一部水利灌溉事业史。

抑且，江南经三百年切离北方独立发展的结果，稻米丰收基础上创造了上层阶级独特的优雅文化。以建康（南京）为中心而开出崭新的六朝文化之花。历史上的中国政治、文化发生于黄河流域，早期也以之为惟一中心。春秋战国时代，楚国固已产生独立的南方政治、文化雏形，但壮大到足以对抗北方的新的文化中心自南方确定成立，则须待到六朝建设江南政府。便是说，已非楚国而系吴国，已非以长江中游为核心而转移到长江下游的江南。所以，江南中国文化的成熟，前后移殖、定着的汉族固共同尽其心力，而对北方急起直追，则系三国吴国，特别又是东晋以后之事。

四世纪以来南方经济、文化起飞，关系自北方转入东晋—南朝统治的移民数字益益增加，而对浩大的流民潮流处理，却也成为南方政府必须殚心熟虑安排的重大课题。四至六世纪南方特有的"侨州""侨郡""侨县"制度，乃追随此一需要而成立。此一流民政策适应流亡者各自团结，各各形成独立团体渡来的事实，至定着于政府指定的土地时，便以随同许可在借住州、郡、县内与土著人民隔离，继续给付故乡原州、郡、县之名，而名之侨州、郡、县。简言之，错杂南方原有州、郡、县中的假寓或侨置性质。如此方式的处置流寓人民，户籍与土著汉族有别，租税征收待遇也为轻，侨户—白籍（户籍簿册系纸质），旧户—黄籍（户籍簿册用木简），两相分途。

侨州、郡、县的普及长江南、北，其侨立原则固依渡来流民原籍，但同一籍贯流民往往分不同路线、不同时间逃亡，不同籍贯的流民又往往同时到达南方，所以彼此间关系至为混乱。既侨置京兆郡于襄阳（湖北省境），又有荥阳（河南省境）东京兆郡与汉中（陕西省南部）西京兆郡的侨立。相对方面，实土建制（南方固有的州、郡、县）中同一位置，又往往并立众多不同的侨州、郡、县，长江下游立于北岸锁钥地位与今日扬州的广陵，便同时有兖、青、幽三侨州与濮阳、高平、泰山（以上属兖州）、齐、齐岷、高密（以上属青州）、辽西、燕（以上属幽州）、沛（属徐州）等九侨郡的流寓。对岸京口或今日镇江，则寄居徐州与其所属下邳、东海两侨郡。后世史学界分析东晋地方制度，列举侨、实相互间关系为：1.实州侨郡，2.侨州实郡，3.实郡侨县，4.侨郡实县，5.侨州侨郡，6.侨郡侨县等六种，可见其复杂性。

五世纪初权力者刘裕北伐成功，以及转变东晋朝代为宋朝，北方收复了的故乡原州、郡一律加付"北"字，以与南方侨置诸州、郡区别。以后所收复北方国土再度丧失，已加"北"字诸州、郡也被移转南方侨置，于是原已侨置的同名州、郡又加"南"字，然后"北"字州郡再取消"北"字。统属混淆与变化之多，形成中国地方制度史最紊乱的时期。《宋书》州郡志序说明："地理参差，其详难举，实由名号骤易，境土屡分。或一郡一县，割成四五，四五之中，亟有离合。千回百改，巧历不算，寻校推求，未易精悉。"《南齐书》州郡志上南兖州条举其实例："济阴郡六县、下邳郡四县、淮阳郡三县、东莞郡四县，以散居无实土，官长无廨舍，寄止民村。"不无滑稽之感。

烦杂的行政组织，不但浪费，也制造甚多政治上困扰与隔阂。早在四世纪中，代表东晋革新力量的桓温北伐收复旧都洛阳，上疏政府还都洛阳的永和十二年（纪元356年）历史文献中，因此已断然主张"自永嘉之乱，播流江表者，请一切北徙，以实河南，资其旧业，反其土宇"。此一主张以南迁世族的反对而未被采纳，因之兴宁二年（纪元364年），桓温再有著名的"庚戌土断法"方案提出，企求从相对方面，整理与重建南方地方行政结构。便是说，迁就承认北归无日的事实，但为适应北方移民安居新天地已半个世纪，于新天地中生长的第二、三代后裔对故乡观念又已淡漠此一趋向，建议以侨郡、县合并入寄留地郡、县，侨民则脱离本籍而改编入寄留地郡、县的户籍，而撤消主（土著民）、侨（流寓人）间差别，统一租税负担。"土断"政策仍与世族权益不相符合，北方南移世族的大庄园，便都布列寄治南方的侨郡、县而非实土郡、县。所以此一政策虽然获准推行，却不彻底。也惟其如此，桓温理想的追随者刘裕，乃于安帝义熙九年（纪元413年）再度推行土断，效果仍然未如预期。齐武帝永明三年（纪元485年），且以此而激起北方籍人民武装叛变，"侨""土"问题的棘手可知。所以《南齐书》州郡志赞曰："郡国既建，因州而剖，离过十三，合不逾九。分城列邑，名号殷阜，迁徙叛逆，代亡代有。"正说明南朝地方制度所以难以整理，以及所以只能听任愈区划愈细与愈多的原因。

与南朝对立的北朝，地方区划并无侨州、郡、县因素，却也与南朝循同一方向缩小行政区。所以，中国南北分裂期间，州、郡、县分划数字的大量超过统一时代乃是共通现象，也只能解释之为分裂时代的畸形发展。

州、郡、县数字不断膨胀，以及辖区愈分愈小的畸形发展结局，隶属户口也愈演变愈少。《宋书》州郡志统计，豫州陈留郡辖县四，领民共仅一百九十六户，二千四百十三口；秦州南太原郡领县一，领民二百三十三户，一千一百五十六口；金城郡领县二，领民三百七十五户，一千口；西扶风郡领县二，领民尤只一百四十四户。政治、军事波动比较稳定的长江流域以南相同，后汉大交州时代七郡四十九县，宋朝在同一土地上增加到交、广、越三州、三十四郡、一百九十六县的四倍之数。而桂林郡七县仅五百五十八户（二千二百零五口），九德郡十一县仅八百零九户，日南郡七县仅四百零二户。如此现象的铸定，已全行脱离旧日随开发条件成熟与人口增加而添设郡、县的轨范。

地方区划愈到后来愈畸形，大行政区"州"的一级，至六世纪南北朝后期，无论南朝或北朝，都已缩小到不如汉朝的一郡。《宋书》州郡志所记述五世纪中的时代，已见郡领一县之例，《南齐书》州郡志所述系五世纪后半之事，又出现了州领一郡的现象，换言之，"州"已从实质上等于了"郡"。顺此趋向，至《魏书》地形志整理六世纪前半州、郡、县系统时，州领一郡与郡领一县的记录终于被大量载入。所谓"州"，合并东、西魏统计，到达一百十三的数字。"州"的土地不断分割与缩小，所隶人口陪伴愈分愈少，《魏书》地形志的资料，南汾州领九郡十八县，全州只有一千九百二十二户，七千六百四十八口；义州不领郡、县，二百十九户，三百廿二口。郡的户口尤其落到如下数字：东雍州邵郡（领县四）五十二户，一百五十八口；东豫州阳安郡（领县二）二十二户，一百三十一口；南汾州九郡中的南吐京郡（领县一）卅二户，七十三口。所以，六世纪后半隋朝结束南北朝分立而中国回复统一，改造地方行政体系，归并郡县与恢复二级制的结果，"州"便正式替代了"郡"的地位。以后虽然一度仍以"郡"换"州"，但七世纪隋朝转移为唐朝，便确定改郡为州，"郡"的名词从而自中国政治制度史上被拭抹。

| 后汉<br>(《后汉书》地理志) | 永和五年（纪元140年）：州13，郡105，县1150 | | |
|---|---|---|---|
| 晋朝<br>(《晋书》地理志) | 太康元年（纪元280年）：州19（司、兖、豫、冀、幽、平、并、雍、凉、秦、梁、益、宁、青、徐、荆、扬、交、广），后增江、湘两州，为21州，郡173，县1232 | | |
| 南北朝<br>(《隋书》地理志) | 梁天监十年（纪元511年）：州23（六世纪前半增至107州），郡350，县1022 | 陈（纪元589年），被隋并灭时统计：州42，郡109，县438 | 南北朝末年合计：州253，郡617，县1562 |
| | 北魏太和十年（纪元486年）分38州，《魏书·地形表》统计：分裂期东魏80州，西魏33州，合计113州 | 周（纪元580年），被隋篡代前夕统计：州211，郡508，县1124 | |

## 分裂期产业·流通诸面貌

构成整体国民经济的产业构造与其分类，今日的区分——

第一产业，指农牧业、林业、渔业，直接与土地抑自然环境相结合。人类生活必需的衣、食材料，大部分仰仗于此，乃初步的、基本的生产活动，受到土地、土壤与气候的自然条件强烈影响。

第二产业，指矿业、制造业（亦即习惯上一般所称"工业"）。便是说，对煤、石油、水力等动力资源与金属矿物等矿产资源的开发，以及予第一产业既得原料的再运用。

第三产业，指商业与交通运输业。对于第一、第二产业，一般共通称之为"生产"，而结合生产与消费两者间关系，原料或成品由生产者之手过渡到消费者之手，中间必须经由一特定阶段，便是"流通"。而流通的担当形态，又便是商业与交通运输。

惟其商业与交通运输业之于整体产业结构中占有不可缺少的特殊性格。却较第二产业更不能独立，所以产业分类表上另别之为第三产业。

今日对开发—先进国家抑落后—后进国家的认定，便以第二产业与第三产业所占国民经济比重为衡量标准。如第一产业比重偏高与在就业总人口中比例占多数，便被称落后国家。

产业结构第一、第二、第三的名词出现与解说，固系今日之事，而实质仍由历史所涵化，历史上中国的固有名词，依序便是农业、工业与商业。抑且，经济发展程度识别的标准古今虽非全然一致，趋向却仍共通。换言之，依今日第一、第二、第三产业的比重诠释经济史兴衰，仍相符合，并可发现、说明还因此意外方便。中国自古代封建社会崩坏，纪元前四世纪战国以来经济社会分业定型，至秦汉到达产业发达历史高峰的原因，便由此第二、三产业或工、商业成长率的急激扩张。二世纪汉末以后的四个世纪间，又随工、商业萎缩或复兴而经济面不断波动。须第六世纪南北朝回复统一，才再从稳定发展推进到隋唐的另一发达高峰。所以，简约而言，自二世纪末迄于六世纪末此一紊乱与经济构筑脱离了正常轨迹的时代，显现的应即由秦、汉时代向隋、唐时代推移的过渡性格，进一步说，也便是隋唐更进步的、新的生产关系发展基盘。

二世纪后半与三世纪初，天灾、人祸相互推波助澜下，战乱之后又是战祸，以屠杀、饥馑与流亡不断循环与加剧而人口急速减少的现象反映到经济方面，便是农村生产力破坏。动摇中农民的小土地所有制没落，自耕农经营形态破灭，因丧失或脱离土地所形成佃户、奴隶与游民的比例增大。也追随农业固定社会构造基本条件的人与地连系切断，而生产诸关系全盘崩坏，工、商业显著停滞。

以汉朝社会秩序脱幅之初桓帝延熹八年（纪元165年）田赋征实变制折合代金缴纳时"亩敛十钱"为准则，以后三十年间的惊人通货膨胀幅度：

——黄巾之乱掀开全国性大动乱序幕次年，灵帝中平二年（纪元185年）宦官以修宫室名目对田赋征收附加税，已是与田赋正额相等的"亩十钱"。此一数字的意义，代表税捐苛重或物价指数开始偏高，两者可能居其一，也可能两者兼具。

——相隔五年的献帝初平元年（纪元190年），便随币制破坏，《后汉书》董卓传所指出"坏五铢钱，更铸小钱"，而粮食价格猛涨至"谷石数万"。

——再以后五年间，战火似燎原般蔓延，长安谷价至于兴平元年（纪元194年）骇人听闻"一斛五十万"的几何级数增加。

后汉末期，便如此一方面赋税加重，一方面又以战乱显著荒废农业而荒地无税可收，经济瘫痪的印象可谓强烈。通货于此阶段，已非"贬值"可以形容，而系全然丧失了价值与效用。交易或流通性能也可了解已不存在。

此一方向的继续发展，到三世纪初三国分解汉族中国，魏文帝黄初二年（纪元221年），终于正式颁布废止五铢钱法令，国家不再具备法定铸货，交换手段改变谷物与布帛现物替代。政策的变换，等于明白宣布，中国已自货币经济向自然经济的时代倒退，而为经济活动衰颓到最低潮的直接指示。明帝太和元年（纪元227年）起，虽然恢复流通五铢钱，但谷布货币继续通用。所以，至于三国时代，一般而言，仍是逆转的现物经济时代。

然而，魏、蜀、吴三国分立固系土崩瓦解的结果，三国局面的能出现，也不能不承认系以具备社会秩序与经济构筑初步稳定为前提。稳定的基盘，建立于汉末动乱期间，曹操出发自重建基本产业与社会支配产业农业的理想，而实行的屯田政策。曹操最初成为汉朝政府权力人物之年（建安元年，纪元196年）接纳有见识政治家的建议，所发布许下屯田令，立法精神乃在重新凝结流散了的劳动力，鼓励"人"回复到"地"，以恢复黄河流域中心地域土地生产力。其后屯田不断在中国北方扩大经营，所获成绩成为朝代转移与魏国成立的力量支持，谷布货币替换金属货币的经济政策实行，也因之得以成为可能。经济重建的努力，并非只在魏国，蜀、吴都相同。所以，三世纪前半一分为三的中国，意义非只分化三个生产与经济的中心，也在三个生产阵营以分头齐进而激发的相互竞赛精神。破残经济局面的复原，效率因之得以加大，待政治上晋朝于三世纪后半统一三国，新的铸货便依附统一的政治力量通用中国全域，货币经济又自现物经济再行回复。

晋朝建立，代表社会富力恢复水平的意义固然成立，财富分配却显然发生偏差，上流阶层如石崇斗富故事的不正常现象形成社会特征，注定了支配力的不能稳固。待"八王之乱"爆发，维持仅半个世纪的晋朝政权迅速自动摇而崩裂，较后汉末年更大的社会离乱展开，而重建未久的脆弱经济基盘也再度倒塌。经济破坏—重建，循环轨迹与汉末—三国全然相似，区别仅在因有统一晋朝的间隔而分前、后期，以及后期较之前期，解体期与统一准备期都须延长。前、后期经济构筑重组因素，却相共通而且一贯。抑且，二世纪末至六世纪末的四个世纪间，绝大多数时间内，国家诚然分裂，经济的统一性诚然丧失，平民生活诚然痛苦，指为中国经济史的低潮期，并无不当，但是，黎明却已自黑暗期蕴伏，经济新生机与产业新因素，早自三国时代便已曙光初现。

曹操屯田政策，最初原系适应黄河流域农业荒废，以及战乱时期政府财政困难的临时性措施，但其确保粮食供应与由国家对土地、农民直接规制并强力支配的双重性机能，非只确定魏国经济力充实的形势，也具有试验土地国有成功的意义。晋朝国家统一复活时全国推行的占田、课田，以及东亚社会、经济史典范制度唐朝均田制前身的五世纪前半革命性农业立法均田法，系谱便都与曹魏屯田连结，而以强力的国家规制为出发点。虽然晋朝动乱以来畸形发达的世族庄园经济形态与大土地资本势力，南北朝时代曾经构成为生产关系的壮阔洪流，对土地国有制理想呈现反动的背道而驰。但堪注意，进步的与设计周密的北魏均田制，便是直接受到庄园阻力的刺激而成立，庄园制也在朝廷权威回复隆盛的中央集权大帝国隋、唐均田制下消灭，这是三至六世纪中国波动期经济的总括说明之一。

二、三世纪之交土地国有形态的最初成立，推动中国自疲敝走向经济复苏，放弃土地、劳动人口不足、农民对经营生计不热心抑或丧失信心诸现象，都从此一阶段渐次纠正。而统一中国政治史上第一次分裂局面出现，堪注意分裂的三个国家，便代表了三个自然地理领域与其产业指导集团。黄河流域魏国农事开发向西直到偏远领土甘肃地方的荒地与盐地，为后世所瞩目。蜀、吴的努力相同。蜀、吴两国对魏国而言，同系南方国家，而相互间，又以蜀国之以长江上流域四川省丰饶的米作地带为本据，吴国则领有长江中、下游广大地域，性格又有不同，接受黄河文明浸润的顺序先后也有区别。蜀或四川省自纪元前四世纪末被秦国征服与划入中国领土范畴固定化之后，秦地（陕西省）居民不断向蜀移住，努力提供文化先进经验，到秦汉最早的中国统一实现，四川盆地文化、经济惊人速度的进步成果，已与战国秦—楚对抗时代楚国本据地的大湖平原形成均势。三国吴国心脏地区所谓"吴（吴郡）、会（会稽郡）"或地理上的长江三角洲与钱塘江下游平原，春秋末期已产生强大的吴国与越国，战国时代被楚国合并。所以，立于"中国"的历史，毋宁较蜀为早得多。但其开发时间，却恰恰相反，吴之较蜀，远为缓慢与迟晚，跃进一页展开，江南富源的受吸引，须待吴国立国。固然，三国南方国家的繁荣面非只见诸吴国，蜀国同样正在突破四川盆地山岳防壁所呈现的孤立状态，向今日中国西南内地或地理上的云贵高原作计划性开拓，但江南吴国尤其负有鲜明的划期性历史使命。南方壮大的治水工事与灌溉组织，如开凿句容渠以灌溉今日丹阳附近农田，便是孙权时代伟大业绩，中国米作宝库由是渐渐由原来的洞庭湖向太湖推展。

吴国成立的重要性非只见于当时，也深远影响到以后，汉末一个世纪来从减弱到熄灭的战火，至四世纪初再度弥漫。踏袭吴国后步，在长江流域暨其以南独立建国的朝代，东晋与南朝，以大量结合北方移住民的新生力，而能对北方展开长期的与有力的对抗。从经济地理观点，南方长江流域与其以南，三至六世纪时尚系新的地域，历史上中原人民最大规模移住南方也必须待至东晋立国前后才展开。而当北方移住民到达南方时偕同携来高级栽培技术，以及重视大农经营时畜力利用，对水田耕作优厚的土地条件，都能收事半功倍之效。抑且，自此届至南北朝对立期两个半世纪间，南方灌溉、贮水、排水、河防、运输运河等筑造与土木工程大力推展，谷物收获后精制所需，利用水力的碓、碾、磨等盛行，南方富源不断被开发与经济力不断茁壮，至隋唐统一中国，南、北经济的平衡，于相互对比中已发现倾斜。此一趋向的持续与加大，终至南方农业驾凌北方农业，如今日中国经济地理所显现，这又是三至六世纪中国波动期经济的总括说明之二。

与南朝同时期对立的北朝，于收拾五胡乱华残局后，农业生产同样从稳定中恢复成长。北方牛耕普及与水车使用的盛行，都在其时。新技术的发明，以及左右农业生产力新的或改良型的耕具，也相与适应出现。值得注意的例子，系牛犁上附加称之"镜"的铁制掘土器发明，使土壤反转耕起成为可能，这是非如南方水田以灌溉为前提，北方旱地耕法重要的技术之一。旱地农法确立，乃系此时代北方的农业大事，成立了播种—耕种—贯作业。体系性进步的旱地农法农业技术，北魏高阳太守贾思勰著作的《齐民要术》曾予详载。《齐民要术》十卷，完成于六世纪中，书中对国家权力象征的均田法土地制度，并无一语道及，记述对象堪认定便是著者自身的庄园。然而，无论如何，此书已是中国现存最古与最主要的农书，集从来农学知识与理论大成。著作时引用书籍约一百六十种。特为重要的，凡先后散佚的早期著名农书，如前汉《氾胜之书》、后汉崔寔《四民月令》，以及南朝《食经》等，均以此书摘录转载而得保留部分遗文。此书撰辑，意义的等于传统农业学问的综合，也由此可知。对于植物栽培法、营农生活、家畜饲育、酿造与加工、贩卖，各各依其经验，予以严密性组织而叙述。所以，非只是农业知识与农业技术的贵重参考书，范围也及于农业经济学，无愧被誉为东亚旱地犁耕农法的权威著作。以后中国北方式的农业经营，系以此书为基础。

今日中国主要特产品之一甘蔗，较早时代自中南半岛传入广东后，渐渐向长江沿岸与四川普及。虽然糖的制造原料，一般仍是麦，成品仍被称为"饴"，便是今日的麦芽糖。但熬蔗成砂糖的原始技术，南北朝的梁朝可能也已知晓，甘蔗的栽培地方也仍是南方[①]。

茶，原产地也系印度，但饮茶习惯的自中国起源，则已成为世界性知识，印度人倒反便从中国学得此一风俗。中国何时以及何人发明茶可以"饮"，与其冲煮技术，都不能考证。仅知"茶"这个字，在中国最古字典，前汉人编辑的《尔雅》中已被列入。而且到三世纪中三国时代，茶的盛产地也已自最早云南、四川扩大推广，见到长江下游种植茶树的记录。茶在长江流域，至迟便于是时开始，由最早药用植物转变为农业上的特用作物，上层社会用为日常饮料[②]。《三国志》吴志记事，因此已有以茶代酒的记录（韦曜传）。以后民间也渐渐仿效，到南北朝时代，非只长江流域，即使不产茶的北方，也已养成饮茶习惯，而终有唐朝陆羽名著《茶经》的撰成。也终自唐朝以后，茶非只已列中国国民性饮料，也与泛东方人的生活不可分。

关于衣服原料，南北朝如同前朝，仍用丝、麻，以及农、桑并列基本产业。中国丝纺织业自古闻名世界，只是，前汉时代齐、鲁（山东省）与四川成都独占天下丝绢供应市场，而后汉初

---

① 佐伯富《中国经济》，人文书院版《世界历史》4. 东亚世界，第二部，第387页。
② 佐伯富《中国经济》，人文书院版《世界历史》4. 东亚世界，第二部，第386页。

期，南方的庐江郡（安徽省中部）也已发展为丝业中心，养蚕事业发展为当地人民生产主业。南北朝时代，如《宋书》孔季恭等传论的描述："荆城跨南楚之富，扬部有全吴之沃。鱼盐杞梓之利，充牣八方；丝棉布帛之饶，覆衣天下。"可见长江中、下游沿岸与太湖周围的广大地域，丝业都已推广。

前述记录"丝、棉"同列的棉，须注意仍系古代中国习用的木棉，而非今日所指棉花的草棉。此从南北朝时高昌国（新疆吐鲁番盆地）已盛产自中亚细亚移植的棉花，而有关南北朝文献的《梁书》仍谓之"白叠子"可以了解。棉花或草棉，虽然晋朝甚或更早的汉朝便已知其存在，古书中除"白叠"外，也名之"古贝""吉贝"等，前者乃波斯语 Bagtak、Bugtak 音译，后者则梵语 Karpasa（见于佛书为"劫波育"的讹转）[1]。且因外国贸易，自中亚细亚与印度进口的棉花得在上层社会裁制衣服，但迄于南北时代，除了新疆之外，中国尚未到达自行栽培棉花并予应用的阶段。

但是，中国南、北的基干产业农业，尽管于南北朝时共同复苏，特产品又以南朝为盛，农民经济生活的不平，南朝却较北朝尤为鲜明。北朝后期分裂时代东魏元象—兴和年间（纪元538—542年）的米价记录，每斛九钱（《隋书》食货志）。较之南齐时代洞庭湖产米区米价每斛一百钱，以及南朝米价最低数字时的梁天监四年（纪元505年）的每斛三十钱（《梁书》武帝纪）差距可见。抑且，南朝的一次调查，会稽郡治所山阴（浙江省绍兴）系南朝人口稠密，以富力著名的县份，而有名的齐武帝永明

---

[1] 平凡社版《世界历史大系》4. 志田不动麿《东洋中世史》（一），第527页。

之治时代（纪元483—493年），全县课户二万户中，赀财不满三千者占半数以上，再严密调查，更退至三分之二，而"有赀者多是士人"（《南齐书》顾宪之传）。赀财三千，于其时仅及世族豪门一日之费，或者凶年时米一斛之价。南朝贫富悬殊现象的较北朝尖锐，从如上例子可以推想。

随战国社会分业发达，中国工商业的自由发展，至汉朝盐铁专卖，商人社会、政治地位被贬抑，而确立重农的经济政策，便是说，惟有农业才得到国家保护与奖励。然而，矛盾却也自此铸定，从理论言，独立的制造业或手工业以及商业，对农业维系的都只从属关系，有关文献的直接记录因此也比较贫乏。而实质上，历史文献却又往往出现工商业者的豪富奢华记录，几乎否定了政治阻力的效力，以及证明非战时的平时，工商业堪谓繁荣。

关于三至六世纪中国经济史低潮期的工矿制造业，资料尤为缺少。但从幸存的史料记录，至少仍可以了解，三国时代，蜀汉工矿业可能比较魏国与吴国都要发达，盐府校尉与司金中郎将的中央级特定职官，便是其他两国所无，所谓"较盐、铁之利，利入甚多"。《三国志》蜀志张嶷传较详备的一段说明："定筰、台登、卑水三县，旧出盐铁及漆，而夷徼久自固食。嶷率所领夺取，署长吏焉……遂获盐铁，器用周赡。"自此例证可对蜀汉矿产与金属制造业兴盛，以及盐井自给自足，制盐发达为大事业的一般，获致深刻印象。四川地下水原含盐分，掘井汲水，可煮以取盐，而大规模掘井须巨额投资，蜀汉财政充裕与经济富足的条件又可从而明了。成都以产品"锦"为代表的纺织业，向来著名于历史，晋朝文学家左思《三都赋》的蜀都赋中曾特笔大书："伎巧之家，百室离房，机杼相和。贝锦斐成，濯色江波，黄润比筒，籯金所过。"得知成都织锦盛况与其产品质地的优美。晋朝与其以后的朝代，相信大体相彷佛。手工业专业作坊便自南北朝而渐渐普遍，农具、车船、衣着工业都随社会新秩序与农业重建而须连带活跃。工程技术史上值得重视的指南车、千里船、水磨碓，发明又都在五世纪南朝。

商业与商业资本，于中国社会、经济史自始呈现其牵涉广泛的特殊性格，汉朝以来的生产关系，除盐、铁与少数生活必需品，以及奢侈品之外，理论上并无以市场为目标的商品生产要求。农村的衣、食、住需用物品，大部分从农民自身独立的、孤立的经济行为获得，自身消费以外的剩余生产物，包含纺织制品与其他手工业产品，才用于交换，流通量并不强烈。然而，实际的社会现象，完全的经济自给自足为不可能，商品供求非全无需要，所以，商业仍然须被重视，土地资本之外也仍然存在商业资本。特别是汉朝国际市场开拓后的国外贸易，利润丰厚，财富积聚速率最高，此其一。

其二，商业资本往往与土地资本结合或转化。后汉后半大土地所有的发展，其间存在商业资本的导向因素，到农民加剧陷入穷乏的时代，商业资本促进土地集中的倾向愈益增大。相对方面，土地资本家豪族的商业利润获得欲望，同样诱导兼具了商业资本家性格。

其三，商业资本拥有者以官商合一姿态出现，或者说，官吏商人化而获得巨利，又系三世纪以来的重大事态。晋朝开国功臣与巨富之一石苞，其最早发迹，便如《晋书》所记述："县召为吏，被使到邺，事久不决，乃贩铁于邺市。市长见苞异之，因与结交，由是知名。"以及石苞传述及"尚书丁谧，贵倾一时，并较时利"，都足资说明。石苞之子石崇"积财如山"的由来，也因高官而同时"百道营生"。特为著名的例子，历史名人东晋陶侃致巨富，《晋书》传记明言其于武昌太守任内，"立夷市于郡东，大收其利"，以及任职广州刺史期间的南海贸易。通商大埠梁、益（四川）、交、广（广东、越南）诸州，便利于地方长官对商业利润的获得，《晋书》也有刁协传，刁协任广州刺史时，"以货殖为务，有田万顷，奴婢数千人"的说明。持续至南朝，"南土沃实，在任者常致巨富。世云：广州刺史，但经城门一过，便得三千万"（《南齐书》王琨传）的景况，且已成为公开化。南朝历朝累所颁发皇族、豪贵竞利经商的禁令，反过来说，正便是官商合一而竞利成为习惯，以及禁令无效的证明。

其四，南北朝社会特殊阶层的世族，其发达的庄园作业，经济的自给自足性格固然强烈，却非便是全与市场交易或商业行为无涉之谓。庄园的现物收入，对于世族仍有变换货币或与外界交换以供消费的需要，而且，消费力与消费欲愈强，交换的要求愈易在世族经济地盘中滋长。所以，世族可能自诩高雅气质而蔑视商人，自身却也必须从事商业行为，或者交付商人中介。换言之，五至六世纪间的世族，同时也便是商业经营者，因之而得扩大其生活领域的消费项目与用品，或者直接牟利。如果转手商人，更与商业有关，与世族相依存的商人则从其间加大商卖利益，或者世族名义还被商人活动所利用，包含通过运河或陆路要所的"津""关"，以及公设市场所应缴纳的税捐减免。

惟其如此，商业活动不能见诸离乱太甚与自由交通受到阻害之际，自不待言，而且此时期亦不存在所谓商人。但当社会秩序比较安定与产业比较苏醒期间，商人生活立即以豪华引人注目。《三国志》蜀志与吴志，各各有"货殖之家，侯服玉食"，以及"富贾商贩之家，重以金银，奢恣尤甚"的记载。西晋社会习俗一般趋向靡丽，商人生活的愈向奢华发展，从武帝时齐王攸愤然上奏"都邑之内，游食滋多。巧伎末业（指工商业者），服饰奢丽，富人兼美，犹有魏之遗弊。染化日浅，靡财害谷，动复万计，宜申明旧法（指汉朝禁令），必禁绝之"的明言可知。以后南朝虽曾颁布工商子弟禁止骄奢的命令，实际并无彻底的约束力，效果仍是极微。《宋书》中两段记载：1. 周朗上书所言："凡厥庶民，制度日侈。商贩之室，饰等王侯；佣卖之身，制均妃后。凡一袖之大，足断为两；一裾之长，可分为二；见车马不辨贵贱，视冠服不知尊卑。" 2. 孔琳之传"史臣曰"后论："故穑人去而从商，商子事逸，末业流而浸广。泉货所通，非复始造之意。于是竞收罕至之珍，远蓄未名之货，明珠翠羽，无足而驰，丝罽文犀，飞不待翼，天下荡荡，咸以弃本为事。"可以了解，南朝商人生活享受如何逸乐，以及商业如何在南北朝产业结构中特殊发达，或者说，畸形发达。南北朝大都市的相继形成与繁荣，便与商业以及这些富埒王侯的商人有关。

汉朝创制切断商人对政治关系的法律，同样于南北朝时代宣告解除。晋朝官吏商人化，已是此项限制下的片面特惠，迨变态发展到达极限，商业资本与政治连结密接关系时，富人身份参与政府公职的限制便被公然取消，商人身份者终从反方向铸定参与政府公职的变态。六世纪后半北朝后期禁令的解放，《北齐书》累有明言："齐氏诸王选国臣府佐，多取富商群小"（襄城景王传）；"富商大贾，多被铨擢"（段荣传附段孝言传）；"州县职司，乡出富商大贾"（幼主纪）。政治界自皇族亲近以至基层地方官，均由商人充斥的滔滔浊流造成，商人昂然向官场登堂入室，禁止商人干预政治的精神荡然无遗。

如上背景下三至六世纪的中国商业，轮廓已可描绘。而且，三国时代商业已回复繁荣的事实为堪重视，便是说，三个国家尽管相互抗争，三国国际商业行为却未加阻碍，各各给予商人往来敌国的交易自由。蜀国特产品锦曾大宗输出吴、魏市场售卖，魏国也有以马匹换取吴国珠玑、翡翠、玳瑁等贵重品。国内商业方面，三国分别重视治水事业，对商业成长尤其存有莫大关联。灌溉组织与运河工事的开筑，非只直接关系农业生产增长，也以水路交通运输的开发，而确立地方商业经济的繁荣基础。

并立三国中的蜀汉，商业性特为浓厚，刘备事业基础，得到的便是商人力量支持。《三国志》蜀志先主传："中山大商张世平、苏双等赀累千金，贩马周旋于涿郡，见而异之，乃多与之金财。先主由是得用合徒众"；《糜竺传》："祖世货殖，僮客万人，赀产巨亿。……（竺）进妹于先主为夫人，奴客二千，金银货币以助军资"都是说明。蜀汉以四川立国，又是个强固的经济地盘，而必然重视商业。国都成都"水陆所凑，货殖所萃"(《隋书》地理志）；"市廛所会，万商之渊"(《三都赋》蜀都赋），以及蜀都赋列举"布有橦华，面有桄榔，邛杖传节于大夏之邑，蒟酱流味于番禺之乡"，指示了远地贸易盛况。立于地利条件，当时永昌或今日云南保山县一带，又是对外贸易中心，以向罗马输出生丝为大宗[1]。四川蚕丝业向负盛名，古代中国称之大秦的罗马商人来航亚洲，除在交阯登岸外，便是到达永昌此一通商大

---

[1] 大塚恒雄《中国商业经济史概说》，第115页。

埠，与蜀地商人交换商品。

吴国的情形与蜀国相仿佛，立国根本虽非如蜀汉对巨商富贾依赖性的明显，建国者孙权之父孙坚发达的开始，也曾得到拥护他的商人助力，如《三国志》吴志孙坚传所说："又募诸商旅，及淮、泗精兵合千许人。"吴国成立，占有长江流域大半地域，长江贯穿自然资源丰富的"荆州"大平原与长江三角洲肥沃地带，且便以长江为船舶输送大动脉而国内商业发达，地理上含有较魏国更长的海岸线，国外贸易又较蜀汉为愈活泼。通商关系除陆路之与蜀国以外，海上从极南领土今日分当越南北、中部的交阯、日南两郡进出，建立了古代习称"南海"而今日所称南洋或东南亚方面的贸易优势，导引越南南部占人之国林邑与今日高棉境内吉蔑人之国扶南的来吴朝贡。再续向南，与印度、锡兰（古代师子国）互伸连络之手。吴国贸易船舶往返远航其地，天竺（印度）船、大秦（罗马）船相对辐凑吴国南方海港。孙权黄武五年（纪元226年）"大秦贾人字秦论来交阯，太守吴邈遣送诣权"（《梁书》诸夷传），已是历史上有名故事。古代有白叠、古贝等名词的棉花，以及印度、波斯系诸产物，因此源源向中国输入。汉族突破性的热切关心海上交通与其发展，中国航海事业的须以三世纪三国时代吴国而本格化，认识都可谓深刻。

三国国际贸易以魏国为较保守。虽然《三国志》魏志也曾偶然发现西域通商的官方或私人交易记录，终以新疆支配不能稳固而无力自新疆东部打开继续通往西方之门。然而，史料中吸引倭地或日本国家建立从属关系的东方事业成绩，仍然值得骄傲。

晋朝统一三国，陪伴也综合了三国的商业形势，对内以南北交通畅开而愈加大其流通性，对外除海道的南海贸易利润获得外，又因对新疆强力支配效力的超越魏国范畴，而西域国际贸易重开，文献中如大秦、大宛、康居等都见通商记录。

晋朝政权瓦解，北方五胡十六国长期互争中原，北方商业经济再度萎缩，商业资本随同东晋政府重建而向南方移动，中原资财大半转移到以建康为中心的长江流域，继续保持兴盛。

四世纪黄河流域商业经济极度衰退，甘肃河西地方却能单独发达。地域性的独立国家前后五凉国，都与西域维系密切关系而以外国贸易利益为立国基盘。四世纪后半前秦苻坚并合凉国与统一北方，势力继续向西推进而直接经营西域，连结包含了中亚细亚各国，汉朝以来久所未见的东西贸易盛况恢复。前秦昙花一现似覆亡，不久又有北魏代兴，西域贸易权转移到强大的北魏之手。

苻氏前秦，乃是以商业为国富基石的另一代表类型。苻健时代苻氏一族最早兴起，如同三国蜀国的与大商人相结。可能都是战时投机商人与暴发户的苻氏拥护者，当苻坚时代，虽在政治修明的要求下被剥夺官位，商业仍然得到保护。面临汉水支流乾祐河的丰阳（今陕西省镇安县东南），向北通过秦岭，从陆路可直通国都长安，向南利用汉水交通线，又连络下游富庶的东晋荆州地区，乃是前秦最大国际市场，弓竿、漆、蜡等南方奇货，都以此为输出入转运站。

南北朝对立约一个半世纪间，以双方相互所需用货物为对象的交换经济，盛行于分划南、北势力的淮河流域。同时，外国贸易又以南、北双方各别在前朝基础上加大推展而迎接三至六世纪的高潮。北魏所代表的北朝，以凉州为中心、敦煌为大门的西域贸易，输入西方世界的织物、服饰、化妆品、乐器，而输出中国享誉世界的丝与丝织物。当时与北魏通商的西方国家，依《魏书》收录的国名，多达六十六国之数，虽然可能夹杂了重复的同地异名。宋、齐、梁、陈南朝，则今日广东与越南北部的广、交两州为中心，沿绵长海岸线，以今日东京湾红河口为主要港的南海贸易，由所谓昆仑舶（南洋船只）、波斯舶等，输入象牙、犀角、玳瑁、翡翠、沉香、真珠，以及爪哇的棉花等物品，输出大宗与北方同系丝绵。

南北朝外国通商贸易，值得重视的，陪伴又吸引外国商人渡来中国居住者益益增多，以及与宗教力量相连结。在于南方，印度僧侣东来传教或中国僧人西行求经，交通工具往往便利用商船附搭。较早五世纪时法显海上返航，已是著名的例子。

## 交通 / 都市 / 商税 / 货币

商业资本加剧流通，南北朝时代随大动乱已近尾声而宣告稳定，交通量的呈现活泼，与之存在相互的因果关系。除水道交通运输以外，中国陆上交通线，自古代以迄今日，局部的、小地域的变化或移动固不可谓少，但大体的趋向则属固定。日本学者的研究[①]，以长江为界划分南、北，而对历史上的汉族中国主要陆路交通线，列举如下：

长江以北，至少有如下几条干线——

1. 自北京向南，从山东省西部入江苏省西部，到扬州。

---

① 平凡社版《世界历史大系》4. 志四不动麿《东洋中世史》（一），第 314—319 页引加藤繁意见。

2. 自河北省经山东省，纵贯安徽省，出江西省九江。

3. 自河北省经河南省中部，入湖北省，由武汉再到江陵。

4. 自北京斜贯山西省，入陕西省，到渭水上流宝鸡县而左折。再从汉中入四川省，而达成都。

以上四线走向均呈南北，而连系如上纵贯路线，又有东西向的一系列道路，其中最主要的是：

5. 自安徽省北部，出河南省开封，连系二、三两线。或自开封西经洛阳，出陕西省西安，连系三、四两线。

6. 自江陵入四川省成都，连系三、四两线。

其他自陕西省渭水上流入甘肃省，自北京东达东北诸省，则又已准备与汉族环境以外地域连系。

长江以南，主要路线大体为——

1. 自镇江经苏州入浙江省，过杭州进福建省。并自镇江北向隔长江与江北方面一线相连。

2. 自九江南下，出广东省韶安县，至广州。并自九江北向接连江北方面二线。

3. 自湖南省长沙，南向经韶安，再出广西桂林。并自湖南省北部与江北方面三线连接。

4. 自湖南省西部入云南、贵州。

5. 自四川省南部入云南、贵州。

以上也都是纵贯线，主要的横断线又是：

6. 自广州西达桂林与其他地方。

7. 自南京经安徽省南部、江西省北部，入湖南。

8. 自浙江省西南部入江西。

上述诸交通干线，早自秦汉时代便已成立，至今日仍被利用。其中南北朝时代利用价值特高的四线，或者说，南、北四大产业道路，其形势为：

——连结关中与关东的一线，以长安与洛阳两大都市为中心。

——淮水交通线，南北朝双方于其两侧设立市场，进行南、北交易。

——利用汉水的南北水上交通线（陕西、湖北方面），以利南、北物资互通。

——汉中方面连络成都的一线。

交通连结生产与消费。古代社会结构的经济意义，农村代表生产，都市相对便代表了消费。都市以人口密集为共通现象，但其发生的原因却非一，乃是政治、军事、经济或其他诸原因、诸条件的不同组合，然而，无论成因为何，交通条件则为必备。抑且，便以交通、产业要素而决定地区人口的消长，以及都市的形成规模。但立于交通要衢与产业、商业中心而产生的大都市，一般而言，古代中国并不太多。其原因，以农业为基干产业的时代，人口愈集中，付出牺牲农村人力的代价也愈大，所以如非必要，政府并不鼓励都市过分发展。

另一项不可忽视的现象，汉朝当纪元前后，北方与南方人口比例，约当北五而南一的数值。同系汉朝而推移到一、二世纪时统计，已迫近北二而南一的比例，只是其时足够称为繁荣的大都市，绝大多数尚都存在于北方，南方的江南地域，惟有濒临太湖的三吴平野中心都市苏州单独发达。三世纪中三国分立与吴国立国，江南才有超越苏州的新兴大都市建业出现。黄龙元年孙权脱离魏国名义上的服属独立建国，自长江中游武昌移治今日南京与当时的秣陵，并改名建业以来，建业一跃而为南方大领土国家的首都，以及领导南方步上新兴途上的政治、经济、文化中心。吴国时代建业繁华真面目，经济活动如何大活跃，以及生产与消费的真实状况，都可自晋朝左思《三都赋》中吴都赋用词骈丽的长文描写可见。

周围二十里十九步（二步＝五尺），南方最早国都的吴国都城建业，到晋朝统一三国时被改书为建邺，东晋朝廷再建为国都时又改名建康，南朝诸朝代均然。前后相续两百七十年建康首都期间，于梁朝时代繁华隆盛到达顶点，《太平寰宇记》引《金陵记》的说明，其时居民二十八万余户，依此推定，可知今日南京，早在六世纪前半已是人口数字约摸一百五十万光景的大都市。只是，侯景叛乱，梁元帝逃避江陵，所谓"冠盖人物"多数随同西迁，建康盛况急速衰落，人口激减至十万人左右。前此繁荣一般，仅得自《隋书》的追叙而得知："丹阳（建康郡名）旧京所在，人物本盛，小人率多商贩，君子资于官禄。市廛列肆，埒于二京。"（地理志中"扬州"总结）

经济活动力充沛的南朝支配领域内，国都之外的繁荣都市，可以列举的是：建康附近的京口（今江苏省镇江）、与京口隔长江相对的广陵（今江苏省江都县或扬州）、吴郡治吴（今江苏省吴县或苏州）、会稽郡治山阴（今浙江省绍兴）、三国蜀汉旧都四川的成都、长江中流域湖北的江陵、汉水中流域湖北的襄阳以及南海贸易的据点广州。与广州遥遥相对的北方外国通商要埠今日青岛（长广郡不其县牢山），则非归属南朝而是北朝领土内的最大港口了。

北朝主要大都市，前后变换的四个国都具有代表性。其发达基础与人口集中形态出诸强制移住工商业者，位于今日山西省大同县东的北魏最早国都平城，可谓典型。北魏定都平城（代都）与第一代太祖道武帝拓跋珪正位皇帝，同系天兴元年（纪元398年）的大事。而其如何建设代都，《魏书》曾明载："徙山东六州民吏及徒何（前燕）、高丽杂夷三十六万、百工伎巧十万余口，以充京师"，又"徙六州二十二郡守宰、豪杰、吏民二千家于代都"。自此历次大规模强制移民，仅世祖太武帝拓跋焘一代，便有如下记录：太延五年（纪元439年）平北凉，徙凉州民三万余家于京师；太平真君七年（纪元446年），徙长安城工巧二千家于京师；九年（纪元448年），徙西河离石民五千余家于京师；正平元年（纪元451年）攻略南朝，以降民五万余家分置近畿。也便在太武帝即位前的摄政期中（纪元422—423年），加筑了周围及三十三里的平城外郭。其时平城呈现如何格局，今日虽已缺乏资料可详加查考，但自南朝使节奉派北魏，观光平城归来时记述，而转录入《南齐书》中，如"破梁州、黄龙（后燕），徙其居民，大筑郭邑，截平城西为宫城……其郭城绕宫城南，悉筑为坊，坊开巷，坊大者容四五百家，小者六七十家"等记录，仍可参考。废城遗迹的今日调查所见，东西二公里，南北三公里[1]。

北魏后期国都自平城向南迁移到黄河平原心脏地带的洛阳，乃是北魏文化推往隆盛巅峰时必然的需要与结果。雄伟壮阔的洛阳新都营建，也象征北魏国家施政当局计划性都市充实政策大手笔的实现。

后汉国都与从来的中国文化中心洛阳，汉朝名为"雒阳"，汉末已于战火中焚毁，呈现极度荒废状态。三国魏国与晋朝虽仍

---

[1] 驹井和爱《中国文化的开花》，平凡社版《世界考古学大系》7. 亚洲Ⅲ，第7页。

于此定都，并恢复战国时代旧名"洛阳"，修复汉朝原有宫殿城郭。但"八王之乱"与继之而起的"五胡之乱"，洛阳再被破坏。一百多年间洛阳命运两遭劫难，所代表意义，乃系中原文化的一时中绝。自后汉迄今晋朝的洛阳废址城墙，今日洛阳市区东方约十公里处，尚残存可见，南侧已没入洛水中，南北三点八公里，东西二点六公里，与南北九里、东西六里的记录正相一致，汉胡三国时的一里便相当于今日的四三〇公尺。①

残破的洛阳，经过将近二百年而复兴，北魏孝文帝于太和十八年（纪元494年）迁都建设，依魏晋规模复原。史料的记载，当时是个东西六里、南北九里的长方形都城。数年后的宣武帝时代（纪元510年），又动员畿内人夫五万五千人大修筑，完成周围东西二十里、南北十五里的外郭。此一较旧城大过五倍的外城建设，原来的都城于是被称为内城。新洛阳城北起邙山、南临洛水，结合内城、外城巍然形成气象万千的政治、经济、文化、综合性雄伟大都市，规格远非后代移至其西、今日洛阳城的仅只周围九里可比。

自孝文帝迁都，迄于纪元五三四年魏分东、西，洛阳作为北魏国都四十年，时间虽非长久，但此期间洛阳以社会财富雄厚蓄积而发展为全国最大消费地，以及国内外商人汇聚的庞大商品市场，则历史上特为有名。《魏书》收录诸上奏文如"迁都已来，天下转广，四远赴会，事过代都，五方杂沓"，"京邑诸坊大者或千户、五百户，其中皆王公卿尹，贵势姻戚"，"蕃贡继路，商贾交入，诸所献贸"等语，以及奏文形容奢侈、娱乐、淫靡诸现

---

① 日比野丈夫《长安和洛阳》，世界文化社版《世界历史丛书》7.大唐的繁荣（社会与生活），第145页。

象，都可对繁华大都市洛阳的面貌，概括了解。

记录北魏洛阳都市规划与其繁荣状况的文献，以杨衒之名著《洛阳伽蓝记》为特详。文中说明："京师东西二十里，南北十五里，户十万九千余。庙社宫室府曹以外，方三百步为一里，里开四门，合有三百二十里。"市区以整齐的街道各各分划为棋盘式而称之"里"或"坊"的小区域，到唐朝划一为"坊"。但无论"里""或"坊"，其入口都构筑栅壁而开门，必要时可关闭防御，禁止通行。洛阳城外郭西部周围八里之地的洛阳大市，系洛阳经济与商业中心，商业者聚居于此，各业区域且有特定，便是：市东通商、达货二里，居一般商人，盐粟谷物商、杂物商与各业工艺从事者；市南调音、乐肆二里，居音乐家与乐器商；市西延酤、治觞二里，居酿造业者；市北慈孝、奉终二里，居葬仪业者。另外市东北准财里、市西北金肆里，则贵金属商人与一般富商所居。《洛阳伽蓝记》指出："凡此十里，多诸工商货殖之民，千金比屋。层楼对出，重门启扇，阁道交通，迭相临望。金银锦绣，奴婢缇衣，五味八珍，仆隶毕口。神龟年中，以工商上僭，议不听衣金银锦绣，虽立此制，竟不施行。"

出洛阳外郭南门，洛水（旧河道绕过城南，非如今日所见洛水的横断汉魏洛阳废址）与西南方伊水之间，自南门渡洛水桥大道（御道）两侧，又划为外侨的特定居留地。此一区域，依大道而分东、西，东侧四馆：金陵馆，专居来自南朝的所谓吴人；燕然馆，专居北夷之人；扶桑馆，专居东夷之人；崦嵫馆，专居西夷之人。西侧四里：归正里、归德里、慕化里、慕义里，也依序各各安置吴人、北夷、东夷、西夷。与道东居留性质的区别，"馆"系短期居住，而"里"则长期定居，所谓"赐宅"。

洛阳外侨人数,如《洛阳伽蓝记》的资料,仅以西域籍而言,已说"是以附化之民,万有余家"。并赞叹"天下难得之货,咸悉在焉,别立市于洛水南,号曰四通市"。外侨商人输入物品,须自大市之外专设交易市场,则其规模之大,数量之多,品类之齐备,以及洛阳如何表现为国际性消费贸易大都市,都可以想象。

北魏洛阳,非只是个政治都市与经济都市,也是个宗教都市,佛教隆盛,城内寺院栉比。《洛阳伽蓝记》便是以寺院盛况为追叙中心,才连带描述洛阳的繁华。《洛阳伽蓝记》统计旧日洛阳寺院数字:晋朝永嘉时不过四十二所,孝文帝迁都以前也不过百所上下,而迁都后寺院,极盛时已发展到一千三百六十七所的惊人之数。但纪元五二八年永熙之乱,尔朱荣入城,寺院多数毁坏,洛阳也迅速衰败。纪元五三四年北魏分裂东、西,分别移都邺与长安,洛阳作为佛教之都的象征永宁寺九层大塔全被烧毁。《洛阳伽蓝记》著者于东魏武定五年(纪元547年)重临没落了的洛阳时所见,已是"罕闻钟声",不胜感慨,乃有《洛阳伽蓝记》一书的完成。

洛阳都市再繁荣,须待统一南北朝的隋朝再建洛阳为东都,以及于汉朝迄于北魏的洛阳城之西,跨洛水规划并建设范围包含了今日洛阳城在内的另一新洛阳城之际。

北魏一分为二,东、西魏各各以邺与长安为国都。两者,长安为旧都,邺则如同南朝建康,比较上还是新兴的大都市。

邺在汉朝,以战略地位而为魏郡治所,渐渐以交通形势以及水利与商业关系,而齐备政治、经济中心都市的条件。汉朝末年已是一时势力最大与最强盛的割据者袁绍的根据地,曹操卵翼汉朝末代皇帝献帝放弃毁于战火的破残洛阳，向东移都到许，自身又接替袁绍后裔势力圈，自许再向东的邺便转移为曹操司令台。所以，汉朝最后二十年历史，首都实际已分置两地，傀儡皇帝居许，国家政治最高领袖居邺。迁就既成事实的结局，纪元二一三年曹操受封魏公，纪元二一六年进封魏王，封地便称"魏国"。纪元二二〇年曹操之子曹丕继承魏王爵位之年篡位皇帝，汉亡，才于同年还都洛阳。惟其如此，邺非只是早期魏国国都，三国"魏"的国号也便因邺为首府的曹氏原始封地魏郡而得。晋初左思《三都赋》，蜀都赋与吴都赋对象分别是蜀、吴独立国家成立后的国都成都与建业，魏都赋所述却单独是曹操时代早期魏国的邺，而非曹丕以后的洛阳。而且，迄于魏末司马氏家族成为权力者的时代，仍如《晋书》石苞传所指出"魏世王侯，多居邺下"的情况。

以后五胡十六国中的后赵，北魏分解后的东魏与其代兴者北齐，均定都于邺。后赵石虎发动四十余万人大兴土木工事，其城东西七里，南北五里。东魏—北齐又另筑东西六里、南北八里的新城于旧城以南。纪元五三四年北朝移都行动展开时，洛阳居民被强制随同迁徙到邺的数字达四十万人，邺的户口众盛因此可以推断。其废址，考定在今河南省临漳县西南，只无任何遗迹可查知。

西魏与其后续朝代北周，回复以汉朝的国都长安为国都。长安虽然长期衰落，政治地位并未丧失。晋朝倾覆前夕，以及五胡十六国时代的前赵、前秦、后秦都以之建为国都，而呈现不稳定的繁荣状况。北周的历史评价，是个质朴与注重节约的朝代，所以尽管届至北朝末期北周并灭北齐而北朝再统一的时代，长安却无如同北魏洛阳的繁荣记录留存到今日。脱离汉朝以来长安旧格局，以全新面貌整建长安新都市，新长安又以最大效率发展为继承汉朝长安的世界性大都市，乃是替代北周的隋朝之事。抑且，南北朝五大国都中，值得注意，也惟北方长安与南方建康两大都市的位置，南北朝以前与南北朝以后迄于今日，始终为同一，区别只在城区大小修正与都市范围广狭的前后不同。

中国历史上都市与商业间的紧密关系，由都市此一名词的"市"可知。"市"便是划定的商业专业区，市以外不许可自由买卖商品，也惟市内才专设商店（肆、列），以供商人陈列各类商品。营业时间又规定每天自日出至日没，夜间营业予以禁止。政府主管商业区的官吏，称市长、市丞，职责便在执行禁令，以及征税，中央监督官署便是太府署。于此，关连的又便是商税问题，以及流通与交易媒介的货币问题。

三国时代商税情况，以资料散缺而今日已不甚明了，其后的时代，大体仍可查证。《隋书》食货志曾对东晋、南朝方面有所追述："晋自过江，凡货卖奴婢马牛田宅，有文券，率钱一万，输估四百入官，卖者三百，买者一百。无文券者随物所堪，亦百分收四，名为散估。历宋、齐、梁、陈，如此以为常。以此人竞商贩，不为田业。

"都西有石头津，东有方山津，各置津主一人，贼曹一人，直水五人，以检察禁物及亡叛者。其获炭鱼薪之类过津者，并十分税一以入官。

"淮水北有大市百余，小市十余所。大市备置官司，税敛既重，时甚苦之。"

北朝大体相仿，如下史料的说明可供参考：北魏孝明帝孝昌

二年（纪元 526 年）条："税市，入者人一钱，其店舍又为五等，收税有差。"（《魏书》食货志）

北齐后主武平六年（纪元 575 年）条："辛巳，以军国资用不足，税关市、舟车、山泽、盐铁、店肆、轻重各有差。"（《北齐书》本纪）北周"闵帝元年，初除市门税。及宣帝即位，复兴入市税"。（《隋书》食货志）

归纳而言，如上诸税，便是今日税目名称的货物税（入市税）、营业税（店肆号）、契税（散沽）以及关税（陆路"关"，水道"津"的通行税，津亦即今日名词的渡口或码头）。税率颇为苛重如文字所见，征收对象又广泛及于日用必需的一般消费物品。惟其如此，以商品与商业活动为标的商税，可知已是四至六世纪时除田赋以外的国家主要财政收入。凡此之外，银与铜之类金属矿物的采掘以及酿酒等，均有税课。盐的专卖收入，又如《魏书》食货志说明："自迁邺后，（东魏）于沧、瀛、幽、青四州之境，傍海煮盐，计终岁合收盐二十万九千七百二斛四升。军国所资，得以周赡"，显然又是足以影响国库盈亏的财源。

南北朝营业税征收对象中是否包含旅馆，史料无说明。但民营旅馆业（逆旅）的至迟自晋朝便已抬头，一变汉朝旅行习惯，则堪重视。汉朝时代，旅舍便是乡里组织中的"亭"，无论平民或政府公职人员的旅行与任务派遣，都以"亭"为食宿供应站。换言之，旅舍便是招待所，都属公立，且非以营利为目的。然而，适应其时活跃的商业活动需要，以及便利旅客不受"亭"招待所基于治安要求的限制，收取报酬的私人所经营旅馆也于同时出现，名词便称"客舍"或"逆旅"，只是尚非普遍。汉末混乱期社会基层的乡里制度崩坏与重建，虽然"十里为亭"的形式仍被维持，"亭"的旅客招待所功能已被剥夺。相对方面，营利性"逆旅""客舍"因之代兴而发达。三世纪后半晋朝初年文学家潘岳《客舍议》上奏文，是篇商业史与交通史上颇具份量的文献，内容说明逆旅存在价值，谓：

> 谨案：逆旅，久矣其所由来也。行者赖以顿止，居者薄收其直，交易贸迁，各得其所。官无役赋，因人成利，惠加百姓而公无末费。语云："许由辞帝尧之命，而合于逆旅。"《外传》曰："晋阳处父过宁，舍于逆旅。"魏武皇帝亦以为宜，其诗曰："逆旅整设，以通商贾。"然则自尧到今，未有不得客舍之法。唯商鞅尤之，固非圣世之所言也。方今四海会同，九服纳贡，八方翼翼，公私满路。近畿辐凑，客舍亦稠。冬有温庐，夏有凉荫。刍秣成行，器用取给。疲牛必投，乘凉近进，发榻卸（写）鞍，皆有所憩。（《晋书》潘岳传）

可知晋朝初年旅馆业的兴盛。虽然也如《晋书》潘岳传所说，产生"时以逆旅逐末废农，奸淫亡命，多所依凑，败乱法度"的副作用，因而有潘岳《客舍议》上奏，要求净化客舍或逆旅，以及建议如何净化。但旅馆业的受旅客与商人欢迎，则显然可见，晋朝以商业繁盛见称，旅馆业可能便是助力。此一趋向，至南北朝仍然继续，《陈书》周文育传且载其夜宿逆旅，与商人豪赌赢得银子二千两的故事。

汉朝大历史家班固的名著《汉书》，其食货志名词以"食""货"并列，货币对经济关系的重要性，可知早在纪元一世纪已被认识。中国货币史上，自纪元前一一八年（汉武帝元狩五年）汉朝开始铸造五铢钱，以迄纪元六二一年（唐高祖武德四年）唐朝发行新铸货，前后七个半世纪间，都立于五铢钱时代。便是说，以五铢为币重基准，古代衡制，一两的二十四分之一为一"铢"。此一惟一以五铢钱为法定铸货的时代，币面铸明五铢字样。但此时代后半的三国、晋、南北朝，通货却非流通必备要件，货币也非铸货同义字，三国现物经济形态，须持续至隋朝统一中国南北才告结束。此期间，中国并非没有金属货币，通货的效用也继续存在，但以谷布衡量价值作为交易计算单位的方式，同样普遍适用于中国。因此，自三国迄于南北朝，中国交换经济系金属货币与谷布货币并存。

通用谷布货币而向自然经济逆转的最初理由，第一，汉末董卓滥铸恶质小钱倾销式发行，通货膨胀，金融陷入极度混乱，铸货信用全行丧失，人民对"钱"的恐惧，到大乱渐成过去，政治、经济初步稳定的三国时代，余悸犹存。第二，战乱期产业停滞，物资不足，持有任何现物，都较自身并无价值的铸货珍贵。所以，魏国便一度断然废止钱币流通，而以谷物与布帛替代。数年之后，才恢复铸造并发行五铢钱，但谷布仍以信用受民间信赖，而续与钱币分担交易时的价格基准。相同的习惯，自此便持续三百多年，虽然适用钱币抑谷布，各依地区而别。

晋朝统一期间，《晋书》食货志说明："魏明帝乃更立五铢钱，至晋用之，不闻有所改创。"未几五胡乱华而东晋朝廷播迁江南，《晋书》食货志的记载："晋自中原丧乱，元帝过江，用孙氏旧钱，轻重杂行，大者谓之比轮，中者谓之四文。吴兴沈充又铸小钱，谓之沈郎钱。钱既不多，由是稍贵。孝武太元三年诏曰：'钱，国之重宝，小人贪利，销坏无已，监司当以为意。'"此一文献指出了并发的金融节制诸严重事态：1.钱制紊乱，无新铸法定铸货供应，反而叛乱集团（沈充）私铸劣币得准公开流通。2.通货膨胀固然刺激物价，相对方面，钱币却也具有推动经济成长、圆滑金融的机能，钱币流通量因之不能减少到最低限度之下。而晋朝当时，正是钱币量不足，钱币流通价格偏高。3.可能南方铜产量不敷需要，人民往往毁熔铜币另铸器物自用或出售，市面铸货愈益紧缩。于是，谷布的交换经济性能，自统一的晋朝到统制力局限于南方的东晋，一贯延续。五世纪初，大臣间且曾有废钱专用谷布的倒退性建议再度提出。所以，无论晋朝或东晋，都可谓一无货币政策。

接续东晋，钱币在南朝四个朝代始终仍是大问题。

五世纪中商人活跃与物资交流的钱币必要度需求，已压迫政府不能不面对现实，着手整理币制，以增加社会上金属通货量。宋元帝元嘉七年（纪元430年）政府创设钱币机构铸造新币发行，系纪元二二七年以来，有记录可查证的官方第一次造币。自此迄于纪元四六五年的三十余年间，新币累有发行，却是币质愈变愈劣。初次铸造已仅四铢钱，以后又有二铢钱，数量虽增，法定价值惨跌。民间对这些新币给以名目繁多的称谓，最薄小的名"鹅眼钱"，堆积一千枚的高度尚不满三寸；较此更劣的名"綖环钱"，系凿开每一枚五铢钱成两枚使用时的外廓部分变形钱币，入水不沉，随手破碎。惟其如此，当四铢钱时便被民间盗铸，随后愈因仿造容易而大量更劣质的盗铸恶币蒙混市面愈多。政府无法禁绝盗铸，纪元四六四年，竟然开放民间私铸钱币，于郡县各设钱署，公开准许人民在署内铸钱，每铸万钱，征纳三千为税收。劣币驱逐良币之门堂堂敞开，于是金融混乱，物价暴涨，斗米万钱，生产者农民蒙受严重打击。第二年，终不得不以"复禁民铸，官署亦废工"，结束此一幕不负责任的政治放浪闹剧。并紧缩通货，颁布惟以前此官铸良质货币为有效的法令，紧急稳定货币价值基准。宋朝政府经过此次教训，货币政策乃回复东晋以前对货币与其流通状态不问不闻的态度。继承宋朝的齐朝，追随了同一路线。

南朝黄金时代是第三个朝代梁武帝治世，江南文化开出绚烂之花，社会安定繁荣，朝廷累次发布农业保护措施的诏令。通货方面，武帝即位之初（天监元年，纪元502年），便以良质的法定新货币五铢钱二种强力发行。自五世纪后半进入六世纪之际的梁武帝以前，劣币充斥，紧缩政策下吸收通货回笼，良质货币又多被民间收藏，流通的还是劣质货币。至梁朝初年，才得因金融调节措置的恰当，以及政府决心，而事态暂时缓和，虽然仍不能禁绝劣币私铸，却已对刺激经济向上收得明显效果。商业交易活泼，长江江面载运量达二万斛的大型货船往来运输物资，社会富裕便于此时期加大力量。

然而，通货问题一时的缓和，并非解决，当货币—商品—货币的经济成长正常态势初步铸定，货币经济效能初步发挥，上层社会醉心于其优雅文化之际，又因通货政策变换而前功尽弃。致命伤系南方的货币铸造原料储产量不足，而货币—商品—货币高度经济发展的平衡力与向上力，通货必须随商品数量的增加而增加，便如此，客观的限制又加上主观的错误，梁武帝普通四年（纪元523年），当尽罢铜钱，通货全面改铸铁钱的大胆政策推行，而出现"人以铁钱易得，并皆私铸"的现象，铁钱价值急速下落，金融再度陷入危险。《隋书》食货志追述："(纪元五世纪三十年代)凡大同已后，所在铁钱，遂如丘山。物价腾贵，交易者以车载钱，不复计数，而唯论贯（每百钱穿串一绳为"贯"），商旅奸诈，因之以求利。自破岭以东，八十为陌（以八十钱当一百之数为贯），名曰东钱；江郢已上，七十为陌，名曰西钱；京师以九十为陌，名曰长钱。中大同元年（纪元535年），天子乃诏通用足陌，诏下而人不从。钱陌益少，至末年，遂以三十五为陌。"铁钱政策完全失败，梁国亡国前一年（纪元556年），再黯然在社会贫富差距拉大与失业众多的背景下，回复通用铜钱。第二年陈朝代兴，已是结束南朝历史的尾声。而南朝谷布货币与钱币同时并用状况，即使梁朝初年经济最繁荣时期也不例外，又从《隋书》食货志记述："梁初，唯京师及三吴、荆、郢、江、湘、梁、益用钱，其余州郡，则杂以谷帛交易。交、广之域，全以金银为货"，以及陈朝"岭南诸州，多以盐米布交易，俱不用钱"，为可了解。

　　北朝情形相仿佛，北魏前期，几乎一百年间无通货铸造，交易全以布帛谷物为基准。迁都洛阳第二年（纪元495年，太和十九年），才第一次发行铸货。而依十年后（纪元516年）的大臣奏文："太和五铢，乃大魏之通货，不朽之常模，宁可专货于京邑"，可知国都洛阳周围以外地域，还是适用布谷货币。而且，铸货如同南朝，滥被仿造盗铸的劣币混杂。纪元五世纪二十年代之末，钱币愈制愈薄小与实际价值远落于法定价值以下的现象，自纪元五二九年一位政论家上奏可以得知："在市铜价，八十一文得铜一斤，私造薄钱，斤余二百。……今钱徒有五铢之文，而无二铢之实。薄甚榆荚，上贯便破。置之水上，殆欲不沉。"

(《魏书》高崇传附高恭之传）北朝分裂北齐与北周时代，仍属相同。《隋书》食货志说明其时私铸之滥，"或以生铁和铜"，流通区之狭，又是"冀州之北，钱皆不行，交贸者皆绢布"。而其时"河西诸郡，或用西域金银之钱，而官不禁"，则是西域通商与西方商人踊跃来华的结果。

综括言之，汉朝异常发达的产业诸形态，魏晋以降，都不能保持稳定的水平。间歇性战乱的破坏—复原循环，一般现象，表明的毋宁乃是产业衰退。惟有商业，于三至六世纪约四个世纪间以突出姿态出现，商人资本势力且得排除汉朝铸定的政治压力。但此期间，货币经济基盘的脆弱，仍是矛盾与冲突。中国商业资本须待隋唐统一国家实现，强力的货币运动抬头，才回复正常轨迹，产业发展也大见开朗。南北朝时代经济关系，因此正与政治情势相配当，性格上属于迎接伟大时代的准备期，或者说，朝向此一方向的过渡形成期。

## 土地国有制从试验到完成

深刻的社会性、经济性动乱，促成强力中央集权的汉朝崩坏，土地大量兼并，农民的土地附着力溶解与自耕农经营面不断收缩。失业流离、饥馑、犯罪等一系列社会不安连锁事态恶化。到政治上人祸因素推波助澜，汉朝便不得不因之支解。所以，土地集中固非汉朝倾覆的直接导因，由土地集中引发的尖锐社会矛盾，以及农民经济破产，却决定了汉朝厄运。

值得注意的，大乱从形成而至初步休止，社会秩序初步回复稳定时，大土地所有的现象非只仍然持续，抑且已固定化。三国以来，随政府统制力衰弱而发达的豪族—世族庄园，面积小者数百顷，大者数千顷以至万顷以上。而其严重性反较汉朝末期缓和，原因为何？答案应在安定繁荣期急速繁孳的人口压力减少。换言之，饥馑、战争中大量人口损失，对紧张的土地问题与其连带反应，反而能在程度上或影响上比较松弛。这层关系，也便是三世纪后重建社会秩序与产业架构得以勉力完成的最大因素之一。

史料依据官府户籍登录，说明后汉大乱形成前（桓帝永寿三年，纪元157年），晋期回复统一后（武帝太康元年，纪元280年），约一百二十年间，天下户口减少至不满三分之一。如此程度的人口数字急速跌落，所减少并非全是因了丧乱而死亡的绝对数，同时也包含相对数的减少，便是说，乃是国家直接支配的人民或"国民"数字减少，而非全系战乱的后果。尽管后一情况损失的人口占有极大比例，亦属必然事实。非因死亡而其户口资料自国家户籍消失，造成有人无籍现象，史书诸传记已明白道出系基于人民藏匿的原因，藏匿理由，则非只逃避兵灾与政府镇压叛乱时无止息的兵役、力役，也为了逃避政府于战乱不断时弥补财政收支逆差所加重的苛酷赋税。相对方面，却又因此愈增多农民逃亡，田地任凭荒废而无税可纳的循环愈转愈大。至重建国家秩序时，脱漏了的户口便难再回复国家户籍，尤其当这些人口转入发达的庄园系统之后。

惟其如此，便注定了一项矛盾关系的存在——

一方面，人口压力与所引起的社会问题已较缓和；

另一方面，经济问题、财政问题、政治与军事上相关连的问题，却都随自由民或所谓编户、良民的减少而发生严重影响。

汉朝时代中国农业社会的基盘，铸定在自耕农经济的独立经营，具有土地使用权者便是土地所有权人，每块土地面积都是非过大而均属自有。固定在每块私有土地上的农民各各受国家直接支配，也各各向国家纳税与服役。国家稳固掌握人（劳动力）与地（生产手段），平衡土地生产力与税收，才是太平盛世与和平康乐社会的理想。

二世纪后经济破产后的实际状况，距离理想显然过巨。已经减少了的人口再因隐匿而愈形减少，其影响为可以想象，便是：国库支应所必要的纳税义务人，编组军队所必要的兵役担当人，以及公共事业如堤防修筑等所必要的劳务提供者等等，数字一律须予降低。魏、晋、南北朝的一般性格，便强烈显示国家不能对人民有力把握，而地方强大豪族与以之演进形成的世族群，不断吸收零星的，却也是众多的小农民入其支配势力。相对方面，直接隶属国家的自耕小农民成正比减少现象，也铸定为三至六世纪各个朝代共通的烦恼。世族固未享有豁免租税的权利，但政府也未具有对大土地所有诸世族适当课税的强制权力，世族生活愈富裕，国家财政愈穷迫。所以，站在国家立场，农民必须全行回复固定到他们自己的土地上，政府主要岁入仰仗自耕农田赋的泉源必须开广，任凭世族发展大土地所有，对国家存在异常危机的趋向必须遏止。及此，三世纪以来，都已被朝廷确认为第一优先的施政重大课题，虽然朝廷自身必须依赖世族支持，仍是矛盾。

所有矛盾或难解的结，都必须解开。三至六世纪间，所以才有历次土地国家化政策的追求，其目的，莫不在于限制土地继续集中，以及企求由国家加大掌握农民。虽然新的土地政策执行，政府对世族还是不能不采行低姿态，政策的不能全面推动，便已说明阻力排除非易。也惟其如此，一直到北魏均田制秩序时代，庄园体制仍与之并存。然而，尝试显然仍具效果，北魏末期官方登录的中国北方户数已至三百四十万，较之三世纪中三国魏国的六十六万户，不足两百年间增加五倍的速率，足供了解并非全出人口自然增殖的原因。抑且，三至六世纪间历次土地改革的实现，无疑也堪认定为中国最早的国有土地制度。唐朝均田制，便直接踏袭北魏均田制而在东亚史上散发无比光辉。

三世纪以后实行的土地改革与土地国有化，最早动议还须推溯到一世纪之末，几乎与曹操成为汉朝权力者同时便成立。汉朝献帝建安元年（纪元 196 年），曹操在各地军阀割据局面形成，而战乱饥饿威胁又相紧逼的逆流中，迎接皇帝至许以置之保护之下，同一年，便接纳谋士枣祗、韩浩建议，于许都周围实行屯田，整理因逃散而失却业主的弃田与荒地，没收归为国有，奖励流亡至此的战灾难民承租耕作。由政府分配土地，贷给耕种所需牛只与谷种，收成时征纳其生产量的六成（持官牛者）或半数（自持私牛者）。此一制度的实现，国家等于资本家与地主，屯田民都是佃户，收入直接成为国家财源与主要岁入。

三世纪初魏国立国的财收基础，便立于屯田政策成功，与之相配当，又是屯田开拓区水利灌溉设施的大力建设。所以，魏国成立期的中原地方，人口与耕地已渐次回复其连系关系。抑且，屯田性质也已扩大区分民屯与军屯两个系统，便是说，除了继承曹操时代遗留以典农中郎将（校尉）——典农都尉为拓殖单位，散在郡县间而与郡县分划职责的民间屯垦业务之外，魏初文帝黄初

（纪元220—226年）中，另行建立以度支中郎将（校尉）—度支都尉为主管的军人屯垦业务。大体上，民屯系统广泛存在于中原地方，且远至凉州（河西）的新疆附近；兵屯则选定对吴、对蜀前线基地设置，军事性质比较强烈，也便以军粮的就地供给为目的，着眼于攻守行军时庞大军队粮食的确保，非如民屯之为支应国家一般财政。魏国第三代废帝正始四年（纪元243年）淮河流域屯田，乃是三国时代最有名的军事屯田，连接淮北、淮南的运河开凿，也是其时最大规模水利工事。设计人邓艾的计划与执行成效，《晋书》食货志有如下说明：

> 令淮北二万人、淮南二万人分休，且佃且守。水丰常收三倍于西，计除众费，岁完五百万斛以为军资。六七年间，可积三千万余斛于淮北，此则十万之众五年食也。……宣帝（司马懿）善之，皆如艾计施行。遂北临淮水，自钟离而南横石以西，尽沘水四百余里，五里置一营，营六十人，且佃且守。兼修广淮阳、百尺二渠，上引河流，下通淮颍，大治诸陂于颍南、颍北，穿渠三百余里，溉田二万顷，淮南、淮北皆相连接。自寿春至京师，农官兵田，鸡犬之声，阡陌相属。每东南有事，大军出征，泛舟而下，达于江淮，资食有储，而无水害，艾所建也。

另一方面，对于郡县行政制度内的一般人民，则自曹操定邺都（纪元204年），制定"其收田租亩（粟）四升，户出绢二匹，绵二斤而已，他不得擅兴发"的赋税准则，转变汉朝个别人身支配的现金人头税制度，而创制以"户"为对象的户税，同在赋税史上具有划期性。

于是，天下耕地被区分两类，其一，国家对人民公开的土地，允许私有，此类农民便是郡县民，每亩粟四升的税额，约当收获量七八分之一（其时粟一亩收成约三斗）。大土地所有者或豪族亦即此一标准。其二，属于国家的屯田地，从事耕作的屯田民租税，较四升毋宁高过了太多，性质已是中国土地国有制度的滥觞。以后经过晋朝、北魏再改造，前一类土地渐次向后一类土地转化完成，后一类农民租税负担又相对减轻时，便已是唐朝的均田法。

三国时代屯田制度非魏国独有，蜀、吴同样存在。国家直接控制小农民的方式，主要从向来的郡县民转变为屯田民，固系战时或战后适应郡县财政困难的临时性措置，但更大原因，还是大土地所有者豪族崛起，政府收入不可能期待已以豪族为中心的社会新构造展开时地方常态赋税。因此，政府一方面正视郡县民减少，包含小农民转移入豪族庇护的现实问题，对郡县新的农村社会作对应改革，改人头税为户税（户调）便依此需要；另一方面，又从新的途径，予土地、农民以直接规划与强力支配，成立国家直营地意义的屯田。

过渡性三国分立，发展到晋朝而中国统一复活，新的土地政策陪伴成立。魏—晋交替前后，民屯先被结束，系统内屯田与屯民各各编入郡县管辖，史料记载，命令的发布共两次，第一次是魏国亡国前一年的咸熙元年（纪元264年），"罢屯田官以均政役，诸典农皆为太守，都尉皆为令长"（《三国志》魏志陈留王奂纪）；第二次则晋朝成立第二年的泰始二年（纪元266年），"罢农官，为郡县"（《晋书》武帝纪）。十多年之后，太康元年（纪元280年）合并吴国，兵屯也以无存在需要，随解除地方武装的行动而废止。盛行于三国时代的屯田设施，至此告一总结。

代之推行的，乃著名的占田·课田法。此一新土地法与土地制度的正式立法并其实行，《晋书》未指明确切年代，仅谓"平吴之后"，是否便是同一年之事固为不知，但表现统一国家复活时的活力，则可以想象。占田·课田制内容以《晋书》食货志的记载而被今日认识。原文是："男子一人占田七十亩，女子三十亩。其外丁男课田五十亩，丁女二十亩，次丁男半之，女则不课。男女年十六已上至六十为正丁，十五已下至十三、六十一已上至六十五为次丁。十二已下六十六已上为老小，不事。"

可以了解，新土地制度下的给田，"占田"无年龄关系，仅男女有别；"课田"则以男、女、老、幼不同而分三等，各各分配一定数额的土地。但《晋书》记录也仅止于此，实际运用的规定未详，尤其"占""课"所表意义，因"一人"与"其外"的解释不明，异论颇多。今日学术界不同的解说：

——第一说，占田与课田，均作为国家授田的解释，占田给与户主，课田给予户主以外的家族①。

——第二说，课田即授田，以丁为对象而强制耕作，占田则对一般民户另外可得占有土地面积的限额，以防止无限制大土地所有现象重见②。

——第三说，国家土地分两种类型，其一，一般人民的自有土地，但已由国家加以限额，谓之占田；其二，由国家给田耕作，

---

① 大塚恒雄《中国畜业经济史概说》，第127页。
② 诚文堂新光社《世界史大系》3.东亚Ⅰ，第144页，中国的大分裂时代，西嶋定生经济章。

则此土地谓之课田。简言之，仍是魏制郡县民（前一种类）与屯田民（后一种类）的延续[1]。

——第四说，同一民户，同时接受两类土地，一是国家授与的自用土地谓占田；一是为国家耕作的土地则课田[2]。

——第五说，占田指国家授与土地的标准，课田便包含在占田之内，指对具有耕作义务者课以税役的这部分土地而言。换言之，适应民户男女家族数而各各不同的土地占有额中，国家于其在限额以内的实际耕作面积不加过问，只规定必须负担租税的面积。《晋书》食货志中"其外"一语，应系后代誊录时因因相循的"其中"笔误[3]。

不论如何，三世纪后半农民耕作土地由国家立法授与，占田·课田之为继纪元初年，王莽空想的土地化私为公以后，中国最早的土地国有形态，意义当可认定。其立脚点便自三国屯田延伸，并接受其经验，也充分明了。授与土地非向大土地所有者剥夺而系战时农民放弃耕作形成无主状态的荒废地，便与三国屯田相同。占田·课田制度之下，值得重视的特性，土地均分只是授田，并非以还为必要。农民经分与土地后，土地即永久归为自有，不必归还政府，也未附着其他特定条件。相对方面，政府又承认人民对受领土地的私有权。所以，实质上，占田·课田尚不能被视为完全的土地国有制度，立法精神系以确定土地私有的最

---

[1] 人文书院版《世界历史》4.东亚历史，第84页，第一部，日比野丈夫《中国世界》；第379页，第二部，佐伯富《中国经济》。

[2] 苏联科学院《世界通史》，东京图书版，日译本中世1，第29页。

[3] 诚文堂新光社《世界史大系》3.东亚Ⅰ，第144页，中国的大分裂时代，西嶋定生经济章。

高限度为重心。

晋朝土地政策，占田·课田并不代表其全部，相与配当，同时又是租税法的制定，以及限制王公、官吏土地所有额与被庇护人所有数的规定。从后一制度，晋朝土地政策的立法旨趣尤可显而易见。

晋朝"户调之式"新制度，改变汉朝人头税而以"户"为单位，又改现金为实物征收，蹈袭的都是魏国先已转变了的轨迹，而由曹操时代的行政命令予以法律化。《晋书》食货志对此一租税法的说明："丁男之户，岁输绢三匹，绵三斤。女及次丁男为户者半输。其诸边郡或三分之二，远者三分之一。"可知标准系依附占田·课田法而相表里，解释因之也同样颇有异说。而且关于田租部分，今日尚不明了，虽然也有踏袭三国魏国，仍是每亩四升的学术界考定[1]。或者，依《初学记》引《晋故事》逸文，农民耕作课四五〇亩的税负，除户调外，明记征收租四斛，而推算为每亩八升[2]，却是占田之租依然不明。

官品占田·限客制才真正自晋朝而创制，反映的背景，应系豪族土地兼并与小农民没入庄园现象已严重到非以国家力量限制不可的阶段，虽然晋朝皇室自身同样由豪族蜕化。内容曾被详细收录入《晋书》食货志的此一制度，主要精神在对已参与政治的豪族群所占有土地与所支配人民，限定到一定的数额上，必须法律所允许庇荫的人、户数字内，国家才承认可以免除课

---

[1] 诚文堂新光社《世界史大系》3. 东亚Ⅰ，第153页，中国的大分裂时代，西嶋定生经济章。

[2] 诚文堂新光社《世界史大系》3. 东亚Ⅰ，第154页，中国的大分裂时代，西嶋定生经济章。

税与劳役。但相对意义，也是承认此一部分土地、人民的归豪族私有。同时，国家对适用官品占田・限客制的政府官员，已无俸禄给与，换言之，正式取消了汉朝的百官俸给制，而回复到近似的古代封建。

**晋朝官品占田・限客制**

| 品位 | 占田面积 | 荫庇 |||
|---|---|---|---|---|
| | | 荫人 || 荫亲属 |
| | | 衣食客数 | 佃客数 | |
| 一 | 50顷 | 均三人 | 均50户以内 | 1. 各以品之高卑，荫其亲属，多者及九族，少者三族。<br>2. 宗室、国宾、先贤之后及士人子孙，亦如之。 |
| 二 | 45顷 | | | |
| 三 | 40顷 | | 10户 | |
| 四 | 35顷 | | 7户 | |
| 五 | 30顷 | | 5户 | |
| 六 | 25顷 | | 3户 | |
| 七 | 20顷 | 均二人 | 2户 | |
| 八 | 15顷 | | 均一户 | |
| 九 | 10顷 | 一人 | | |

所以，晋朝新土地法，从理论说，乃是分由三个角度制订，三位一体所构成连锁的、完整的法网。虽然所有规定是否全能实行，史学界颇表示怀疑，但政府对法定限额以外的豪族土地与人民支配已非绝对承认，其意志表达则堪认定。执行时效果问题，或者说，法律上否定事项未能达成时的容忍，则又显示为对于已形成的豪族庞大社会势力，不得不予迁就或让步的历史注脚。

即使如此，即使晋朝朝廷仍须依仗豪族支持才能稳定政权，而土地改革不得不向豪族低头，三世纪后半武帝在位期间产业成长与人民纳税额增大，绩效也已显见。《晋书》食货志于说明占田·课田制、户调制、官品占田·限客制三位一体新土地法后的总结，便是："是时天下无事，赋税平均，人咸安其业而乐其事。"

却是至武帝去世，第二代惠帝继位，内乱爆发，新土地法亦随晋朝政权的崩坏而停顿，实行仅约二十年。然而，占田·课田法的历史地位已经不可磨灭，后继朝代循此进步到授田附着还田的手续，土地不准买卖，人民仅有使用权而无所有权时，真正的土地国有制成立。具体而言，北魏—唐朝均田制，直接便以晋朝占田·课田法为母胎。

土地国有理论与实际的继续发展，在于再分裂时代的北方，而非名义上继承晋朝的东晋与后续南方朝代，为堪注意。南方较之北方其时尚属地广人稀的客观情势，土地国有制成熟条件原应占有优势，事实为何恰相倒反？原因为容易了解。东晋朝廷依赖豪族力量才能在江南恢复，江南广大肥沃的土地，以及山岳河泽、森林原野等资源，因人稀而便利于豪族的占有，朝廷权力微弱，即使占田课田制空壳，东晋与后续的南朝因此都不能维持。如《宋书》武帝纪东晋安帝义熙七年条便明言："（晋）中兴以来，治纲大弛，权门并兼，强弱相凌，百姓流离，不得保其产业。"《隋书》食货志通论江南政权经济状况，记录东晋时代限客制修正案时，主体所在的官品占田制也未见存在。即使关于"限客"，东晋初年陶侃"家僮千余"，东晋末年帮忙野心家桓玄造反的不名誉世族之一刁逵"奴婢数千人"等实例，又否认其效力而使法律成为具文。

于是，北方环境，相对的反而显得有利。四世纪北方农民大量死亡、流离、隐匿，或随东晋政府移动到南方，无主土地或荒废地不断出现，人为因素制造了与南方地广人稀类似的条件。虽然此期间北方豪族如同南方进行兼并，但世族只是北朝朝廷携手者而非支持者的性格，至少对土地改革的牵制力便较小。

四世纪九十年代，北魏自后燕接收中原领土，以及建都平城与强制移民充实新首都周围时代，曾配合京畿地区成立而实行"计口授田"。对京畿移住民，由政府按人口数给与耕牛与土地耕作，所谓"天兴初，制定京邑，东至代郡（今山西省大同县东），西及善无（今山西省右玉县南），南极阴馆（今山西省代县西北），北尽参合（今山西省右玉县北），为畿内之田。其外四方四维，置八部帅以监之，劝课农桑，量较收入，以为殿最"（《魏书》食货志。按：《魏书》地形志、食货志地名，均系北魏分裂后制度，与魏初不符。分裂前无代郡建置）。此一伟大的复耕运动，系北魏初期的重要农业政策强力指导下的农业生产力最初增强。但迄于五世纪前半北魏农业规划，史料指示，也止限于京畿周边地区。以外地区，仍属庄园势力，而有孝文帝太和九年（纪元 485 年）划时代的全国性均田法发布。

五世纪八十年代北魏朝廷依于合理分配土地与扶植失业农民的要求创制"均田"，《魏书》记录提议集团代表人李安世的发言："时民困饥流散，豪右多有占夺，安世乃上疏曰：'欲使土不旷功，民罔游力，雄擅之家，不独膏腴之美；单陋之夫，亦有顷亩之分。所以恤彼贫微，抑兹贪欲，同富约之不均，一齐民于编户……今虽桑井难复，宜更均量，审其径术，令分艺有准，力业相称；细民获资生之利，豪右靡余地之盈。'高祖（孝文帝）深纳之。后均田之制起于此矣。"（李安世传）迨太和九年，孝文帝乃正式颁布诏书："朕承乾在位，十有五年。每览先王之典，经纶百氏，储蓄既积，黎元永安。爰暨季叶，斯道陵替，富强者并兼山泽，贫弱者望绝一廛。致令地有遗利，民无余财，或争亩畔以亡身，或因饥馑以弃业，而欲天下太平，百姓丰足，安可得哉。今遣使者循行州郡，与牧守均给天下之田，还受以生死为断，劝课农桑，兴富民之本。"（孝文帝纪）于此可概见均田制实行的动机与理想。而李安世其人，堪注意自身又便是开明世族。

均田制在中国史上与东亚史上，同具重大意义。中国自五世纪末至八世纪半诸朝代实行国家分配土地制度，均田法都是根本大法。于此期间，此制度也程度不等地影响朝鲜半岛、日本、越南等中国周边诸国家。所以，中国均田制非单纯的中国问题，而是广义的东亚史上共通问题，近数十年已发展为东亚学者热门研究对象。特别关于赋税—财政制度，以及均田制下与土地收授相关诸问题的探求。

关于均田制立法，以《魏书》食货志对此著名的史料详予收录，得供今日研究依据。魏收编纂《魏书》，时代在于分解北魏的两个后继朝代之一的北齐（纪元550—577年），早年的政府公职又便在北魏时代。所以，北魏均田制可谓魏收亲身目睹，所有自此通三百年的农业立法记事，如规定授田的法令与诏书，以及有关土地收授的行政过程等，都可确信具有至高价值。《魏书》对均田制内容的说明：

——土地的受与还，年龄基准分别为十五至七十岁（死亡同于年老）。男女无年龄区分而有受田面积多寡的差别。

——国家对人民授田，分耕地（露田，播种谷物）、工艺作物地（桑田，麻田，栽培特用作物）、居宅地（园宅地）等三种类。

——授受的主体土地乃是露田。正田之外，加以相等面积的倍田（隔年一耕的耕地，再加倍授与）。正田课税，倍田不必，供保有之为休耕地或子孙成长时充桑田之用。

——桑田于正田同时，别由政府分配给予。但受领对象仅限男子，也限种供养蚕的桑树，以及少量建材用与药用的榆树与枣树，禁植谷物。此等田地毋须归还政府，承认其为世业田而允许私有与自由买卖。非养蚕地区只给种植榆、枣地一亩。

——麻布地区额外配给麻田，例依正田。

——奴婢、耕牛的所有者，以劳动生产力与纳税力增加，耕地亦陪伴加给。受与还，依奴婢、耕牛数字的增、减。

——合家仅有老幼残废人口时，给田只各为定额的一半，但不必还田。

| | 项目 | 男夫 | 妇人 | 奴婢（无限制） | 丁牛（限四头） | 诸民年及课(十五岁)则受田，老免(七十岁)及身没则还田。奴婢、牛，随有无还受。诸还受民田，恒以正月。若始受田而身亡，及卖买奴婢、牛者，皆至明年正月，乃得还受。诸有举户老小癃残无授田者，年十一以上及癃者各授半夫田(即20亩)，年逾七十者，不还所受。寡妇守志者，虽免课，亦授妇田(即20亩)。 |
|---|---|---|---|---|---|---|
| 北魏均田制 | 露田(正田) | 40亩 | 20亩 | 依良丁(即每口如夫40亩) | 每头30亩(最高额120亩) | |
| | 倍田 | 同上 | 同上 | 同上 | 同上 | |
| | 桑田 | 20亩 1.通入倍田分 2.世业，身终不退，得卖买其盈、不足 | × | 20亩 | × | |
| | 麻田(麻布之土别给) | 10亩 | 5亩 | 依良(10亩) | × | |
| | 园宅地 | 三口1亩 | | 五口1亩 | × | |

北齐：1.年十八受田，年六十六还田。
2.露田男80亩，妇40亩，奴婢依良人。但奴婢受田人数有限制，自亲王三百人，迄于八品以下至庶人六十人有差，限外不给田。丁牛一头60亩，限止四牛。
3.桑田20亩，永业。不宜桑者改给麻田，如桑田法(修改北魏别给麻田而须还田制)。
4.无倍田与园宅地规定。

北周：原订人口十以上宅5亩，九口以上4亩，五口以下2亩。有室者田140亩，丁者田100亩。武帝保定二年(纪元562年)改丁男、中男、永业、露田，皆遵北齐之制。其园宅率三口给1亩，奴婢五口给1亩。

——耕种土地之外的园宅地，有奴婢时亦比例增加。

对北魏均田制的了解，最大缺憾，乃世族大庄园如何处置，并无文献资料可以查证。抑且，均田立法并施行之于实力派北族与汉人世族能有多少束缚力，亦属疑问。从《魏书》中累见不鲜权贵们拥有广大田土、奴仆，与其养尊处优的奢侈生活记录，可以认识，此项法律的施行范围，对于诸王、世族的所有地大庄园为除外。换言之，均田制土地国有的原则，系在尊重大土地所有者既得权益的情况下才确立，非以剥夺或均分庄园已占有土地为目的，而系预防庄园土地的再扩大。这是可以猜测的方向之一。

方向之二，均田法可能并未推行到全国，而仍是局部的，从而世族庄园还是超脱于均田法效力范围之外。

方向之三，又可作如下推定：均田法中奴婢、耕牛比照受田，表面理由虽系适应加大了的劳动力需要，实质便具有对大土地所有的承认或妥协意味。不惟此也，耕牛限定最高额四头，奴婢数字却无限制规定，土地仍可循增加奴婢的途径无限制增加，此非制订法律时的疏忽，而是有意敞开的漏洞。便是说，均田法从理论上说，乃一体适用于诸王、世族，但却可依奴隶所有弹性适应与解释土地所有现状，而使之合法化。

不论北魏均田制的推行系局部地区抑或全国，也不论世族庄园是否立于均田制约束力之下，至少，北方土地集中现象与贫富不平等发展的得以缓和，则可肯定。也惟其定着农耕获得奖励，国家经济力从而增大，北魏自此呈现了前所未有的好景。六世纪前半以后北朝朝代变换，均田制内容虽有修正，原则不变。到隋唐统一中国，均田制又在既有的基盘上再形光大。

## 农村社会生活秩序大变革与租税制度再编定

晋朝占田·课田制与北魏均田法，系谱都与曹操屯田相连接。关于租税制度，占田·课田制系以曹操时代的郡县民税制与屯田精神并合运用，均田制才自郡县赋税立脚点迈出一大步。所以，曹操时代与北魏中期，乃系三世纪以来对汉朝税制的前后两次连续性大改革。

力役（劳动赋税）、人头税、财产税、田赋，乃是汉朝税制的基本，由此而国家对农民作直接的人身支配。此种性格最早变革，便是汉末曹操于傀儡皇帝献帝时代，田租—户调的制度，简称则"租"与"调"，此外所有征收一概废止。详言之：其一，当时屯田系统以外郡县民的田租，自汉制以收获量一定成数的课征准则，改变为依凭土地面积定额征收。其二，汉朝成年男女的算赋，未成年者的口赋，都是人头税，以家户之内的"人"为课征对象，所缴纳又为现金（钱）。曹操时代，一律改以家户为单位，课征对象由人转换为"户"，纳钱也改变为缴纳现物。凡此转变，通常都以建安九年（纪元204年）判定为开始的年份。但也有往前推移，认为至少建安四年（纪元199年）户调便已实行的意见[①]。

改变为不得不然。关于田租，国家此一主要财政收入，以农地荒废而急激减少的结果，惟有大胆扬弃岁收每年浮动的定率税，而硬性规定每亩每年定额税，抑且，每亩四升的数字，较之汉朝卅税一或十五税一，都要高过太多。关于户调，合并税目统

---

① 诚文堂新光社版《世界史大系》3. 东亚Ⅰ，第153页，中国大分裂时代，西嶋定生经济章。

一征收固可表现其革命性，改以户为征收对象，却已反映国家不能直接把握人民的事实，也以其非人身支配，便愈容易任凭"人"的逃匿。现物缴纳，又是币信与货币价值跌落，以及向自然经济倒退的对应。

晋朝统一期间，土地制度与租税制度的关系上，仍是追随三国时代，"户调"便被正式立法。以后南朝诸朝代与北魏前期，也同样踏袭户调式为税课模式。虽然课征标准历朝都有修正。南齐户调三分之二取布，三分之一收钱，布一匹规定价格四百钱（纪元486年），第二年又立布、钱折半之制。户调部分收纳钱币的变化曾被历史界注目，认系南齐钱货流通圆滑的说明。然而，尽管如此，四百年间户调制度的原则不变，原因还是关系国家克服人身支配的困难。

户口问题是三至六世纪亘于全时代共通的最大困扰。户籍逃漏与人口数字所以自户籍上减少的原因，史学界的归纳说明，往往仅强调之为逃避国家税役，也因此而形成国家与豪族（世族）争夺人民，或者说，国家编户转移为豪族私人领户的趋向获得鼓励。如此解说，似嫌不够。因为，受庇护于庄园固无须对国家纳税与服役，相同的义务却仍须移向主从关系所系的豪族（世族）。惟其如此，历史上的"南北权豪竞招游食"现象，是果而非因，主要原因，应系国家加诸人民的税负与力役过重所造成。

魏、晋以后租税愈益偏高，依《隋书》食货志记述东晋制度可知："其课，丁男调布、绢各二丈，丝三两，绵八两，禄绢八尺，禄绵三两二分，租米五石，禄米二石。丁女并半之。男女年十六以上至六十为丁。男年十六亦半课，年十八正课，六十六免课。女以嫁者为丁，若在室者，年二十乃为丁。"参证《晋书》食货志：成帝咸和五年（纪元330年）"始度百姓田，取十分之一，率亩税米三升"；孝武帝"太元二年（纪元377年），除度田收租之制，王公以下口税三斛，唯蠲在役之身。八年（纪元383年）又增税米口五石（石，同斛）"。了解东晋田租定额一度曾较曹魏时代降低，但随后定额课征对象便向户调统一，由"田"改为"丁"（即《晋书》所谓"口"），税额又急剧提高。东晋以后的南朝，租税法资料残留迄今不完整，但如"年满十六，便课米六十斛，十五以下至十三皆课米三十斛。一户内随丁多少，悉皆输米"（《宋书》徐豁传）等记录，仍可自诸史书列传见之。

江南政权支配下的人民，非只税负苛重，抑且不平，《隋书》食货志说明："晋自中原丧乱，元帝寓居江左。百姓之自拔南奔者，并谓之侨人。皆取旧壤之名，侨立郡县，往往散居，无有土著……列州郡县，制其任土所出，以为赋税。其无贯之人，不乐州县编户者，谓之浮浪人，乐输亦无定数，任量准所输，终优于正课焉。"便是说，北方渡来侨人与其后裔，虽不能免除租税，却也不必依制度缴纳。租税法只严格适用于南方土著纳税人，而且是绵与禄绵、绢与禄绢、租米与禄米的双重税收，至于出现下述现象："山阴一县，课户二万，其民赀不满三千者，殆将居半……凡有赀者，多是士人，复除。其贫极者，悉皆露户役民，三五属官，盖惟分定。百端输调，又则常然。"（《南齐书》陆慧晓传附顾宪之传）相对方需，也便是土断法所以被抵制的原因。

关于力役，《隋书》食货志记载东晋法律明文："其男丁，每岁役不过二十日，又率十八人出一运丁役之，其田亩税米二斗。"而此一以东晋官方文书为依据的记录，却被《晋书》所收录四世纪后半一位官员上疏指陈："古者使人，岁不过三日，今之劳扰，殆无三日休停"之言所否定（范宁传）。虽然范宁传所指可能仅是一时现象，不足概括全时代，但南方政权统治区内的力役逾度，亦堪认定。

因苛税繁役而导致百姓流亡、编户减少的情况，终于通东晋—南朝三百年不绝。"今政烦役殷，所在凋弊，仓廪空虚，国用倾竭，下民侵削，流亡相属。略计户口，但咸安已来，十分去三"（《晋书》刘波传）；"年及应输，便自逃逸，……或乃断截支体，产子不养"（《宋书》徐豁传）；"百姓不能堪命，各事流移，或依于大姓，或聚于屯封"（《梁书》贺琛传）等记录，便不绝于史。而其结局，政府对应手段只能出之于不断所谓"搜检"，《晋书》叙述东晋时代，干练的地方官往往"出口万余""检获隐匿者三千人"等，以及高压，用严厉的法律制裁逃亡，如宋朝的"立吏民亡叛制，一人不禽，符伍里吏送州作部"；齐朝的"一人逃亡，阖宗捕逮"，正已显示了南方政府对此问题的一筹莫展。

分裂北方的五胡时代，并非全时期如被渲染的黑暗时代自须认识。石勒、李雄、慕容廆、苻坚等，都能重视地力的恢复，努力奖励农业，税法精神则仍以晋朝法律为立脚基石，重税也不输于南方为可想象，只是资料欠缺，详细情形不明了。而史料记载特详，则是"百姓苦役"。关于治水灌溉公共事业，自为农业生活与增产共同利益所必要，但五胡时代无休止的建设工事与人民劳动赋役对象，主要已非在于此，而转移到了权力者个人享受，换言之，浩大土木工事只为满足支配者的豪奢狂欲望。《晋书》中的石虎便是个代表性例子——

——于邺正南，投石于河，以起飞桥，功费数千亿万，桥竟

——起河桥于灵昌津，采石为中济，石无大小，下辄随流，用功五百余万而不成。

——发近郡男女十六万，车十万乘，运土筑华林苑及长墙于邺北，以烛夜作。起三观、四门，三门通漳水，皆为铁扉。暴风大雨，死者数万人。

——盛兴宫室于邺，起台观四十余所。

——于襄国起太武殿，于邺造东西宫。太武殿基高二丈八尺，以文石绰之，下穿伏室，置卫士五百人于其中。东西七十五步，南北六十五步。皆漆瓦、金铛、银楹、金柱、珠帘、玉壁，穷极伎巧。又起灵风台九殿于显阳殿后。

——发雍、洛、秦、并州十六万人，城长安未央宫。

——又发诸州二十六万人，修洛阳宫。

同时，相互侵略与不断战争中大规模军夫征发，又授人强烈的残酷印象，仍以《晋书》石季龙（虎）载记中所见为例："将讨慕容皝，令司、冀、青、徐、幽、并、雍兼复之家，五丁取三，四丁取二"；"又敕河南四州具南师之备，并、朔、秦、雍严西讨之资，青、冀、幽州三五发卒，诸州造甲者五十万人"；"征士五人，车一乘、牛二头、米各十五斛、绢十匹，调不办者以斩论，将以图江表"；"建元初，既将讨三方，诸州兵至者百余万"。

因逃避课、役而户籍瞒漏的现象，所以北方并不比南方缓和。四、五世纪之交五胡末期慕容氏在山东省地方立国南燕，大臣上疏有言："百姓因秦、晋之弊，迭相荫冒，或百室合户，或千丁共籍，依托城社，不惧熏烧，公避课役。今宜隐实黎氓（萌），正其编贯。"（《晋书》慕容德载记）朝廷接纳其言而派出使者巡行郡县的结果，查出逃漏家户的数字是五万八千。

类似的情形，同样存在于统一北方的北魏，五世纪后半北魏第七代献文帝时代，尚见河北、山东五州之地，一次查出（所谓检括）十余万户漏户的记录。北魏中期而仍有如此众多户口自政府户籍中逃漏，情况可谓严重，次代孝文帝均田法诏令发布前十多年的延兴三年（纪元473年），也还曾派遣使者分赴各地检括户口。惟其如此，均田制实现前后，乃有中国社会史与经济史上另一划期性大事，并且深远影响后代的"三长制"立法，以及所附着的新的租税制度，配合均田制推行。

《魏书》食货志说明："魏初不立三长，故民多荫附。荫附者皆无官役，豪强征敛，倍于公赋。（太和）十年，给事中李冲上言：'宜准古，五家立一邻长，五邻立一里长，五里立一党长，长取乡人强谨者。邻长复一夫，里长二，党长三。所复，复征戍，余若民……'高祖（孝文帝）从之，于是遣使者行其事。乃诏曰：'……自昔以来，诸州户口籍贯不实，包藏隐漏，废公罔私。富强者并兼有余，贫弱者糊口不足。赋税齐等，无轻重之殊；力役同科，无众寡之别……今革旧从新，为里党之法。'"三长制建议人李冲的传记又补充指出："旧无三长，惟立宗主督护，所以民多隐冒，五十、三十家方为一户。（冲）创三长之制……"可明了其时户籍混乱与隐匿的程度，以及为何建立三长里党之法的原因。

北魏三长制成立的重大意义，系汉朝古代乡制破坏后维系社会秩序的承先启后新构筑、新组织重建完成——

汉朝农民社会基盘，乃依农民生活需要自然形成而称之"里"的村落，结合"里"又有"乡"的上层构筑，乡里间则中介立于治安要求而虚级的"亭"。一般自耕农，便以乡里组织维持生活秩序，汉朝政府也便经由郡县通过乡里自治体而支配社会基层分子的自耕农。乡由乡民推举三老为自治体核心，另以官方派遣的乡啬夫等辅佐，推动的主要行政事务便是户籍编定与租税征收。所以，由乡吏与三老并置，可了解"乡"的机能，一方面是最高自治单位，另一方面也是最基层的行政单位。以后三老渐次虚职化，任务局限到名誉性质的教化，终于经过分裂的混乱期而至晋朝时，乡已只存在乡吏，三老名义从制度上消失。

　　大动乱与农民大流亡潮展开期间乡制的转变，起因于强力的豪族势力通过乡吏触手而向乡里浸透，自治组织于是逐渐变质由地方豪族控制，终局则豪族与在此基础上发展形成的世族，便利用此一变质了的原乡里自治体与国家对抗。啬夫等名目虽仍存在，制度上也仍自郡县派出，实际却成了豪族—世族的利益代办者，而古代乡制全行破坏，以世族为中心的变貌社会构筑成立。东晋—南朝时代，也共通立于此一形态。北方固有乡里制度的破坏痕迹愈见鲜明，以五胡战乱期间为巅峰，豪族集团以宗族携手为中心，结合非血缘者而愿意接受庇护的广大群众，共同拥立领导宗族之主为"宗主"，一集团一集团地各各立堡筑坞，实行乡村自卫，担当维持地方秩序与警备外侮的责任。既存势力一直延续到北魏中期，所以《魏书》李冲传仍有"宗主督护"的说明。北方社会宗主制度的容许存在，具有对于向来的豪族—世族势力予以承认意味，其结果，反朝廷的私的庇护关系，追随南方形态而愈益扩大，也因之如同南方潜伏了抗拒国家的严重危机，大土地所有膨胀形势无限制发展。

　　北魏三长制立法与实行，与防止豪族—世族继续集中土地的均田制相与表里，从根本上予村落制度以大改革。便是说，用国家力量，压迫宗主制解体，强力扭转参加宗主庇护关系的户口，导引改入国家直接支配。

三长制基本精神，在于彻底整理无户籍与自国家户籍中脱落了的户口，强化农村编组制度。《魏书》食货志说明制度内容，如前引"五家立一邻长……"，以视汉朝"里"的自然结合，可知性质已全行异趣。三长制新组织法的出发点依于国家行政需要，由国家力量集合一定户数而予编组，邻、里、党三阶段组织层层统制，如手之使指，干之总枝，连接一体而相互负连带责任。简言之，北魏三长制村落制度，已是"行政村"性格，一种扬弃了古代自然性结合的全新形态的村落制度。

只是，北魏此有名的三长制创始年代，却为史学界留下疑问。《魏书》高祖纪与李冲传都明载为太和十年（纪元486年），亦即均田法发布的第二年。但今日学者也注意到均田制提议人李安世传转录其建议奏文中，有"州郡之民……三长既立，始返旧墟"之语，因此，怀疑三长制立法，系在均田制之前而非其后。均田制计口授田，又必须以详密的户籍统计为前提，所以高祖纪与李冲传所记三长制实行年代可能错误，或者，均田制、三长制两个年代被倒易。不论如何，均田、三长两项制度乃是相辅相成，前后实施时间衔接为可断定。三长制的目的，乃在户口调查与租税征收，帮助均田法建制而发挥国家内政与财政的机能。所以《魏书》大书太和十年二月，初立党、里、邻三长，定民户籍，而十二月得以在此基盘上，分置全国三十八州。北魏原先百官向无俸禄，太和八年（纪元484年）才由国家在专案增征租税方式下"始班俸禄"，断然禁止再行犯赃。而俸禄制的推行成功，又须依三长制提供保障。

三长制实况，以二十世纪初英国人斯坦因（Aurel Stein）与法国人伯希和（P. Pelliot）自敦煌藏经洞携出年代自四世纪迄于十一世纪的大量古文书、古写本中，颇多与均田制、户籍、税制相关连。其中斯坦因获得纪年西魏大统十三年（纪元547年）载于佛典纸脊的敦煌一家族集团户口、田土计账，非只说明敦煌地方推行均田制，也成为介绍北朝均田制与户籍制度实情的珍贵资料，虽然西魏已是北朝分裂时代，文书登录内容所显示，敦煌无倍田，以丁男给正田二〇亩，麻田一〇亩，丁妻正田一〇亩，麻田五亩为基准[1]，又知北朝均田制实施时尚存地方性区别。均田制以前，现存中国最古的户籍资料同系自敦煌发见，五胡时代西凉建初十二年（纪元416年），敦煌郡敦煌西宕乡高昌里户籍残册，详记居住地诸户户长，家族姓名与丁男、女口等统计数字。[2]

关于三长制租税制度内容，《魏书》食货志的记载是："其民调，一夫一妇帛一匹、粟二石。民年十五以上未娶者，四人出一夫一妇之调；奴任耕，婢任绩者，八口当未娶者四；耕牛二十头当奴婢八。其麻布之乡，一夫一妇布一匹，下至牛，以此为降。大率十匹为公调，二匹为调外费，三匹为内外百官俸，此外杂调。民年八十以上，听一子不从役。孤独癃老笃疾贫穷不能自存者，三长内迭养食之。"北魏前此近百年所蹈袭晋朝的"户调"，至此阶段终于放弃，课征对象自中国租税史上再一次转变，由户

---

[1] 崛敏一《均田制与古代帝国》，筑摩版《世界历史》6. 东亚世界的变貌，第19页，文件的详细分析参阅池田温《均田制》，河西边境地带实施的均田制一节，学生社版《古代史讲座》8. 古代的土地制度，第151—162页。
[2] 诚文堂新光社版《世界史大系》3. 东亚Ⅰ，第147页，中国的大分裂时代，西嶋定生经济章。

推移到以一夫一妇为基本单位，便是所谓"床调"。

　　床调制的施行，意义至为深长。《魏书》食货志说明北魏户调时代："太和八年，始准古班百官之禄，以品第各有差。先是，天下户以九品混通，户调帛二匹、絮二斤、丝一斤、粟二十石。又入帛一匹二丈，委之州库，以供调外之费。至是，户增帛三匹、粟二石九斗，以为官司之禄。后增调外帛满二匹。"而户调转变床调时，课额减轻已为显见，较之户调一家一户或三十家、五十家一户同其课额，也公平合理。最为重要的，国家以一夫一妇单婚家族为规准而予掌握，朝向汉朝小农民个别支配复活的理想，明确迈出了一大步。

　　问题似乎仍随大混乱形成以来的方向，存在于力役。北魏前期征发民力的残酷，视五胡、东晋应不能例外。均田制、三长制建立当时，有关典章齐备，惟独力役制度的规定，今日为不明了，是否故意含糊规避抑或遗漏，固不易猜测，服役的仍然频繁则可以想象。三长制实行仅约十多年后，孝文帝次代宣武帝时代或五至六世纪之交，仍出现"比年以来，兵革屡动。荆、扬两州，屯戍不息；钟离、义阳，师旅相继；汝、颍之地，率户从戎；河、冀之境，连丁转运。……死丧离旷，十室而九，细役烦徭，日月滋甚"（《魏书》卢昶传），而"兵士役苦，心不忘乱。故有竞弃本出，飘藏他土；或诡名托养，散在人间；或亡命山薮，渔猎为命；或投仗强豪，寄命衣食"（《魏书》孙绍传）的记录。这便说明，国家掌握户口的努力已面临考验。力役制度的不健全，三长制裂开了溃坏大缺口，户口继续逃漏，均田制效果蒙受严重损害。政府头痛医头，脚痛医脚的办法，迫不得已还是走上搜括老路。北魏分解东、西时代，东魏的一次大规模搜括行动（年代依《魏书》系东魏最末一代孝静帝武定二年，纪元五四四年，依《隋书》食货志所指"元象、兴和之中"，则纪元五三八至五三九年)，成绩赫然是"凡获逃户六十余万"，户口回复逃匿的严重性可见。

结束北朝最后统治的两个朝代之一，西魏—北周仿效古代周朝改革国家制度时，力役制度的漏洞终被填塞，"司役"专官由此成立，《隋书》食货志详述西魏时代力役："凡人自十八以至五十有九，皆任于役。丰年不过三旬，中年则二旬，下年则一旬。凡起徒役，无过家一人。其人有年八十者，一子不从役，百年者家不从役。废疾非人不养者，一人不从役。若凶札，又无力役。"北周时代，再作"依周制，役丁为十二番，匠则六番"，以及"十八以上为丁，丁从课役，六十为老，乃免"的补充与修正。

于是，配合均田制田地分配与三级制行政村制度，课、役征收的体制也已全行建立。西魏—北周课税基准固然仍如北魏为床调，但便以户籍计账与课、役制的共同整备，已使隋唐统一国家恢复以个别农民支配为基轴的均田制与租、调、庸制度，提早在北朝末期先已铸定方向。到隋朝，床调断然改还丁调，国家完成对个别人身的人丁把握。统一大帝国隋唐，屹然以巨大雄壮的伟姿出现于世界史。

# 四百年转型
# 过渡期文化

## 六朝文化根源的老庄思想与"清谈"

魏、晋、南北朝四百年间，尤其南方六朝，政治史上尽管被指为低潮时代，文化史上却大放异彩，以耀目光辉表现为时代特色。汉朝占学术最高地位的儒学权威于此期间失坠，思想上引发了巨大的解放运动。宗教方面，佛教意识在知识分子与平民阶层间共同生根而展开信仰，道教也于同时期确立其宗教体系。文学与艺术，摆脱儒家理论束缚，朝向全新的、独立的方向发展。六朝文化新的思想，新的生活方式，新的风俗与流行，新的文学与文艺意境，已在中国文化史上铸定其独有的位置。

抑且，此一政治上分裂的时代，从三国到南北朝，中国的统一性被破坏固为不幸，但就中国文化发展的观点而言，却是个不断向外膨胀的伟大时代。分裂形成各别的文化中心，各各分头担当了中国文化传播与外延的历史责任。东亚文明之母的中国，便于此一时代，文化弘布周围外国呈现前所未见的速度与效率，特别是三国魏国势力的向朝鲜、日本输出，以及南朝诸朝代之于朝鲜半岛南部国家与日本列岛大和朝廷育成所需文化力量的支应。中国为中核的东方文明圈一系列国家，便是三至六世纪塑立定型。

惟其如此，此一中国分裂期间，非只不能与中古欧洲"黑暗时代"相提并论，部分史学家以东晋以后江南朝代的文化史地位比拟之为拜占庭东罗马帝国，也不相同。拜占庭文化固然保存并创新希腊文化，但承先而未启后，对西方文化不存在如六朝文化的汉朝—六朝—唐朝间连锁环节意义。站于此一立场，六朝文化毋宁在世界文化史上具其独特地位。

二、三世纪之交汉朝末年分裂时代来临，陪伴内在矛盾的激化，汉朝文化指导精神儒家思想被蔑视，乃是中国文化史划期性大事。古代儒学理论支柱的人伦道德，追求人与人相互间身份秩序，所谓"礼教"。知识分子受儒家精神的名分意识与道德观念强烈支配，个人操守的"名节"特被重视。然而，过分重视道德与提倡名节的结局，容易挤入偏激、作伪、矫情，以及无视于才能的窄门。不幸，如上现象都在二世纪后半铸定。知识分子反宦官斗争社会运动轰轰烈烈兴起，只是盲目冲动而无建设性主张，其制造政治混乱与加大政治危机，较宦官之祸并无实质区别。也以党锢之祸名教运动的弹压，而汉朝儒家精神弱点与所导引严重副作用，暴露无遗。

未五十年，指导力权威已急速后退的儒家传统，再一次遭受无情打击，便是以"建安"为年号的曹操成为汉朝权力者时代。曹操出身于儒家标准资历的"孝廉"，也无意否定儒家思想存在价值，当他权力高涨到最高峰而受爵魏王时，拒绝群臣劝进之语："施于有政，是亦为政，若天命在吾，吾为周文王矣。"（《三国志》魏志太祖纪建安二十四年引《魏氏春秋》）毋宁还是正统儒家思想。但他痛苦接受的乱世经验，却又不得不在政治上断然主张效率主义与人才主义，而高唱道德无用论。进入三世纪之初，自建安十五年至二十二年（纪元 210—217 年），于是乃有连续三次的如下求贤令：

> 若必廉士而后用，则齐桓其何以霸世？今天下得无有被褐怀玉而钓于渭滨者乎？又得无盗嫂受金而未遇无知者乎？二三子其佐我明扬仄陋，唯才是举，吾得而用之。
>
> 夫有行之士未必能进取，进取之士未必能有行也。陈平岂笃行，苏秦岂守信耶？……士有偏短，庸可废乎？有司明思此义，则士无遗滞，官无废业矣。
>
> 韩信、陈平负污辱之名，有见笑之耻，卒能成就王业，声著千载。吴起贪将，杀妻自信，散金求官，母死不归，然在魏，秦人不敢东向；在楚，则三晋不敢南谋。今天下得无有至德之人放在民间，……高才异质，负污辱之名，见笑之行，或不仁不孝而有治国用兵之术：其各举所知，勿有所遗。

著名的"魏武三令"，呼吁选举基准自道德扭转到全然异方向的有才无行，尽管原意并非推翻儒家传统，实际已无异正面宣告儒家思想破产。也惟其如此，尽管曹操建安八年令："丧乱已来，十有五年，后生者不见仁义礼让之风，吾甚伤之。其令郡国各修文学"，以及曹操之子曹丕接替汉朝政权后的魏国黄初五年（纪元 224 年），诏命国都洛阳恢复设置太学，依汉朝制度"制五经课试之法"，都已黯然无光。

儒家学说的发挥，后汉时代也已畸形化，渐渐演变成专业化对五经文辞详密注解与演绎的文字解释学，所谓"训诂学"。训诂学一字一句分析的繁琐与拘束，非只限制思想自由，也消耗太多无谓精力。后汉思想家王充的革命性著作《论衡》，对于儒家理论倾斜化，以及教条主义下烦言碎语的治学方法，都已给予严厉抨击与有力批判。影响力的扩散，到国家分裂局面形成，变质了的儒家思想已通不过现实考验而萎退的时代，社会风气终于大幅转向。

转变的明显分界期，在于魏国立国二十年后的正始年间（纪元 240—248 年），《三国志》魏志有如下两段记录：

> 自黄初以来，崇立太学二十余年，而寡有成者，盖由博士选轻，诸生避役，高门子弟，耻非其伦，故无学者。虽有其名而无其人，虽设其教而无其功。（刘馥传）
>
> 正始中，有诏议圜丘，普延学士。是时郎官及司徒领吏二万余人，虽复分布，见在京师者尚且万人，而应书与议者略无几人。又是时朝堂公卿以下四百余人，其能操笔者未有十人，多皆相从饱食而退。嗟夫！学业沉陨，乃至于此。（王肃传注引《魏略》七儒宗序）

儒学没落到如上境地，可了解三世纪时儒家精神已如何衰退。也惟其如此，儒家教养的外貌虽仍维持为知识分子所必修，内涵已必须转变。于是，传统的经验与实践一概被摒弃，纯思辨的倾向加强，新的与受欢迎的思辨主义思想，便是道家。汉朝建国时代，诸子百家中道家思想原曾最早脱颖，形成精神上支配力量，被儒家压倒而替代其地位后，力量继续潜在，到儒家精神式微，道家思想便回复抬头。其时谓之"玄学""玄理"，通常又以《老子》《庄子》两书并列而"老庄"或"老庄之学"成为更普遍的名词。儒家尊重人为虚饰的道德，以国家社会为第一义，个人系其附属物。老庄排斥人为，持个人的极端立场，追求自由、自然与天真。两者精神上原相违背，但从过分拘束的汉朝儒家传统解放，新进青年学者寻求真理时，却在物极必反心理冲击下，接受了异方向的老庄思想，对于学问内容的研究，予儒学与老庄玄学以混合与协调，其时儒学经典便以老庄哲学解释。此一方向的指标确立，时间表上又正与儒家传统不被尊重的正始年间合一，从而思想界激起剧烈变化。因此，后代便以"正始之学""正始之风""正始学风""正始玄风"称谓。发为言论时，又称"正始之音"，或者，众所周知的"清谈"。

"清谈"源流，学者间有谓：后汉末年儒家知识分子对宦官专横政治批判非难，要求肃清败类与建立政治道义而活泼推动的舆论化"清议"，便是清谈前身，实则有其区别。清谈非如清议的形成舆论，并不涉及政治，相反且全然放弃政治，而仅系清言、清辩，远离尘世、世俗的清高谈论之谓。内容与所代表背景，恰恰与"清议"倒转。所谓"发言玄虚，口不臧否人物"（《晋书》阮籍传），可以说明清谈精神所寄托。"清谈"与"清议"形式上惟一的相似，只在同系社交生活的产物，却也已是依于"玄虚"形而上学的思维与议论所展开社交，较之后汉知识分子相互团结的乡评、乡谊社交活动，性质迥异。"清谈"或"正始之音"，便如此与"正始之学"共同形成玄风的语言与文字一体两面。又以"清谈"之为"正始之音"同义字，已解除了"正始"字面的时间性限制，而延续为魏—晋与南方诸朝代上层社会知识分子的共通特色，散发文化、思想的光芒三个半世纪。

"正始之学"的哲理，《晋书》清谈大家王衍的传记中说明：

"魏正始中，何晏、王弼等祖述老庄，立论以为：'天地万物，皆以无为本。无也者，开物成务，无往不存者也。阴阳恃以化生，万物恃以成形，贤者恃以成德，不肖恃以免身。故无之为用，无爵而贵矣。'"倡导风气的何晏、王弼两人，《三国志》魏志曾有介绍。何晏是曹操侧室（夫人）前夫的儿子，从母育于宫中而为曹操养子，成长后又娶曹操之女。注引《魏略》说明他"服饰拟于太子（曹丕）"，又"性自喜动静，粉白不去手，行步顾影"。正始年间成为执政者曹爽集团的核心人物，正始之末死于开创晋朝的司马氏推翻曹爽，最早夺得权力的大政变中。王弼则何晏拔擢的后辈，注引何劭所撰王弼传记述他"乐游宴、解音律、善投壶"，却是利禄欲望炽烈，曾因此与何晏反目。两人同样"好老庄言""好论儒道"，何晏著《道德论》与《集解论语》，王弼注释《周易》与《老子道德经》，乃是正始时代学问界权威，以及启发三百多年老庄思想的名著，并且流传迄今仍是理解老庄与研究老庄所不能不读。只是《道德论》已失传，仅存片断被收录于晋朝人伪托古人所著而东晋时代张湛所注的《列子》中。

　　老庄排斥儒家名教礼制，站于个人的、自然的虚无立场，特堪注意是浪潮兴起后，庄子反社会面思想其时益益受到欢迎，以及普遍获得共鸣。魏国末年以来，研究庄子已较老子时髦，其代表性著作，则向秀所注《庄子》。到晋朝，此书且于学者间出现剽窃丑闻，如《晋书》郭象传所记："先是，注《庄子》者数十家，莫能究其旨统。向秀于旧注外而为解义，妙演奇致，大畅玄风，惟《秋水》《至乐》二篇未竟而秀卒。秀子幼，其义零落，然颇有别本迁流。（郭）象为人行薄，以秀义不传于世，遂窃以为己注，乃自注《秋水》《至乐》二篇，又易《马蹄》一篇，其余众篇，或点定文句而已。其后秀义别本出，故今有向、郭二庄，其义一也。"

清朝史学家赵翼《廿二史劄记》六朝清谈之习篇的记载："清谈起于魏正始中，何晏、王弼祖述老庄。……是时阮籍亦素有高名，口谈浮虚，不遵礼法。其后王衍、乐广慕之，俱宅心事外，名重于时，天下言风流者，以王、乐为称首。后进莫不竞为浮诞，遂成风俗。学者以老庄为宗，而黜六经；谈者以虚荡为辨，而贱名检；行身者以放浊为通，而狭节信；仕进者以苟得为贵，而鄙居正；当官者以望空为高，而笑勤恪。……今散见于各传者，裴遐善言玄理，……尝与郭象谈论，一座尽服。卫玠善玄言，……王澄有高名，每闻玠言，辄叹息绝倒。……王衍为当时谈宗，自以论易略尽，及遇阮修谈易，乃叹服焉。……其中未尝无好学者，然所学亦正以供谈资。……儒、墨之迹见鄙，道家之风遂盛。是当时父兄师友之所讲求，专推究老庄，以为口舌之助；五经中惟崇易理，其他尽阁束也。"可视为自魏至晋，对老庄玄学代表人物的综合性说明。

此一阶段，尽管坚持儒家传统的仍有人在，尽管他们挺身卫道，严词抨击老庄流行病给予国家社会的损害，但都已无效果，三世纪九十年代裴頠奋起从纯学理批判老庄最高哲理"无"的《崇有论》，乃是《晋书》所收录有名的文献之一。而发表后遭受晋朝最大豪族之一、"位高势重"的清谈领袖王衍与其追随者围攻，《晋书》曾特笔书其事。赵翼六朝清谈之习总括说明儒家卫道者慷慨激昂言论，而结局终被汹涌的老庄洪流压制的一般，颇为简明扼要："其时未尝无斥其（清谈）非者，如刘颂屡言治道，傅咸每纠邪正，世反谓之俗吏。裴頠又著《崇有论》以正之，江惇亦著《通道崇检论》以矫之。卞壶斥王澄、谢鲲，谓悖礼伤教，中朝倾覆，实由于此。范宁亦谓王弼、何晏二人之罪深于桀、纣。应詹谓元康（三世纪九十年代的开始）以来，贱经尚道，永嘉之弊由此。熊远、陈頵，各有疏论，莫不大声疾呼，欲挽回颓俗，而习尚已成，江河日下，卒莫能变也。"

于是，清谈坦途敞开。到东晋朝廷播迁江南，南方朝代的清谈风气根深蒂固，如《晋书》儒林传序的评论："有晋始自中朝，迄于江左，莫不崇饰华竞，祖述虚玄，摈阙里之典经，习正始之余论，指礼法为流俗，目纵诞以清高。"

但江南时代较之魏—晋，思想界动向也非没有转变，便是外来文化佛教之于同时期异常发达，佛教教义急速在上层知识阶层间弘通，爱好老庄的学者同时理解佛典，以及便以老庄哲学"无"解释佛教中心思想"空"。于是佛教输入的刺激，佛教思想渗入了老庄哲学，清谈时佛教经典也被大量取材而广阔其内容。相对方面，僧人也往往以佛经经义解释老庄，东晋名人谢安、王羲之的僧人好友支遁，便是健于清谈、著名的庄子学研究者。

东晋与南朝，玄理与佛教同盛，以及相互间融合与冲突，是特有兴味的现象。江南文化黄金时代与佛教发达到顶点系为梁朝，江南历朝皇帝最富才学，政治上以出色的文治主义著名的，又是佛教狂热信仰者梁武帝。而《梁书》武帝纪的记述，他除大量佛学著述外，儒家五经与老子方面的著作同等丰富。次代简文帝也"博综儒学，善言玄理"，与其弟第三代江陵天子元帝都遗留老庄作品。以思辨主义形而上学《老子》《庄子》与儒家《易经》并列的"三玄"称谓，又即起源于其时，而见诸自江陵被俘至西魏，最后逃弃北齐的学者颜之推所著《颜氏家训》勉学篇。

所以，江南时代一般教养，形式上儒学固仍尊重，学者专家的"博士"却被轻视，情形与魏—晋时代一脉相承。六世纪前半梁武帝在位，儒学曾被大力提倡，但复兴机运仍是渺茫。赵翼《廿二史劄记》六朝清谈之习篇指出："至梁武帝始崇尚经学，儒术由之稍振。然谈义之习已成，所谓经学者，亦皆以为谈辩之资。……则梁时五经之外，仍不废老庄，且又增佛义。晋人虚伪之习依然未改，且又甚焉。"南朝自宋朝到江南文化最盛期梁朝，教养内容都以"玄""史""文""儒"分类，次序排列虽有变易，"玄"却始终占第一位。可知儒学非只不能独占精神生活，且已丧失了重心地位。

幸而，赖有部分专家学者于逆境中坚持传统，才保持了江南儒学命脉。而如此具有中流砥柱意义的儒学专家，多数系属上层社会世族阶级蔑视的寒门知识分子，也与世族知识分子间的流行老庄玄风，形成强烈对照。分裂期儒学正统，乃维持在激愤于晋朝败坏政治风气，坚决拒斥老庄思想与未感染清谈风气的北方。

然而，未来的变化全然视分裂期为倒转，待儒家传统随中国回复统一而重建，七世纪唐朝选定儒学标准教科书《五经正义》，被选择主体却是分裂期南方的儒学著作。其原因，北方儒学风气尽管压倒南方，陪伴也继承了汉朝研究上的弊病。南方寒门儒者为注释而注释的学问，所谓义疏之学，虽然只是少数人努力，相对反能跃入"精"与"新"的境界，亦即《北史》儒林传的批判："南人约简，得其英华；北学深芜，穷其枝叶。"辉煌的儒学新领域开拓契机反而潜伏于南方或六朝，老庄思想笼罩下默默耕耘的南朝儒家学者，辛勤可谓已得报偿。

南方老庄思想浸透的形态之一，系现实的社会、政治生活与思想生活分离，便是说，实际生活方面热衷名利与爱好生活享受，抑或便是高官厚爵之人，而思想生活则置之虚无自然之中，以致形成生活与思想的矛盾与自我对立。推动正始之风的何晏、王弼与晋朝清谈领袖王衍，都是这一型人物，可谓理论派。

反抗儒家礼教非止于思想与理论，也表现于实际生活面反动的自由放任之风，又另成一种类型，可谓实行派。他们强烈地主张自由，逃避现实社会，尊重人性本能，对人生浮沉采取不关心态度，沉湎于感觉上的放纵生活，三世纪魏末晋初有名的"竹林七贤"便是代表性人物。事实上，"竹林七贤"并非全对传统持极度的叛逆精神，其中山涛且是似于儒家典范的高位人物，向秀只系理论派的庄子学权威，王戎则高官而锱铢必较的守财奴典型，如上三人行为都较"实行派"标准大有距离。他们所以列名"竹林七贤"，只因与从儒家道德范畴与名分意识解放特具叛逆性的其余四人，喜爱同在竹林中集会清谈的缘故，也以便利于称谓而七人共同概括。后世清谈，又因此而被称"林下遗风"。但竹林七贤年龄差距颇大。最年长与最长寿的山涛，生于汉末，晋朝平吴后年七十九岁而卒。最年幼与次高龄的王戎较山涛少廿七岁，与清谈大家王衍为族兄弟，死于"八王之乱"尾声。核心人物阮籍与嵇康且早自魏国末年便去世，向秀亡故也约在同时。所以，他们共同的竹林之游，时间似乎不会超过三世纪五十年代前后的十年。

"竹林七贤"中生活异于常人的四人，他们超脱了情理的放荡狂诞"奇行"，被记载入《晋书》的个人资料如下：

阮籍，年长于王戎廿四岁，被誉为不避儒家伦理形式上大嫌，生活不受礼教拘束的范例。《晋书》指他"容貌瑰杰，志气宏放，傲然独得，任性不羁。……博览群籍，尤好庄老，嗜酒能啸，善弹琴。当其得意，忽忘形骸。时人多谓之痴"。流传后世附着于他的故事之一，曾创酒醉六十天的记录。之二，能为青白眼，"（母丧），嵇喜来吊，籍作白眼……喜弟康闻之，乃赍酒挟琴造焉，籍大悦，乃见青眼"。他的"见礼俗之士，以白眼对之"，便是俗语"白眼"一语起源。之三，他有名的讽刺文学杰作《大人先生传》，以"大人先生"架空人物指孔门礼教人士，嘲笑譬喻如裤中之虱。其言："世人所谓君子，惟法是修，惟礼是克。手执圭璧，足履绳墨。独不见群虱之处裤中……行不敢离缝际，动不敢出裤裆，自以为得绳墨也。……群虱处于裤中而不能出也。君子之处域内，何异夫虱之处裤中乎！"

嵇康，与阮籍同时代，矫情的一般，可自山涛推荐他接替自己原任官职，他却以长文绝交一事见之。《晋书》形容其人"身长七尺八寸，美词气，有风仪……博览无不该通，长好老庄……常修养性服食之事，弹琴咏诗，自足于怀。以为神仙禀之自然"。结局为司马昭所杀，临刑时犹从容携琴演奏一曲他的名曲《广陵散》，并叹惜此曲无传人而成绝响。

阮咸，阮籍之侄。《晋书》记述他事迹之一："七月七日北阮（同族富家）盛晒衣服，皆锦绮粲目，咸以竿挂大布犊鼻于庭。"之二，"不复用杯觞斟酌，以大盆盛酒……时有群豕来饮其酒，咸直接去其上，便共饮之"。阮籍、嵇康都是琴的名演奏家，阮咸则琵琶名手。所谓"妙解音律，善弹琵琶。惟共亲知弦歌酣宴"。

刘伶，《晋书》对其人记录，都与酒有关，又著《酒德颂》，是位彻底的酒中生活者。

四人除了"奇行"之外的共通特点，都在魏末晋初政府中具有地位，嵇康系魏国宗室的姻亲，阮籍且是魏国权力者司马氏亲信，趋炎附势的公卿对司马昭上劝进表，其文便出自阮籍手笔。

接续"七贤"时代，从三世纪九十年代晋朝第二代惠帝元康年间，迄于四世纪十年代东晋江南政权成立初期，政府官员中模仿"竹林七贤"的滔滔清谈者流，《晋书》举例：

"（惠帝）时王敦（一代谈宗王衍从弟，以后东晋立国时权力人物）、谢鲲、庾敳、阮修（阮籍从子），皆为（王）衍所亲善，号为四友。而亦与澄（衍弟）狎，又有光逸、胡毋辅之等亦豫焉。酣宴纵诞，穷欢极娱。"（王澄传）（胡毋辅之传则以王澄、王敦、庾敳、胡毋辅之为"四友"）

实行派生活态度的过分任性，也容易转变为轻浮，而提倡之人，却也往往如竹林七贤之为政府要员。《晋书》中"惠帝末，（王）澄为荆州刺史……澄将之镇，送者倾朝。澄见树上鹊巢，便脱衣上树，探鷇而弄之，神气萧然，旁若无人"（王澄传）。"（光逸）以世难避乱渡江，复依（胡毋）辅之。初至，属辅之与谢鲲、阮放、毕卓、羊曼、桓彝、阮孚散发裸裎，闭室酣饮已累日。逸将排户入，守者不听，逸便于户外脱衣露头于狗窦中窥之而大叫。辅之惊曰：'他人决不能尔，必我孟祖（逸字）也。'遽呼入，遂与饮，不舍昼夜。时人谓之八达"（光逸传）等记载，累有得见。所以，非只儒家抨击，老庄理论派也同样反对，与王衍具同等声望的清谈家乐广传记中便指出："是时王澄、胡毋辅之等，皆以任放为达，或至裸体者。广闻而笑曰：'名教内自有乐地，何必乃尔？'"四世纪中东晋中期戴逵之言："竹林之为放，有疾而为颦者也；元康之为放，无德而折巾者也"（《晋书》隐逸传），讥讽尤为彻底。

一个世纪间蔚为热潮的所谓"放达"风气，终于自东晋中期以后渐渐平息，方向转变到平淡静寂的境界。自我隔离现实社会，逃避政治，轻视官爵，隐入山林或优游田舍间，度其简单质朴的生活，远离人间世界而寻求独居自适之道，听凭个人灵性发展，各各表现为自由思想家、哲学家与诗人的流行姿态。此等人与此等生活，每于后世诗人画家心目中加以美化，也是山水画家与田园诗人的渊源。当东晋中期以后与南朝，人间给他们的形容词便是"逸民"或"隐士"。人数之多，可自东晋与南朝的诸正史中，特为辟列"隐逸""高逸""处士"诸专传可见。其中仅《晋书》隐逸传所收录，已包含大诗人陶渊明在内约四十人。

相对方面，理论派也于同时期铸定其特色，便是随东晋中期以后与南朝诸朝代世族形态的成立而与之合流。魏国时代何晏之类热心政治活动的因素衰退，相反，名门世族政治地位既已获得保障，便无须惮心机追求。注重现实生活中高级教养的摄取与奢侈风流高水准享受，他们清谈、雅游、盛宴、酗酒、音乐、歌舞、围棋，悠闲度其文化生活。虽然生活泉源据于最为世俗的庄园财力，而思想、言词却清高到虚无境界，仍是自我否定与矛盾。从老庄哲学理论派与实行派的分际转变为世族—逸民对立，堪注意逸民或隐逸之士的独善其身，对玄理信奉持其坚韧精神，与清谈已属无缘。热衷玄理清谈，已惟有兼以佛理悟解为时髦的世族中人。清谈之与世族，非只以结下不解缘而成为世族生活特征，也愈自对谈的早期形态上，发展为多彩多姿的社交生活与沙龙式谈论方式。从建康的宫廷与高官世族邸宅，到宏大佛寺、风景区别墅，或者结伴悠游山川之际，都是清谈场合。东晋永和九年（纪元353年）三月富于山水之美的会稽郊外兰亭之集，参加者王羲之、谢安等四十余一流文士,尤成为今日众所周知的"清集"佳话。东晋以前清谈家的言论轶事,也到五世纪前半南朝宋朝宗室刘义庆而被录辑为专集,便是有名的《世说新语》。此书内容分德行、言语、文学等三十六门,文章以富于机智的会话形式表达,充分洋溢了当时世族群的个性、教养与人间性。其后再经梁朝刘孝标加以注释,引用甚多现已不见的书籍,资料价值之高与《三国志》之注暨《水经注》相同。

老庄玄理巨浪终于渐渐退潮,流行三个多世纪的清谈风习也终于戢止,《廿二史劄记》六朝清谈之习篇结尾指出其原因为:"(清谈之习)至隋平陈之后,始扫除之,盖关陕朴厚,本无此风,魏、周以来,初未渐染。陈人之迁于长安者,又已衰苶不振,故不禁而自消灭也。"中国回复统一的形式系由未染清谈风气的北朝合并南朝,以及风气由南、北同等发达的佛教教理研究替代,自都是结束清谈原因。但没落的基本因素,还是清谈与南朝世族生活密结后内在矛盾的激化,以及随南朝世族的毁灭而自灭。世族贵公子风流倜傥,与清谈家言论与容止并重的条件正相符合。如何晏粉白不去手,行步顾影;邓飏行步舒纵,坐立倾倚;谢灵运每出入,自扶接者常数人此类标准,自魏晋以来便成传统。王衍"神情明秀,风姿详雅,每捉玉柄麈尾,与手同色"的《晋书》举例,尤其著名。凡此,都与《颜氏家训》所描写世族子弟弱不禁风的病态美,恰相呼应。六世纪中"侯景之乱"与"江陵之役"两次大变乱,南朝世族以不能适应环境骤变而几乎全行倾覆,未半个世纪中国回复统一,清谈终不得不写下休止符。

但尽管如此,清谈已占有思想、文化史上不可磨灭的地位。

老庄无为自然学说发达为通魏、晋、南朝或通常所指的六朝思想界基调，以及由此展开六朝人特有的人生观，也已具有充分的历史影响力。中国高水准文化因此转入一个新的境界，亦即三至六世纪中国文化史上灿烂夺目的六朝文化。而六朝文化指导力，又正是摆脱儒家"礼"的拘束后，以世族公子物质、精神享受为基盘，适应思想解放动向时的"自由"。抑且，即使结束清谈形式，儒家道统回复其指导力权威时，三至六世纪间发达的老庄思想与佛教思想，都已对中国文化生根厚植，而深远影响后世中国人的意识领域。

## 文学·艺术与相关联的学问

六朝文化在中国文化史上的特殊地位与重大意义，系在求变与创新，一反汉朝文化惟一以儒学为象征的现象。读书人教养，也已非汉朝的出发于治国平天下责任，远离文以载道的价值准则与实用性。简言之，六朝文化的基本性格，以汉朝儒家精神的衰退为决定因素。汉朝受儒家精神统一支配，依儒学而存在的文学，到六朝已勃兴其独立的权利主张。

变化的线索，须追溯到曹操成为汉朝终局期权力者的时代。曹操从政治上解放儒家思想束缚，又与其子曹丕、曹植，父子一门同系天才文学家，而提倡文学、鼓吹文学的结果，天下文人名士以邺为中心，一变汉朝质朴的文词性格，以自由奔放为特色的诗文创作运动兴起。所以，汉末骚动以迄三国分立，中国暂时回复安定秩序的约略三四十年分裂期，已是变局的第一个阶段，代表性人物，便是汉朝以"建安"（纪元196—219年）为年号的曹操执政期的建安七子。魏国第一代皇帝曹丕所著有名的《典论》原书虽佚，以三百年后梁昭明太子编纂《文选》曾录其一部分（论文）而仍得流传。其言："文章，经国之大业，不朽之盛事。年寿有时而尽，荣乐止乎其身，二者必至之常期，未若文章之无穷"，向被历史界承认为文学价值论的新意识最早建立，以及开创六朝文学运动之初的文学独立宣言。《典论》（论文）本体，也是中国最早的文学论。

魏国正始（纪元240—248年）以后迄于晋朝，追随此一趋向，文学蓬勃发达，"竹林七贤"出色的诗文家，代表了所谓正始文学。接续，又是以三张、二陆、两潘、一左为主流的太康（晋武帝统一中国后的年号，纪元280—289年）体。前者的意义，盛行于魏晋的老庄思想已强烈反映到文学作品；后者则对建安文学仍重风格、气势而已求文学运用技术的"变"，再推进一步，词汇的丰富，用字的华丽，都被特别注重，修辞学也被特别讲究。自吴国入晋，"二陆"之一的陆机所撰《文赋》即修辞家所必读。"一左"的左思以实体为题材而撰《三都赋》，可与地图对照而读，其写实性受欢迎程度至于产生"洛阳纸贵"成语，不可谓非一大进步。此段迄于晋朝解体的前后约七十年间，乃是文学独立运动与六朝文化形成过程的第二个阶段。

当政治上大分裂局面展开，东晋朝廷追随第一个江南政权三国吴国在长江流域成立，导引中国政治、经济、文化中心南移，向前迈进的文学独立基石，终于在江南完成建立。以此为骨干的六朝文化，也划期性跃向第三个阶段或定型阶段，再在接续东晋的南朝诸朝代登入成熟朝，而于中国文化史上照耀其光辉。南朝元嘉之治的开明君主宋元帝,选择当时负有盛名的学者,分置玄学馆、史学馆、文学馆、儒学馆,四馆并置,文学被公认独立学问的资格,明显确定。

文学独立,知识分子教养的文学修养所占比重,已异常增大。汉朝儒家思想支配时代的教养根干是"经史",六朝则已是"文史"。《梁书》所谓"时膏腴贵游,咸以文学相尚,罕以经术为业"(王承传)。《陈书》文学传论尤有明晰说明:"夫文学者,盖人伦之所基欤?是以君子异乎众庶。昔仲尼之论四科,始乎德行,终于文学,斯则圣人亦所贵也。"可代表南朝时代的文学观。

本格化的六朝文化,因此乃指南朝文化。南朝文化,也形成开创其后异常发达的江南文明渊薮。文学之于南朝加速成长,与江南风月山水之美,以及中原文化、技术加大移殖江南,培育江南富力,都具有密切关系。江南世族的充分余暇,以赏心乐事态度从事文学,尤对文学领域的开拓发生了决定性作用。所以,南朝文化或定型时六朝文化,如以拟人譬喻,便如冲淡清高的隐逸诗人,或者如贵公子在春花秋月之下,挟美妓,盛开酒宴,享歌舞乐曲之娱。

当南朝文运初开,以老庄思想的人生观为根底,歌颂江南自然景物之美,而自然为背景作正面主题,乃是文学意识的全新创造。深含哲理的写实诗文于其时大量增加,代表性人物便是众所周知的晋末宋初田园诗人陶渊明。接续陶渊明时代的另一著名山川自然诗人谢灵运,祖父即淝水之战英雄谢玄,一位典型的世族名门。他是五世纪前半永嘉三大家之一(其余两人则颜延之、鲍照),作品字句以雕琢而成,与陶渊明淡泊风格恰成对照。谢灵运在中国文学史上独特地位,被评为七言诗建设的功劳者,与唐诗连结直接的影响关系。

太康体已是"辞藻宏丽",南朝文学作品如谢灵运的愈向文字琢磨途径发展,除修辞学之外,又同时注重了音韵学的追求音韵排列之美。其时,文学运动初期建安的刚健豪放之气尽失,急激转变为文句排偶纤丽,而朝向唯美主义与音韵至上主义的立场固定。此一时期,已是南朝继承宋朝的齐朝。

南朝文学之盛,皇室与朝廷的热心提倡是最大动力。南朝前后二十四君,英迈之主甚少,相反,却多数于文学方面自身便是杰出人才。赵翼《廿二史劄记》齐梁之君多才学篇,曾详尽记录两朝皇帝与皇族学问才华的一般,以及各各统计他们的著作。其代表性人物——

其一,五世纪后半永明之治齐武帝之子竟陵王萧子良。《南齐书》他的传记大书"礼贤好士,倾意宾客,天下才学皆游集焉"。三世纪二十年代魏文帝曹丕文化事业之一,邀集学者集体编纂《皇览》,自经传中选取一千余段归纳分类,是中国最早形态的所谓类书。竟陵王蹈袭同一轨迹,而规模愈为宏大,所谓"集学士,抄五经百家,依《皇览》例,为《四部要略》千卷"。此一伟大的编辑与抄写事业,完成于他鸡笼山西邸,西邸又是当时流行最有名的沙龙,参加者都系第一流诗文大家。吴兴沈约、琅邪王融、陈郡谢朓,以及齐朝皇室疏族与次一朝代梁朝的开创者梁武帝萧衍等八人,又构成其中核"西邸八友"。文学推动运动,于此时迎接了高潮期来临。

其二,便是梁武帝,于他几乎与六世纪前半个世纪相当的在位期间,南朝政治、经济、文化各方面从所未见的光明舞台面展开。梁武帝博通经、史、诗、文,精研老庄,笃信佛义,个人的文化人性格于历史上中国皇帝中为最突出，也以热心接纳知识分子闻名。他服务前朝并参与鸡笼山西邸文化事业开放的南朝文学绚烂之花，终于在他的时代堂堂登入最隆盛期。或者说，南朝文学的黄金时代。

其三，梁武帝之子昭明太子萧统，尤其是位读书界闻名人物。由他邀集幕下宫廷文学家集团协力编纂的《文选》，集历朝具有代表性文人百数十人的诗赋文章八百余篇，结合精湛内容与美的表现，依文体归类，按时代顺序排列，非只是中国最古与最有名的诗文合体选本，包含墓铭、书简，甚或小说，超越《诗经》《楚辞》的诗、赋单项总集意义，对后世提供读书时选录文章莫大助力，也自此书而发达为其后"选学"的专门学问。抑且，昭明《文选》也于后世被广泛引用为启导知识分子必读的范本教科书。

齐梁文学的唯美主义与音韵至上主义，蔚然形成创造性与获得广大爱好的文学潮流。对仗、押韵以及声调具有一定抑扬规律的特征下，四六骈俪体文章与字面典丽、读来悦耳的新体诗，因之成立。此时代的代表人沈约，以一身历宋、齐、梁三朝，以与较之年轻二十三岁的梁武帝同系齐竟陵王幕下"八友"中人，而被梁武帝宠信，引为其时文人政府的中心人物，寿至七十三岁而死。这位多才多艺，同时也是历史上最大藏书家之一，聚书二万卷的文学家与史学家，竭力主张文学的生命系在音乐之美。他于他的史学著作《宋书》谢灵运传总结评论中说："夫五色相宣，八音协畅，由乎玄黄律吕，各适物宜。欲使宫羽相变，低昂互节，若前有浮声，则后须切响。一简之内，音韵尽殊；两句之中，轻重悉异。妙达此旨，始可言文"，成为文学史上名言。

音韵学与文学结合,中国从自己的语文中发见平、上、去、入四声区别,用以调整诗文音调,乃是中国文学史划期性一大事。关于此一大事的开始年代,学术界意见尚未一致,一般解说,便以沈约重要著作之一,诗韵准则的《四声谱》撰定而推定沈约为四声发见者。虽也有引隋朝潘徽《韵纂》序:"《三苍》《急就》之流,微存章句;《说文》《字林》之属,唯别体形。至于寻声推韵,良为疑混。李登《声类》,吕静《韵集》,始判清浊,才分宫羽。"(见《隋书》)李登三国魏国人,吕静晋朝人,与通常所指发音学的"反切"发明者魏国孙炎,时间上正相配当。因此认定中国早自三世纪已有音韵学的专门著作,不必待到五世纪后半。然而,尽管如此,须注意三世纪的"反切"应用与音韵,还都只语言学与文字学的研究,换言之,对文学尚无关连。抑且,《声类》《韵集》如何分辨语言声音,以原书失传无由知晓,而从潘徽的说明,非以平、上、去、入分类则可知,所以,中国音韵学四声学说的成立,年代毋宁仍须延后到南朝,并且便自南朝而兴盛。其背景,学术界通说,乃与佛教发达具有密接关系,深切蒙受印度五明学中"声明学"随佛教而传播中国的影响。中国语与泛汉藏语系的各支语言,内涵原即存在四声特性,终于南朝佛教兴隆期而中国语四声从模糊得被精密地辨别。但也须注意,沈约《四声谱》完成的同时或前后,同类著作见诸史书的,至少还有周颙的《四声切韵》、刘善经的《四声指归》,以及王斌的《四声论》。所以,四声理论似系兴起的学术性时代潮流,如果必须推举此一潮流的主导人物,可能还是齐朝竟陵王萧子良,他于编纂《四部要略》的同时,曾"招致名僧,讲语佛法,造《经呗新声》"(《南齐书》竟陵王传),沈约等现在都已失传的历史性著作，应都受此鼓励。不论如何，四声虽不能确知发明者何人，其为中国文化至南朝时代的伟大发明，则可认定。而贡献者同时便是著名文学家的结果，音韵原理乃被注入为文学的生命，塑定南朝唯美主义面貌。并以南朝文学对音韵方面的异常发达，再给予唐诗发展莫大助力，以及形成唐朝律诗的起源，促成诗的体裁与制作方式发生广幅度变化，尤须承认为一大革命。也便是说，惟有音韵法则的发见，唐诗的准备期才得完成。

但堪注意，齐、梁文运全盛期作品的以文词与音韵之"美"的中心，而独占文学领域，也曾被后世批评家抨击其流入形式至上主义。六世纪末隋朝李谔上书隋文帝，说明文学被形式主义强烈支配的病态："魏之三祖，更尚文词，忽君人之大道，好雕虫之小艺。下之从上，有同影响，竞骋文华，遂成风俗。江左齐、梁，此弊弥甚，贵贱贤愚，惟务吟咏。遂复遗理存异，寻虚逐微，竞一韵之奇，争一字之巧。连篇累牍，不出月露之形；积案盈箱，唯是风云之状。世俗以此相高，朝廷据兹擢士，禄利之路既开，爱尚之情愈笃。于是闾里童昏，贵游总丱，未窥六甲，先制五言。至如羲皇舜禹之典，伊傅周孔之说，不复关心，何尝入耳。以傲诞为清虚，以缘情为勋绩，指儒素为古拙，用词赋为君子。"李谔以儒家正统立场批判文学，然而，他文字自身已受骈丽体影响，也显然可见。

赵翼《廿二史劄记》齐梁之君多才学篇大书"至萧梁父子间，尤为独擅千古"，于梁武帝与其三子昭明太子、简文帝、元帝的介绍，推崇之与曹操父子的文学史地位相等。但梁朝衰运期的江陵天子元帝萧绎，留存文化史上的大事，只是令人扼腕的演出破坏文化遗产。六世纪中江陵朝廷在西魏大军压迫下倾覆前夕，他将皇室与政府收藏数字庞大到十四万卷的古今图籍付之一炬。江陵焚书，正足视为六朝文化的崩溃象征。

昭明太子之弟与梁元帝之兄，亦即元帝前一代的简文帝，又是文学史上名人。南朝文学于其继兄早卒而被立太子，至于登位皇帝的期间，再度开拓新运。所谓"（帝）雅好题诗，然伤于轻艳，当时号曰宫体"（《梁书》简文帝纪）。艳诗之作，此一皇帝文学家虽非创始人，南朝早期已见类似作品，但经他以帝王之尊倡导，而兴起全国上下模仿兴趣，则无疑义。于是宫体诗的创作或艳靡文学，乃与领先成长的山水文学，共同形成南朝文学两大支柱，而发达到顶点。梁朝推移到南朝最末的朝代陈朝，亡国之君后主陈叔宝如何讴歌赞美宫中女子娇艳之态，又为历史所闻名。梁、陈艳诗制作代表人庾信与徐陵，都是梁简文帝为太子时的文学侍从之臣。《周书》庾信传说明，两人"恩礼莫与比隆，既有盛才，文并绮艳，故世号为徐庾体焉。当时后进，竞相模范"。只是这位南朝"宫体"艳靡文学徐庾体主角与梁朝第一流文人，江陵时代以后转移到西魏—北周为高官，所以他的传记也改入《周书》。徐庾体另一中心人物徐陵，则自梁朝闻名，至陈朝位至大臣。他所编辑《玉台新咏》，又向今日展示了南朝"轻艳"诗风的一般。

南朝文化最盛期梁朝质量俱丰而广幅度展开的文学与其相关学问，流传迄今脍炙人口的刘勰《文心雕龙》与钟嵘《诗品》，已是研究中国文学所必读，以及中国最古有系统的文学评论专著。前者"论古今文体，引而次之"；后者"品古今五言诗，论其优劣"。南北朝时受音韵影响而对"文学"的流行解释，《文心雕龙》曾予以严正批判。

中国文字或日本、韩国所谓汉字，是人类文明最伟大的发明之一，一字一音一义，非只具有世界各系语文的独特地位，也构成东方主要民族间文字的共通支柱。中国文字学成长初期，后汉许慎《说文解字》是今日仍有其权威性的著名字书，而收录字数还只九千三百多字。三国魏国李登编纂《声类》，已增至一万一千五百二十字，顾野王在梁朝完成《玉篇》编辑，再增加至二万多字。自魏至梁三百年间，新字快速增加几乎一倍，正是适应此一时代文化发展速度的说明，也对三至六世纪中国并非黑暗时代，相反，文化上还是充满光明与活力时代，充分予以证明。

　　梁朝作品而在文化史上特为重要的，又是一部欧美式现代化学校兴起以前最普遍的识字启蒙读本《千字文》，作者周兴嗣，应梁武帝嘱托于六世纪前半的大同年间，用四言体二百四十句，连贯近一千个各各不同的单字（仅"洁"字重复一次为例外）撰成。梁朝关于同一类的作品颇多，梁武帝自身也曾制作千字文，但以后都已失传，惟有周兴嗣千字文制作最完美，单字选择态度最严谨，在当时都是常用习见，绝少僻字。每四字结合而又押韵的语句，所表达意义至为明显，通俗易懂，便于朗诵记忆。通篇内涵又广泛，自宇宙天地之大，以至草木鱼虫之微，从自然界现象以至人文、伦理、事物，包罗万象。所以，编定发行后大受欢迎。在此以前，学童启蒙的标准教科书是纪元前一世纪后半汉朝史游编辑的《急就篇》（或称《急就章》），性质相同，三字或七字一句。《千字文》流行后，便取代了《急就篇》在中国传统教育中的地位。即使今日新式教育时代，千字文语句仍被民间广泛爱读与应用。

《颜氏家训》作者颜之推的传记被列入《北齐书》，原籍乃是梁朝，如同庾信，都是六世纪中南朝衰败期转移北朝服务的诸人物之一。《颜氏家训》是中国独特的家训文学早期的代表作，也以其内容广泛及于家庭道德、学问、教养、思想、生活方式，以至处世术、言语、中国南北风俗差异，作者都以自身丰富的经验而具体记述，为后世读书人所喜爱，以及受学问界重视。

南、北学问、文学的互通，自上述著名文人之例可见。事实上，六朝文化亦非梁朝或南朝独占其光荣，而须兼含北方诸朝代。换言之，六朝文化须广义地概括同时期北朝，南—北朝文化发达水平同样是高级的。区别只在主方向的南朝发展魏晋学风，而北朝严肃保持了后汉的经学学风。但如因此而指北朝全无文学作品，亦非妥当，文学之于北朝，正如同儒学之于南朝，存在意识上的价值距离而已。便是说，北朝文学一贯继承的是汉朝传统，作品缺乏文学的独立意识，而强烈存在鼓吹儒家思想实用主义的倾向。所以中国回复统一时代批判南北朝文学的言论说："暨永明、天监之际，太和、天保之间，洛阳、江左，文雅尤盛。……然彼此好尚，互有异同。江左宫商发越，贵于清绮；河朔词义贞刚，重乎气质。气质则理胜其词，清绮则文过其意，理深者便于时用，文华者宜于咏歌，此其南北词人得失之大较也。"（《隋书》文学传序）北朝文学被南朝文学光芒掩盖的原因，从而可知。

独立的、纯粹的文学领域内，上层文化人的成绩之外，必须同时注意其另一面，便是广大民间的歌谣。而此则南—北方同等发达。南方丰富民歌的被收录入官家乐府，文学史上闻名，《晋书》乐志便曾专条说明："吴歌杂曲并出江南，东晋以来，稍有增广。"另条并介绍吴歌中特为著名,由一位传说中名"子夜"的女子首先唱出的《子夜歌》。但南朝如上歌谣,精神几乎集中到男女间恋爱的追求,浪漫、热情、悱恻、哀怨、喜悦,环绕于同一主题而产生众多美丽的民歌。

乐府中收纳民歌,是汉朝武帝一代开始的伟大运动。文学在传统上原属上层知识分子专利,被认俚俗的民间文学幸有民歌被吸收入乐府,而得保留至后世抑且今日供欣赏。汉朝乐府与民间诗歌,广泛反映了民间各个角度的生活面与社会面。到三世纪初汉末或三国初期,终有闪耀于中国文学史上的不朽名著《孔雀东南飞》产生,被誉中国最早与最伟大的叙事长诗。而今日所见次一世纪以后东晋—南朝民歌,内涵却收缩到狭窄的男女爱情,其原因,可能与官方采集民歌的态度与方式都有关系。《宋书》良吏传序与《南齐书》良政传序描述元嘉、永明太平盛世时,各各有如下记述:"(元嘉时代)区宇宴安,方内无事,三十年间,氓庶蕃息。……凡百户之乡,有市之邑,歌谣舞蹈,触处成群";"永明之世十许年中,百姓无鸡鸣犬吠之警。都邑之盛,士女富逸,歌声舞节,袨服华妆,桃花绿水之间,秋月春风之下,盖有百数"。可以恍然,南朝民歌乃是都市文化产物,换言之,到南朝,乐府中民歌来源已由汉朝整体社会局限到繁华的都市,此其一。其二,南朝上层社会的享乐主义,又决定了民歌收集时内容的取舍,定向于他们所爱好的绮艳作品,而且,也因此影响到他们自己的创作。梁—陈艳丽淫靡的宫体诗,可以肯定与吴歌间存在模制关系。

同时期北朝民歌残存到今日的,数量虽不如南朝众多,但题材与内容的社会现实代表性,却蹈袭了汉朝多角轨迹。文学史上体例雄大的长篇叙事诗《木兰辞》,便是北朝作品。

遗憾是无论汉朝抑或南北朝民歌,也无论民歌的是否被收录入乐府,作者以非传统文人而仅系平民,姓名多数不知。作品文字相信也经过润色,并且可能一再地修饰,以致发生不必要的,如《孔雀东南飞》的时代疑问。

江南时代空想式怪异小说呈现从所未见的盛行态势,乃是文学意识一大飞跃。纪元前五世纪战国时代产生著名的《山海经》,虽然曾被后世列入"小说"一类,实质毋宁应视为古代的地理书较妥。《庄子》中也有神话性人物登场,却是哲理性对话的表达方式。"小说"其名,汉朝才开始,如班固《汉书》艺文志所说明,乃是民间传说"史"的补充部分,意义与文学史上后世熟悉的"小说",意义不尽相同。而且,《汉书》艺文志列举书名的小说,全以失传而不详其内容。其余残存至今日被指为汉朝人作品,风格却与江南时代相同的《汉武内传》《飞燕外传》等,今日考定都是东晋以后人假借汉朝学者之名的伪作。所以,小说脱离"史"的附庸意味独立发展,必须待至东晋—南朝。其起步,又便是流行性老庄、宗教思想冲击下神异鬼怪故事的被组织。特别以转移到江南新环境中,受富裕的、新鲜的江南水土培育,而刺激了意识上幻想能力的增长。依凭丰富构想记述鬼怪、神仙故事的虚构文学,于是自江南时代而成熟,并且作者颇多便是当时知名文人。虚构文学或怪异小说之系上层知识分子优裕生活中的消闲作品,或者说,正统文学的副产品,当亦可知。东晋干宝《搜神记》、葛洪《神仙传》,南齐祖冲之《述异记》、假托陶渊明之名所作的《搜神后记》,梁朝萧绮删补东晋王嘉原著的《拾遗记》等,均是例子。其中特为有名的《搜神记》,作者干宝深入民间集录古今精灵、神祇、人物变化的传说为主体，兼及开天辟地神话与社会风俗，众多新奇的不可思议故事与有兴味的怪谈，出诸作者流利的生花妙笔之下，无愧为一代高价值的文学瑰宝。

追随文学的建立其独立地位，六朝绘画、书法也相偕摆脱儒家礼教束缚而跃进新的阶段，确定其纯粹的艺术价值。

汉朝发达的绘画，现存所见，主要都是宫殿、祠堂、墓圹的壁画，以及作为金石器物的装饰之用，题材也均属风俗、人、物、故事与圣贤图像，儒家意识的附庸性格强烈。三国以来，绘画质、量一度都呈现衰退，似系战乱初定期的虚脱现象。江南时代成立，于儒家精神衰退的基盘上，绘画乃朝向纯艺术的方向直线发展。具有世界性名望的伟大画家、历史上有"画圣"之誉的顾恺之，便是四世纪后半东晋末期人物，他的最驰名作品之一，依晋朝张华讽刺惠帝贾后之作"女史箴"而绘的《女史箴图》，原本虽失传，但后世模摹颇多。现存伦敦大英博物馆长四点五公尺，高二十五公分，共分八段（包括化妆图、家庭团乐图、山岳图等）的绢本横卷，考定乃七世纪唐朝初期模本珍品①。

江南时代老庄思想流行，老庄自然观的刺激，以及江南环境富于山水风景之美都有关系。绘画方面，陪伴东晋以来山水文学发达的趋向，开拓了后世中国绘画主流，有"文人画"之称的山水画或西洋所谓风景画的最初形态。其先驱代表人，仍便是顾恺之，藏纽约市博物馆的《会稽山图》，已被鉴定属于他的真品。《宋书》隐逸传记载东晋—宋朝之间画家宗炳的故事，大意谓：宗炳好山水，爱远游，老疾俱至时，凡所游履，皆图

---

① 角川版《世界美术全集》14. 中国（3）六朝，第 211 页图版解说，彩色①。

之于室,谓之"卧游"。五世纪初接续顾恺之的时代,中国已产生专门的山水画家如宗炳,山水画已与人物画(包含宗教画)同等进步,也与动物画同具写生实态,都可获得深刻印象。世界绘画史的共通第一章都是人物画,欧洲风景画派须待文艺复兴运动展开后的十六世纪成立,中国山水画却领先超越,早过欧洲至少一千年[①]。

江南时代,艺术趣味勃兴,画评、鉴赏法与画论陪伴绘画的发达而铸定其地位。宗炳《画山水序》,被承认为中国山水画论的第一篇。到五世纪后半南齐谢赫《古画品录》完成,乃是给予后世绘画界巨大影响的权威著作,非只系统性批判前人,同时也是中国艺术思想与艺术理论的最早专著。他的"绘画六法"亦即据以批判作品优劣的六项准则。

南朝宗教盛行,佛画的制作高度发达。六世纪前半梁朝张僧繇的描绘佛寺壁画,色彩鲜明华丽,金碧辉煌。中国绘画原亦注重着色,所谓"竹帛所载,丹青所画","丹"与"青"都是颜料,"丹青"因此成为"画"的别称。到张僧繇的宗教画,又以应用晕染理论与阴影画法,而显出凹凸逼真的立体感。学术界评估,这是中国最早的直接参用印度画风[②]。顾恺之、张僧繇与另一位宋朝人物画名家陆探微,绘画史上是四至六世纪的南朝三大画家。

同时期的北朝艺术,艺术界评估,向来认为绘画被漠视而雕刻艺术特殊发达,与南朝偏重绘画正相倒反。抑且,北朝雕刻

---

[①] 人物往来社版《东洋历史》4.分裂的时代,第403页。
[②] 人物往来社版《东洋历史》4.分裂的时代,第403页。

深受宗教影响，与南朝绘画国际化的殊途同归，正是中国南北对立时代艺术分际。然而，如上结论，并非绝对性为须注意。北朝固以上层知识分子作画兴趣比较淡薄而作品较缺，知名人士也较缺，但六世纪中北齐曹仲达人物衣褶的工笔新技法，所谓"曹衣出水"，衣裳如着水而密贴于身体，已全然印度笈多时代的绘画式样①，其绘画史地位，被推崇与唐朝画圣吴道子名望相等。中国绘画史上四大家，顾、陆、张之外，另一又是经历北齐、北周，到隋朝闻名的展子虔。

四世纪中开始建造的敦煌千佛洞，残存大量以佛教为主题的杰出壁画，非只不能抹杀其在中国绘画史上的价值，抑且以所留存历史性艺术品的质、量俱丰而震惊世界学术界，占有国际性艺术地位。所以，如以千佛洞早期壁画制品的充分表现北朝画家自由奔放绘画手法而言，北朝成就毋宁还超过了南朝，只因作者都属平民而不能判定其姓名，传统概称之为"工匠"。

书写中国字或"汉字"，功用非仅在于实用，也表现为艺术之一，所谓"书法"。中国书、画合一，画已因涂绘材料、方法与工具迥异于西方，而在世界艺术圈独立发展，但绘画理论仍与西洋画相互呼应。中国书法却以"字"的结构与西洋拼音文字截然两个系统，连带影响追随中国的东方汉字国家，共同形成世界性艺术的全然独立而大放异彩一环节。中国书法，纪元前三世纪秦汉之际已渐渐发达。整理考古发掘的汉简、魏晋简的了解，隶书是汉朝早期通行的书法，二世纪前半后汉中期顺帝永和以后，已转变流行"八分"，三世纪中三国魏国末年，便全如今日的流

---

① 人物往来社版《东洋历史》4. 分裂的时代，第 404 页。

行楷书了。草书与行书的变体，也以纸张渐渐替代木简或竹简，便利于书写而愈被爱好。自东晋江南政权成立，以迄南北朝对立时代，楷、行、草诸体书法都呈现飞跃性整理与发展，出现书法艺术的黄金时代。古代书法残留迄今，主体向来都赖碑刻，对于此时代，则后世书法界以"北碑""南帖"称谓，区别南北各别的特征。原因以北朝不禁碑刻，北魏自太武帝太延五年（纪元439年）华岳庙碑开始[①]，北朝石碑、墓志铭的现存者颇多，南朝则受魏晋禁止建立墓碑习惯的影响，东晋以来碑刻仍然较少，对于保留南朝书法的方法，便改为石刻法帖。"帖"同样是字迹经过摹刻的书法，但专供欣赏与临摹，所以称之为"法帖"；又以石刻法帖颇多取材书法家信笺，体积与字迹都较碑铭为小，所以又称"笺帖"。此一方式须自七世纪唐朝开始，所以今日所见"南帖"，都系七世纪以后之事为须了解。北碑、南帖各别的特色，一般说明是：前一范畴诸书法家多数用方笔而字迹呈现瘦硬、古朴，后一范畴则多圆笔而清媚、妍美。此时代最具代表性的人物，便是四世纪中东晋王羲之，以其字体普获后世皇帝与上层知识分子爱好，而博得"书圣"美誉。

南朝上层社会爱好音乐，从史书中记载"竹林七贤"与以后的世族中人妙知音律，并多演奏乐器名家可知。此与豪贵世族府邸广设伎乐、歌姬、舞女的奢华风气，以及乐府流行，都相关联。但堪注意，此时代音乐，较之汉朝已全行变貌，自二、三世纪之交汉朝崩坏，以至四世纪初"永嘉之乱"，中国固有的乐曲、音律、乐器，所谓"雅乐""正声"，几乎散失殆尽，无从复原。所以南朝建立，即使宫廷、庙堂中正式的大型乐舞，也已不得不

---

① 有高岩《概观东洋通史》，第180页。

以汉武帝开通西域后传入，容易传授、记忆，用西方乐器演奏而广泛受到欢迎的西方式或胡式"散乐"替代。个人爱好者，似乎也都以自身研究心得创新，如著名的古琴《广陵散》乐曲。此一现象，北朝自为尤然。时至隋朝统一南北，仍如颜之推上书所指出："礼崩乐坏，其来已久。今太常雅乐，并用胡声。"中国古乐或雅乐到南北朝写下休止符，乐器也一变而为流行的西方产物如琵琶、五弦、胡鼓、铜钹等，中国传统史学家往往为之惋惜。然而，相反的意义，也未始不可谓为中国音乐一大革命，汉朝畅开中西文化交流之门与吸收西方音乐因素后四个世纪以来，南北朝时代，终兴起了新的契机，开始向世界化音乐潮流合流，至隋唐而大放光芒。

遗憾的是，中国音乐接受外来文化影响，今日只能知其大体倾向，其如何联系的线索却不明了。原因，音乐是声音的艺术，文字记录与片断的图画，都不能恰切表达声音、分辨声音。唐朝以前的乐器演奏，且无文字谱而代代口传手授，愈易失传。考古发掘的乐器，又只是"器"而非"乐"的本体。所以贯通西亚细亚、中亚细亚、印度与中国的音乐史，解明世界化音乐传播中国的完整与明确系谱图，非今日历史界、音乐界、考古界能力足以胜任。中国—西方间文化交流说明，音乐因此也是最弱的一个环节。

## 史地学·科学与技术

三至六世纪中国的历史学，与文学、艺术同等发达，抑且，可能还是中国自有历史著作以来，历史学最发达的时期。南朝玄、儒、文、史各别独立发展，一方面系适应历史学的开展潮流，另一方面，反过来又刺激史学愈益发达。虽然这些历史著作，依今日标准，都仍只是史料性质。

中华民国成立以前，国家承认的"正史"，所谓"二十四史"中的五部：《后汉书》《三国志》《宋书》《南齐书》《魏书》都成书于此一时期。如上史书著作时所引用参考书，以及未被列入"正史"的同时期其余史书，又足指证此一时期历史学作品数量丰富的一般。

三世纪后半陈寿的《三国志》，是前述五部正史中领先完成，年代仅次于《史记》与《汉书》。作者身历三国时代，于晋朝以魏、蜀、吴各别已撰史书修订整理而成的权威历史著作。以后，五世纪前半宋朝初年裴松之给予较原书多三倍的补注，愈增大了此书学术价值。而裴松之添注陈寿《三国志》所根据书籍、史料，依赵翼《廿二史劄记》统计，多至一百四十种，包含通史、断代史、专志、史评、帝王名人传记、起居注、地理志、氏族谱、家传、文学作品（含小说），叵见材料搜集之广博，也堪反映其前后时代著作界的蓬勃。遗憾则有关外国关系部分，裴松之仅重视魏志，而忽略了吴志，而三世纪吴国却正是中国历史上南洋事业的起步者。南洋被古代中国人称之"南海"，吴国人亲身经历归来记述见闻的著作颇多，容易供选择采录。这些著述到六七世纪之交统一时代的隋朝，仍未散失，被收入《隋书》经籍志的目录，便有万震《南州异物志》、朱应《扶南异物志》、沈莹《临海水土志》、康泰《交州以南外国传》诸书，可惜《三国志》补注时都未被引用。但不论如何，近一百五十种书籍资料的选辑，无疑显示补注者已尽其努力。其中有名史学著作，至少如附表所列，虽然颇多于补注《三国志》的五世纪以后失传。但反过来说，也幸得被摘录保留为《三国志》附文，而今日尚能见到部分内容。

| 书名 | 成书时代 | 著者 | 现状 | 备注 |
|---|---|---|---|---|
| 后汉书 | 三国吴国 | 谢承 | 亡 | |
| 续汉书 | 晋 | 司马彪 | 存志30卷，与范晔《后汉书》合刊，余亡 | |
| 后汉记 | 晋 | 张璠 | 亡 | |
| 后汉记 | 晋 | 袁宏 | 存 | |
| 后汉书 | 晋 | 华峤 | 亡 | |
| 汉魏春秋 | 晋 | 孔衍 | 亡 | |
| 汉晋春秋 | 晋 | 习凿齿 | 亡 | |
| 魏略 | 三国魏国 | 鱼豢 | 亡** | |
| 魏志 | 三国魏国 | 王沈 | 亡 | |
| 魏书 | 晋 | 夏侯湛 | 亡** | |
| 魏氏春秋 | 晋 | 孙盛 | 亡 | |
| 蜀记 | 晋 | 王隐 | 亡 | |
| 华阳国志 | 晋 | 常璩 | 存* | 无记号者，隋朝尚存，《隋书》经籍志录其书名。<br>*《隋书》经籍志录其书名，但已注明"今残缺"。<br>**已不见《隋书》经籍志。 |
| 吴书 | 三国吴国 | 韦曜 | 亡 | |
| 晋书 | 晋 | 王隐 | 亡 | |
| 晋书 | 晋 | 虞预 | 亡* | |
| 晋纪 | 晋 | 干宝 | 亡 | |
| 晋阳秋 | 晋 | 孙盛 | 亡 | |

《后汉书》与《史记》《汉书》《三国志》同被后世推崇为最佳著作，以及叙述时代最早的"四史"之一。其所代表的时代

由《三国志》承接，但成书却迟至《三国志》完成后一个半世纪的南朝宋朝，作者范晔。《宋书》他的传记说他"删众家《后汉书》，成一家之作"。四史著作，同系出于私人意愿与个人之力，因此后世区分二十四史"正史"修书方式时，同称之为"私撰"，而与其余诸史之为"官修"，抑且出诸众人合力的性质有异。但四史中范晔《后汉书》与《三国志》又另具特征，便是仅撰人物（纪、传），而无如《史记》《汉书》中的"书"或"志"部分。今日所见《后汉书》诸志，乃六世纪前半南朝梁朝刘昭注释原书时，以三世纪中晋朝初年便已完成的司马彪《续汉书》，舍纪、传而截取其志予以加入，换言之，范晔纪、传与司马彪诸志的合并。到唐朝注释《后汉书》名家之一章怀太子，保留刘昭所注志的部分，纪、传又另以自身的注释改易，乃成今日的通行本《后汉书》。

五世纪末沈约于齐朝时代奉朝廷命令，以宋朝徐爰未完成的著作为蓝本，续补其后事迹而成《宋书》，便是"二十四史"官修形态的最早形成。《南齐书》于六世纪前半梁朝，由萧子显受命编纂;《魏书》于六世纪中北齐，由魏收受命编纂，方式都相同。南朝诸朝代与北齐、北周，年代都短促，所以，《宋书》《南齐书》《魏书》的完成，虽系次一朝代追记前朝之事，作者却都曾亲身经历前朝，与陈寿著《三国志》的情形相仿，可谓便是当时人记录当时事，特具可信任与真实性。然而，相对方面，奉朝廷命令编辑前朝历史，以及惟其年代太近，作者个人的人际关系恩怨成分掺杂等，主观因素所造成隐讳、偏袒、歪曲的弊病也不可避免。学术界的评语，因此对此三部著作有褒有贬。但平心而论，宋、魏两书的志的部分，高价值仍须认定。

记述南北朝另外几个朝代历史的《梁书》《陈书》《北齐书》《周书》，以及记述南北朝先行朝代晋朝事迹的《晋书》，都须统一时代来临，而系七世纪唐朝初年修史运动下的产物。《晋书》且是"二十四史"中，较个人奉诏修史愈升高一层，朝廷指派多数人共同参与其事，最典型"官修"的第一部史书。而其基准，仍是三至六世纪间先已完成的《晋书》著作。《唐书》房玄龄传说明：房玄龄等"受诏重撰《晋书》，以（南齐）臧荣绪《晋书》为主，参考诸家，甚为详洽"。所以官修本完成时，唐朝史学家刘知几的名著《史通》称之为"新晋书"与"皇朝新撰晋史"，并说明，官修本据以参考的计有十八家同类著作，此十八家乃指流传唐朝尚存在之数。而早期以《晋书》《晋纪》为书名，或其异名同类的既成著作，尤多至共约三十种，都是晋朝立国以迄南朝梁朝间的作品，此期间《晋书》著作风气之盛，可以概见。可惜，无论十八种或更多数量的早期诸书，终至全部散失，留存今日，已惟一仅只列入"二十四史"的南朝《晋书》。

魏、晋、南北朝时代地理学，依《隋书》经籍志记载：南朝齐朝陆澄聚《山海经》以来一百六十家之说，编撰《地理书》一百四十九卷，稍后梁朝任昉又增陆澄之书八十四家，谓之《地记》。陈朝顾野王也辑有同性质的《舆地志》。届至六世纪，中国地理著作已有二百五十种左右出现，数量不可谓不可观。虽然这些自然地理与人文地理专著，以及后世成长为独立学问，而三世纪中晋朝陆机《洛阳记》、贺循《会稽记》等已为前驱的地方志，以后多数失传。幸得保存迄今如南方加速开拓期梁朝宗懔《荆楚岁时记》（再经隋朝杜公瞻加注），则已是了解五至六世纪南方风俗与沿革的必备参考书。早在隋朝以前便已散失的诸地理书中，特为有名的是三世纪晋初挚虞所编，篇幅庞大至一百七十卷的《畿服经》，《隋书》经籍志介绍此书："州郡及县、分野、封略、事业、国邑、山陵、水泉、乡亭、城、道里、土田、民物、风俗、先贤旧好，靡不具悉"，内容的丰富，足堪媲美今日任何大型综合地理志。三世纪文学家与代表性诗人张华的《博物志》，则是一般知识性的杰作，作者以具有非常的丰富学识闻名。

地图绘制的飞跃进步又是一大特色，中国地图学，便是由挚虞同时代的裴秀确定。他为晋武帝绘制的中国全国详图，每百里缩尺一寸，且以百里为准，用纵横线条划定类似今日经纬度的方格，山、川、湖泊、政治地理区划、都市等，位置的正确与绘制技术之精湛，都已如今高水准地图制作，又附注自古代迄当时山川地名的变易。他这十八幅权威性《禹贡地域图》，后来虽都散失，但以《晋书》他的传记中录存上奏地图时序言，而仍知其概略。序言中又详述此一方格图法发明人关于地图学上：1. 分率；2. 准望；3. 道里；4. 高下；5. 方邪；6. 迂直的著名制图六法。五世纪南朝宋朝谢庄，又是立体模型图制作的第一人，《宋书》他的传记说明："分左氏经传，随国立篇，制木方丈，图山川土地，各有分理。离之则州别郡殊，合之则宇内为一。"

三至六世纪地理名著流传至今日的，下述都具有代表性：

晋朝郭璞的《山海经注》与《穆天子传注》，原书已附着强烈的神奇色彩，注释后愈显现其传奇性。自晋朝以迄今日，始终是学术界富于研究兴味的对象。

北魏郦道元《水经注》，搜集此时代与其以前四十多种地理书籍资料，详阐中国黄河、淮水、长江，以及江南诸水系的主水道与支流，记述其流域内都市、古迹、名胜、珍物。此书今日已发展为专门的考据学问。

北魏杨衒之《洛阳伽蓝记》，著者于六世纪前半东、西魏分裂后的东魏武定五年（纪元547年）再度访问洛阳，以佛教寺院为记述中心，对照战前升平时代寺庙宏壮奢侈与战后残破状态，正确报导政治、风俗、人物、地理，为了解六世纪初北魏国都洛阳繁华面的第一手资料。

东晋释法显《佛国记》，系五世纪初旅行三十余国归来时撰写，现存中国僧人赴印度求经热期间最早的外国见闻录，以及五世纪初中亚细亚、印度历史地理实况报告。以后同类著作被记入《隋书》经籍志的，还有《游行外国传》（释智猛）、《外国传》（释昙景）、《历国传》（释法盛），以及北魏惠生、宋云游记等，都是五至六世纪时作品，可惜都未能流传，只惠生、宋云旅行记，被节引加入《洛阳伽蓝记》而得部分保存原著内容迄今。

人类文明，并非仅以艺术、文学与哲学思想的精神领域表现，物质生活依赖的社会生产力为同等重要，而后者中核，又必然是科学与技术。二十世纪以来，外国学术界渐渐已能消除偏见与成见，正视古代中国文明的伟大，以及领悟中国文明的伟大，正便建立于各项高度发达的科学分野，而又具备丰富的、经验性的高水准技术支持。新的评价视十九世纪呈现全然的倒反，新的科学技术史学者惊佩中国文明占有世界文明史篇幅的最大部分，历史上中国人科学与技术业绩也立于世界科学技术史最主要的位置。明了中国人所达成高水准的科学技术诸分野，十五世纪以前均压倒性高过西方世界或欧洲，须待十六世纪以后近代欧洲成立，欧洲的近代科学与技术，才急速驾凌相对已停滞了的中国科学技术[1]。然而，欧洲近代世界的诞生，仍由中国的科学与技术提供强力契机，造纸术、印刷术、火药、罗盘针、瓷器的中国人五大发明，便是促成西方社会与西方文明变革的原动力。

科学技术史研究者也纠正传统历史学者，指中国三至六世纪政治上混乱与分裂时代，文化必然陪伴衰落，科学与技术发展尤须中断的想当然谬论。以欧洲史自身为坐标的西方学者，过去往往以中国汉朝与其以前，比之纪元前四至前二世纪希腊科学急激跃入体系化的发展期，而魏、晋、南北朝中国，又如同二世纪以后希腊化科学的急速衰退与断绝。此项错误今日已被发现，了解中国科学技术的发展性格与古代西方恰恰相反，科学技术史展开过程中，十六世纪后的退潮期以前，十数个世纪间都是上升的历史，以及成果稳定成长的记录，其中自亦包含魏、晋、南北朝。

中国的科学与技术独立的与持续的发展，三至六世纪间，天文学仍是国家科学的中心。中国传统社会的基本产业是农业，农业生产受自然、季节等有关天文现象的支配，所以，观测天体，装造精确历法，有效予农业生产以组织化，乃是国家一贯的重要机能。天文学自汉朝浑天说宇宙构造论的成立，张衡发明浑天仪，而突破性进展，确立大地中心说与天动说，否定天的实体性。浑天家认识大地系球形，虽然尚嫌含糊，却已是理论的飞跃，浑天法由赤道坐标系解明星的位置与计算，也已似于今日球

---

[1] 薮内清、山田庆儿《中国传统科学技术》，人文书院版《世界历史》4.东亚世界，第316页。

面天文学[1]。三国吴国与南朝人，对浑天之法以及张衡以漏刻与浑象结合，利用水的动力表现天体位置与恒星运行的天球仪制作原理，都有修正，实用效力因之增大，到达浑天仪机械技术最发达的时代。

天文学中心历的计算，前汉太初历已是观测法发达的里程碑，四世纪前半东晋虞喜又最早发现岁差。五世纪宋朝何承天制作的元嘉历，尤以精密著名，此一历法经朝鲜半岛流传至日本时，又成为日本最早使用的历法。明治维新依传说中纪元前六六〇年神武天皇即位之年制订纪元节，便以元嘉历是年正月朔日换算阳历，而定为二月十一日[2]。五世纪后半祖冲之，再在宋朝时代，以四世纪前半东晋虞喜所发现岁差取入历的计算，而有大明历的制定。

中国历史上对蚀、流星、彗星、新星等宇宙现象精确的、无间断的记录，今日仍是世界性天文学者研究利用的重要资料。宇宙现象对于潮汐与月的关系，从三世纪三国时代资料发现已被了解[3]。

天文计算，高度的数学为必要，所以，天文—数学定必相偕发达，天文学家又多数与数学家合一。而中国数学对代数学特殊发达，古代希腊所发达则几何学，又系众所周知。然而，中国代数学固有独特的高水准发展。以高度的测量技术应用需要，几何

---

[1] 薮内清、山田庆儿《中国传统科学技术》，人文书院版《世界历史》4.东亚世界，第327页。
[2] 人物往来社版《东洋历史》4.分裂的时代，第417页。
[3] 薮内清、山田庆儿《中国传统科学技术》，人文书院版《世界历史》4.东亚世界，第二部，第327页。

学知识也非不存在，如中国最早数学书，周朝至汉朝间累积增补的《周髀算经》中，相同于希腊毕达哥拉斯（Pythagoras）定律的贡献（直角三角形斜边之正方等于他二边正方之和）便已存在。相对方面，希腊数学的计算技术面，较之中国实用数学的代数学与技术结合，却完全居于劣势。汉朝成立而由三世纪三国魏国刘徽加注的《九章算术》，集古代代数算法大成，而被今日推崇为中国权威数学书。此书二次方程式与一次联立方程式解法已导入负数，西方则负数出现须迟至十七世纪以后才开始[1]。

圆周率以内接正六角形计算，《九章算术》已知其法。由此出发，注释《九章算术》的测量术书《海岛算经》（《九章重差图》异名），刘徽演至正一九二角形，已求得圆周率 $\pi$ 之值在 $3.14\frac{64}{625}$ 与 $3.14\frac{169}{625}$ 之间。至五世纪天文学家、数学家祖冲之，再以同样方法，精密取得极正确的圆周率近似值 $\frac{29}{7}$（约率）与 $\frac{355}{113}$（密率），或者说 3.14159265。此一又由中国人在世界科学史上创造的不朽纪录，西方须十六世纪始计算得知与此相同的数值。祖冲之子祖暅之，又于六世纪前半（梁朝）适用今日的积分法，正确求得圆球体积计算方法成功。刘徽与祖冲之、暅之父子数学思想的世界科学史一流地位可知[2]。

也惟其如此，三至六世纪乃是中国数学史最辉煌时期之一，著作也丰富。《隋书》经籍志列举数学书名而未详著者姓名的，考定无例外均系此时期作品。北方数学家中，代表人乃较祖冲之

---

[1] 薮内清、山田庆儿《中国传统科学技术》，人文书院版《世界历史》4.东亚世界，第二部，第 326—327 页。

[2] 薮内清《中国古代的科学》，第 94—95 页。

约后半个世纪，六世纪后半北周的甄鸾，以众多数学书均经其注释而闻名。

［测定技术与数学具有密接关系，堪注目的进步，是五世纪初以前北方发明的距离测定器记里车，东晋十年刘裕攻取长安时获得此物。《宋书》礼志记载，车上置鼓，"车行一里，木人辄击一鼓"，原理似乎与今日计程车相仿，以车轮的旋转数确定距离记数。汉朝流行的指南车技术，也在此时代再度改进。同一原理的应用，晋朝且已延伸到航海术的船只进路测定，"指南船"便是基于此需要的产物。

此时代杰出工程师中，三世纪三国魏国马钧是位不能被忽略的人物。中国丝织物当汉朝已盛名远播地中海，织丝机械的"织机"也由最早发明一百二十个动力脚蹑减少到六十蹑、五十蹑，马钧再改进到仅留十二个蹑，效率却反加增高。近代中国旧式定型了的两蹑绫机，便系十二蹑机的再改进成果。而此最后定型的中国优秀机械技术设计，今日又已成为世界现代新式纺织机的共同原型。马钧另一重大机械设计贡献系翻车的发明，得以"灌水自覆，更入更出，其巧百倍于常"（《三国志》魏志杜夔传注）。

古代中国农业技术的重视水利工程，利用水的动力，碾稻去壳为精白食米，或磨粹麦粒为面粉的水磨，也是一千五百年前中国人的伟大发明。何人发明虽不能考定，但从史料中累累以之代表东晋—南朝世族庄园豪富，可知其时水磨尚仅上层社会专利，普及民间还待以后。则发明时间，推测可能便系四世纪或其稍前。今日水力发电机的推动，原理便与水磨转动相同。

关于农业，六世纪北魏贾思勰的《齐民要术》，乃是现存中国最古的综合性农书，著作时引用书籍约一百六十种。特为重要的，凡先后散失的早期著名农书，如前汉《氾胜之书》、后汉崔寔《四民月令》，以及南朝《食经》等，均以此书摘录转载而得保留部分遗文。此书撰辑，意义的等于传统农业学问集成，也由此可知。对于植物栽培法、营农生活、家畜饲育、酿造与加工、贩卖，各各依其经验，予以严密性组织而叙述。所以，非只是农业知识与农业技术的贵重参考书，范围也及于农业经济学，无愧被誉为东亚旱地犁耕农法的权威著作。以后中国北方式的农业经营，便以此书为基础。]

化学方面，近代西方科学化学部门母体，中古炼金术（Alchemy）理论与技术导入渊源的中国，汉朝已随方士长生不死之说，而兴起炼金（炼丹）浓厚兴趣。三世纪三国分立之际，最早的炼金术著作魏伯阳《周易参同契》，以及四世纪东晋江南政权成立之初闻名于化学史的葛洪《抱朴子》，都已先后成立。"丹砂烧之成水银，积变又还成丹砂"（《抱朴子》）的说明，可知物质不灭定律，三至四世纪间的中国人对矿物的化学性变化还原已有明晰了解[1]，以及物质分解结合时变化形态的化学知识，与测验其性质互变的化学装置、用材、方法，也都已具有科学技术的初步成绩。但堪注意，古代中国此一方面的发明家产生，大体与道教或其前身的方士活动相对应。

尤其惊人的事实，自然界重要化学金属元素之一——铝，欧洲至十九世纪才开始知晓并应用，而成立今日以铝为中心的轻金属时代，中国却自四世纪的晋朝墓穴（1956年，江苏省宜兴

---

[1] 薮内清、山田庆儿《中国传统科学技术》，人文书院版《世界史》4.东亚世界，第328页。

县）中，已有此金属的遗物出土，发掘所得二十余片带饰之一的分析结果，其成分便是：铝85%，铜10%，锰5%[1]。铝的精炼以一千六百度以上的高温为必要，煤炭燃烧时使用通风技术的发展，也陪伴得以明了。

军事技术方面，中国人最大发明之一火药的用于武器而发明火炮，文献记录说明固须至十二世纪宋朝，但火药主要成分硝、硫、炭的配合发明，便导源于炼金、炼丹。道教书籍之一，三国郑思远著《真元妙道》，已有"以硫黄、雄黄合硝石并蜜烧之，焰起，烧手面及烬屋舍者"的破坏力报导。六世纪药物学家陶弘景，又最早提出同因色白、味苦而容易混淆的硝石（硝酸钾）与芒硝（硫酸钠）间的分辨方法。他用燃烧法实验指出：硝石燃烧时会发生紫青色火焰，而芒硝则否。这是中国人再一大卓越科学成就，西方须十三世纪始能以同样的方法鉴定硝石[2]。

中国医学的特色，系以人体视为有机体而重视全身机能的调和，认定病的起源，非局部性器官问题，而关系全身机能的抵抗力。所以，治疗也以全身抵抗力的回复为目的。建立于此一学理，自魔术性巫医切离，以经验性的知识为主要的医疗技术于战国时代开展以来，内科学、生理、解剖学当汉朝时代已见飞跃进步，《黄帝内经》、张仲景《伤寒论》与《金匮要略》诸足以傲视世界第一级富有价值的医学书，都完成于汉朝。《黄帝内经》区分的《素问》《灵枢》两篇中，后者又是今日物理疗法创始者，风行世界针灸术的发源文献。后续的再一次跃进，便推外科手

---

[1] 薮内清《中国古代科学》，第56页。
[2] 薮内清《中国古代科学》，第164页。

术。《三国志》魏志载有著名外科医师华佗的传记。外科学问成长的两大支柱麻醉与消毒，西方至十九世纪始分别使用此两方法成功，而被夸为外科史的划期性两大事，近代外科因之诞生。较之中国，落后却已一千多年[1]。中国三世纪时华佗，已是麻醉剂的发明者，他所取用的名词称"麻沸散"，病患饮之，可立即麻醉，以施行开腹术与脑手术。今日麻醉的"麻"字由大麻而得，麻沸散猜测也以大麻为主成分[2]。消毒最早见诸中国医书，系五世纪的《刘涓子鬼医方》，说明手术时须先以手术用刀烧红，此与今日手术用具煮沸为同一意义[3]。

人体寄生虫的了解，同自华佗开始，《三国志》记述他的漆叶青黏散，谓"久服去三虫，利五藏，轻体，使人头不白"，正是驱除人体寄生虫以增进健康的经验说明。四世纪初炼金术专家葛洪同时也是位优秀医学家，所著《肘后备急方》，对于诊断学、医理学散发了奇光异彩，其有关天花与结核病症状的记载，乃是世界医学史上最早的文献，对肝炎（黄疸）与其他传染病、急性疼痛性淋巴结肿大、急性淋巴管炎、狂犬病，也都有精确的说明。葛洪也以此一传染病文献，世界医学史的地位，今日以之与欧洲文艺复兴时代的 Philippus Theophrastus Von Hohenheim（瑞士人）对比[4]。此时代另外的重要医学书籍，有三世纪晋朝王叔和《脉经》，同时期针灸术宝典皇甫谧的《甲乙经》等。

药物学在中国称"本草学"，起源于六世纪南朝梁朝道士陶

---

[1] 薮内清《中国古代科学》，第 135 页。
[2] 小川鼎三《医学史》，第 8 页。
[3] 薮内清《中国古代科学》，第 136 页。
[4] 石原明《汉方》，第 59 页。

弘景的《本草集注》。推定后汉时代人作品的《神农本草》，为现知中国最古的实用药物书，以及应用博物学专著，药效论是其主要目的，记载药物共三百六十五种。陶弘景《本草集注》又广博辑集与整理所有以前的药物知识，包含植物、动物与矿物性，扩展到七百三十种药物记录。而西方待至十六世纪，始知在动、植物药物之外，再应用矿物性药物。自陶弘景此一今日评价极高的药物书仍以"本草"为名，中国独特学问，与医学连成密接关系的本草学乃告成立，以后时代，本草学继续发展与药物增辑，都以"集注"为基础。

对于三至六世纪中国的学问与科学，占有世界文明史如何位置？今日世界学术界大体都已明了。李约瑟巨著自已世界闻名，余外的系统性介绍，乔治·萨顿 George Sarton：Introduction to the History of Science，Vol.I 的章节体系与内容分配，[①]也可供为参考。原书摘要：

| 时代 | 代表性学问 | 中国代表性人物、事迹 |
|---|---|---|
| 三世纪前半 | 希腊 Hellenism 与中国的哲学 / 中国与 Hellenism 的数学 /Hellenism、罗马、中国与犹太的天文学 / Hellenism 与中国的物理学、工艺学 /Hellenism 与罗马的博物学 / 罗马与中国的地理学 /Hellenism、罗马、印度与犹太的医学 /Hellenism 的历史编纂 / 罗马与犹太的法律 | 刘劭编纂《孝经》，并撰人类学书《人物志》。无确实年代而约系三世纪初的孙子（非兵法家孙武），完成含有一次不定方程式解法的算术著作《孙子算经》。220 年以前去世的陆绩制"浑天图"。孙子测定各式各样的物质密度（？）。中国的丝，以及其他种种商品自远东运往罗马帝国，说明其通商路线的唯一书籍《魏略》于三世纪中完成。 |

---

① 据岩波版日译本《古代、中世科学文化史》I，第 170—223 页。

续表

| | | |
|---|---|---|
| 三世纪后半 | Hellenism 与中国的哲学 /Hellenism 与中国的数学 / 中国与 Hellenism 的天文学 /Hellenism 与中国的化学、物理学 /Hellenism、罗马与中国的博物学 / 罗马、Hellenism 与中国的地理学 / 中国的医学 / 中国的历史编纂 / 罗马的法律 / 中国与希腊的语言学 | 大体活跃于此时代的"竹林七贤",对中国思想发生重大影响。<br>王蕃（约229—264年以后）发现圆周与直径之比142对45,与圆周率3.155等值。<br>刘徽于263年注释《九章算术》,又完成《海岛算经》,以红、黑算木计算正、负数。<br>王蕃改进张衡所制半球状天球仪为完全的球状天球仪。<br>此时代道教著作中,多数作炼金术与化学的讨论。<br>对于茶的最古记述,见诸297年去世的历史家陈寿著作《三国志》中。<br>具有纯粹植物学色彩的中国有关植物最古专著《南方草木状》,亦此时期产物,记述并说明约八十种中国南方的植物,作者嵇含。<br>杜预（222—284年）完成孔子《春秋》的地形学注释《春秋释例土地名》。<br>裴秀（224—271年）予中国的地图制作法基本原理以定则化。<br>皇甫谧撰中国医学基本部门的针灸术专著《甲乙经》。<br>王叔朋撰有名的脉搏专著《脉经》。<br>荀勖（289年去世）整理281年发现的古书《竹书纪年》。<br>陈寿（233—297年）编集《三国志》（记述年代220—280年）。<br>辞书编纂者孙炎受印度影响,发明称之"反切"的缀字法。 |

续表

| | | |
|---|---|---|
| 四世纪前半 | 印度、Hellenism、拉丁与中国的哲学/Hellenism、罗马的数学、天文学/Hellenism 与中国的物理学、化学/罗马的农业/Hellenism 与中国的医学/Hellenism 的历史编纂/罗马的法律/中国、哥德、拉丁与埃及的语言学 | 道家郭璞（276—324 年）应用风水术，决定坟墓最佳位置。风水之说，如同占星术于西方，系流行于中国似是而非的科学。<br>道家葛洪，以辰砂为必要品的炼金术实验成功。<br>葛洪又至少完成二种医学书《金匮药方》《肘后备急方》。<br>道家郭璞，演绎编纂地志《山海经》。 |
| 四世纪后半 | Hellenism 与印度的哲学/Hellenism、罗马、犹太与中国的数学、天文学/罗马与中国的工艺学/罗马与 Hellenism 的博物学、农学/罗马与 Hellenism 的地理学/Hellenism 与罗马的医学/罗马的历史编纂/罗马的法律 | 姜岌于 285 年订正中国历法。<br>墨于四世纪或五世纪，为中国人再发现。 |
| 五世纪前半 | Hellenism 与罗马的哲学/Hellenism、印度与中国的数学、天文学/Hellenism 的炼金术、物理学、工艺学/中国与亚美尼亚的地理学/罗马、Hellenism、印度与朝鲜的医学/Hellenism、罗马、亚美尼亚与中国的历史编纂/罗马与蛮族的法律/亚美尼亚与希腊的语言学 | 此时代中国天文学著名者，有钱乐之与何承天。<br>埃及玻璃制法介绍至中国，当时中国为南北朝。<br>五世纪前半最值得重视的世界性人物，乃中国僧人法显，他以求取佛经，自中国中部出发，旅行印度，归途则经由海道，撰著最堪注目的 399 至 414 年间的旅行记《佛国记》。<br>朝鲜医学者被招聘至日本，最早为 414 年，其次约 468 年左右。<br>范晔编纂后汉的正史《后汉书》（记述年代 25—220 年）。 |

续表

| | | |
|---|---|---|
| 五世纪后半 | Hellenism、叙利亚与拉丁的哲学 / 拉丁、Hellenism 与印度的数学 / 拉丁、Hellenism、中国与印度的天文学 / 中国的地理学 / 拉丁与锡兰的历史编纂 / 罗马与蛮族的法律 / 中国的语言学 | 中国数学家又是天文学家祖冲之（430—501 年）于 463 年考订历法，又算出正确的圆周率 $\frac{355}{113}$。中国僧人慧深，499 年漫长的航海归来，被考定为美洲的发现人或再发现人。所谓再发现，以另一说，另外有中国僧人已于 458 年最早发现，如果此说成立，须早过哥伦布一千年以上，但此说尚无任何实证。沈约（441—513 年），最初区别四声者，依纯粹音韵学的观点，显为进步。沈约的发现，系受印度影响，研究梵语的成果。 |
| 六世纪前半 | 拜占庭、叙利亚与拉丁的哲学 / 拜占庭、拉丁与印度的数学 / 印度、中国与拜占庭的天文学 / 拜占庭的物理学、工艺学 / 拜占庭与拉丁的植物学 / 中国的农业 / 中国与拜占庭的地理学 / 拉丁、拜占庭、叙利亚、波斯与中国的医学 / 拜占庭、拉丁、叙利亚与中国的历史编纂 / 罗马与蛮族的法律 / 拜占庭、拉丁与中国的语言学、教育学 | 中国历法于此世纪初改良。贾思勰著中国最古的农业著作《齐民要术》。中国僧人宋云，518 年由洛阳出发访问印度，522 年归来，547 年完成的旅行记（《洛阳伽蓝记》中转载），具有最大的地理学兴味。道家陶弘景（451—536 年）有关药物学的名著《名医别录》与其他医学、炼金术诸书完成。沈约完成宋朝的正史《宋书》，萧子显完成南齐朝的正史《南齐书》。周兴嗣（521 年去世）撰成有名的《千字文》，至于今日，仍系中国教育的基本书之一。顾野王（519—581 年）编纂新辞典《玉篇》，予文字的 542 个语根以分类。 |

续表

| | |
|---|---|
| 六世纪后半 | 波斯的哲学／拜占庭与中国的数学／中国的工艺学暨其东西向的传播／拜占庭的农业／拜占庭的地理学／拜占庭、朝鲜、日本的医学／拜占庭、拉丁、叙利亚、波斯与中国的历史编纂／梵语与中国语的辞书编纂／中国的教育学 | 夏侯阳完成初等数学专著《夏侯阳算经》、甄鸾注释古代的数学书《五经算术》、张邱建著特别留意分数的算术教科书《算经》，此时期，印度数学似乎与中国已相结。<br>中国或者在六世纪末期已有木版印刷，但确定完成此发明则八世纪中。<br>养蚕，552 年自于阗传播至拜占庭东罗马帝国，大体系景教派的基督教修道士所介绍。<br>同时，中国文明向日本徐徐浸透，度量衡与瓦于本世纪末输入。<br>中国医学与中国医学书，以朝鲜为中介而传播日本。<br>魏收编纂北魏朝的正史《魏书》。<br>陆德明编纂古典语汇《经典释文》。<br>颜之推（531—595 年）撰家庭教育专著《颜氏家训》，主张精神修养。|

## 地下史料所见魏晋南北朝人的生活形态与风俗

古代人生活实态，今日已以考古学的发达而能回复其面貌，文献记录，也以这些地下实物资料的出土而得分别给予支持、补充或者纠正谬误。但是，相对方面，考古发掘成果仍须文字史料参证，始得赋予生命力作活的运用，而不致导引不正确的评估。对于三至六世纪魏、晋、南北朝人文化生活的解明自不例外，其间，墓葬部分又最具有直接关系。

坟墓向被珍视为学术发掘的宝库，从坟丘、棺、椁种类、形式，椁的表面，所谓镌刻画像石或画像砖题材与内容，以及墓内副葬品，具有"神明之器"意味的各式各样明器等，非只代表当时艺术造诣，也是反映当时人生活状况、习俗与信仰的真实资料。如上考古收获从地下重新沐浴于今日阳光中，才使今日人对当时人的风俗与流行得以具体明了，以及古代文化生活得以复原。汉朝便以巨大坟丘，类别众多的棺、椁，数量特为丰富的副葬品残留与发现，而被称为墓葬黄金时代。今日对汉朝社会与汉朝人殷实生活的一般，印象因之容易明晰。然而，也须了解，坟丘与墓内筑椁都代表社会地位，其雄伟抑瘠小，宏丽抑简朴，便是死者生前权势与财富区别的分野。无财势的平民，葬身只是未筑椁的竖穴式土坑墓，或者竖穴再向侧壁开掘的横穴式土洞墓，规模小，副葬品贫弱，其上也无坟丘堆积，俗称的土馒头而已。此类平民化墓穴，通墓制各时代、各地域都同时并在，即使纪元二〇〇年以前墓葬全盛期的汉朝也是。

自纪元二〇〇年以后迄于隋朝的四百年间墓葬调查，值得注意的，属于魏晋时代诸坟墓，坟丘一般都瘠小，明器副葬也少，即使南京与江苏省丹阳县附近南朝皇帝陵墓，仍属相同，甚或全然未筑丘。堪与汉朝陵墓相比，惟有如山西省大同县郊外方山有名的北魏文明皇太后陵，径约七六公尺，高约二七公尺的见诸北朝，但一般发掘，如河北景县北魏—东魏—北齐之墓，磁县北齐坟墓，也无大的坟丘，仍都非如汉朝的准则可比[①]。众所周知，短暂统一期晋朝上层社会系以穷奢极侈著名于历史，东晋以后江

---

① 关野雄《坟墓构造》，平凡社版《世界考古学大系》7. 东亚Ⅲ，第31页。

南加速开发，较之汉朝经济力尤已突破性向上，则魏晋、南北朝墓制萎退，主要并非动乱后经济力衰弱的浮面理由，而系另有缘故。原因剖析，换言之，考古资料代表的此项历史现象，正是《晋书》《宋书》礼志记录的实体证明：

魏武以礼送终之制，袭称之数，繁而无益，俗又过之，豫自制送终衣服四箧，题识其上，春秋冬夏，日有不讳，随时以敛，金珥珠玉铜铁之物，一不得送。文帝遵奉，无所增加。及受禅，刻金玺，追加尊号，不敢开埏，乃为石室，藏玺埏首，以示陵中无金银诸物也。汉礼明器甚多，自是皆省矣。

魏文帝黄初三年（纪元222年）又自作终制曰："……寿陵因山为体，无封树，无立寝殿，造园邑，通神道……"此诏藏之宗庙，副在尚书秘书三府。明帝亦遵奉之。明帝性虽崇奢，然未遽营陵墓之制也。

（晋）宣帝豫自于首阳山为土藏，不坟不树。作《顾命终制》，敛以时服，不设明器。景、文皆谨奉成命，无所加焉。景帝崩，丧事制度又依宣帝故事。

汉以后，天下送死奢靡，多作石室、石兽、碑铭等物。建安十年（纪元205年），魏武以天下雕弊，下令不得厚葬，又禁立碑。

晋武帝咸宁四年（纪元278年）又诏曰："此石兽碑表，既私褒美，兴长虚伪，伤财害人，莫大于此，一禁断之。其犯者虽会赦令，皆当毁坏。"

便是说，魏、晋以政治力量变更汉朝风气，大力推行薄葬。

墓葬方面遗迹、遗物重现于今日的，所以一般都减少，幸得残存的，规模因之也较汉朝大为减削。此乃系魏、晋、南北朝时代学术发掘的基本了解。但尽管如此，就三至六世纪坟墓调查的今日已知部分，对于当时人生活形态、风俗与流行，仍能获得大体的明了。

关于墓葬，魏、晋、南北朝共通继续后汉时代开始流行的砖椁墓，大规模之例虽无发现，但构造则与后汉类似。砖椁墓用材，分大型中空的方砖以及长方形小型砖两种，也自后汉以至南北朝，通行都以长方砖筑椁为主要形式[①]。只是墓砖表面刻纹，南北朝已自后汉的几何学纹、五铢钱纹，向单瓣或复瓣莲华纹、宝相华纹、忍冬唐草纹等图案变化，开隋唐特色先例[②]。如上墓砖，侧面又多铭有纪年[③]，得以明了造墓年代。

魏、晋、南北朝砖椁墓发达的同时，木椁墓已少见[④]，石椁墓仍有发现。一九五四年所发掘，山东省沂水县南（今沂南县）被推定三世纪间建造的石椁墓，原来认系后汉末年之物，而今已有年代延后的重估，惟属于魏抑晋则仍是问题[⑤]。

石兽碑表等墓前石造物，魏、晋薄葬令断然禁止建立，南北朝时代禁令效力已松弛，所以汉朝流行矗立石阙与石人、石兽的风气，重见于南朝诸陵墓。南京附近梁朝皇族萧宏、萧秀、萧

---

① 关野雄《坟墓构造》，平凡社版《世界考古学大系》7. 东亚Ⅲ，第35页。
② 驹井和爱《社会与思考》，平凡社版《世界考古学大系》7. 东亚Ⅲ，第94页。
③ 驹井和爱《社会与思考》，平凡社版《世界考古学大系》7. 东亚Ⅲ，第93页。
④ 关野雄《坟墓构造》，平凡社版《世界考古学大系》7. 东亚Ⅲ，第38页。
⑤ 小野清一《秦汉魏晋时代》，角川版《世界美术全集》13. 中国（二）秦汉，第147页。

景、萧绩、萧正之墓，以及南京东方江苏省丹阳县梁武帝之父萧顺之（追谥文帝）的陵墓，墓道外都立有左右石质门柱意义的石阙。但石阙仅梁朝陵墓有之，其前后诸朝代均无此例。石兽则通宋、齐、梁、陈诸陵无例外，南京附近宋武帝刘裕初宁陵、陈武帝陈霸先万安陵、文帝陈蒨永宁陵、梁萧宏以下八王之墓、丹阳县附近齐高帝之父萧承之（追谥宣帝）永安陵、高帝萧道成泰安陵、景帝萧道生修安陵、明帝萧鸾兴安陵、梁文帝建陵、武帝修陵等均然。诸陵墓的石兽，名称无定说，有谓一角谓麒瞵，两角谓天禄；有谓两者均称辟邪；或者，俗称都是石狮子[1]。梁朝修陵之例，石兽长三点二公尺，高二点七公尺，胴体二点四公尺，两侧附翼，张口、抬胸、气魄威严，雄浑肥满，翼羽、体毛均呈现高雅气质而富于魅力，堪誉南朝艺术精粹[2]。

石阙则梁朝建陵（中大通元年，纪元529年造）所见，高四公尺左右，左右兽形基石上各立希腊、罗马建筑形式的刻沟圆柱，柱顶系莲华座的圆形承露盘，盘上立小型狮子，左右石阙正面石板题额文字，左侧正刻，右侧反刻[3]，较之汉朝左右均为正刻文字，此为差异。

如上墓前装饰物，石兽于北朝，尚存在北齐高翻墓遗例[4]，石阙则无论北朝河北景县北魏—东魏—北齐之墓、磁县北齐之墓，一概所无，可显示南北朝文化的地方性差别。

宫殿、祠堂、石阙、石棺、墓室内石壁，其石材平板表面的

---

[1] 关野雄《坟墓构造》，平凡社版《世界考古学大系》7. 东亚Ⅲ，第43页。
[2] 关野雄《坟墓构造》，平凡社版《世界考古学大系》7. 东亚Ⅲ，第43页。
[3] 关野雄《坟墓构造》，平凡社版《世界考古学大系》7. 东亚Ⅲ，第41页。
[4] 关野雄《坟墓构造》，平凡社版《世界考古学大系》7. 东亚Ⅲ，第43页。

线刻或浮雕画像，谓之画像石或石刻画。汉朝画像石的残留今日，已可谓文化史上贵重遗产之一，数量既丰富，画题也广泛，自神话、传说、历史故事、孝子故事，以至士人的公私生活、狩猎与战争、庶民生活、各类建筑，内容又是人物、车马、神灵、动物等，一应齐全。武梁祠（山东省嘉祥县）、孝堂与山石室（山东省肥城县）画像石优美的表现力，今日已闻名世界。山东省沂水县南石樑墓年代如获确定属于汉朝以后，当系三世纪以后或魏晋时代最重要的画像石遗迹，墓内分前、中、后（棺室）三主室与其侧室，共辟八室。墓室、墓门丰富的画像石计四十二面，画面种类达七十三幅。中室的车马大行列图，表现为奏乐、舞踊、飨宴、杂伎、庖厨等现实生活的写真，另一部分，又描绘仓颉造字、齐桓公与卫姬、蔺相如等历史故事。前室一变而为严肃的祭祀之图，东、西、南三壁相连，青龙、白虎、朱雀、玄武四神图与奇禽怪兽线刻，活跃壁面。墓门则水陆战争图，墓门石柱又是东王父、西王母与伏羲、女娲的神话故事浮雕。题材与后汉同一传统，表达方式，却较所有后汉诸画像石的描写，向前推进了一步，其故事性人物活泼的举止，画像构图的自由生动感，都已与南北朝时代风格相似[①]。所以，学术界乃有转型初期汉—魏年代推移。洛阳附近汉墓石樑与石棺上刻画，画题向最爱好孝子传，而同地北魏一墓十二幅线刻画像石，已全变换为茂林、山岳、流水作背景的牛车、宴会、女子奏乐等贵族生活的描绘，以及四神、神仙思想的飞天、鬼神之图，而众多物象充填画面所表

---

① 长广敏雄《画像石与石刻砖》，角川版《世界美术全集》13. 中国（二）秦汉，第192页。

现的密画效果，又正是南北朝的新风格①。

沂水县南石樟墓内中室南壁上部画像石所绘邸宅建筑配置图，二层式楼门，门外立有代表邸宅主人身份地位的左右阙，门内以回廊围成两个中庭，正面主建筑即主人所居的母室，庭中有井，庭的外侧有望楼，以外仓库与可能是厕所的小屋等细部配置，于此鸟瞰图性质的画面，一览无遗。②此较汉朝传统的类似作品，又系进步表现。

北朝墓室、石棺所附有线刻画像，以及画题的四神、门神、孝子传、牛车、宴乐图等，均属汉画范围。但也如同南朝，画风显然进步，线条朝向纤细、优美、流丽的方向前进。已知的北方画像石中，山西省大同县郊外方山，北魏孝文帝时代的永固堂为特有兴味。方山高五百公尺，系北近长城的风景地区，平坦的山顶有二陵墓，一为文明太皇太后陵（永固陵），东北较小则孝文帝陵墓。二陵之南，便是现存建筑址的永固堂。堂如汉朝陵墓前祠堂的建筑形式，出土瓦当也受汉朝影响，配置"万岁富贵""传祚无穷"等吉祥文字。依《水经注》记载，永固堂画像石也如武梁祠等汉朝祠堂所见，系忠臣孝子画像浮雕，而残片的发现，永固堂厚九公分的石材表面线雕，却都是附有莲瓣文的佛像与菩萨像，与文献记录互殊③。

画像石自前汉时代开始流行，起源与壁画有关，也呈现为壁

---

① 长广敏雄《砖刻画与石刻画》，角川版《世界美术全集》14. 中国（三）六朝，第153页。
② 村田治郎《建筑技术的进步》，平凡社版《世界考古学大系》7. 东亚Ⅲ，第21页；角川版《世界美术全集》13. 中国（二），第179页附图（沂南画像石墓透视图）说明，第180页附图（沂南画像石墓所描绘的家屋配置）说明。
③ 驹井和爱《中国文化的开花》，平凡社版《世界考古学大系》7. 东亚Ⅲ，第18页。

画的延续性格。汉朝宫廷建筑与王公大臣的殿堂，以及祠堂、墓室，无不盛行描绘壁画，此风气至南北朝仍继续。南朝壁画主题以肖像画为多，北朝则踏袭汉朝习惯，壁画多儒家教养的画题。但汉朝壁画虽见树木、芝草，却都是主题的衬托，与作为背景意味，纯粹的自然景象描绘不发达。自魏、晋以后，壁画乃有山水之美的画题[①]。

敦煌壁画闻名世界，北魏时代西域风味的人物面貌与服饰，与多数中国固有画题相结合，而表现佛教极乐净土思想。如敦煌千佛洞同负盛名的石窟寺院云冈、龙门、天龙山等周壁浮雕、佛像，以及安东省辑安县（纪元427年高句丽迁都平壤以前首都丸都）中国文化范畴的高句丽诸坟墓壁画，系三世纪以来遗留的造型艺术珍品，对当时社会与思潮的研究，具有最可信赖的实态资料。被考定遗留今日中国最古的佛像，后燕石刻立佛像（纪元384年），其背光后面，已有供养人像同在，并且了解其时风俗之为左衽，技术的简朴，又堪说明中国佛教兴隆初期的佛像制作形态。

壁画代用品，绘刻于砖筑壁面的画像砖或砖刻画流行，精细的技术，与画像石样式相通。遗迹具有代表性的，其一，一九六〇年南京西善桥发现五世纪前半东晋末年或宋朝的砖墓，其年代系以坟墓构造与所副葬的铜钱、陶俑、青瓷器等而被推定。墓室内部左右壁上竹林七贤画像砖，各高八十公分，宽二点四公尺，各人物列坐槐、松等树林间，饮酒、弹琴或琵琶，或作对谈、高啸状，自由奔放的文人姿态，袒胸露臂，特别是面

---

① 驹井和爱《中国文化的开花》，平凡社版《世界考古学大系》7. 东亚Ⅲ，第90页。

部的充满精神力，足夸高水平写实处置，近年考古学的划期性收获[1]。画像砖另一重大发现，系河南省邓县的六世纪初砖椁墓。邓县地理位置已近湖北省，考定乃动乱期以前的南朝梁朝坟墓。残存表面施以彩色的浅浮雕状画像砖，发现共三十四种之多，笔调以硬直为特征，大体可区别为三类：一为当时风俗与有关死者生前的生活状况，以牛车为中心的仪仗队、武士与舞乐人队伍；二是广泛流行的孝子传画像，如郭巨、老莱子图等；三则四神、麒麟与其他列仙传画像，包含中央下方刻有"天人"两字，衣襟随风飘舞而周围布列云气的飞天二仙人图，以及左右下角各记"千秋""万岁"字样的人首、兽首的两头怪鸟图像[2]。

　　屋顶檐前黏土制圆形瓦当表面刻纹，汉朝系云纹、回转纹、四叶纹等图案，以及吉祥文字或四神、动物。南北朝瓦当，则已向单瓣、复瓣莲华纹饰变化，南京城内与市郊出土便很多。北朝方面内蒙古和林格尔县的盛乐城址、山西大同县的平城址等，也均有发现，方山北魏永固堂址出土瓦当，复瓣莲华中央，又浮现飞天童子像图纹[3]。

　　三至六世纪文字书迹或书法资料，见诸石刻的碑、墓志铭、造像记，以及西域、西北地区发现的木简与纸质文书。曹操禁绝汉朝盛行墓前立碑的风习，方针自魏、晋以至南朝大体都踏袭。北朝则所受影响较浅，墓碑仍多，其先行时代五胡十六国的石

---

[1]　长广敏雄《砖刻画与石刻画》，角川版《世界美术全集》14. 中国（三）六朝，第152—153页。

[2]　长广敏雄《砖刻画与石刻画》，角川版《世界美术全集》14. 中国（三）六朝，第153页与卷末图版解说（彩色⑥⑦）。

[3]　驹井和爱《社会与思想》，平凡社版《世界考古学大系》7. 东亚Ⅲ，第92—93页。

刻，也有前秦邓太尉碑（纪元 367 年）、广武将军碑（纪元 368 年）等残存。由墓外大型墓碑变化成收入墓内，供为墓碑代用品的方形小碑墓志铭，则南北朝同样发达，而今日累有发现。此时代佛教隆盛，陪伴佛像制作存在的造像记因之亦多残留。如上文字遗迹中，魏黄初元年（纪元 220 年）公卿上尊号碑、同年受禅碑（均河南许昌县）、晋咸宁四年（纪元 278 年）皇帝三临辟雍碑（河南洛阳县），都是遗留迄今的著名者。五世纪末北魏移都洛阳，改胡姓，"于是代人南迁者悉为河南洛阳人"的文献说明，乃是北魏划期性大事，正光二年（纪元 521 年）的《魏故辅国将军东豫州刺史元公墓志铭》，便予以直接证实。此石刻文字的开头数语便是："君讳显儁，河南洛阳人，景穆皇帝曾孙，镇北将军城阳怀王之子也。"

　　三至六世纪石刻文字，以魏国正始年间（纪元 240—248 年）所刻三体石经最具学术价值，正儒家经典文字异同，又供为标准字体范本。《熹平石经》乃后汉一大事业，以隶书书写而传说出诸大学问家蔡邕手笔，三体石经系与之相同事业的第二次，也同样建立于洛阳太学。三体石经与《熹平石经》最大歧异，乃经文每一字各用古文、篆书、隶书三体并刻，笔者为邯郸淳抑卫觊，则迄无定论，也可能非同一人所书。《熹平石经》与三体石经再一不同，前者刻文内容为《易》《书》《诗》《礼》《春秋》《公羊传》《论语》等七经，后者则仅《书》《春秋》《左传》。三体石经已发现残石的一部分，表面系《书经·多才篇》，里面则《春秋》僖公条，每行六十字（即本文二十字）的十五行。

　　然而，石刻书迹无论如何存真，终以经过镂刻手续而属间接表现，直接以及真正的书迹，应系包含新疆的大西北范围内各遗址出土的木简与纸文书，虽然书写者多属平凡的军、公、平民，非似石刻书法均出自名家之手。楼兰遗址所发现木简与纸文书，乃是古代文献第一手贵重资料宝藏之一。汉朝以后的资料，木简文年号以魏末景元四年（纪元263年）最早，前凉建兴十八年（纪元330年，东晋咸和五年）最晚，前后年代延续约七十年。虽然已知年代的汉简与魏、晋简之间，尚留存一百多年空白时代未发现记有年号的木简文为遗憾。纸文书所见年号最早为晋朝永嘉四年（纪元310年）与六年的公文书断片，最晚则东晋咸和三年（纪元328年）的李柏文书，约与木简的最后年代相当。大体上，木简乃当时官衙、军旅办公厅事务之用，纸文书大部分系书信草稿，其余为公文书与书籍写本断片。书迹与汉简比照，已明白显示其时代差异，汉简通用的隶书、八分、章草笔法已消失，而是八分再进一步的楷书、行书，以及变化太过简素的章草而成如今日所流行草书。楷书于晋朝显然已系日用书法可知，但最严肃场合当时仍用八分，也自石碑、墓志铭书法而获了解。

　　[木简、纸文书以及石刻，意义非只艺术上美的欣赏，对于了解当时人的生活史，以及社会、经济实态，贡献尤巨。敦煌晋简之一，书有"买布四千，买履二千……"的文字，可自"布""履"付款数比例而猜测晋朝某一时期物价。湖南长沙晋墓（东晋升平五年，纪元361年）出土石刻衣物券，开列死者宗室王公典卫令周芳命之妻潘氏副葬衣服、首饰等详细目录，得知地方性的墓葬风俗。敦煌发现西凉建初十二年（纪元416年）敦煌郡敦煌县西宕乡高昌里户籍残册，详记居住地诸户户长、家属姓名与丁男、女口等统计数，系现存中国最古的户籍簿。西魏大统十三年（纪元547年）给田文书残卷，又属有关均田制与税制的

贵重记录。]

　　此时代真实书迹的另一大类宗教经典写本，所谓"写经"，发现也非少。敦煌吴国建衡二年（纪元270年）的《太上玄元道德经》，吐鲁番盆地吐峪沟晋朝元康六年（纪元296年）的《诸佛要集经》与同属晋朝之物的《三国志》等残卷，年代都早。稍晚重要文件如北方西凉建初元年（纪元405年）《十诵比丘戒本》、《妙法莲华经》、北凉沮渠安周的供养经《佛说菩萨藏经》（纪元457年），南方则天监十三年（纪元514年）建安王萧伟的愿经《摩诃般若波罗蜜经》等，均堪举例[①]。

　　明器的组合形式，魏、晋与汉朝传统大体相仿，从坟墓存在地分布于河南洛阳、郑州，以及南京等处，年代又有陪伴出土物如铁制帷帐架"正始八年（纪元247年）八月"铭字、吴凤凰二年（纪元273年）与晋太康六年（纪元285年）的铅质买地券，以及墓志铭、碑等可查考。学术调查报告，了解缶、盂、盆、杯、盘、碗、果盒、壶、勺、灯、盒、筛、箕、吊桶、臼、井、灶、仓、家畜小屋、牛车、鸡、狗、猪、牛、马等动物与怪兽模型陶俑，都有发现。以迄东晋的制作材料，也蹈袭汉朝，以灰陶而施加绿釉或褐釉为主。但堪注意，其时明器也渐渐已以青瓷制品替代，到后继的南朝，陶俑愈益呈现后退现象。瓷俑是否便于南朝时代取得了压倒性地位，虽然今日资料尚嫌不足，不能确定，但南朝明器向特殊方向发达，如颈部配以人物或建物装饰的青瓷壶等副葬盛行，却与北朝中期以后陶俑复活且飞跃发展，两相对应。

---

[①]　三至六世纪文字书迹解说，主要取材自内藤乾吉《新书体的展开》，角川版《世界美术全集》14.中国（三），六朝，第154—159页并附图。

北朝伴有陶俑出土的坟墓，属于五世纪的为绝无，最早须六世纪初，或者说，年代都须迟至五世纪末移都洛阳以后，陶俑才再恢复。出土物以北魏孝昌元年（纪元525年）中山王熙墓（河南洛阳），集中数百件为最堪注目，各型人物、骑马像与动物、镇墓兽、车等葬列，可谓洋洋大观。其后北齐天保十年（纪元559年）张肃墓（山西太原），出土陶制镇墓俑、女俑、武士俑、狮子形镇墓兽、牛车、马、骆驼、牛、狗、猪、鸡动物等数十件一群，又是北朝分裂期贵重资料。其外北朝具有代表性的坟墓，其一是河北省景县封氏家族墓群，乃自北魏太和八年（纪元484年）延续至隋朝开皇五年（纪元585年）的各时代墓地。其二是长安的北魏正光元年（纪元520年）邵真墓，以出土铠马、鞍马、裸马等马的优品众多而闻名。

但北魏陶俑较之汉朝，品类仍显贫乏。于汉朝，人像俑非副葬明器全部，动物、各类建造物（住宅、楼阁、仓库、厨房、井亭、家畜小屋、堆房、祠堂等）模型，以至种种生活用具明器，均行齐备。而北朝出土物中，除主体的人像为最多外，一般都质、量俱劣，动物像虽亦北朝代表物，但较汉朝的千变万化为逊色。动物像中表现为北朝特色的，乃在架空灵兽或所谓镇墓兽的制作，形态以头有角，背上长刺形物而作蹲踞状者为多，此固与南朝陵墓前张开四肢的石像有翼兽有异，但均呈现狮子形则相同。同时，北朝作品的动物像与大型人像，底部均置有台板，以便利固定，亦为对前朝传统的变革与北朝自身特征。

承袭汉、魏而发达为北朝艺术与丧葬习俗重要部分的陶俑，最明显的变化，在于汉朝盛行绿釉、褐釉的铅釉陶，其时已形消失，替代的系以灰陶加彩为主体。细部造型与汉朝陶俑对照，也出现新的性格,汉俑尽管以写实性与生气勃勃的神态闻名,却均具规格性。北魏与西方频繁交涉的结果,新的文物滔滔流入,并随佛教繁荣而佛像制作技巧广泛运用,造型方面自由豁达风气兴盛,陶俑脸部的个性表现,血肉之躯的柔软线条表现,都令人兴起新的感觉。这些北朝式陶俑中,文武官人乃其中心,头戴锄形纱帽而长身袖手伫立的宫中女官,弁冠而着裲裆铠、大袖、按刀触地的轻武装文官,以及戴兜、身披铠甲、足登长靴的武人等,均授人栩栩如生的印象。此一主流之外,谓之胡乐、胡舞的西方舞乐盛行北朝,陶俑中妇人奏乐坐像与盛装马上奏乐的军乐队,以及属于墓中主人侍婢身份而面貌似系雅利安系的胡姬等,又是值得注意的北朝新例。此类胡人的男子之状,均大目钩鼻,发呈波状,无髻而包扑头(以薄布包发紧缚之法),颇多见于如乘坐骆驼而可能乃西方来华贸易的胡商之例[1]。

总括如上考古收获,魏、晋、南北朝日常生活与风俗的历史,虽以生活用具的炊爨具与饮食器等资料较汉朝为少,生产用具的农具与工具且愈缺乏,现知部分一般都嫌不够充分,而科学的、系统的整理尚有困难。但如下部分则系前述之外,已能明朗化的综合了解。

关于武器、武具,自战国以至汉朝都是重要武器的弩,属于此时代的已无发现,可解释为战争技术的变化,但汉朝丰富的青铜制或铁制刀、剑等,此时代同样毫无资料,便原因不明。胄铠陶俑自魏、晋而初见,南北朝时,特别是北朝的背、胸两面式

---

[1] 明器考古解说,取材自冈崎敬《明器的发达》魏晋南北朝部分,平凡社版《世界考古学大系》7.东亚Ⅲ,第49—52页;佐藤雅彦《陶器和土偶》陶俑部分,角川版《世界美术全集》14.中国(三)六朝,第164—167页,暨卷末有关彩色、黑白图版解说。

样，所谓裲裆铠流行，制作材料为皮革或铁板。战马披铠，自北朝陶俑，亦可了解系当时喜爱的习惯[1]。

镜鉴制作，魏、晋仍属汉朝特殊发达的"汉镜"时代，并且延续后汉末期，汉镜系谱上称之神兽镜的特色，而流行三角缘与画纹缘。[魏、晋三角缘已知年代的最早者，系流传至日本而在日本古坟中发现铭年为正一始元年（纪元 240 年）的一枚。]洛阳晋墓以多见铜镜闻名，其镜背铭年泰始六年（纪元 270 年）的半圆方角带神兽镜堪供为举证。此镜平缘外区为布列飞禽走兽的流丽画纹带，较平缘为低的内侧半圆方格带，每一半圆形内各铭一字，连续即"泰始六年五月七日镜公王君青同大国"，内侧内区主要画纹为四方配置侧面形的四头怪兽，怪兽背部有神人乘坐禽鸟像，又于怪兽胴体配置环状乳为特色（所以此种式样的镜，一名环状乳画纹带神兽镜），再中央即圆座纽[2]。然而，镜背图案为神仙与灵兽的铜镜铸造，也便以魏、晋为最后时代，南北朝已变换为三角缘佛纹镜、佛飞天夔凤纹镜、佛兽图像镜等，灿然形成"唐镜"范畴的前奏。至于魏、晋、南北朝的共通现象，则在制作者署名除了踏袭后汉"尚方作镜"等官衔名之外，朱氏作镜、刘氏作镜等个人名也见于铭文的习惯形成。而吕氏、田氏、陈氏等铭辞流行，制作的出诸私人之手为可了解[3]。

南北朝已无灵兽与神仙家铜镜留供今日发现，汉镜传统宣告

---

[1] 取材自水野清一《生活用具与武器的消长》武器部分，平凡社版《世界考古学大系》7. 东亚Ⅲ，第 71—72 页。

[2] 角川版《世界美术全集》13. 中国（二）秦汉，卷末图版解说，黑白 k 图说明。

[3] 小野胜年《风俗与流行》调度类（镜）项，平凡社版《世界考古学大系》7. 东亚Ⅲ，第 83 页。

结束，而转换为佛教题材，其背景与宗教兴起具有深刻的连接关系。所以浙江的越州青瓷佛座像、四川崖墓的浮雕佛座像与陶制烛台佛座像、山东沂南县石椁墓的线雕佛座像等，固自魏、晋时代都已在广大地域内分布而被发现，但如所制作形式，其时供奉为膜拜对象的尊像意味，则显然稀薄亦为可知，而近似于汉朝灵界神仙像的地位。反映了佛教的成立为宗教，魏、晋尚非其时，而只是佛教思想的浸润，换言之，佛教，以及由人格化神仙的神统谱建立为象征的道教流行，魏、晋尚只萌芽时代，南北朝始为宗教信仰炽烈的时代，与文献记录正可参证。

汉朝发达的宫殿建筑，至南北朝时代，已因佛寺狂热建立而其代表性被取代。木造、砖筑，以及石窟寺院的建筑与凿造，陪伴大小佛像雕刻与对佛的仪礼供养，风靡中国南北，也在过去千年以上从所未有经验中注入了建筑式样新的以及外来的因素。中国佛塔，学术界向有印度窣堵波（塔婆、浮图）起源说、中国固有的楼阁起源说，或者阙柱起源说的不同见解。要之，此中国文化一大特色与独特建筑之一，又与佛教关系为密切的佛塔，须是各种要素的调和[①]。

追随佛教发达而影响中国文化、艺术传统，幅度可谓广阔。宫殿、官衙等建筑，古代实体虽然迄今多无残存，但若干建物的基部仍多能被发现，特别是大块基石。而汉朝基石，发现的都是自然石，至北朝之初，开始出现蒙受佛教色彩的莲瓣与唐草图案雕刻，如大同所发现。汉朝瓦当多四瓣花纹，南北朝时代如前述也已流行佛教艺术的莲瓣图案，镜背图案、壁画亦如

---

[①] 驹井和爱《中国文化的开花》，平凡社版《世界考古学大系》7. 东亚Ⅲ，第13页。

前述多见佛画。缁衣僧尼与黄冠道士，此时代显然在社会间自成集团而活跃。凡此，都足见中国思想、文化、社会结构如何兴起巨大变化。

三世纪以后工业技术大事之一，系青瓷登场，也随之而陶艺开始被列入艺术范畴。陶器而呈暗绿色的土灰釉半瓷器，战国末年已开始制造，至汉朝，一方面是陶器上釉盛行绿、褐两色，另一方面，战国式美丽色彩的天然釉灰釉技术也已固定，自"陶"的名词之外，对坚致精细的陶器，因此也已另行赋以"瓷"的名词。三世纪以来，再改用色泽较白（灰白），耐热能达到高火度烧制，可塑性强的致密高岭土为胎土，予精制玻璃状釉药全面敷用，在当时所知高岭土产地的浙江省方面进行大规模企业化生产，便是著名于中国艺术史的越窑或东瓯窑，以及其烧成器青瓷。此所谓青瓷，也便已是真瓷的直系前身，魏、晋以来，渐向中国各地全域性弘布。青瓷起源于三国—晋朝之间为无异论，但解说上多少尚存在时代的差异幅度。若干学者以文献记载官窑制度始自晋朝，以及晋朝文学作品中"缥（淡青色）瓷""碧瓷"用词，而推定青瓷自晋朝开始生产。事实上，发掘出土青瓷制品资料中，记有制作确定性年份的，系南京市赵史冈三国墓所发见铭刻"（吴）赤乌十四年（纪元251年）会稽上虞师□□宜作"的兽形青瓷虎子（溺器、便器）[1]。可了解至迟三世纪中，至少越窑所在地江南，青瓷已相当普遍。

江苏省宜兴县的周墓墩砖椁墓，乃系早期青瓷发掘成果最丰硕的场合。此墓墩以发现刻有"元康七年（纪元297年）九月

---

[1] 小野胜年《风俗与流行》，平凡社版《世界考古学大系》7. 东亚Ⅲ，第79页。

二十日阳羡所作周前将军砖"文字的墓砖,而考定为名将周处与其家族子孙之墓。青瓷香炉、四耳壶、双耳壶、无耳壶、盒、洗、盂、碗,以及镳斗形明器等,大量出土。越窑青瓷制品,自吴、晋至南朝都无大差别,产地也似乎集中浙江,而分向中国南北散发。浙江省绍兴县、黄岩县,江西省瑞安县等晋墓与南朝墓出土青瓷,便都如周墓所见,以附加人物、楼阁等装饰物的壶、钵、皿类、水器,以及日用品器物占压倒多数,包含唾壶与虎子。同时,墓中副葬青瓷明器制作也盛,只是单独的人物与动物像,今日资料尚少见,常见是家畜小屋、灶、仓库、猪圈、鸡舍之类。河北景县北朝封氏墓群发现的青瓷莲华壶,也与湖北省武昌南齐永明三年(纪元 485 年)墓出土物同一形式[1]。

与青瓷发达相对应,汉朝代表性工艺,以后历朝相续闻名于世界的漆器,魏、晋、南北朝毫无所见。考古发掘形成空白的原因,与武器类同样有待探究。

度、量、衡方面,《晋书》挚虞传曾记载他以"今尺长于古尺论",说明古今尺度不同,洛阳西郊晋永宁二年(纪元 302 年)墓出土骨尺,长二四公分,证明较汉朝标准尺的二三点六公分为长,而视隋、唐的三十公分左右,则又是晋尺为短了[2]。

地下史料发现的熨斗,最古之物铭年汉朝五凤元年(纪元前 57 年),而自汉以至南北朝,形式并无变化。魏太和三年(纪元 229 年)怪兽饰熨斗之例,平时搁置于高架上,高架顶部铸有

---

[1] 晋、南北朝青铜器解说,取材自水野清一《生活用具与武器的消长》,平凡社版《世界考古学大系》7. 东亚Ⅲ,第 62—63 页。

[2] 水野清一《生活用具与武器的消长》,平凡社版《世界考古学大系》7. 东亚Ⅲ,第 68 页。

类似熊的怪兽头部之状，基台刻四叶纹，熨斗本体由火皿加盖合成，有柄供手握持，柄上铭刻"太和三年二月廿三日尚方造"字样[①]。熨斗原先似系宫中之物，如同尺为裁衣时必用，魏、晋以来，可能已逐渐发展为一般家庭的日常用品。熨斗所具有如今日熨烫衣服使平贴的功用，以魏、晋、南北朝风俗，注重修饰、新奇与风度，所以，如果豪富之家与爱好仪态者烫衣习惯于其时形成，将不足诧异。

《晋书》《宋书》五行志有关三国以至南朝时代服饰、风俗的记载颇多，至有兴味的，已知其时女子且如今日的盛行戴假发。但两书此一方面记录文字雷同，可证出诸同一资料来源。以下是其部分摘录：

> 吴妇人修容者，急束其发而剸角过于耳。
>
> 元康中，妇人结发者既成，以缯急束其环，名曰撷子紒。始自中宫，天下化之。
>
> 晋永嘉之间，妇人束发，其缓弥甚，髻之坚，不能自立，发被于额，目出而已。
>
> （东）晋海西公太和以来，大家妇女缓鬓倾髻，以为盛饰。用髲既多，不可恒戴，乃先于木及笼上装之，名曰假髻，或名假头。至于贫家，不能自办，自号无头，就人借头，遂布天下。
>
> （吴）孙休后衣服之制上长下短，又积领五六而裳居一二。
>
> 晋兴后，衣服上俭下丰，著衣者皆厌襂盖裙。至元康末，

---

[①] 水野清一《生活用具与武器的消长》，平凡社版《世界考古学大系》7. 东亚Ⅲ，第67—68页。

妇人出两裆,加乎交领之上。

晋孝怀永嘉中,士大夫竞服生笺单衣。

晋末皆冠小而衣裳博大,风流相仿,舆台成俗。

(晋)初作屐者,妇人头圆,男子头方。至太康初,妇人屐乃头方,与男无别。

旧为屐者,齿皆达楄上。

如上记载,以与画像石、画像砖,以及其他造型艺术所表现人物服饰相互参证,古代人姿态已得重现于今日。而关于饰物,自晋朝与南北朝墓的发掘报告,知有金银质细工的钗、笄、簪、钏、栉以及指环等。仪礼用与装饰用的佩饰则未见其例。游牧民族习惯而战国——汉朝特为流行的带钩,魏、晋时代使用也已衰退,其少发现。与带钩同时由游牧民族传来的带扣,晋朝尚有镀金铜制质地的出土。

魏、晋、南北朝风俗,盛行出行以牛车代步为堪注目。《晋书》舆服志于说明"画轮车"驾牛时的记载:"古之贵者不乘牛车,汉武帝推恩之末,诸侯寡弱,贫者至乘牛车,其后稍见贵之。自灵献以来,天子至士遂以为常乘。"所详述皇帝法驾卤簿行列,马以外,牛的地位也不低,象征威仪的"五牛旗",便以五头青、赤、黄、白、黑颜色不同的牛而驾旗车,御衣车、御书车、御辎车、御药车,也都以牛驾车。非入卤簿的车制中,《晋书》舆服志明记"驾牛"或"犊牛"的,又有云母车(臣下不得乘,以赐王公),皂轮车(诸王、三公有勋德者,特加之),油幢车(王公大臣有勋德者,特给之),通幰车(诸王、三公并乘之)。北朝的情况,《魏书》礼志舆服之制条仅列有:"大楼辇,辀十二……驾牛二十；小楼辇，辀八……驾牛十二。"天子、太皇太后、皇太后郊庙，亦乘之。风气虽非如南朝之盛，也同受影响。

牛车自魏、晋以后，所以被上层社会爱好的原因，一般推测，认系丧乱后马匹缺乏，实则并不尽然，只是区别马供骑乘，牛供驾车而已，骑马风俗便仍普遍。用牛驾车的理由，《晋书》王导传记录的一则故事可供参考："曹氏（王导妻）性妒，导甚惮之，乃密营别馆，以处众妾。曹氏知，将往焉。导恐妾被辱，遽令命驾，犹恐迟之，以所执麈尾柄驱牛而进。司徒蔡谟闻之，戏导曰：'朝廷欲加公九锡。'导弗之觉，但谦退而已。谟曰：'不闻余物，惟有短辕犊车，长柄麈尾。'"所以，牛车习惯的主要，可能与同时期流行的清谈、风流与文学相尚风气相关联，取其安稳舒坦也。须中国再统一，清谈结束，士大夫无不骑马，贫者也骑驴，牛车便只供妇女出行代步了。

三世纪以后牛车乘坐热，从南京、北京、洛阳、长沙、武昌等晋朝与南朝墓累见出土陶牛车明器可知。北朝坟墓的河北景县封氏墓地与山西太原张肃墓，陶牛车也有发见。坟墓壁画反映此项风俗同样鲜明，辽宁辽阳晋墓壁画《车骑出行图》、河南邓县南朝墓画像砖《牛车图》、朝鲜北部黄海北道安岳的冬寿墓壁画《车行图》，都堪举为代表。辽阳原以后汉墓群壁画著名，而《车骑出行图》坟墓则此一系列壁画墓中年代最后，以及惟一属于晋朝之物，推定年代系晋朝末年以至东晋的时期。所绘彩色出行车列，主人所坐便是牛车，而已非似汉墓壁画的以马车为中心。发掘报告说明：骑马侍卫八人，分两列前导，黑帻长袍，拱手持笏；其后即主体黄牛所驾的黑轮牛车，车厢内主人戴黑冠，拱手端坐；御者黑帻短袍，手执缰绳步行。邓县彩色画像砖墓《牛车图》，其貌堂堂的白牛、红车，御者手执缰绳而服黄、绿两色衣着，周围马队、步兵队、乐队、侍从群等诸砖相互配合，构成整幅以牛车为中心的卤簿图。安岳冬寿墓的年代，墓志铭明记为太和十三年（纪元357年），距离高句丽自丸都或吉林省辑安县迁都朝鲜半岛平壤，约早七十年。冬寿其人，姓名曾见《晋书》慕容皝载记，作"佟寿"，原系慕容皝司马，辽东人，内乱中服从慕容皝的敌对者慕容仁，仁败，佟寿或冬寿可能遥向江南东晋输诚，而进入已被高句丽并灭中国郡县后的朝鲜半岛，为半岛境内局部的割据者。所以墓志铭叙其官位为"使持节、都督诸军事、平东将军、护抚夷校尉、乐浪相、昌黎、玄菟太守、都乡侯"，以及仍用东晋年号。但太和仅只十二年，次年虽系同一皇帝在位，却已改元为升平元年，而冬寿不明了，可见与江南政权关系颇为淡薄，名义上的维系而已，此可补充文献史料的不足。冬寿墓《车行图》壁画依模本所见，车行以骑马侍吏队、步兵队、骑马武士队分两翼为前导，然后是徒步的奏乐队、执幡队，接续便是主体的牛车，牛车两旁再分列步兵队护卫而行，牛车后又是骑马侍吏队，与邓县画像砖结构相同，而更能完整显示其行列次序。抑且，《牛车图》也见诸同时期辑安县高句丽坟墓壁面的风俗图，明了至少四世纪中，牛车流行范围为如何广泛。

世界任何民族，其固有文化纯粹孤独性的发达为不可能，各民族间文化生活都会或多或少，直接或间接地相互影响。政治上的接触与交涉，也以彼此间文化的相互渗透为当然归结。汉朝政治势力向四方波及，而东西文化交流呈现突破性活泼姿态以来，以至五胡乱华，一方面是五胡汉化，其逆方向，汉族自身的文化生活所遭受波动也相对剧烈。进而言之，且便以中国文化中大量注入异民族文化因素，才推动了中国文化再成长，以及刺激中国的新文化诞生。《晋书》《宋书》五行志便都有如下记载："（晋武帝）泰始之后，中国相尚用胡床貊盘，及为羌煮貊炙，贵人富室，必畜其器，吉享嘉会，皆以为先。太康中，又以毡为絇头及络带袴口。"汉人生活，此期间终于完成其大变革——

衣的方面，中国服装向来男女均上衣下裳，袴穿于裳之内，兵卒与奴婢等服劳役之人，才去裳而仅穿袴。如令上层社会人物穿着此等装束，毋宁乃是侮蔑。然而，魏、晋、南北朝时代，即使南朝，也已普遍区分常服、胡服的采用，后者便以游牧民族筒袖紧身而去裳的式样为特征。此等事实，魏、晋、南北朝的陶俑等都可参照。

食的方面，汉族向来五谷粒食，无粉食习惯，后汉以来，特殊情况下才以谷物捣成粉末，蒸而食之。所以，今日已成常识性粉食名词的面、饼之类，汉朝以前文字上未见。到晋朝，馒头、烧饼之名，乃在历史上最早出现于文献。而粉食还是西方伊朗系民族的习惯。

中国人古代席地而坐，所谓"正坐"的固有之风，自汉朝画像石可见。与异民族频繁接触时，开始有胡床的移入，胡床即折式坐具，背有靠板的椅子也包含在胡床此一名词中，直接渊源起自西方，间接则由游牧民族传入中国。魏、晋以来已普遍流行，从此中国人都高坐而不席地了[①]。胡乐亦同，中国固有乐器乃琴、笙、竽、笛等，也自二、三世纪石刻画所见开始，渐渐由外来乐器的琵琶、箜篌等所替代。

---

① 衣、食、坐等习惯变化，取材自原田淑人《汉唐文化的异国情绪》，平凡社版《世界考古学大系》7 东亚Ⅲ，第 143—144 页。

古代称之"琉璃"的玻璃器，以光莹类似玉类，自开始由西方输入便被特殊爱好。晋朝文化人尤有玻璃碗、玻璃卮、玻璃瓶等玻璃容器的收藏癖。五世纪前半，北魏第三代太武帝时代，其制造技术也由中亚细亚传入，在北魏国都平城开始自制。《魏书》西域传大月氏条说明："世祖时，其国（大月氏）人商贩京师，自云能铸石为五色琉璃。于是采矿山中，于京师铸之。既成，光泽乃美于西方来者。乃诏为行殿，容百余人，光色映彻。观者见之，莫不惊骇，以为神明所作。自此中国琉璃遂贱，人不复珍之。"此类中国自制玻璃，从来未见实物遗品，须至景县封氏墓群学术调查，其属于北魏时代的墓穴，陪伴铜杯、铜印、青瓷、男女俑、牛马像等出土，始同时发现玻璃碗二件，一呈翠青色，腹部有凸线纹，一呈青绿色，下腹部具网状贴附纹，制作技术粗糙，非似西方输入品的做工精巧，而被考定便是五世纪的中国自制品[①]。则《魏书》所述，表现的多少仅只试制成功时的沾沾自喜心理。

---

① 玻璃器解说，取材自原田淑人《汉唐文化的异国情绪》，平凡社版《世界考古学大系》7. 东亚Ⅲ，第 145 页。

# 宗教与宗教思想史展开

## 道教的起源与诞生

　　三至六世纪中国宗教问题，非只对当时的历史发展占有莫大比重，也在整部中国史上具有最重要的一页。总括而言，中国宗教史主流的佛教与道教，都在此时期成立。宗教本质，"教义"（包含教律）与"组织"的要素为必备，仅仅宗教思想，抑或只是宗教原型，都不构成宗教的本体，而与名副其实的"宗教"存有距离。惟其如北，历史上流行于汉族中国外缘，自今日中国西北到东北，准噶尔盆地、蒙古大平原，以至东北森林地带的萨满（Shaman）信仰，虽以便利解说而谓之"教"，实则非是。而统一中国历史上第一次大分裂以前的"道"或"佛"，同样也非宗教范畴。道或佛的确立宗教性格，必须待到分裂期展开。

　　世界古文明诸民族的成长，宗教多数陪伴甚早兴起，婆罗门教（Brahmanism）之于印度雅利安人，祆教（Zoroaslrianism）之于西亚细亚人，犹太教（Judaism）之于犹太人，都是。古埃及人的主神信仰与希腊人的多神信仰，已只信仰而无宗教组织，汉族则宗教酝酿于时间表上最为迟晚。其原因，可能与发达的人本主义精神成熟太早有关，因之堵塞或延搁了宗教形成的行进轨道。

　　当人类宗教共同起源的泛灵信仰（Auimism）与自然崇拜

（Naturalism），在中国进步到殷朝鬼神祭祀的特殊形态时，便被次一朝代周朝严格规范"人"的礼乐制度所阻止，祭"天"，祀"祖"，拒斥了鬼神思想。天与祖先虽然仍可解释为宗教意识，政治的、伦理的意味毋宁更要超过。从百花齐放、百家争鸣，到汉朝独尊儒家，宗教发展的可能性愈被压制。"儒"往往被历史界同列之为"教"，实则宗教的条件既不具备，其"祭如在，祭神如神在"的思想，以及"未能事人，焉能事鬼""未知生，焉知死"态度，抑且还是反宗教的。儒家指导力旺盛时代，宗教在中国社会间不容易生根，为可明了。二世纪后半动乱局面展开，儒家精神迅速萎缩，才敞开宗教在中国最早成立的历史大门，这是基本的了解之一。

之二，中国宗教在儒家指导力衰退期间成长，堪注意便与填补儒家中心位置的道家老庄思想相关联，道教兴起时直接假借道家之名，佛教也以教义的被视与老庄思想同一路线而受上层知识分子欢迎，而各各建立宗教基础。特有兴味的，道家老庄哲学反宗教精神原较儒家尤为激烈，结局却被利用为宗教催生，堪称莫大讽刺。

之三，儒家基本哲学思想的中庸之道，对解释上原已赋予弹性，学说经过后世学者注释，与原意间的距离愈大。汉朝儒家思想便与阴阳家合流而产生所谓谶纬之学。三国时代，又流行以老庄学说解释儒家学说。值得重视的，道教、佛教初起而儒学低潮期间，儒、佛、道三方面都以环境的现实需要，经义彼此融通，到中国再统一实现而儒家思想恢复其权威，固定对中国人精神生活的指导力时，原所存有反宗教意识已在前此四百年间淘汰干净。相对方面，儒家人本主义容忍差异的性格也发挥到极限，中庸之道推向更高一层新境界，乃有唐朝"宗教的百家争鸣"时代出现，以及十世纪以后宋朝包含了佛教意识的新儒学成立，新儒学便是今日所见，儒学演变最后的终结形态的定型。如上过程中，道教由中国本土产生为无论，佛教固系外来，但开始传入时已与中国固有文化合流，以后又不断与支配汉人生活的儒家思想调和，所以佛教自传播中国，本质上也便转换为中国背景与中国人自身的宗教，与道教同对中国人生活态度、生活方式，附着最密切的关系。

中国宗教的成立，惟其道教系中国环境自身所孕育，历史起源与萨满或汉族所称的"巫"与咒术具有直接关系，换言之，于中国文明黎明期已相关联。在这层意义上，较之佛教的自中国文明与文化辉煌展开时中途介入，线索无疑须拉长得多。而其宗教的形成，堪注意又非单线的，乃系多元与复杂背景汇合的结果，原型组合，且以与政治结合开始，一种政治的、社会的团体，又系道教成立为宗教的一大特征。

周朝"人"的世界确立，神鬼世界原系与之分离而非消灭，人本主义思想的凝固，自此也以王、诸侯、上层阶级与知识开放后的一般士人为主体，鬼神代言人的"巫"与鬼神连系者的"祝"，以及祈愿时施行的咒术，被抑制下仍是农村民间信仰。同时，以"阴""阳"说明宇宙现象的阴阳之说，与之关系密切的周易学理与兑卦卜筮方法，以及水、火、木、金、土五行休咎之说，又流行于知识界。凡此，当最早的道教理论酝酿时，都被摄取为构成的基础要素，于二世纪前半后汉衰运初展的顺帝时代，已有如此内容的《太平清领书》成立。

《后汉书》的记录："初，顺帝时，琅邪宫崇诣阙，上其师干吉于曲阳泉水上所得神书百七十卷，皆缥白素朱介青首朱目，号《太平清领书》。其言以阴阳五行为家，而多巫觋杂语。有司奏崇所上妖妄不经，乃收藏之。后张角颇有其书焉。"（襄楷传）此书约在南朝丧乱期间散失，仅其后身《太平经》被收入道书总汇的《道藏》，只是《太平经》成立于道教真正发展为宗教的时代，已不被后世重视，且内容多后人手笔掺杂，与《太平清领书》复元的意义存在差距。但《太平经》留传《太平清领书》原书面影的片断，仍可自唐朝注释《后汉书》时引用《太平经》的记述部分可见。

《太平清领书》也曾采纳战国以前盛行于上层社会的神仙家方术。《后汉书》指出：襄楷于桓帝延熹九年（纪元 166 年）以桓帝"宫女数千，未闻庆育"而上书，文中便有"前者宫崇所献神书，专以奉天地顺五行为本，亦有兴国广嗣之术"之语，显然即房中术的意味。以后《太平经》中有关病理、养生、长生不老的记述还颇多，虽然《太平经》所载，可能多数已系后世加添。《太平清领书》原书，主要内容毋宁乃是汉朝流行以天变地异与政治善恶相结合的阴阳五行说，特别又是巫、咒色彩的浓厚。

自后汉中朝以来，天灾与西北地方连续的羌祸，国家财政穷乏，豪族不断兼并土地，宦官—外戚—党人三方面势力的激烈斗争，贫农生活陷入绝境的情况一天比一天严重。零星的农民暴动，终于汇合激发了灵帝中平元年（纪元 184 年）张角兄弟指导下，"黄巾之乱"的全国性武装大叛乱，而其煽动的精神力量，便是《太平清领书》。也惟其如此，张角与其追随的群众称"太平道"。史料中的记录：

巨鹿张角自称大贤良师，奉事黄老道。畜养弟子，跪拜首过，符水咒说以疗病，病者颇愈，百姓信向之。(《后汉书》皇甫嵩传)

太平道者，师持九节杖为符祝，教病人叩头思过，因以符水饮之。(《三国志》魏志张鲁传引《典略》)

便是说，手段系以原始咒术治病为中心，其理论，谓患病原因都由自身的罪恶所引起，所以治疗重点，也置于对自身罪过的反省，悔过者才施行咒术，饮以符水。如此方式似乎非常特殊，实则不外坚定病家亦即加盟者对"道"的信心。所以十多年间，能结集与动员数十万信徒，置三十六方，各置渠帅，以黄巾为标帜，预言"苍天已死，黄天当立"，对汉朝政府发动总攻击。而"苍天""黄天"口号，又是汉朝流行的儒家谶纬思想，"谶"的意义系预言与隐语，"纬"则"经"的相称语，指孔子思想的表面化为"经书""纬书"才是真意所寄。而从《太平清领书》发展到行动性的"太平道"，相隔仅约半个世纪，此为道教与其前身最早的群众基础，中国历史上第一次予信仰以大众化与组织化。其形态，则出诸下层农民间的大规模秘密结社。

与太平道性质相同，兴起时间更早，但黄巾之乱时却会合为其一支流的另一秘密结社"五斗米道"，《三国志》魏志张鲁传记录："祖父陵（沛人，道教称张道陵），客蜀，学道鹄鸣山中，造作道书以惑百姓，从受道者出五斗米，故世号米贼。陵死，子衡行其道；衡死，鲁复行之。""五斗米道"来历由此，"道"的名词也便以"太平道""五斗米道"而铸定。五斗米道与《太平清领书》无关，依道书说明，张道陵著书时代，便与《太平清领书》约略同时或稍后的顺帝汉安二年（纪元143年），但活动形态与方式则与太平道都相仿。张鲁传注引《典略》说明："角为太平道，修（张衡）为五斗米道。……修法略与角同，加施静室，使病者处其中思过。又使人为奸令祭酒，祭酒主以《老子》五千文，使都习，号为奸令。为鬼吏，主为病者请祷。请祷之法，书病人姓名，说服罪之意。作三通，其一上之天，著山上，其一埋之地，其一沉之水，谓之三官手书。使病者家出五斗米以为常，故号曰五斗米师。……后角被诛，修亦亡。及鲁在汉中，因其民信行修业，遂增饰之。"可知五斗米道区别于太平道的特色，系在信者必须诵习老子《道德经》。老子神格化，以及被利用为道教前身的信仰偶像，或者所谓教祖，较太平道的"奉事黄老道"，显然又跨越一步。

太平道起义，五斗米道同卷入漩涡，统一在黄巾的旗帜下，此已是张陵之子张衡或张修的时代，黄巾败亡，五斗米道势力也被迫退出四川，但第三代的张鲁仍能从四川向北，夺取陕西省南部的汉中，继续父祖事业。须建安二十年（纪元215年），张鲁势力在曹操压迫下瓦解，五斗米道的传道活动才似乎中断。然而，黄巾主流太平道在政府军的惨酷镇压下毁灭，五斗米道幸以目标非如太平道庞大而得保全生机，一段历史空白之后，五斗米道名词再出现时，已是觅得江西省贵溪县地方龙虎山新的立脚点时代。张鲁子孙何时从北方播迁到南方，已不明了，长江中流域洞庭湖、鄱阳湖一带旧战国楚国地域，古代人文地理条件已系中原边缘，意识形态偏向巫鬼祭祀，与河北、山东、江苏沿海同属鬼、神思想最发达的地区，所以五斗米道传播中心南移江西后，距离汉中撤退一个世纪后的四世纪中，五斗米道已在富庶的江南新环境中重新茁壮，并且迅速发达。四、五世纪之交，又掀起纪元一八四年黄巾之乱以来最大规模的反政府颠覆行动，东晋安帝隆安三年（纪元399年）至元兴元年（纪元402年）间，琅邪人孙恩所领导长江下流海岸地带如火燎原的五斗米道叛乱。

《晋书》记述孙恩事迹经过："世奉五斗米道，恩叔父泰……煽动百姓，私集徒众，三吴士庶多从之。……（会稽王）道子诛之，恩逃于海。众闻泰死，惑之，皆谓蝉蜕登仙，故就海中资给。恩聚合亡命得百余人，志欲复仇。及（会稽世子）元显纵暴吴会，百姓不安，恩因其骚动，自海攻上虞，杀县令，因袭会稽，害内史王凝之，有众数万。于是会稽……等凡八郡，一时俱起，杀长史以应之，旬日之中，众数十万……恩据会稽，自号征东将军，号其党曰长生人，……畿内诸县处处蜂起。朝廷震惧，内外戒严……恩穷蹙，乃赴海自沉，妖党及妓妾谓之水仙，投水从死者百数。余众复推恩妹夫卢循为主。"到义熙七年（纪元411年），骚动范围从浙江、福建沿海蔓延广东，再以广州为大本营，北上攻略江西、湖北，再度逼迫建康之际，水仙余波卢循之乱，才续被敉平。其时，距离东晋政权倾覆，已不足十年。

所以，道教前身秘密结社的"道"，特征至为强烈，其一，基本上便潜在反抗权威与反政府意识；其二，擅长组织与煽动；其三，战斗力旺盛。而其群众基础与信仰者，则系非知识阶层的广大农民面，他们希望自贫穷中脱出，希望自痛苦中获解放，尤其乱世，精神只有寄托于适应此需要的"道"。读经与祈祷，符箓与咒术，因此形成最简单，却也最有效的心灵结合方式。所谓"方士"的神仙家导引与服食之术，《太平清领书》虽同列要素，太平道或五斗米道都未重视，原因至为简单，养生术与长生不老术以高度的修炼与忍耐为必要，全系有闲阶级的学问，农民、流民大众非只无此财力，也无此时间。惟其如此，《太平清领书》出现前久已闻名的方士，太平道与五斗米道兴起后继续独立发展，与以精神方面巫术与咒术为手段的"道"有别，这是两者各别存在于知识分子与一般平民间的基本分歧。

古代中国人以神鬼世界与人的世界相切离，意念中所谓"神仙"，乃系"人"的延伸，以及一类长生不死的理想"人"。春秋战国中国思想的黄金时代展开，特堪重视的是这些古代思想家对死后灵魂问题惊人的冷漠，便是说，没有生前世界、死后世界的观念，人生观的根本肯定在现世人生立场。对于这层意义，祖先崇拜可作代表性说明，中国人祖先崇拜，并非便是死者崇拜意味，而且存在其本质上的区别，死者崇拜关心死后灵魂与死后世界，祖先崇拜关心的却仍是现世，所谓"慎终追远，民德归厚焉"，才是祖先崇拜的机能，一种宗族道德，特别是对"孝"的精神的强化作用、家族制度、家族精神维持强化，便是现世机能的发挥，也便是祖先崇拜的目的。延伸言之，祭祀祖先，意义止于祈愿祖先对现世子孙赐以幸福。所以，外貌似乎涉及灵魂的祖先崇拜，本质仍是现世的性格。人生观既然强烈执着"生"的境界，生死无限的理想于是便被扩大，长生不老、不死的思想陪伴异常发达。神仙说以及用如何方法可令人长生不死的意愿，因此自战国以至秦汉盛行不衰。追求长生方法系养生术，更高一层境界，登入不死仙域的技术便是神仙术。以"自然"为宇宙本体，主张"天法道，道法自然"的老庄道家学说，也以"绵绵若存""天长地久"以及"道无不在，在蝼蚁、在稊稗、在瓦甓、在屎溺"等哲学的被误解，而如被太平道、五斗米道利用相仿，却也因而老、庄被神仙说信仰者与其研究专家的方士所尊奉。尤堪注意，方士的产生，多数在产业发达、人口密集与知识水准较高，而又想象力丰富的沿海地区，特别是山东省境。太平道先驱者于吉（又作干吉、干室）、宫崇琅邪人，创业人张角兄弟巨鹿人，五斗米道张陵沛国人，全都出身于山东与其邻近之区，又系与方士共同利用老子之名以外的另一共通性。只是，偶像人物太平道、五斗米道仅老子，方士则予寿一百多岁或二百岁的老子以神格化之外，又附会传说中寿一百十岁而"接万灵于明廷"的黄帝，于是不老、不死的神仙术，也便有了"黄老之术"的名词。白日升天固所憧憬，附着"死"的外貌的"尸解"同系信仰。

　　周朝以来思想发展方向，扼阻来世意识的宗教欲求，而转变到现实世界延长与超人间的不老、不死神仙术，秦始皇与汉武帝都是信仰者代表人物。神仙家方士与他们的神异事迹，《后汉书》列入包容了卜筮、占星、阴阳、谶纬、巫术、医术等专门家的专传，专传三十四人中方士几乎占有三分之一的篇幅，总名因之便以方士的"方术"见称，可指示后汉方士活跃与"方术"意识的发达，较之前汉愈益明显。第一部介绍神仙专著，而其成书年代向来发生疑问的《列仙传》，猜测便是后汉时代作品。已获肯定的，出发于延年益寿、不老、不死理想的世界最早炼金（炼丹）术文献《参同契》著者魏伯阳，又即三世纪初汉朝末年或三国吴国时代人。尤堪注意，后汉"方士"的名词，已与另一名词"道士"相互混用，到"方士"确定转变为"道士"，"方术"改称"道术"的晋朝，特别是东晋江南政权成立时代，神仙说与道术理论，便再向体系化迈出一大步。晋朝末、东晋初江南句容人葛洪所著《元始上真众仙记》（一名《枕中记》）与录有八十四人的

《神仙传》，已系神仙说的理论化，以及后世中国人观念中有关神仙的系统性神统谱确定建立。

葛洪另一著名的作品《抱朴子》，摄取老庄哲理与儒家伦理，系为未来道教形成独立宗教时理论发展铺路最重要的文献。分内、外篇，《外篇》批判当时政局与道德问题，《内篇》学理性体系的讲述神仙术方法，提倡个人的身心锻炼与养生，抑止嗜欲，远离俗界烦累而向清净山中采炼金丹，求长久天寿之道。此一金丹中心主义的著作中，详述由有关物质中提炼金丹（黄金、丹砂）的炼金术方法，所介绍速效性或迟效性合成处方，有数十种之多。《抱朴子》卷十九，并列举二百九十一种道书之名，这些道教关系构成要素的书籍，多数都是三世纪晋朝人产物，《抱朴子》予此众多书籍统计缕列，意义无异为未来道教教学基础，以及道教理论体裁的整备，初步予以规划完成。

特堪注意，《抱朴子》力斥巫咒与祈祷，明白指斥为无意义，徒供张角之辈利用愚民与反乱。而便自接续《抱朴子》的时代，摩擦却已化为圆滑的相互携手，也开启了五斗米道自庶民间向上层阶级渗透之门，而东晋上层阶级对巫术、咒术开始发生浓厚兴趣，王羲之便是信仰者的突出例子。《晋书》他的传记叙述他退休后："与道士许迈共修服食，采药石"，郗愔传也说："（愔）与姊夫王羲之、高士许询并有迈世之风，俱栖心绝谷，修黄老之术"，则明显是位神仙术笃信者。而其同时，王羲之传又明言："王氏世事张氏五斗米道，（羲之次子）凝之弥笃。"王氏、郗氏均其时第一流名族，印象可谓鲜明。孙恩传特笔大书孙恩叔父、五斗米道领袖孙泰影响力："广州刺史王怀之以泰行郁林太守，南越亦归之。太子少傅王雅先与泰善，言于孝武帝，以泰知养性之方，因召还。(会稽王)道子以为徐州主簿，犹以道术眩惑士庶。稍迁辅国将军、新安太守。会稽世子元显亦数诣泰求其秘术。"所以然的原因，明白系以五斗米道修正了偏向符箓要素的前期态度，而向方士（道士）的神仙思想与神仙术合流，所谓"泰知养性之方"，以及孙恩之死，信者解释之为已化"水仙"可知。虽然好斗性尚未脱却，如孙恩叛乱，首先便以虔诚信仰者王凝之开刀。

道术之士，活动都是个别的，历史上并无结合团体力量的记录。五斗米道继承太平道精神与其魄力与勇气、组织力与宣传力，并肩负道教成型主流的历史任务，已系当仁不让四世纪东晋时代。性格的开放，无疑对解消道术势力的敌意，以及吸引此一虽属散漫，却够庞大的力量参加，肯定提供了助力。道教成立前准备期的成熟，因之获得保证，适应此一趋向，"五斗米道"名词也自此退隐而转换为"天师道"。

东晋江南政权随孙恩、卢循之乱平定而覆亡，南朝第一个朝代宋朝成立，黄河流域继之也由五胡十六国合并于北魏统一支配势力，中国宗教史上的道教，终于在南北朝形势展开之初，向组织宗教诞生之途急进，道教屹立为真正的、纯粹的、全民的宗教信仰。而其契机，乃是蒙受同时期广泛弘布并先已成立教团的佛教刺激与影响。便是说，从道教与佛教在中国的历史而言，道教的渊源尽管较佛教久远，但转向组织宗教的完成，却迟于佛教。

佛教传来中国，早期非以宗教姿态，突破中国固有文化抗拒宗教的精神坚壁，系思想的被视同神仙术与方术，才为黄老信仰者的上层阶级接受。佛教经典由梵文翻译汉字，也往往利用现成的道家字义。所以，三世纪以前，佛教教理毋宁以庇护于黄老思想乃得展开。但自四世纪北方五胡十六国混乱期间,引发佛教信仰以快速之势弘布南北中国人上下层社会的全体,佛教宗教也陪伴获得机缘成立,教义进入明朗化境地。于是,道—佛乃由携手转到了敌对的立场,思想与理论,自四世纪以来未间断地对抗。对抗形势中,道教前身为适应现实,大量摄取佛教理论,以及仿效佛经制作道经,包含攻击性的老子西行印度,教化释迦之说的《老子西升经》《老子化胡经》。相对方面,佛教反击时也谓佛遣弟子教化中国,孔子即儒童菩萨而老子则摩诃迦叶。但顺随原始道—佛调和的趋向,如上彼此攻讦的相反意义,又发达为另一立场的三教同源说,佛、道自此被承认与儒具有对等的地位,姑不论凡此论争的合理抑非合理。

五世纪前半,跃入组织宗教范畴与真正宗教性的道教,乃于如上与佛教对抗的背景下成立。发源地因之非东晋百年间道教气氛最浓厚、理论最发达的江南,而系与佛教摩擦最尖锐,受佛教势力压力最沉重的中国北方。关键人物乃于中国五大名山之一河南嵩山修行的寇谦之。寇谦之断然改革江南的天师道,整理仪礼、世界观、神的系列,综合神仙说方术与符箓、祈祷,道教前身诸要素于其手集大成。其人于北魏第三代太武帝时到达国都平城,建立了第一座大规模道观,模仿佛教教团组织、僧侣制度、教规而形成的道教教团因而正式诞生。并以得实力人物崔浩信仰与推介,说动太武帝信奉道教,于北魏统一北方的第二年,政治上极端压制佛教,彻底烧毁全国各地佛寺与经、像。《魏书》释老志与《隋书》经籍志对道教成立此一大事经过,都有记述:

世祖(太武帝)时,道士寇谦之,南雍州刺史赞之弟,早好仙道，少修张鲁之术，服食饵药，自云尝遇仙人成公兴，共入华山（陕西，亦五岳之一）七年。兴乃仙者，谪满而去。谦之守志嵩岳，精专不懈，以神瑞二年（纪元415年）十月乙卯，忽遇大神，乘云驾龙，导从百灵，仙人玉女，左右侍卫，集止山顶，称太上老君。谓谦之曰："往辛亥年，嵩岳镇灵集仙宫主，表天曹，称自天师张陵去世已来，地上旷诚，修善之人，无所师授。嵩岳道士上谷寇谦之，立身直理，行合自然，才任轨范，首处师位。吾故来观汝，授汝天师之位，赐汝《云中音诵新科之诫》二十卷，号曰并进。"言："吾此经诫，自天地开辟以来，不传于世，今运数应出。汝宣吾《新科》，清整道教，除去三张（指张陵、张衡、张鲁父子孙）伪法，租米钱税，及男女合气之术。大道清虚，岂有斯事？专以礼度为首，而加之以服食闭练。"使玉女授其服气导引口诀之法。遂得辟谷，气盛、体轻，颜色殊丽。弟子十余人，皆得其术。

泰常八年（纪元423年）十月戊戌，有牧土上师李谱文来临嵩岳，云老君之玄孙，作诰曰："复赐汝《天中三真太文录》，劾召百神，以授弟子。坛位、礼拜、衣冠仪式各有差品，凡六十余卷，号曰《录图真经》。付汝奉持，辅佐北方泰平真君，但令男女立坛宇，朝夕礼拜。若家有严君，功及上世。其中能修身炼药，学长生之术，即为真君种民。"药别授方，销炼金丹、云英、八石、玉浆之法，皆有决要。

始光（纪元424—427年）初，奉其书而献之，崔浩上疏赞明其事。世祖欣然，乃使谒者奉玉帛牲牢，祭嵩岳，迎致其余弟子在山中者。于是崇奉天师，显扬新法，宣布天下，道业大行。及嵩岳道士四十余人至，遂起天师道场于京城之东南，重坛五层，遵其新经之制。给道士百二十人衣食，斋肃祈请，六时礼拜，月设厨会数千人。世祖亲至道坛受符箓。自后每帝即位皆如之，必受符箓，以为故事，刻天尊及诸仙之像而供养焉。（两书综合摘录）

从如上说明，可明了道教性格，系充分注重现世幸福，以长生不老，《魏书》释老志所谓"白日升天，长生世上"，《隋书》经籍志所谓"白日登仙，与道合体"为主要目的的实践性信仰。而其构成要素则至为复杂，乃以古代民间信仰为基盘，神仙说为中核，加入儒家伦理、易、阴阳、五行、卜筮、谶纬、医学、占星，以及结合种种方术与巫咒信仰，再以道家之说润色，沟通佛教教理，效行佛教组织与体裁的宗教体制。

江南旧天师道何时建立道教，不明了。但猜测五世纪间也已完成其转变，《隋书》经籍志说明："（梁）武帝……先受道法，及即位，犹自上章，朝士受道者众。三吴及边海之际，信之逾甚。陈武（帝）世居吴兴，故亦奉焉。"到统一时代的唐朝，以皇室李氏与老子同姓而道教发展登入新境界。前期秘密结社时代好战色彩，于制度宗教时代，终已全行褪脱。

然而，南北朝时代道教最早成立虽在北方，教理体系的整理，主方向却仍偏在南方，自宋、齐之际陆修静《道书目录》到北齐《玄都观目录》完成建立系统时的形态，便是模仿佛教"三藏"，以所有道经与道教关系书籍而总分为洞玄、洞真、洞神的所谓"三洞"。此项图书分类法，续被唐朝道教仿效佛教经典总汇《大藏经》而编辑《道藏》大丛书时踏袭为准则（八世纪前半唐朝《道藏》已至3744卷的可观数字，十一世纪初宋朝重修时4359卷，今日所见《道藏》系十七世纪初明朝第三次蒐集而再扩大到5485卷之数）①。

六世纪前半梁朝陶弘景《真灵位业图》，是葛洪以后道教史上另一划期性文献，后世道教服式与仪礼，依此定型。抑且，又依此书建立了道教神统新倾向，以所谓"真灵"的诸神分别班次，自元始天尊、大道君、李帝君、太上老君以下，共分七个阶位的序列。道教前身向来尊重老子，发展过程中，神的数字虽然陆续增加，元始天尊（元始天王）之名也早自葛洪时代已出现，但还都是横列式个别题名，所以道教创立，开教人寇谦之仍自称得到的是老子（太上老君）启示。陶弘景划定诸神间的上下关系，才建立了纵的统属连系。元始天尊自此确定为道教全体诸神的最高神，取代了老子或太上老君教祖的地位。此一转变，从正史记载中也可明晰发现：六世纪中的著作《魏书》释老志，尚明言"道家之原，出于老子。其自言也，先天地生，以资万类，上处玉京，为神王之宗；下在紫微，为飞仙之主。千变万化，有德不德，随感应物，厥迹无常……有三元九府，百二十官，一切诸神，咸所统摄。又称劫数，颇类佛经。其延康、龙汉、赤明、开皇之属，皆其名也"。至七世纪前半的著作《隋书》经籍志便改称"道经者，云有元始天尊，生于太元之先，禀自然之气，冲虚凝远，莫知其极。以为天尊之体，常存不灭，每至天地初开，或在玉京之上，或在穷桑之野，授以秘道，谓之开劫度人。然其开劫，非一度矣，故有延康、赤明、龙汉、开皇，是其年号。其间

---

① 傅勤家《中国道教史》，第234—235页现在之道藏与辑要章统计。

相去，经四十一亿万载。所度皆诸天仙上品，有太上老君、太上丈人、天真皇人、五方天帝及诸仙官，转共承受，世人莫之豫也……自天真以下至于诸仙，展转节级，以次相授，诸仙得之，始授世人"。

道教在宗教史上的评价不高，向来被批判为低级的宗教，实际并不公平。《隋书》经籍志区分道教经典的内容有经戒、饵服、房中、符箓等四类，如果褪去主要以导源于巫咒与符箓所构成神秘气氛外衣，其真髓部分，人—神相通的现世利益立场，依养生术与金丹制造法而实践长生不老，脱出死亡境界便成神仙的理论，涉及都属生理、保健、医药与物理、化学的近代科学范畴。养生术基调之一的"导引"，意义便是今日的健身或美容体操，运动内容与印度瑜伽术相似，作用在规律化活动头部、腰部等内节，流通血液循环，防止肌肉老化。与"导引"具有密切关系的"胎息"，也称吐纳法或调息法，属于深呼吸的效能。"房中术"异名又有辅导、还年、元素、男女合气等，乃是性的生理卫生法与闺房乐技术研究（但房中术在寇谦之倡新天师道时曾如前述禁止）。道教方术最重要部分的"服饵"或"饵服"，有仅止一般性养生或基于不老、不死目的的区别，前者系服用药物增进健康之法，与今日所谓预防重于医疗的意义相同，服用为植物性药物如枸杞等。"预防医学"思想因此在道教医学理论上至为发达，提倡"消未起之患，治未成之病"，注意体力劳动不过度，食不过饱，不感饥饿即为适当，以及勤沐浴，"以水漱口，又更以盐末揩齿"等日常生活卫生条件的配合。至于达到不老、不死境地，则须服食矿物性药物，以硫、矾、汞、铅等物质为主材料，以提炼黄金与丹砂（"丹"再加炼便是"金"，所谓"金丹"），便是炼金·炼丹术。惟其如此而今日学术界都已承认，中国道教在科学史上占有重要的一页，对化学、矿物学、动物学与药物学的原理发现，多相密接，而科技史论著累见论及。道教这些高级的学问与技术，可了解不但非卑劣，抑且以其世界性科学业绩而值得尊敬。

　　道教延长人类生命的理想，堪誉崇高，力抗自然的实践精神尤称无畏，而其以生命延续期为界限的现世宗教性格，对现世人日常生活的道德救济，也最直接，非如佛教的过去、现在、未来三世意识。《抱朴子》之言："行恶事大者，司命夺纪（纪，三百日之命），小过夺算（算，三日之命），随所犯轻重，故所夺有多少也。凡人之受命，得寿自有本数，数本多者，则纪、算难尽而迟死。若所禀本少，而所犯者多，则纪、算速尽而早死"；"人欲地仙，当立三百善；欲天仙，立千二百善；若有千一百九十九善而忽复中行一恶，则尽失前善，乃当复更起善数耳。故善不在大，恶不在小也"。明言长生固可循节食的辟谷法、服药的服饵法，以及调息、导引等各种方法达成，但最重要的长生法大前提，还在行善与积德，必须履行忠、孝、和、顺、仁、信诸德目。劝善、惩恶，系最有效的平宁心胸方法，以及健康法的基本，同时也正是道教成立的社会目的。其苦心达成此标的的手段，又在适应一般庶民知识水准的《太上感应篇》等通俗经典流通，对因果报应与伦理道德以日常浅近之语说理，吓阻犯罪，鼓励善行效用得以愈益广弘。惟其如此，道教于民众道德的维持向上，贡献可谓非小。

　　相对方面，道教与汉族的现实生活与感情，也因而缔结密接关系。迄于道教已经式微的今日，民众生活习惯中，仍多残留其意识支配，而与道教信仰有关。阴历五月初五端午节饮菖蒲酒洗涤体内污垢，预防盛暑传染病，儿童额上用雄黄汁书写"王"字，驱除恶鬼与邪气，以及九月初九重阳登高消灾等，来历都起自道教习惯。财神、文昌帝君、上天报告人间善恶的灶神、保佑境内平安，小区域的土地公与大区域的城隍爷、守护航海的妈祖等，又都便是道教信仰。结婚燃放爆竹，也是道教意识中退散恶鬼，俾婚姻生活美满的意味。

道教传播虽以汉族中国境域为范围，但便以已发展为中国文化不可分割的一部分，而影响力波及国外。以日本历史而言，向知与道教无缘，而今日发现，中国道教痕迹残存民间，相反且颇明显，日本迄今仍模仿中国的年中行事，如五月绘贴钟馗、蝙蝠像，驱除恶魔又祈愿幸福（蝠＝福）等信仰，都是道教色彩。所以道教的课题，今日日本学术界反渐兴起了研究兴趣[①]。

## 佛教传入中国固定化的轮廓

佛教在古代亚洲自西至东的 Orient、印度、中国三文化圈间，系发生于中间位置印度·雅利安人（Indo-Aryans）的边缘地带，依梵语佛陀（Buddha）之名而一般称佛教（Buddhism）。佛教所敬仰的"佛"与"菩萨"非是神，与 God 本质相异，只被承认为信仰的模式。所以，从宗教的类型而言，佛教既非多神教（Polytheism），也不是二神教（Dualtheism）、一神教

---

① 参阅漥德忠《道教百话》卷首序言、神和传说节，以及卷末道教传入日本及其影响。

（Monotheism）或主神教（Henotheism），而系超越其外的"超越论"（Transcendentaism）。其流播，也非局限印度世界而出现超民族的普遍性，向西北方延伸时，与伊朗、希腊的西方文化交流，东方则与中国社会接触，南方又予锡兰（斯里兰卡）与东南亚诸民族以教化。诸民族受容佛教，态度虽因文化发达的程度有异，其地佛教展开的面貌则相同。

特别是中国，当经由西域与辅助路线的南海而充分输入在中亚细亚已形变貌的佛教时，佛教的统一理解对儒家暨道教理论的调和与冲突，都在中国域内兴起壮阔波涛。结局，佛教铸定其中国佛教或新佛教的再转换。新佛教以中国之力而诞生，系世界文明史上一大壮举，印度—西域—中国间佛教指导中心推移完成。陪伴佛教传播的历史任务也由中国接棒，世界性佛教圈，便以中国为焦点再扩散。

中国主权下的西藏人，宗教信仰系后期印度佛教的直接传播，并以宗教与政治结合，而形成内陆亚洲特殊的喇嘛教圈中心。对中国佛教而言，这是关系印度地理条件的区域性独立发展。

世界宗教佛教的亚洲弘布，今日西亚细亚回教圈东方延伸地阿富汗斯坦、巴基斯坦、马来西亚、印度尼西亚，以及中国新疆等回教社会，以及基督教国家菲律宾，都须除外。但在历史上，这些地域多数存在佛教传播中心地、中继地或者传播区的意义。亚洲佛教信仰现状，可分两类地域与形态：

——中国、日本、韩国、越南，依民主法治国家政教分离、信教自由的原则，而佛教与基督教、回教或其他民族宗教同时共存。

——以佛教为国教的国家系寮国（老挝）与高棉（柬埔寨）、

泰国、缅甸、锡兰等，宪法上虽有信教自由明文，大多数国民却都信奉佛教。

反而佛教母国印度的佛教，自一千年以前，已在印度教（Hinduism）、回教攻势下，步上衰灭之途。此一兴隆一千三四百年的印度主要宗教，今日本土内信者已不满全人口的百分之一。然而，印度自二次大战终结而独立后，也有迹象，印度国民对佛教伟大的文化遗产已感骄傲，热心复兴佛教的人士可能渐会增多，邮票上佛教艺术图案，以及一九五六年佛灭二千五百年纪念仪式的隆重举行，都是例证。

佛教何时开始传来汉族中国，是个解释上长期呈现分歧的问题，前后曾有七种说法：①

1. 以《列子》仲尼篇有"西方之人，有圣者焉"之语，而认中国早在周朝，揭橥四海一家宗旨的孔子，已闻知佛陀之名。（唐释道宣《广弘明集》）

2. "秦王政（以后的秦始皇）四年（纪元前243年），西域沙门室利房等十八人，始赍佛经来华。王怪其状，捕之系狱，旋放逐回国。"（三国朱士行《经录》）

3. 前汉武帝治世，霍去病征伐匈奴，得金人佛像。（《魏书》释老志）

4. 同一时期，张骞在大夏国闻知身毒浮图之教。（同上）

5. 前汉成帝时，刘向调查宫中书籍，内中有佛经发现。（宋释志磐《佛祖统记》）

6. 前汉哀帝时，博士弟子景卢被派遣往月氏国，受取口授佛

---

① 有高岩《东洋通史概观》，第125页。

经。(《三国志》魏志注引《魏略》)

7.后汉第三代明帝永平七年（纪元64年），帝梦见长大金人，问群臣，以回答"佛陀"，而派出郎中蔡愔率领博士弟子等十八人使节团，赴天竺求佛。归时，沙门（梵语Sahman，意译僧侣）摄摩腾（Kasyapamatanaga）与竺法兰（Dharmaraksa）两人偕来洛阳，并以白马载荷《四十二章经》与佛陀立像，于是明帝为之在洛阳建立中国第一座佛寺。(《后汉书》西域传、《魏书》释老志、《高僧传》)

其中一、二两说都是以后佛教思想兴起时代的附会之说，朱士行系三世纪三国魏国人，《列子》此书也被考定乃是三或四世纪晋朝或东晋时代作品。三至六诸说背后均无有力支持，霍去病房获的金人，今日且已了解系古代匈奴人或其他游牧民族信奉的萨满祭物，与佛像无涉。纪元前二世纪前汉时代，佛教史上为佛建像的传统而且尚未成立。最后七说被史学界承认为接近事实，但所附加的问答言词、人名与年号，仍须存疑。明帝梦神人故事的最早记载，又系晋朝人王浮《老子化胡经》，以此浮夸伪作而诸书引为共同来源，可信性自不能绝对。惟有《后汉书》楚王英（明帝弟，后汉第一代光武帝之子）传，录有永平八年（纪元65年）明言楚王英爱好浮图（佛陀）道的诏书，则是纪元一世纪中佛教思想已传入中国最可信赖的史料。追溯其开始被汉族上层阶级接受之期，当便在一世纪前半或西历纪元前后之期，为可相信。

《后汉书》有关佛教记录的值得注视处：

（楚王英）晚节更喜黄老，学为浮屠斋戒祭祀。（永平）

八年，英奉缣帛赎罪，诏报曰："楚王诵老黄之微言，尚浮屠之仁祠，洁斋三月，与神为誓，何嫌何疑，当有悔吝？其还赎，以助伊蒲塞（优婆塞）、桑门（沙门）之盛馔。"（楚王英传）

（桓帝，纪元147—167年在位）设华盖以祠浮图、老子。（桓帝纪论）

（襄）楷谏桓帝疏曰："闻宫中立黄老、浮图之祠。此道清虚，贵尚无为，好生恶杀，省欲去奢。"（襄楷传）

于此，堪注意佛教思想最早被受容的一个半世纪间，佛陀（浮图、浮屠）乃与方士的黄老之道相提并论。从而可了解，佛教初传中国时期，系以似同其时流行的神仙说、神仙术黄老信仰而被接受，其视佛陀便是神仙，传教僧侣便是方士，"斋戒""洁斋"又即方术之一，后汉时代汉族上层社会对佛教的印象、解释与态度，都不能逾越此一范畴。简言之，以汉族上层社会误认佛教为刺激的新奇方术而引入中国，也因其附着于方术而得在中国缓缓生根。"浮图道"的名词，便以比拟"黄老道"而得，也与二世纪末"太平道""五斗米道"共通名之为"道"。"教"的名词，"教"的立场，可证其时都不存在。即使思想传播，效力也未显著，传播幅度也局限方术需求者以皇室、皇族为中心的上层社会。

但便自二世纪后半开始，汉族受容佛教思想的步伐加速。中亚细亚的印度—西域佛教跃入巅峰期。佛教史上名王迦腻色迦在位期间，与后汉桓帝时代正相平行，大月氏、安息、康居等西域诸国沙门与居士（居士，意谓在家修道者，与意译"僧侣"，梵语沙门的出家修道者相对），通过早自一世纪初汉族中国始知"浮图"以前便已弘布佛教的新疆诸国家，陆续渡来。汉族对于此时相续渡来的外国籍僧侣，或早期渡来已归化中国的外国人识别，往往于其姓名加冠国名，如"竺"字代表天竺、"康"字代表康居、"支"字代表大月氏（大月支）、"白"字代表龟兹（早期龟兹国王家姓白）、"于"字代表于阗等。传说中一个世纪以前的来华僧人，学术界久已不予采信，《四十二章经》虽被收入今日佛经总汇的《大藏经》，也已了解系后世僧人伪造。汉族中国最早的佛经翻译，应即自二世纪后半以来展开，译者都是此时期渡来外国籍僧人、居士，所依据多系携来转译梵本的胡本（西域诸国文字）诸佛教经典，并且尚只是起步阶段。

顺随此一方向，自三国以至晋朝，佛教思想继续发展。魏晋时代文化中心系洛阳，佛教便以洛阳为中心，展开译经与传道事业。三世纪中三国魏国已有印度僧人法时（Dharmakala）在洛阳译出佛教戒律。在中国立寺出家，原限制只准许非汉族的外国人，对汉人自身的此项禁令，也系魏、晋交替的三世纪后半开放，朱士行被承认为有记录的第一个正式受佛戒剃发的汉族僧人。同一时期，佛教之光已向江南吴国辐射。大事之一，归化大月氏后裔居士支谦，其祖父于后汉时代率领大月氏国人数百人归化，担任汉朝政府官职而为洛阳地方有力的大月氏移民集团指导者。汉末之乱，支谦率其族人数十人移住江南，仕吴译经。之二，原籍康居的印度僧侣康僧会，随其父因经商移住吴国最南方领土交阯或今日越南北部后，于孙权时代到达建业，得孙权召见应对，建立江南第一所佛寺。从此渡来外国僧人，除经由敦煌的北方陆路主线以外，又加辟了交、广两港口的南方海上辅助线。

到晋朝，国都洛阳的佛寺数字已增多至四十二所（《魏书》释老志），佛教在中国的广泛流布，渐渐完成了温床准备。

二世纪后半以后佛教思想加速在汉族中国域内弘布，外来佛教僧侣、居士辛勤地大幅度展开译经与传道，功不可没，最早盲目的方士信仰因之得被纠正，佛教教义得从神秘外衣中脱出而被揭露。但其时佛教徒移殖佛教思想时，面临最重大的问题，是如何适应汉族社会以及解消阻力，以容易接受。于此，从史料可以发现，他们正如同近代史上外国天主教传教士的最初渡来明朝中国，穿中国服装，学习与使用中国语文，与中国人同渡中国式生活，也求取了解中国固有思想与文化。而汉末—三国以后的中国，却正当混乱与分裂局面展开，儒家权威失坠而精神界获得解放，社会安定势力的知识阶层间流行无为自由的老庄思想。此其一。其二，外国僧侣与居士相续渡来汉译佛典时发觉，孤立语汉文与屈折拼音语原文间文字结构相异，特别于抽象事物的理念与推断，遭遇了困难。于是，当翻译无适当方法表意时，一方面为迎合思想界时尚，一方面也迁就翻译时方便，便移用了《老子》《庄子》道家古典的用语。但也惟其如此，佛教"空"的思想被认与老庄哲学"道"的宇宙基本原理"无"相通。换言之，此一时期，佛教思想以老子、庄子哲学与《易》的形而上学思想媒介而受知识分子欢迎，也以道—佛融合的形态而发达，随道家哲学填补后汉末崩坏了的精神生活，取得其思想界地位，而性格停留在格义佛教的范畴。对僧侣的称谓，除"沙门"之外，也仍仿方士托附道家时的称为"道士"，而被称"道人"。

此一期间，传教僧侣中的佼佼者竺法护（昙摩罗刹，Dharmaraksa），乃先世代代居住敦煌的归化月氏人后裔。其人博览六经，游心七籍，自晋初以至晋朝灭亡约四十年间，往来敦煌—凉州—长安—洛阳间，努力翻译与讲述，被誉汉族社会初期佛教传教史上划期性功劳者。在洛阳出生的归化二世印度人与在家奉佛者（居士）竺叔兰，喜狩猎，好饮酒，又是接近竹林七贤式自然主义、自由主义，反抗儒教礼节主义而乐于"放达"生活的代表性佛徒。

洛阳文化时代以"八王之乱"与"永嘉之乱"的相续演出而告终，中国文化重心，因东晋朝廷建设而移向江南地方，陪伴转向江南的格义佛教愈益在知识人社会间加大进出。老子、庄子与佛典兼学的学风盛行，学人与名僧相互倾倒，藐视俗世，得意于不羁奔放的生活而为世外清叙，所谓"清谈"，加入广博佛经知识为议论要素的比重也急速增大，且引为时髦。其时清谈社会中有名的学僧大月氏籍支遁（道林），且形成建康—会稽玄学清谈中心人物之一，在世族社会中最得人缘，清谈时的雄辩也特具魅力。这位著有《即色游玄论》，为色即是空讲义的名僧，同时又以注解庄子《逍遥游》的庄子学者姿态存在，其时老庄学者多与交往，与王羲之、谢安等一流名士尤称知友。佛教诱惑力在东晋上层社会间引起强烈风潮与被倾慕的一般，自许询、王羲之、习凿齿等共同好友孙绰《道贤论》，选择名僧七人拟配竹林七贤可反映，便是：1.竺法护＝山涛，2.白法祖＝嵇康，3.法乘＝王戎，4.竺道潜＝刘伶，5.支遁＝向秀，6.于法兰＝阮籍，7.于道邃＝阮咸①。

四世纪前半中国严重的分裂局面形式，南方系继续洛阳时代

---

① 平凡社版《思想的历史》4. 渡边照宏《佛教东渐与道教》，第232页。

流行形式而仅知识分子间热心佛教教义研究，北方陷入极度混乱与痛苦的民众，期望从信仰中求救济，五胡十六国统治者多属胡裔中国人，又容易对外来佛教的弘通提供助力。所以，当洛阳权威丧失，邺与长安的新的政治中心建立，统治与被统治的社会构筑阶层间，佛教普及运动，较之南方抢先一步展开。此一大事业中，龟兹籍的佛图澄（Fot'ucheng）是位关键性名僧。他由新疆越沙漠到达晋朝国都洛阳时，正值四世纪初"永嘉之乱"风云危急，饥馑与战乱中洛阳失陷，掠夺、纵火、杀戮，狂虐无人性的暴行，目睹的佛图澄痛心无罪民众们悲惨际遇，冒险挺身投向洛阳大攻击的直接参与者与其后后赵建国者石勒，以身命作赌注，劝阻虐杀，幸运获石勒信任并劝导其皈依佛教，所以当社会秩序回复，佛图澄已博后赵国家上下普遍尊敬。他的慈悲教理与其时民众精神要求正相呼应，约三十年间周历州郡，受感化而出家的庶民惊人增加，在各地建立的佛寺数字，据统计达八百九十三所[①]。佛图澄并无汉译经典的业绩，却是使佛法接近民众，于广大民间培植佛教文化之根的伟大先导。其于中国佛教发展史尤其重要的事迹，是对下一代传道者与教育者大力养成，记载中说明，佛图澄入门弟子多至近万人，远至天竺、康居等外国僧人，都慕名前来求教修学。而此万数优秀门徒中特为著名，也以中国佛教的真正确立者地位屹立于中国佛教史的，乃是中国籍僧人道安。

佛图澄圆寂时，出身常山（河北省）知识人之家的佛教伟人道安已具高名望。当后赵覆亡与黄河流域再度陷入混乱时，他率

---

① 佛图澄神灵灵验事迹，《晋书》艺术传与《高僧传》均有详记。

领四百弟子，辗转南下定居东晋领下的襄阳（湖北省）。三十年之间，不断培育与指导优秀门弟子，分散建康、江陵、成都各地布教，为中国佛教与中国化的教团建立最早规范。纪元三七九年前秦苻坚以十万大军攻略襄阳，道安被礼迎至长安，接受最崇高尊位与无比敬重。僧徒数千人，大弘法化，届至纪元三八五年道安圆寂前，中国佛教发展，终于在襄阳—长安时代完成了方向的转换——

后赵国家民众竞相出家为僧，多出于僧侣豁免税役负担的目的，并非具有深切的宗教观，所以原先教团也呈现真伪混杂不分的现象。襄阳时代，指导者道安严格要求维持求道生活的规范与戒律，成立中国真正专心从事佛教修学的僧侣教团。道安一手制订《僧尼轨范》《佛教宪章》，予佛像礼拜、宗教仪式等有关修道团体的寺院共同生活以统制性规定。此等模式，自此被中国各地寺院共同采用。

道安严格的寺院制度化，另一意义，也使从来受外来僧侣指导的中国佛教移向汉人僧侣自身，便是说，真正属于中国人的中国佛教教团成立。与之相配当，有名的释氏僧姓也于同时制定。僧人原多以师为姓，师又系外籍，所以冠以"安""康"等字样，道安提倡，凡入佛门，一律平等地与释迦直结，改订僧姓共通冠以"释"字。此等佛教僧侣统一意识，对中国佛教徒自尊心的增高，发挥了莫大效用。

初期传来期中国佛教研究，所谓"格义"，以中国道家、儒家思想为媒介而汉译教学，佛教讲义多以《老》《庄》《易》的玄学用语拟配。道安早年仍然，此于今日残存其初期著述诸经注解序文用语，如成佛以"升仙"转用，实相则"本无"，以及"谷神""玄览"等可知。也便以道安后半生修学态度为转折，萌生革新佛典研究方法的自觉。道安且从同本异译佛经比较研究中发现，汉译佛典因与外国文原本存在语法、文法上差异，而往往有所误译或省略，误解佛教本旨。他为此提出警告，并且鼓励门下舍转译胡本之途，而专依梵文原语，独立从事原典研究，脱出格义佛教范畴，而达到真的佛义了解境界。这是中国佛教发达史上必须正视的划期性大事，也是中国佛教求道者新的精神发挥，以及超越传来佛教限界而愈形博大的中国佛教开始本格化发展。

继承道安光大其遗志的另外两位名僧：

其一是道安门下高弟慧远。道安分遣弟子弘法四方，慧远受命偕弟子四十余人，自江陵沿长江东下居住庐山，三十余年远离世俗，结集僧、俗热心求道者，庞大教团出现于庐山。著名于东晋知识阶层的"白莲社"文人隐士集团，便在慧远指导下组成。慧远《沙门不敬王者论》的著述，强烈表现其伦理思想，认出家人为"方外之宾"，僧人立于王化之外，教团非国家权力所及，相对方面，僧人也不应接近政权。僧侣于深山幽谷建造寺院修行的习惯也自慧远而始。总结六朝佛教又便待山林教团另一伟人天台山硕学大师智𫖮的登场。

其二乃道安生前在长安向苻坚所推荐的印度籍高僧鸠摩罗什（Kumarajiva，童寿），鸠摩罗什之家，在印度系代代拥有大臣地位的名门，其父娶龟兹王妹为妻，罗什便出生于龟兹，自幼出家，留学西域诸国返归龟兹，以渊博高深的佛学研究闻名于佛教国际。纪元三八二年前秦大将吕光奉苻坚命西域征伐时迎至凉州，实际到达长安的时间则须迟至纪元四〇〇年。便是说，后秦继承前秦，吕光远征凯旋在凉州自建后凉国家又被后秦并灭之后。这位深通汉文与能操流利汉语的归化人罗什，先在凉州居留十八年，迎至长安时，受到五胡十六国的名主之一姚兴隆重礼遇。长安抑或汉族中国大规模有系统、有组织的佛经翻译事业，便在罗什指导下最早展开，其于中国佛教经典的整理，建树了不朽的贡献。

综合而言，佛教传来中国之始，大体固系后汉初年或西历纪元之初，但佛教发展到汉人社会全体，则东晋或五胡之乱时代的四世纪初。而适应汉人自身的中国化佛教成立，又须道安的佛教改革运动兴起，中国佛教文化乃得在巨大转变下完成其体系。初期格义佛教时代以西域僧侣为师，教说多迷入歧途，以及暧昧的思想立场，都得因之澄清。知识阶层树立对佛教教义的正确指导与理解，佛教真面目显现。一般民众也以社会不安与渴望宗教的精神支持要求，佛的解脱与救济愿望强力渗透，信仰加大发展。所以，纪元四〇〇年左右，可视为中国佛教史的分界标志。东晋末年与南北朝以来，佛教在中国社会定着，人类主要的思想宗教佛教，已以中国为中核而在世界文明史上散发其光芒，导引如下世界性的大事展开——

依于直接受容印度佛教思想以求解惑的必要，中国僧人远赴印度朝圣观礼的求法运动，与中国佛教奠基相配当，于纪元四〇〇年左右登上高峰。众多为修道献身的汉人僧侣，连续从陆路或海道向圣地印度进出。西行求法，非始自五世纪，记录中三世纪后半已有二人，四世纪也有五人，但如上数字显示，当仅断续的个人试步行动，行程也都止于中亚细亚，抑或以今日地理范畴而言仍属国内的新疆旅行。进入第五世纪，个人或团体的求经旅行才掀起巨大波涛，并以到达印度为目的地。文献统计，五、六两个世纪，亦即东晋末年以迄南北朝期间，佛教徒远行超过一百人之数①。以后七、八世纪唐朝，追随同一趋向，愈掀起光辉的印度求经热。此一时间上延续四个世纪的伟大运动兴起，中国佛教徒旅行家万里迢迢，凭其坚忍不拔的意志力，无视险阻交通途中的生命危险与艰苦折磨，勇敢实践崇高圣洁的求法理想，非只代表了古代中国人无畏的奋斗精神，也写下世界文化史、宗教史与东西交通史上占有绝对性比重的一页。

开启求法洪流闸门的僧侣伟人法显，今日乃是世界性史地学界同深敬佩的闻人。他以痛感其时佛教界戒律不完备，于后秦姚兴在位时尽管已届六十余岁老迈之龄，仍断然自修行地长安出发，横断沙漠，翻越高山，成为历史上亲临佛教圣地印度，访佛迹，求佛经的最早汉人知名僧侣，回程经南海海道，自青州长广郡（山东省）着陆，南下东晋首都建康定居，与来华印度僧人共同翻译所携来《僧祇律》（"僧祇"梵语，意译"众"）等经典。法显的时代大体与慧远相当，他以后秦姚兴弘始元年（东晋安帝隆安三年，纪元399年）旅行启程，正是大译经家鸠摩罗什被姚兴迎至长安的前一年；东晋安帝义熙十二年（纪元416年）印度归来，又正与慧远去世同一年，而四年前的纪元四一二年，鸠摩罗什先已去世。东晋覆亡与南朝第一个朝代宋朝初建第三年的纪元四二二年，法显也圆寂。法显旅行国外十七年，足迹历三十四国，归国所著高价值旅行记《佛国记》遗留迄今，已是国际学术界对古代中亚细亚、印度、东南亚地理、历史研究的第一手珍贵资料，英文、法文等都有译本。

---

① 西行僧人数字，均依冯承钧《历代求法翻译录》所开列人名统计。

中国僧人西行求法运动的延长，堪重视中国佛教教义也呈相对方向的输出国外，佛教文化构成中国文明圈内东亚诸民族共同摄取要素。依文献记录，四世纪后半前秦苻坚时代，已最早派出沙门至高句丽布道。五世纪初以来，佛教在中国域内跃向发达顶点，中国僧人立于菩萨精神与救济全人类的理想，加大出国传教与讲学，新罗以高句丽转手而开始输入佛教，百济则直接自江南输入南朝佛教，又转向日本流布。南朝末年的六世纪中，新罗形成朝鲜半岛强大势力时代，佛教终与国家权力相结而在新罗空前隆盛，追随又是日本方面与新罗相似形态的佛教兴隆期登场。便于此期间，以中国为中核，中国佛教弘布东亚全体，包括越南以立于逾千年中国主权支配的历史背景而属同一范畴，中国化了的泛东亚佛教圈巍然成立。

东亚佛教共同泉源的中国佛教如何在中国扎根，以及佛教早期如何渡来中国与光大的资料，两部人与事的著述特为重要。其一系南朝梁朝惠皎介绍自后汉至梁朝硕学高僧四百五十余人的《高僧传》；其二则其后唐朝道宣补充自梁至唐四百余位高僧传记的《续高僧传》。关于正史，《晋书》已增列高僧专传，《魏书》释老志尤其总括中国两大宗教，佛教与道教的综合性初期历史，堪举为中国正史中宝贵的宗教史专门文献。

便以五世纪初法显时代为标志，自五胡诸国与东晋对立形势推移到南北朝分立的约略两个世纪间，佛教界特堪注目的现象，尽管政治上分裂，佛教弘布与信仰的发达，却以中国全域为单元而南北相流通，但发达的方向，南北又显著存在歧异。南朝继续东晋时代自由研究倾向，佛典学识的教养乃为僧侣与世族知识分子所必备，清谈或社交场合言论的主要内容之一，佛教教义学因此也至南朝而愈益广博与精密，政治关系则相对的淡漠。北朝恰恰相反，佛教教团与帝王权力直结，信仰的普遍系依实践、体验与盲从。宗教得政治鼓励而强烈附着政治色彩，从佛教领袖被邀入政府担当特设的"沙门统"（五世纪中以前称"道人统"）官职可知。所以，佛教之于北朝，与南朝的以哲学思索为代表特性，大相异趣。

也惟其如此，北朝佛教的政治敏感性，终于两度引发巨大波澜，中国佛教史三次废佛运动政治大迫害，所谓"三武之祸"，前两次都发生于北朝。其一，纪元四四六年的北魏太武帝时代；其二，纪元五七四年的北周武帝时代。关于第一次，《魏书》释老志曾有详细记录："世祖（太武帝）得寇谦之道，……遂信行其术。时司徒崔浩奉谦之道，尤不信佛，与帝言，数加非毁。……会盖吴反杏城，关中骚动，帝乃西伐，至于长安。先是，长安沙门种麦寺内，御驺牧马于麦中，帝入观马。沙门饮从官酒，从官入其便室，见大有弓矢矛盾，出以奏闻，帝怒曰：'此非沙门所用，当与盖吴通谋，规害人耳！'命有司案诛一寺，阅其财产，大得酿酒具及州郡牧守富人所寄藏物，盖以万计。又为屈室，与贵室女私行淫乱。帝既忿沙门非法，浩时从行，因进其说。诏诛长安沙门，焚破佛像，敕留台下四方，令一依长安行事。……自王公已下，有私养沙门者，皆送官曹，不得隐匿，限今年二月十五日，过期不出，沙门身死，容止者诛一门。……（乃）下诏曰：'自今以后，敢有事胡神及造形像泥人、铜人者，门诛。……有司宣告征镇诸军、刺史，诸有佛图形像及胡经，尽皆击破焚烧，沙门无少长悉坑之。'是岁，真君七年三月也"，则与新兴道教间的矛盾冲突，似有关联。而第二次则佛、道俱废，《周书》

武帝纪说明："建德三年五月丙子，初断佛、道二教，经、像悉毁，罢沙门、道士，并令还民。"但两次废佛，却都随次代皇帝继位而弹压令立即解除，复佛诏颁布，佛教兴盛迅速回复旧面目。第二次复佛，又以统一中国时代接踵来临，开创唐朝佛教更成熟的新时代。

南北朝佛教的飞跃开展，史料中有如下佛寺、僧尼数字统计可资参证——

关于南方，五世纪前半南朝宋朝初年，已自东晋时代佛寺一百四十所，僧尼一万二千人的基盘上，急速扩展为寺院约二千，僧尼三万六千人以上。一个世纪后的梁武帝在位，国内佛寺二千八百余所，僧尼达到八万三千人之数[1]。首都建康佛寺独占六分之一比例约五百所，唐朝杜牧"南朝四百八十寺"诗句，指的便是梁朝佛教最殷盛时代的状况。

关于北朝，北魏废佛又复佛后的统计，文成帝兴光元年（纪元454年）至孝文帝太和元年（纪元477年）二十余年间，首都平城寺院约百数，僧尼二千余人，地方各寺院合计六千四百七十八所，僧尼七万七千二百五十八人。三十多年后的宣武帝延昌年间（纪元512—515年），州郡佛寺增加到一万三千七百二十七所，再约十年孝明帝正光（纪元520—524年）以后，北魏灭亡以前，佛寺数较兴光—太和间加多到五倍的三万余所，僧尼数尤其快速增至二十五倍的二百万人（以上均《魏书》释老志统计）。其中来自西域的僧侣数字，依杨衒之《洛阳伽蓝记》记录，北魏宣武帝时代建筑的洛阳永明寺内，居住百国沙门已至三千人之多。四

---

[1] 有高岩《东洋通史概观》，第171页。

世纪初晋朝时代筑有四十二所佛寺的洛阳建为北魏国都后,孝明帝时(纪元518年)约五百寺,北魏末年的佛寺数字尤增至一千二百六十七所[1]。

声势浩大的佛教洪流,自纪元四〇〇年左右泛滥中国南北方,相对方面,严重的副作用也已并发。炽烈兴起的造寺、造像运动下民间财力与国家库存惊人浪费,是其直接后果。北魏接续宣武帝治世,胡太后临朝时代,于洛阳建造规模为全国第一宏大而与旧都平城永宁寺同名的永宁寺九层塔,《洛阳伽蓝记》大书:"永宁寺,熙平元年灵太后胡氏所立也。……中有九层浮图一所,架木为之,举高九十丈,有刹复高十丈,合去地一千尺,去京师百里,已遥见之。……刹上有金宝瓶,容二十五石,宝瓶下有承露金盘三十重,周匝皆垂金铎。……浮图有九级,角角皆悬金铎,合上下有一百二十铎。浮图有四面,面有三户六窗,户皆朱漆。扉上有五行金钉,……合有五千四百枚,……僧房楼观一千余间,雕梁粉壁,青璅绮疏,难得而言。……(波斯国人言),此寺精丽,阎浮所无也。"而如此金碧辉煌的庞大佛寺,建筑用费来源,都是"灵太后临朝,减食禄官十分之一,造永宁佛寺"(《北史》寇俊传)。南朝的情况如出一辙,《南齐书》虞愿传便有如下的记载与对话:"帝以故宅起湘宫寺,费极奢侈。以孝武庄严刹七层,帝欲起十层,不可立,分为两刹,各五层。新安太守巢尚之罢郡还见,帝曰:'卿至湘宫寺未?我起此寺,是大功德。'愿在侧曰:'陛下起此寺,皆是百姓卖儿贴妇钱,佛若有知,当悲哭哀愍,罪高佛图,有何功德?'"历史上特为有名的另一例子,又是梁

---

[1] 人物往来社版《东洋历史》4. 分裂的时代,第245页。

武帝的经营同泰寺，以及纪元五二七年、五二九年、五四八年三次舍身此寺为僧，每次各命公卿以下以钱一亿万为之赎身。

事态更严重，系国家以佛教过分发展而招致更重大的编户减损现象。僧侣与寺院隶下民户，法律上均立于政府户籍之外，切断劳动生产与税负力役关系，民众得此鼓励，踊跃投向寺院的趋向加大，此一趋向又刺激民众愈益愿意接受寺院庇护。恶性循环的结果，国家人力资源与赋税收益两蒙损害，寺院愈豪富而国家愈贫弱，形态与世族庄园的吸引土地与人民集中，正相仿佛。《南史》郭祖深传对此便有沉痛说明："时帝（梁武帝）大弘释典，将以易俗，故祖深尤言其事，条以为：'都下佛寺五百余所，穷极宏丽。僧尼十余万，资产丰沃。所在郡县，不可胜言。道人又有白徒，尼则皆蓄养女，皆不贯人籍，天下户口几亡其半。而僧尼多非法，养女皆服罗纨，其蠹俗伤法，抑由于此。'"如此现象，并非南朝佛教最盛期的梁朝才形成，记载前两个朝代事迹的诸传记中，已多"佛法讹替，沙门混杂，未足扶济鸿教，而专成逋薮"（《宋书》天竺迦毗黎国传）、"生不长发，便谓为道人，填街溢巷，是处皆然"（《南齐书》虞玩之传）等叙述。关于同时期的北朝，情况全然相同。废佛又复佛后各地僧尼数额，法律上虽已予限额规定，能否实现却堪怀疑，《魏书》释老志便明言"愚民侥幸，假称入道，以避输课"、"正光已后，天下多虞，工役尤甚。于是所在编民，相与入道，假慕沙门，实避调役"。释老志对寺院庇荫户的获得强力保护，且有如下记述："（沙门统）昙曜奏：平齐户及诸民，有能岁输六十斛入僧曹者，即为'僧祇户'，粟为'僧祇粟'，至于俭岁，赈给饥民。又请民犯重罪及官奴以为'佛图户'，以供诸寺洒扫，岁兼营田输粟。高宗（孝文帝）

并许之。于是僧祇户、粟及寺户遍于州镇矣。"

寺院势力庞大而分子良莠不齐，所制造伤风败俗情事，又从前引诸文可以得知，尤其《魏书》释老志关于北朝的记述。如北魏佛徒的沉湎酒色，南朝记载中愈多，僧侣"延姝满室，置酒浃堂"（《宋书》周朗传），诸尼"出入宫掖，交关妃后"（《宋书》天竺迦毗黎国传），皇族又玩弄女尼，所谓"后房千余，尼媪数百"（《宋书》武二王传）等，累累而见。

如上畸形发展现象，都须统一南北的隋唐时代来临而改观，佛教发达的南北互殊特征也陪伴统一。一个更成熟的佛教新时代自唐朝而出现。

不论如何，佛教在中国发展的历史意义为堪认定。四至六世纪政治上南北分裂的中国，便因南北共同信仰佛教的精神力量，而仍维系为一个整体。这种以宗教力量补救政治分裂的情形，与西洋史上基督教之于中古欧洲，颇为近似，虽然政治结局还是不同。同时，自纪元九〇年前后大月氏与班超时代的后汉中国建立外交关系，佛教使节与传道者由大月氏、安息、康居以及印度等地不断渡来中国，逆方向中国僧侣赴印度朝圣求经也蔚为潮流。中国与西域佛教国家，特别是印度的接触进入最频繁期，对于东方文明国家间文化沟通，他们都是莫大的功劳者，东方历史上从来各各独立发展的中国、印度两大文明圈，便自此时期，以及便由于佛教而障壁拆除。

抑且，佛教传播中国，非只单纯导引原无宗教意识的汉族登入世界性宗教圈，以及开拓汉族新的精神生活领域，包含道教的蒙受其影响而成立。也以佛教原系融汇思想、学问、文学、艺术、音乐、习俗诸要素的综合性文化，传播过程中，又取入希腊、伊朗诸要素而呈现为世界性文化。所以，中国佛教的兴盛，除了引发汉族思想与生活方面的广幅转变之外，印度—西方系统的天文、历法、医学、药学、数学等科学与语言、文学、艺术，都以佛教为媒介而整体向汉族介绍。中国文明以此有力刺激所产生的巨大动力与灵感，才得推动于唐朝创造更高一层的中国文化新境界。

［可惜，中国—西方文化间的佛教因缘，今日学术界所能提供的，还只是个笼统的概念，相互间如何交流与彼此如何相互影响，迄仍停留在模糊印象与猜测的阶段。此一重要而富有兴趣，研究范围却至为广泛的课题，未来须待更努力的探索与求证。一个特具代表性的例子，近年甚嚣尘上的中国僧人发现美洲新大陆说便是。

中国人早自纪元一四九二年（中国明朝）哥伦布以前一千年已发现美洲，而且便是僧人海外求经弘法副产物的主张，经欧、美、拉丁美洲学者提出而引起热烈讨论后，似乎已将重大修正世界史向来的定说。此一中国僧人为谁，部分意见指即著名的法显。学者们依《佛国记》的记述，说明法显于印度达锡兰（师子国）的回程中，以航海遇飓风迷途，所搭客货两用商船随风雨巨涛，漂行九十余日到的耶婆提国，便是墨西哥，在此停留五个月后东返。墨西哥境内今日所发现中国晋朝古钱、佛像等，都被列为此一猜测的支持证据。墨西哥学者间，且曾考定法显登陆地为墨西哥的额烈罗（Guerrero）省亚加布哥（Acapulco）港，到达年份则纪元四一二年。而且怀疑，法显与墨西哥史学界共同记载的民间传说，自海上而来，开启墨西哥文明的东方圣人 Quetzalcoatl 为同一人。

另一部分学者依《梁书》诸夷传的资料，谓宋孝武帝大明三年（纪元 459 年），罽宾归化中国的僧侣慧深率领五人布道团到达扶桑国，弘扬佛法，而于齐东昏侯永元元年（纪元 499 年）返抵中国荆州，三年后的梁武帝天监元年（纪元 502 年）再在建康晋见梁武帝，提出扶桑国之行的书面报告与呈献携返的旅居地特产品。同一传记转录慧深记录的行程与方向："文身国在倭国东北七千余里……大汉国在文身国东五千余里……扶桑国在大汉国东二万余里，地在中国之东"，可判定文身国相当今日阿留申群岛，大汉国约当阿拉斯加，而扶桑国便是墨西哥。与第一说的差异，除发现者不同以外，发现时间也迟近半个世纪，航行亦非横断太平洋，而系如今日所知，利用日本（倭国）附近强烈的暖流，所谓"黑潮"的推动力，沿北太平洋海岸线逐岛行进，于到达加拿大海域时续循海岸通过美国，抵墨西哥登陆，而在拉丁美洲各地居住四十年之久。对于这段航程，西方学者惊奇于所记距离与航海知识的与今日惊人恰当，也对"扶桑"之名的由来与其特产品，予以重视。便是《梁书》诸夷传所收录慧深的报告："（扶桑国）其土多扶桑木，故以为名，扶桑叶似桐，而初生如笋，国人食之，实如梨而赤。绩其皮为布以为衣，亦以为绵。作板屋。以扶桑皮为纸。""扶桑"此一名词，用以为日本的别称系唐朝以后习惯，唐朝以前，则古代人理想中一种生长于东方日出处的神奇植物，所以慧深便以"扶桑"称新发现土地上的多用途神奇树木，而所发现的新大陆也便以"扶桑国"命名。此与古代墨西哥丛生高大而树液、树叶、新芽、树皮、干枝与其纤维，各各可利用为食物、造纸、纺织、建筑材料等多方面价值的龙舌兰（Mescal）以及墨西哥（Mexico）地名由来便源于龙舌兰的意义，全然相符。

五世纪中国僧人发现美洲新大陆之说，尽管今日已有颇多国际学者相信，肯定而能为学术界全体接受的证据却还不能提出，所以驳斥者同样非少。更多以秘鲁为主流的拉丁美洲历史学家、考古学家所注视，毋宁系转移到早期中国文化如何影响印第安人文化的整体问题，以及早期中国移民到达美洲的可能性。他们的共同结论认定，似乎早在中国文明初放光明的时期，中国人便已发现美洲太平洋地区的大陆，目前拉丁美洲各地已有愈发掘愈多的地下史料支持此学说。厄瓜多尔、哥伦比亚、委内瑞拉、墨西哥、秘鲁诸国的遗物调查与研究报告，都曾指示中国与拉丁美洲间既深且厚的文化血缘，特别关于西半球最古老的文明发源地秘鲁，以及墨西哥。当地早期文明中，很多艺术品与风俗习惯，伦理与信仰，如强烈的家庭观念与敬老尊贤精神，逆数相当的黄道十二宫与十二地支（生肖），再生思想，中国式的建筑与雕刻式样，古砖、古碑、古钱，容貌服装似同中国人的造像，都系中国文化反映。出土玉器、陶器且多铭有汉字，考定年代最早而在秘鲁北部 Chavin de Huantar 所发现兽骨镌刻与殷墟甲骨文相似的文字，已有三千年以上的历史。抑且，秘鲁学者调查，在于秘鲁约略三百个市镇名词都是汉文发音，百分之三十的秘鲁人姓名也是汉文发音。拉丁美洲很早便有文字为印第安人文化的一大特征，而其主要的玛雅 Maya 文字形体，显然又便与中国象形文字同一系统，并且书写方式由上下行，向左推展。古代拉丁美洲人生活习惯中含有如此丰富的中国信仰与中国文化，西方学者立于中国人系人类文明史上第一个发明造船术与航海术民族的共同了解基盘上，确认古代中国人很早便已移民拉丁美洲为有其可能。于此，五世纪以来中国僧人求法运动轰轰烈烈展开期间，僧人旅行家足迹是否同也印上这片土地，研究上仍然具有莫大兴味。］

## 佛理·译经·中国佛教教义 *

愈到后来愈中国化，相对方面，也愈堪代表中国文化特质的外来宗教佛教，二千年来，在世界文化史上迄今散发其夺目光辉。佛教历史，于今日三大国际化宗教间也最绵长。其如何自起源地印度成立，以及佛教教义如何传播到中国并在汉族社会生根的程序解明，固属重大课题，而佛教起源所关联的印度文明与印度早期历史，又系前提性了解。

印度文明，可以上溯到纪元前三千年左右，当时印度河流域已发展优秀的青铜器文化，但文化主人尚非通常所称的印度—雅利安人（Indo-Aryans）。雅利安人自中亚细亚跨越兴都库什（Hindukuek）山脉向印度进出，推定系纪元前二〇〇〇年至前一〇〇〇年间。他们最早定着印度半岛西北部的印度河上流五河（Pun-jab，旁遮普）地方，以所见印度河水流之巨近似大海，乃以Sindhus（海）名此河，而其流域称Sind，这便是印度名称的起源。自此雅利安征服者加大伸张印度半岛势力，压迫印度先住民与取代其逐渐衰灭的文明地位，创造众所周知以阶级性Caste制度为基石，与中国同等辉煌的东洋两大文明之一印度—雅利安文明。

---

\* 本节所取材：平凡社版《世界历史大系》10. 木村日纪《印度史》；平凡社版《世界历史大系》3. 桥本增吉《东洋古代史》第一章东洋文明的起源，印度文明的起源节，第三章印度文明的发达，第五章佛教东渐的初期；平凡社版《世界历史大系》4. 志田不动麿《东洋中世史》（一），第三章思想和文化；人物往来社版《东洋史》4. 森鹿三《分裂的时代》佛教各章节；平凡社版《思想的历史》2. 春秋战国与古代印度，伊原照莲、原实——古代印度部分；平凡社版《思想的历史》4. 渡边照宏《佛教的东渐和道教》、诸法是空、婆罗门的六个学说、中国的佛教徒们等各章；人文书院版《世界历史》4. 东亚世界，第二部，宫川尚志《佛教在东亚的角色》；渡边照宏《佛教》（岩波版）。

固定为历史上印度社会组织中核的 Caste 制度，此一名词非印度自有为堪注意，乃系十六世纪到达印度西海岸的葡萄牙人最早使用，葡萄牙语 Casta，自含有"纯血"意味的拉丁语 Castus 而衍化，意指"家系"或"血统"，再借用入英语，便是 Caste 一词的由来。印度自身的古代文献，对此制度称之为 Vrrna，乃"颜色""肤色"之意。白肤色的雅利安人侵入五河地方之际，被征服的黑肤色先住民，以奴隶身份编入雅利安人社会而提供劳动力，于是，征服者一般自由民与奴隶间阶级差别铸定，皮肤颜色成为区分标帜。至纪元前一〇〇〇年左右，雅利安人以职业代代世袭而阶级的、身份的区别深刻化，最高阶级的婆罗门（Brahmana）乃宗教司祭、僧侣，第二阶级的刹帝利（Ksatriya）乃王族与武士，第三阶级的吠奢（Vaisya）乃农、工、商平民，第四与最低阶级的首陀罗（Sudra），便是非雅利安系的印度原住民族，亦即贱民，东洋史上著名的印度四姓制度，至是成立。此时代，Vrrna 的肤色关系已不存在，全然转变为出于阶级立场。最受尊敬的婆罗门阶级以强化宗教的权威性、祭式的复杂性，以及神学的繁琐性，而维持 caste 种姓制度，所陪伴发达的思想方面宗教、哲学与文学，因此固定为古代印度——雅利安人残留于人类世界的伟大文化遗产。相对方面，却也因此与以政治、道德为发达特征的中国汉族人文科学相背，历史叙述方面极端不关心，足资信赖的史料，古代印度——雅利安人全无遗留，仅能从神话或最古印度记录的宗教文学，或者说，古代印度文明一切学问根源的圣典《吠陀》（Veda）中，隐约求取。

"吠陀"意谓"知识"，广义须分本集（Samhita）、其说明文献的梵书（Brahmana）与后期的吠檀多（Vedanta）。但普遍都只指狭义的本集，所谓四吠陀：1. 梨俱（Rig）吠陀，根本诗篇；2. 沙磨（Sama）吠陀，祭式用歌咏集；3. 耶柔（Yajur）吠陀，祭词集；4. 阿闼婆（Atharva）吠陀，咒词集。但其成立年代颇有异说，大体最早的梨俱吠陀约自纪元前二〇〇〇年左右开始，纪元前一〇〇〇年左右编定，第二以下统称吠陀时代晚期，推定约略纪元前一〇〇〇年至前八〇〇年间成立。四吠陀时代的信仰对象至为复杂，天上（天空、太阳等）、空中（雷霆、风、雨等）、地上（大地、火等）诸自然现象与动植物、器具，都已神格化，以及造物神、死界神、恶魔神等，多神信仰极端发达。

　　纪元前一〇〇〇年左右 caste 制度发生之际，旁遮普地方的雅利安人已向恒河（Ganges）流域移动，纪元前八〇〇年左右以后，文化中心也渐次向东方转移完成。祭式解说与神学释义的梵书编定，便已系恒河上流域时代，婆罗门僧侣也便以梵书成立，而吠陀天启主义、祭式万能主义、婆罗门至上主义的教权建立，婆罗门特权完全确定。然后，印度文化再如后代所知，继续东移以恒河中、下流域为活动舞台，而纪元前七世纪至前四世纪间辉煌的吠檀多新教学、新哲学时代成立。四吠陀时代众多自然神同等崇拜的倾向，此时期也已淡薄，宇宙创造者梵天（Brahma）、保护者毗纽笯（Visnu）、破坏者湿婆（Siva）三神，统一为婆罗门教信仰对象，特别又是对于梵天。

　　吠檀多新教学发展的机运兴起，与同时期印度的政治态势存在密接关系。初期印度政治史今日已不能明了，约须纪元前七世纪左右才透露曙光，知晓早期的都市国家，其时正步上建设新兴领土国家之途，从来的"王"（Raja）也渐次向"大王"（Maharaja）统合。纪元前六〇〇年前后，印度历史上乃有最早的十六大王国出现，包含建都于舍卫城（Sravasti）的拘萨罗（Kosala）与建都于王舍城（Rajagriha）的摩揭陀（Magadha）。如此政治发展的事实，所代表意义乃向对婆罗门僧侣权力屈服的刹帝利阶级实力已完成整编。也惟其王族抬头，基于对抗婆罗门僧侣专横与堕落，思想界指导地位者与新兴的王族结合，乃有脱离婆罗门祭仪中心的自由研究新教学巨大潮流掀起，以及非传统的、新的、进步的哲学思索极度发达，其象征，便是《奥义书》（Upanisad）诸文献成立。《奥义书》学问共通的中心内涵，系在宇宙起源的原理问题探索，认宇宙本质乃不变而有时形成人格化"梵天"的"梵"（Brahman），人的本质或灵魂则为"我"（Atman）。梵—我本质相同，从对个体"我"的研习进而寻求最后原理的"梵"，发达为婆罗门宗教精神所寄托。但婆罗门教权主义下，宗教思想维系对象排斥非雅利安人贱民，不允许他们听闻教法，所以宗教性格系不平等的。仅被限定雅利安人的梵—我宇宙观，根本思想表现于"轮回"（Samsara）转生与"业"（Karma）的因果关系。"业"指人的善恶行为。前世业的结果，乃有今世报应，今世再转生来世，创造、破坏、再生，永远轮回。而轮回轨迹非不可以脱出，便是求取梵—我一体的"解脱"（Moksa），以登入超越爱欲、苦乐、生死等肉体烦恼的"涅槃"（Nirvana）境界。而求此最高目标或终极理想的达成，惟一可循之道在于苦行。如上都是《奥义书》哲学所代表印度思想的精髓。当文化与政治相结的态势下，纪元前五世纪左右摩揭陀国统一恒河中流域大部分地域完成时，广幅展开自由研究的新思想潮流，愈以受王族保护与奖励而终得突破婆罗门教范畴，非婆罗门的新的宗教运动勃兴，其中后世发达为世界性宗教的佛教，其思想基盘便立于新教学或《奥义书》的要素。

佛教教祖佛陀的出身，乃喜马拉雅山麓今日尼泊尔的Rumindei，当时受强国拘萨罗国保护的迦毗罗（Kapila）弱小都市国家王子，本名瞿昙（乔多摩）·悉达多（Gautama Siddharta）。佛图、浮图、浮屠等都是梵语"佛陀"（Buddha）的汉字同音异译，觉者、智者、悟真理者之意，一般通称也谓之"佛"，正确的尊称须是"释迦牟尼"（Sakya Muni）。"释迦"系氏族名，"牟尼"则"圣者"的意义。佛陀一度曾被学者怀疑为架空人物，现虽肯定其确实存在为无疑问，但生卒年仍多异说，纪元前五六五至前四八五年左右、前五六三至前四八三年左右、前四六六至前三八六年左右等诸说，都曾被提出，大体约当中国春秋—战国之交。

佛陀之说，扬弃了佛教发生当时婆罗门教抽象理论的传统，以及修业法的重视苦行。否定"梵""我"的存在，而认万事万物为变化无常，从原理上追求绝对不变的梵，以及永恒的我，都是不合理的。因此成立"空"（Sungata）的世界观，确立现象界本质的无常观，说明现象界系随物—心的空间依存关系与时间因果关系成立，非永远存在。惟其"空"便是佛教哲理的根本，所以佛教哲学，非形而上的抽象的原理推论，注重的不是本体而是现象。其心—物因果观的基本理论，公式是"此有故彼有，此生故彼生，此无故彼无，此灭故彼灭"。宇宙间无论生命或无生命，均系生生灭灭，相续无穷，而生生灭灭，又必由于"业"的外来与内在缘起，所谓无明、行、识、名色、六入（眼、耳、鼻、舌、身、意六根）、触、受、爱、取、有、生、老死的十二缘起（或称十二因缘或十二因果律）。此十二缘起相依如连锁，无从指出何者为第一因，在过去、现在、未来的时间系列中，环节似层层牵引因果关系，佛教轮回说基盘的"三世两重因果法则"信仰由此成立。便是说，生命非无因而生，也非上帝所创造，而是"业"依十二缘起连锁而转动，从生命形态之一转入另一生命形态。如此反复变化，"业"在过去、现在、未来的空间与时间内，不断影响与更新的创造作用，所谓"业果推应"，便谓之"轮回"。所以，轮回非被误解的投胎转世意义，佛陀从根本便否定灵魂的存在。如果生命体能超越时间、空间规范的"生命之轮"而接触真正自由的世界，那便是从轮回解脱，登入涅槃（泥洹为汉字同音异译）。涅槃意译圆寂，意谓寂灭或不生不灭，归真还本，一方面是消极的生与死灭绝、欲望灭绝、时空条件灭绝，另一方面也是积极的完成，意志与行为的完全自由与解脱。因此佛教三法印谓"诸行无常""诸法无我""涅槃寂静"。

佛陀大彻大悟十二缘起时证得的正觉，自佛传中佛陀最早对五弟子说法，所谓"初转法轮"（法轮 Dharma-cakra）时，初次宣示。佛教中心思想与根本教说，以悟断生、老、病、死现实一切苦而成立的四谛（cattaro ariyasaccani，即四范畴）八正道真理，也便是初转法轮时铸定。四谛谓"苦"（dukkha、苦谛，苦的真相）、"集"（samudaya，苦集谛，苦的原因）、"灭"（nirodha 苦集灭谛，苦的原因的消灭）、"道"（magga、苦集灭道谛，使苦的原因消灭与达成解脱进入涅槃之道）。八正道则"正见""正思维""正语""正业""正命""正精进""正念""正定"，乃是道谛的具体实践方法，以及强烈的佛教伦理、佛教道德显示所在。八正道中，最重要的项目又是集中思想与感情，入于禅定的"正定"。

所以，佛教教义固自婆罗门教脱化，解脱、轮回、涅槃的思想也被取入，但本质的与婆罗门教相背，为显而易见。进而言之，这些差异又存在于：第一，否定 Caste，批判婆罗门教社会四种姓体制下婆罗门、王族、平民再生族（Dvija，除父母所生的第一生外，又从宗教得第二新生命的姓族）与一生族（Ekajati，不获宗教之救的姓族）贱民间种族歧视，意识上坚持人格平等论，凡人类（众生）皆具佛性，也同为"业"的结果。给付僧伽（Sangha，全名乃阿梨耶僧伽 Arga-sangha）之名的信者教团组合，也允许四种姓人平等出家修行。第二，否定吠陀或神的尊信效能，认肉体苦行主义对解脱为无益，非"苦行"而须"正行"，必须依一定实践的阶梯，修成戒（Sila）、定（Dhyana）、慧（Prajna）三学才得求取涅槃境界的达成。第三，否定婆罗门教的神秘主义，佛陀与诸弟子说法公开化，大慈悲布道，尤以对贫者、苦恼者为热心。

惟其佛教理论与实践并重，以及人类平等主义的教义普遍化，佛陀入灭前，佛教已以佛陀自身与诸弟子分散各地传教，以及统治阶级接受化导，大力奖助，而弘布中印度。信奉佛陀之说的形态也于此时期成立，便是，非以舍弃家族生活（出家）为必要，一般民众如果皈依三宝（Triratna），遵守五戒（杀生、盗、淫、妄语、饮酒）基本条件，便是在家信者。三宝谓佛、法、僧，佛陀是"佛"（Buddha），四谛八正道之说（以后衍化为佛教诸经典）是"法"（Dharma），初转法轮所度五比丘集团是"僧"（Sangha）。在家信者的优婆塞（Upasaka，男）、优婆夷（Upasika，女），与出家者的比丘（Bhiksa，男）、比丘尼（Bhiksuni，女）同被称为教团"四众"弟子。出家初级者另付以沙弥（Sramaneraka，男）、沙弥尼（Sramanerika，女）的名词。比丘异称，系勤修诸善、止息诸恶的"勤息"之意的"沙门"（Sahman）；佛教传入中国初期，又以"修道者"性格名之"道人"，与道术之士的"道士"相对称。谓为"僧"，则由僧伽或教团略称而得，但在印度，僧的名词严格限于团体称谓，非指个人。所以，"僧"乃中国系统的佛教才变通以指个人，"僧伽"名词也已湮没。

从佛陀最初说法，到佛教思想体系整备，佛教史上著名的四次佛典结集，代表了各个发展阶段的里程碑，以及佛教史分期象征——

佛陀生前布道传教，均以言词而非文字。接受佛陀教理说法的诸弟子为护持教说，统一传承，所以佛灭四个月后，便有摩揭陀国都王舍城盛大的佛典编集会议召开，参加会众五百人，会议七个月，于经典、戒律，分别由高弟口诵而众僧质疑传诵确定。所说经，便是佛教最基本的经典与今日所称的《阿含（Agama）经》（但今日四部阿含中，何者为当时传诵，何者为后世附加部分，已难区别）。所诵律，经传诵八十遍而确立，因之名八十诵律，今日虽已不存在，但后日四分律等均以此为根本而发展。

第一结集以后，以佛教传播地域的扩大而各地对教义解释发生差异，教团规律也随社会情势变化，必须修正以相适应。佛灭约百年，乃有毗舍罗（Vaisali）地方的第二结集，会众七百人，会期八个月，举行年代以佛灭之年的异说而诸说互异。会议重心在戒律疑问的讨论，结局严格维持旧立场的主张者获得胜利。教团因之分裂，进步主义自由革新派别行团结的大众部（Maha-Samghika），与以长老为中心、正统的保守传统派上座部（上座意即长老，Stavira-Vadin）相互对抗。以后教团分裂倾向愈细，佛教教义学流入烦琐的分析解释，大众部先再分派，上座部也追随分裂，纪元前一百年左右，自由思想的大众部已分化八派，上座部且分至十二派之多。大体上，上座部流行于西北印度，大众部则以南印度为本据地而发展。佛教史分期，迄于佛灭后三十年间为根本佛教时代，佛灭后百年间为原始佛教时代；以第二结集为上限，自此以迄纪元后大乘佛教兴起，则属部派佛教的时代。

当原始佛教广布恒河流域，摩揭陀王国又进一步迈向全流域势力统一坦途之际，印度文明之源的印度河流域方面，却先后被阿垦米尼朝（Achaemenes）波斯与并灭古波斯的马其顿（Macedonia）亚历山大（Alexander）大帝支配势力统制，印度半岛西北部从印度文化改立于波斯文化圈与Hellenism世界。须空前庞大的亚历山大欧—亚—非三洲统治网随亚历山大之死而迅速崩裂，纪元前四世纪末，摩揭陀国又朝代变易，乃有印度历史上最光辉的一页展开。国都建立于华子城（Pataliputra）的孔雀（Maurya，摩利耶）朝成立，驱逐西北印度希腊人势力，完成恒河、印度河两流域最早的政治结合，并继续向半岛南方扩大领土。气象万千的孔雀朝全盛期，系其第二代阿育土（Dharma Asoka，阿输迦王）时代，除了印度南端以外，几乎大半岛全境同一主权支配的统一运动实现，乃是印度—雅利安人空前大变局。此一伟大名王，卒年大体已被推定为纪元前二三二年，继位之年则异说颇多，纪元前二七三年左右与纪元前二六八年左右，是两个比较有力的年代比定。

阿育王以虔诚笃信的名王闻名于佛教史，佛教在其大力保护与奖励之下，传道活动飞跃开展，奠定世界性宗教性格的基础。陪伴政治势力的拓展，佛法弘布突破印度国境，向国外推广，锡兰以及中亚细亚、西亚细亚方面，均有阿育王传道使节的派遣，也便自此时代而佛教由东而西，向罽宾（Kashmir）、大夏（Bactria）、波斯、叙利亚、埃及传播，完成印度文化与欧洲系文化或Hellenism希腊世界的携手。但阿育王毕竟是个公平与公正的名主，在于国内，尽管个人皈依佛教，对佛教以外的诸宗教并未予以政治压迫，真正实现了如今日信仰自由的理想。

阿育王继位后第十七八年在国都华子城召集佛典的第三结集，是其对佛教伟大贡献。第三结集与约三百年后的第四结集均由佛教名王召集，较之第一、第二两次结集系由高僧发起，乃是明显的特征转移。第三结集会众约一千人，在九个月的会期间，统一完成了内含三大类门的佛典总汇三藏（Tri-pitaka）：纪录佛陀说法的"经"（Sutra、经典），以佛陀生活为规范而订定修道者行为的"律"（Vinaya、戒律），以及由佛弟子解释经义与对教理研究阐扬的"论"（Abhidharma）。前两者的讨论已系第一、第二结集本旨，第三结集再推展到"论"的被重视，便是说，三藏历第一、第二两次结集，至第三结集而集大成，此系第三结集重大意义之一。其二，初期结集均用言词会诵，勘定辞句，而非形诸文字。"结集"一词梵语为Samgiti，原便含有会诵意味，也自第三结集，才开始转变为文字编纂。此时以及这些佛教根本经典文字所使用，乃是孔雀朝通用的俗语巴利语（Pali-bhasa）。

孔雀朝随阿育王去世而衰颓，自纪元前二世纪前半萨迦（Saeae）人侵入，印度政治重又陷入分裂时代。佛教再发展的大事业，自此转移到非印度—雅利安人之手，便是最早征服以强烈希腊文化色调闻名的大夏，并接替其中亚细亚领导地位的大月氏。以后大月氏继续征服四方而成立的贵霜（Kushan）

朝，屹立中国以西，领土中包含了西北印度，以当时犍陀罗（Gandhara）地方布路沙布罗（Purusapura，今日白沙瓦Peshawar）为国都的多民族、多宗教的复合式强大国家，黄金时代系纪元二世纪前半迦腻色迦王（Kanishka）在位期，也于此时代而受入诸信仰中佛教脱颖。

迦腻色迦王如同阿育王，乃是佛教虔诚信徒，也同为热心推广佛教的佛教史两大名王。佛教世界性传播于此王治世登上巅峰时代，佛教通往中国的康庄大道，也便由贵霜—大月氏开拓。迦腻色迦王伟大事业之一的佛典第四结集，于迦湿弥罗（旧罽宾）城，邀请五百高僧，突破第一至第三结集止于整理佛陀之说的旧轨范，予阿育王以来诸教义以再集成，对经、律、论三藏积极性的加以详密注释。用语也已非巴利语而乃梵语（Sanskrit）。迦腻色迦王时代，特堪注意又是划期性佛教改革运动的大乘佛教（Ma-hayana Buddhim or Greates Vehicle）兴起，而传统佛教或分裂的部派佛教诸部派，便被大乘运动者贬称小乘佛教（Hinagana Buddhim or Lesser Vehicle），虽然第四结集的推动背景仍非大乘，而系小乘的上座部说一切有部派。自此，如今日佛教大乘、小乘的区别铸定。

大乘佛教发源于南印度，系以继承大众部的自由主义为发展母胎。部派佛教时代，教团在最早的佛弟子所记佛陀之说，或者说，最原始经典《阿含经》的根本依凭上，各各发展独自的教学，却也共同丧失了根本佛教、原始佛教的新鲜味，而趋向形式主义的烦琐哲学。炽烈的教化运动热忱渐渐冷却，仅止于利己立场，求取自我解脱为满足。所以，佛教徒中不满信仰变质者激发了改革运动，指部派均歪曲佛陀之说，忘却救济全人类的佛陀本旨，传道不许可持有与民众游离的态度。于是纪元前后，改革运动者回复根本佛教"空"义，以大众的在家信者为背景，推动实践普度众生意愿与慈悲的、利他的菩萨（Bodhisattva）思想，确立教团非出家者占有物的信念，而佛教大乘、小乘的分野最早形成。进入第二世纪，大乘教义终已如洪流似完成席卷印度之势，从南印度转移以西北印度为发达中心，大乘经典也开始蓬勃出现。

自佛灭后约五个世纪开始出现，用语为梵语而文字前例冠"佛说"字样的新的、充满活力的大乘经典，与佛陀在世时所说平明简易的实践之道异趣，原始佛教的佛陀一佛尊崇也衍化为诸佛、诸菩萨信仰，所以小乘佛教徒曾猛烈抨击大乘非佛说。但大乘佛教徒的辩驳，则谓发挥佛陀真精神，必须突破保守传统与僧院佛教的教条主义、保守主义，从宗教体验求得对应新时代的证明。惟其如此，而须具有深远的哲学思辨的大乘论部教说成立。"乘"，梵语Yana，原即乘载的意味，新时代宗教运动大乘Mahayana或汉字音译"摩诃衍"的译义，亦即无量无边，广泛的救济之道，或伟大的乘物（教）之意。所以，大乘信仰远较小乘推广，旨在修菩萨行以成佛果，解脱世间泛众生的苦恼。因之，慈、悲、喜、舍的菩提（Bodhi）心，为前提性必需的发愿。大乘教学的说明，佛法声闻乘、缘觉乘，仅个人悟觉四谛八正道，仍都属小乘，由四谛最高境界道谛进修六波罗蜜多，得大涅槃果的菩萨乘，才属大乘。大乘佛教的立场，佛是宗教最高象征，菩萨便是现实的实践者模范，或是理想象的意义。其间无僧、俗或出家、在家的区别，大乘菩萨，因此也兼容了出家菩萨与在家菩萨。

大乘佛教的根本理念在"空",多数大乘经典均以"空"为基调。泛称般若经或大乘经典一部类的般若部诸经典,主要都在阐明"一切皆空",才能领悟真理与发现自己的理论。"般若"即梵语 Prajna 的音译,智慧之意。以般若为基盘,也才有布施、持戒、忍辱、精进、禅定、般若的六波罗蜜多(六度,梵语 Paramita 的音译,"波罗蜜多"或"波罗蜜",意译"度",度即"渡",到达彼岸的意味)空观实践体系,以及自度、度他的大乘菩萨修行法门成立。遗憾则最早大乘经典的编集面貌,今日已不能明了,现存反而已以最早汉译本《般若经》为最古。

以大乘论师强韧的思索而予大乘教学成立,二世纪前半获迦腻色迦王尊信的佛教纯正梵文诗人马鸣(Asvaghose)所著《大乘起信论》是其前导。集大成者系二至三世纪间南印度出身的龙树(Nagarjuna),"空"的哲学,自其大乘学基础文献《中观论》(简称"中论")的"中道"(Majjra)理论而体系化完成。所谓"中道",梵文原文与"空"便是同义字,佛教思想史著名的中观学派,亦即以《中观论》题名而得。这位伟大的佛教学者晚年名著《大智度论》(Mahaprajnaparamita-sastra),又以《般若经》思想为中心,确立大乘教学的根本性格,铸定进步主义的佛教新的发展。龙树后继者门弟子提婆(Aryadeva)著书《百论》(Sata-sastra),续予大乘学中心思想"空"的哲学深刻化展开。以后三至四世纪间佛学大家弥勒(Maitreya)著《瑜伽师地论》,与其弟子四世纪西北印度犍陀罗地方的无着(Asanga)、世亲(Vasubandhu)兄弟《唯识论》(Vidhyamatraastra)、《摄大乘论》(Mahayama-Samparigraha-sastra)、《十地论》(Dasabhunikasutra-sastra)等,主力续又倾向于唯识哲学研究,开创唯识学派，与中观学派共同形成大乘佛教的两大学派。中观学派论现象的存在实相，唯识学派以实在现象完成的缘起论为本。所以，二至四世纪，正是大乘教学思想内容丰富的新佛典编纂盛行期，以及大乘佛教非常发展的时期。而印度史上，自四世纪前半以来，也正进入"笈多纪元"的黄金时代。

孔雀朝以后，摩揭陀故地经历各个朝代更迭，终无强大势力出现，须四世纪前半笈多（Gupta）朝兴起而完成北印度再统一，建都 Pataliputra，迄于六世纪前半笈多朝衰败的期间，展开了印度文化、艺术最盛期，佛教大乘精神高扬，法显《佛国记》所记，便是其巅峰期第三代超日王（Candragupta 二世，Vikramaditya）在位。只是，印度宗教界亦以此时期为标志而酝酿大变化，被佛教思想压倒的婆罗门古典研究，融合非雅利安系原住民信仰与习俗，以及接受佛教要素，自婆罗门教脱胎的印度教（Hindhuism），便自笈多朝而登场，六、七世纪以后急速发达，浸透民间如今日印度现状。相对方面，发达的佛教与世界性、宽容性、融通性的佛教界思想教学，传播地自越出母国印度以来，继小乘的民众教化势力后退，大乘佛教中心也自其时渐次移向中国。

大乘佛教普及的方向，依序最早系南印度，其次西印度，再其次北印度，一至二世纪之际，又自西北印度经帕米尔高原至新疆，续循东—西交通大动脉丝道通过新疆进入中国内地。然而，西北印度原系部派佛教或被称小乘的传统佛教根深蒂固地区，特别以罽宾或克什米尔地方为本据的上座部主干说一切有部（Sarvastivada）派。所以当大乘佛教向西北印度强力进出，与说一切有部便发生剧烈冲突，也以彼此竞争传教与扩大教团，而呈现两大潮流相续东进之势。对于新疆诸国，便由说一切有部率先教化，待到达西北印度的大乘佛教势力急起直追，冲击新疆，行进路线则偏重丝道南道，居于南道枢纽地位而与汉族中国交涉繁密的于阗，便先信仰小乘而以后形成新疆大乘佛教的中心。但北道诸国，同与汉族中国交涉特繁的主势力龟兹与其邻近国家，仍续信奉克什米尔说一切有部小乘佛教。也惟其如此，一至二世纪汉族中国经由新疆传入佛教，最早固附和方士之说，以后格义佛教时代与道家思想合流，虽已见教理剖析，却未分大、小乘，或者说，并非单纯一类型而系对立的大乘、小乘并进。抑且，便因为佛教最初向中国内地传播，非由印度直接移植，乃以泛称新疆—中亚细亚—西北印度的"西域"为母体。汉人不知印度佛教分裂之事，所以初期佛教，汉人系以同一佛陀教说，单一的佛教信仰而予接受，不明了佛教大、小乘的分际，大、小乘教义并行输入，信徒也兼听并信。

二世纪时，随大月氏的中亚细亚—西北印度强大势力成立，西域僧人源源渡来中国，中国文化史上著名的汉译佛经活动登场，汉族扬弃一世纪时断续的、无教理的、模糊的、方士式的佛教认识而真正接触佛教教义。中国宗教领域拓荒者之间，二世纪后半大月氏高僧支娄迦谶（支谶，Lokaksin）与安息籍在家信者的所谓居士安世高（安清，Parthamasiris），被承认为早期的两大明星人物。般若学译经事业便以支娄迦谶为起点而展开，接续于三世纪前半汉末—三国时代，由其弟子大月氏出身的支亮与支亮弟子归化中国第三代月氏裔居士支谦继承。站于居士立场作在家菩萨教理研究，文学价值甚高而其后特为六朝文化人爱好的《维摩经》，便由支谦最早译出。般若学大家支谦在中国佛教历史上另一深远意义，又是因避汉末战乱，南渡江南，与原为印度籍康居裔而上代已移住中国，定着吴都建业的安世高系小乘佛教名僧康僧会，同系江南佛教有记录的最早传播者。

初期中国佛教大乘教理最大功劳者，三世纪后半晋朝的另一归化月氏人后裔名僧竺法护（昙摩罗刹，Dharmaraksa），世居敦煌，出家后游历西域诸国，携回大量经典归长安传译，他个人深通三十六国语文，广博的语学力与敬业乐群精神，四十多年间翻译经典至二百部之多，驱使初期汉译到达繁荣巅峰。而且，译经也便因了此一翻译大家的业绩，而出现划期性文字进步。亘于这个时代，外来僧人译经，都采口诵而请人笔录的方式，并无原文依据，《高僧传》便曾明言安世高"讽持禅经"，支娄迦谶"讽诵群经"。师徒口授原系印度佛教最早的传道方式，而且如法显《佛国记》所述："法显本求戒律，而北天竺诸国，皆师师口传，无本可写"，印度本土到五世纪初写本尚不普遍可知，但写本仅系不普遍而非绝无也可以了解。来华僧人顺随传统习惯，便自竺法护开始，转变以写本为凭，成为依文对译的第一人。虽然他周游西域而携返的佛典，可能都是胡本（西域文字）而非梵本。

口诵佛典予以汉译，所译是否完全，是否正确，都不能肯定，事实上，初期所译，到完本出现时期才知都只节译或某一章节，非是全文。而其时热心的汉人佛教信徒，便已怀疑有无缺漏。乃有竺法护同时期稍前，三国魏国僧侣朱士行的毅然西行求证。所以，朱士行在中国佛教史的地位，非只是有记录的第一位汉人出家者，也是汉族僧人逆方向西行求经的第一人，开导其后炽热的佛教徒西方旅行运动。他虔诚远赴印度文化圈东端于阗国，访得九十章六十余万言的《般若经》梵文正本，虽然自身从此留住于阗不返，经典仍由他命弟子送付洛阳（纪元282年），而被以"放光般若经"之名译出。以此经典，晋朝人般若思想的研究才得进向本格化。

然而，魏晋时代名僧、居士的译经事业尽管发达，却始终以风靡一时的老庄思想说明佛教教义，四世纪道安努力究明佛典真意义，才跨越格义佛教阶段，兴起新的佛教运动波澜，而中国的佛教转换期实践，中国佛教成立的基石建立。佛教译经也以此划期，出现突破性发展——中国佛经翻译史研究，学术界往往区别之为三期，第一期或前期系自后汉以后约二百五十年，第二期或中期则东晋以后约二百五十年，其分隔断限，正便是道安改革佛教的时代。分裂中国回复统一以至纪元八百年左右唐朝，又转入译经最高潮的第三期或后期。

道安以后，中国佛教译经史第二期至鸠摩罗什而大放异彩，铸定了另一个新纪元的成立。鸠摩罗什早年在克什米尔（罽宾）、喀什喀尔（沙勒）修学，返抵出生地龟兹，研究龙树系思想的盛名远播。后秦支配权确立时被迎至长安（纪元402年），以个人广博学识的大乘教学者最高声誉，与国家权力直结，尊为国师，集合沙门才俊兼通梵、汉文者八百多人，开创有组织的译场，系统性地大规模翻译经典。如此以译经纳为国家事业，较之从来依私人努力，二三人对译的方式，无疑立于有利立场，效率与正确度都高。惟其如此，鸠摩罗什门下，可谓海内外著名学僧群集，并与江南以道安弟子慧远为中心的东晋佛教界携手，慧远的优秀门弟子，便颇多奉慧远命令转入鸠摩罗什门下深造。罗什译经事业合作人之一，北印度尼泊尔籍的佛陀同族大译经家觉贤（佛陀跋陀罗，Buddhabhadra），与罗什发生歧见后，又即由慧远迎至南方，在建康另立佛典译场。罗什卒年（纪元412年）来华的北凉昙无谶（Dharmaraksa，印度人）与南朝最后一个朝代陈朝的真谛（波罗末陀，Paramartha，西印度人），又先后各别在南一北方继承佛典翻译巨擘的地位。鸠摩罗什、觉贤、昙无谶、真谛，便正是中期翻译界四大伟人。

因此，自四世纪以迄六世纪的中国佛教史，乃系佛教哲学研究与佛典研究本格化翻译为中心的时代，翻译态度与佛教教理方向的巨大转变，都自此期间完成。便是说：

——口诵翻译方式被淘汰，原文依循亦以了解佛教发源地系印度而非西域，自西域携来胡本经典仍只梵文译本，汉译由胡本重译，失误为不可避免，自此翻译准则坚定以直接的梵本为立场。五世纪以来汉族僧人一波又一波的西行运动壮大展开，原因也在求取更多、更完备梵文原本经典心愿的满足。

——前期译经，所译限于"经"，自此才"经""律""论"三藏齐备。经藏也自此而诸大经全文通译。

——译经以西域僧人或居士为主潮流的时代过去，佛教在中国传播效果不断扩张的吸引力之下，印度僧人东来中国兴趣愈益浓厚。佛典梵文原本与直接的印度高僧翻译运动，取代了从来大月氏人的领导地位，中国佛教自此直接继承印度佛教，以后届至唐朝中国佛教成熟期，翻译主体再自印度僧人转为汉族僧侣自身，而总结整部中国译经史。

——佛教大、小乘区分，汉族也自此时期判明，鸠摩罗什与其门下翻译宣传龙树系大乘佛说，中国佛教界始知大乘与小乘的教义对立。罗什以来诸大师以翻译大乘经典为主方向的同时，虽然小乘佛教也循西域之道与南海之道传译布教，兴起大乘非佛说与大乘为魔说的反大乘运动，佛教百家争鸣的教义论争最早展开，但教学的大乘优势已确立。西行求法携回众多大乘佛典，又对大乘教学的推动构成一大助力，自此中国佛教界决定性倾向大乘佛教的形势固定。

——求经旅行过程，于阗的大乘佛典传播分量特堪重视。当后汉时代，此国于贵霜——大月氏黄金时代曾被列入大月氏势力圈，而同时继续与新疆诸国同系汉朝保护国，地理位置与交通路线又与印度直接连系。所以，立于今日中国领土范畴而言，于阗固为中国佛教的国内先进地域，而在古代，汉译著名诸大部大乘经典，却往往自其地求得。因此学者间曾怀疑，颇多大乘经典可能便在于阗成立，尤其关于《华严经》的传授渊源。另一重要地域，又是汉族中国与西方国际交通门户的凉州，无论外国僧人东来或汉族僧人西行，其地均系必经，或最早居留之地。因此凉州译经事业兴隆，与长安、建康，同成四至六世纪中国汉译佛典的三大中心。

中国佛教大乘教学，自译经史第二期而鲜明显露其本质，为中国佛教史划期性事态，迄于南北朝，大乘诸经典的在于中国，大体都已具备，大乘教义在中国的系统也已建立，今日佛教界包容一切经典的《大藏经》，其大乘经类门原型，便于四至六世纪时完成。《大藏经》大乘经所分五部，般若部与方等部早自二世纪中已开始翻译，四世纪时发达。而四世纪起，法华部《妙法莲华经》或略称的《法华经》（Saddharma-pundarika）也已翻译。涅槃部《涅槃经》（Nirvana）与华严部《华严经》（Avatamsaka）则五世纪初才被译出，前者系佛陀入灭前对其弟子最后的说法，后者又是佛陀最早成佛时向弟子所宣说的真理，予修菩萨行道程十个阶段的"十地"（Dasa-bhumi）以详说，乃是卷帙最多的经典。般若思想自此渐渐向涅槃、华严、净土系移行，重视大乘佛教的实践伦理。大乘教学自印度兴起而陪伴形成的净土思想，汉族继承与接受的主流，便是予佛陀以理想化的阿弥陀佛（Amita Buddha）西方极乐世界与弥勒佛的兜率天。特别关于予历史上佛陀理想化的虔诚的阿弥陀佛信仰，阿弥陀佛的同义字系无量寿佛，《无量寿经》（Sukhavati-vyuha）便是此一信仰象征。弥勒佛下生信仰，又系中国佛教一大异彩，相信弥勒佛将继佛陀未来成佛。也由上生阿弥陀佛信仰的延长，乃开启弥勒佛未来世界救济众生的下生信仰。

《大藏经》的编辑，堪代表一世纪以来佛教在中国活动与教义结集的伟大成果标志。更重大的意义，佛教始源地印度大、小乘分裂，从无、也不可能有内涵兼容大、小乘的梵文或巴利文佛典总集成立，此一历史责任，便由汉文《大藏经》当仁不让，一肩担当。惟其如此，以汉译丰富佛典为内涵的《大藏经》结集，今日已是世界性佛教最珍重遗产，以及佛教教义惟一的完整宝藏。而《大藏经》构想，又堪注意便自道安发端。道安从根本上革新修学态度，扬弃格义佛教积习，对于初期佛教因无真的佛教研修方法，致多丧失佛教真义的缺失，予以彻底纠正，指导直接从佛典本义研究达此目的。并且认定，同本异译佛典与同一译者诸译本间的比较研究，乃为最重要与必要方法。所以，道安一方面予既有诸译本共通误失的危险性以无情批判，另一方面，也搜集其时既已存在的所有佛典译本，完成一目了然的汉译佛典总目录《经录》，亦即大藏经编集事业的最早雏形。《经录》单行本今日虽已不存在，幸得译经加大步伐期，五世纪末南朝齐朝建武年间，僧祐编定现存最古佛经目录《出三藏记集》时包含在内，而得某一程度的复原。《出三藏记集》所收录书目，自一世纪后汉以迄五世纪南北朝，汉译经典数量已至二千一百六十二部，四千三百二十八卷之多。《大藏经》巨构乃自统一南北朝的隋朝，最早以"一切经"或"藏经"之名而成立，以后历朝累加增修，又自历史上外来僧人与汉籍僧人的汉译经典之外，添容了汉人高僧著作。全藏内涵计分经藏、律藏、论藏、杂藏四大类，经、律、论三藏又各分大、小乘，杂藏则依"西土撰述"与"此方撰述"分门。今日最完善《大藏经》版本，中国佛教一环节的日本新修大正版，便系以中国雕刻印刷展开后宋、元、明三朝版本，补入中国自唐朝以来历次战乱中散失，部分却因流传到日本而得保存的汉文著作，并参考敦煌考古发现经文写本与韩国版本，费时十三年才完成，全集收录至一万三千五百二十卷的数字。

中国—东亚佛教本质系为大乘，而《大藏经》又大、小乘经典等量并重，乃特有兴味的现象。事实上，中国佛教如何以及为何与印度佛教判明的问题，便须由此解答。中国最初传译佛典时代，支娄迦谶系大乘佛典与安世高系小乘佛典的同时受容，因系汉人未知大乘、小乘之分，但届至已能分辨的时代，一般仍然大、小乘兼修，非如印度的两系佛教对立抗争，为堪注意。般若学大师道安便仍尊奉小乘禅观为证悟者实践体验的指导，大乘权威学者鸠摩罗什最初也以在克什米尔研究小乘教义着手。所以，也便是说，自道安铸定中国佛教与中国化佛教教义时起，大乘佛教"佛说"教理的在中国确定，小乘实践指导经也同时被重视，视小乘与大乘为同一佛的理法、同一佛教意识而予信奉，从无如在印度严重到不可调和的程度。或者说，大乘、小乘之争，从印度发生，却到中国而解消。中国佛教立于此一态度所发展综合的体系化教义学，所谓教相判释之学或教判论，以视印度原地，形式与内容都已重大修正，乃得形成中国佛教的独自性，以及中国佛教特有宗派，随汉译佛典的愈益充分而不断开创。迨以中国佛教为中心，扩大形成中国—东亚佛教圈时，这些佛教宗派又以与中国文化不可分割的亲缘关系而陪伴传播，以及牢固移殖国外，特别对于日本。

中国佛教宗派发生，系由于佛典洪流中，对统一的佛陀之言，比较研究时理解的不同，所以修行思想与实践伦理方面也各有注重。南北朝至唐朝期间，佛教教学飞跃开展，大乘佛教各种思想都被体系化组织，各宗派于是相续形成。虽然所谓宗派，最初只取主要所研究的经论为名，严密的宗派别成立，多数在于唐朝而尚非南北朝时代。但即使如此，也堪注视，今日一般信仰又都专向了净土、禅两宗，其余诸宗在中国佛教史上一度兴盛之后，又都先后衰颓。

中国禅宗之祖，系南印度王子，六世纪前半南朝梁朝时代先抵建康、再居嵩山少林寺的谜样人物达摩（菩提达摩，Bodhidharma）。净土宗第一祖便是四至五世纪间东晋，于庐山东林寺指导僧俗白莲社结社念佛，信仰三世因果报应，以后又发展为称名念佛，祈愿阿弥陀佛（无量寿佛）净土往生的慧远。禅的体验特征为顿悟之说，旨趣在直指人心，见性成佛，与净土宗的念佛，自力与他力虽有教理上的差异，心理的基础则同，宗教伦理实践把握的方法也相共通。所以后代宋朝以来，禅—净土双修的主张颇多，再现诸宗融合的倾向。

大乘佛教中自认体验得佛陀真言奥义，传佛教神秘内奥的密敌，摄取佛教以前的咒术与印度教经典理论暨诸神，尊奉大日如来，教学组织后世曾高度发达。自密教的立场，对佛教其他宗派

## 中国佛教十三宗派的形成、展开与推移关系表

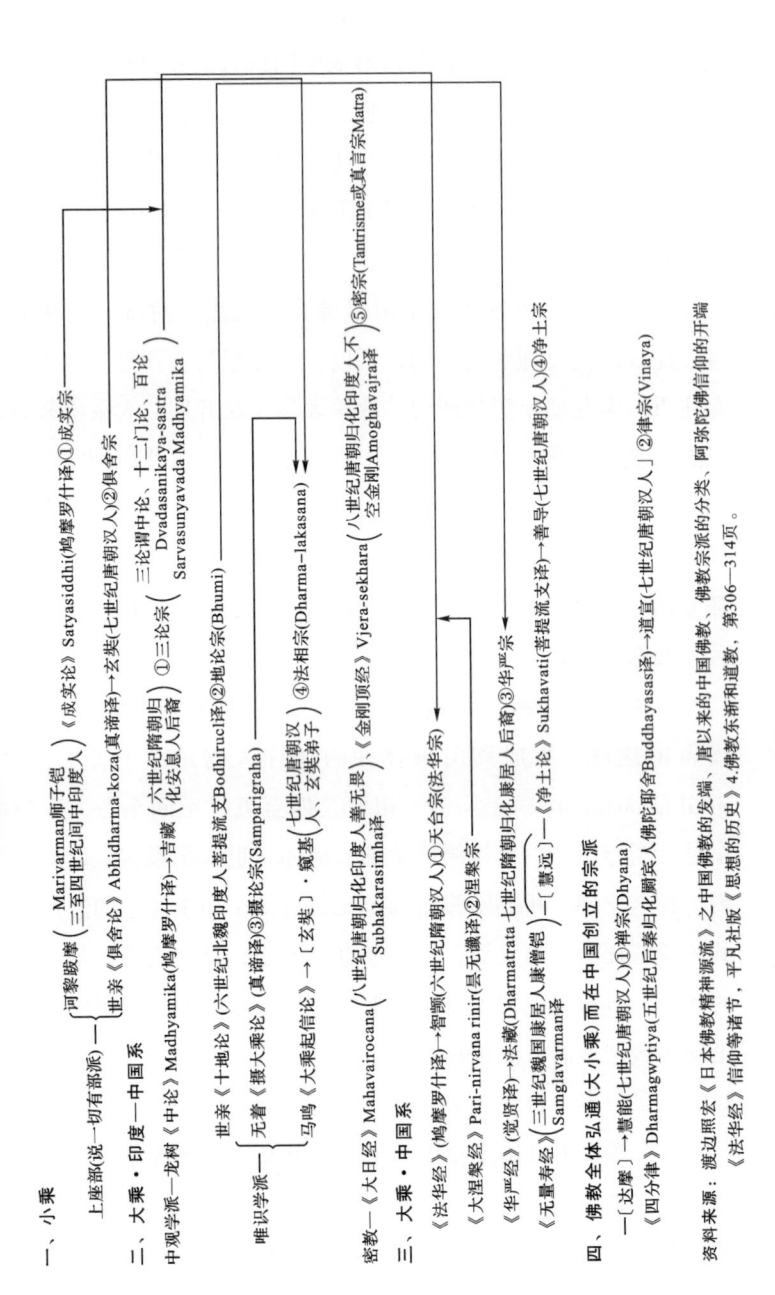

一、小乘

上座部说一切有部派
- 诃黎跋摩（Marivarman师子铠）（三至四世纪间中印度人）《成实论》Satyasiddhi（鸠摩罗什译①成实宗）
- 世亲《俱舍论》Abhidharma-koza（真谛译）（六世纪隋朝归玄奘（七世纪唐朝汉人）②俱舍宗（化安息人后裔）

二、大乘·印度—中国系

中观学派—龙树《中论》Madhyamika（鸠摩罗什译）→吉藏 — 三论谓中论、十二门论、百论 Dvadasanikaya-sastra Sarvasunyavada Madhyamika ①三论宗

世亲《十地论》（六世纪北魏印度人菩提流支Bodhiruci译）②地论宗（Bhumi）

唯识学派 — 无著《摄大乘论》（真谛译）③摄论宗（Samparigraha）
马鸣《大乘起信论》（七世纪唐朝汉人—（玄奘）、窥基（人，玄奘弟子） ④法相宗（Dharma-lakasana）

密教 —《大日经》Mahavairocana（八世纪唐朝归化印度人善无畏）、《金刚顶经》Vjera-sekhara（八世纪唐朝归化印度人不空金刚Amoghavajra译）⑤密宗（Tantrisme或真言宗Matra）

三、大乘·中国系

- 《法华经》（鸠摩罗什译）→智顗（六世纪隋朝汉人）①天台宗（法华宗）
- 《大涅槃经》Pari-nirvana rinir（昙无谶译）②涅槃宗
- 《华严经》（觉贤译）→法藏（Dharmatrata 七世纪隋朝归化康居人后裔）③华严宗
- 《无量寿经》（三世纪魏国康居人康僧铠）Samglavarman译 —《净土论》Sukhavati（菩提流支译→善导（七世纪唐朝汉人）④净土宗（慧远）

四、佛教全体弘通（大小乘）而在中国创立的宗派
- （达摩）→慧能（七世纪唐朝汉人）①禅宗（Dhyana）
- 《四分律》Dharmagwptiya（五世纪后秦归化罽宾人佛陀耶舍Buddhayasas译）→道宣（七世纪唐朝汉人）②律宗（Vinaya）

资料来源：渡边照宏《日本佛教精神源流》之中国佛教的发端，唐以来的中国佛教，佛教宗派的分类，阿弥陀佛信仰的开端《法华经》信仰等诸节，平凡社出版《思想的历史》4.佛教东渐和道教，第306—314页。

中国大乘八宗理论与体验(括弧内系所依基本经典)

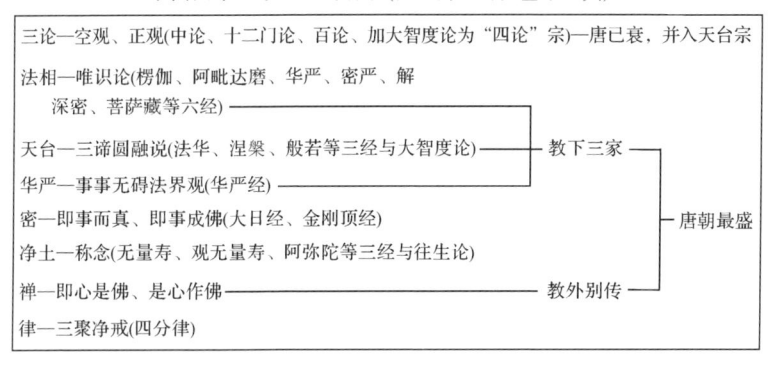

```
┌─ 三论—空观、正观(中论、十二门论、百论、加大智度论为"四论"宗)—唐已衰，并入天台宗
│  法相—唯识论(楞伽、阿毗达磨、华严、密严、解
│       深密、菩萨藏等六经)
│  天台—三谛圆融说(法华、涅槃、般若等三经与大智度论)──┐
│  华严—事事无碍法界观(华严经)                          ├─ 教下三家 ─┐
│  密—即事而真、即事成佛(大日经、金刚顶经)                            ├─ 唐朝最盛
│  净土—称念(无量寿、观无量寿、阿弥陀等三经与往生论)                  │
│  禅—即心是佛、是心作佛 ─────────────── 教外别传 ─┘
└─ 律—三聚净戒(四分律)
```

均称显教，其理论的体系化虽须至印度佛教趋向衰退的七世纪以后，而其发端，也早在三至四世纪大乘佛教的兴隆时代。生于龟兹，在乌苌国修道，四世纪前半著盛名于北方中国的佛图澄，便是密教咒法大家。以后密教传入西藏，又成为喇嘛教的重要构成要素，中国佛教独特的一分支。

大乘佛教转移到以中国为母体，构成弘布包含越南的泛东亚佛教圈同时，与大乘佛教对立的、传统的、保守的、独善的、以自己个人狭窄救济之道为目的的小乘佛教，则以上座部为主流，完成对大乘佛教逆方向的流播，铸定以锡兰与东南亚（越南除外）为内涵的南方佛教圈独占地位，历史性的古代 Pali 语佛典，也在此地域具有其权威性。小乘佛教—南传佛教—南方佛教，与大乘佛教—北传佛教—北方佛教遥遥相对。然而，小乘佛教的共通信仰教主佛陀归一，实行直接简明的教理，固与大乘佛教庞大经典群创作以及宗派祖师崇拜有异，彼此间教义上差别也多，但下层信仰仍属类似。便是说，乃是相互沟通的整体佛教。

## 佛教艺术与南北朝造像运动

佛教文化外来因素影响中国固有文化,造型艺术为最直接的一面。佛教输入中国所给予艺术的惊人活力,以及中国绘画、雕刻、建筑式样、技巧自此获得新的、充沛的伸展力,都堪在中国艺术史上特笔大书。尤堪注目,便是五至六世纪南北朝登入极盛时期的造寺、造像运动。

塔是最具特征的中国艺术与中国式建筑,中国佛教的代表性标志。而一般相信,便与佛像成立以前佛教界的"窣堵婆"存在亲缘关系。

原始佛教时代,并无佛像供礼拜。佛徒记录中虽有佛在世时已存在佛像雕刻之说,纯系后世假托捏造,犍陀罗艺术发生以前,全无佛像遗品发见可资说明。[①] 最早佛教徒对于佛陀的信仰与敬慕象征,乃是佛陀遗骨(舍利),而安置遗骨的纪念性壮大建筑物,便是汉译经典中梵语 Stupa 的音译"窣堵婆",同字异译还有"卒塔婆""窣波""悉多波""素睹波"等,巴利语称 Thupa,汉字音译又是"塔婆""堵波"或"浮屠"。而无论起源于梵语或巴利语的翻译,简称都是"塔"。

佛教徒的传说,佛陀遗骨火化后所成舍利(火化后骨灰结成的小块粒),最早经分为八份而建为八基佛塔。阿育王大弘佛法,再以佛陀舍利重新分配至全国各地,建立佛塔共八万四千座。印度现存最古佛塔,便是阿育王时代所建,而纪元前二至前一世纪扩充了的中西部印度 Sanchi(桑吉,又译山崎)地方数基大塔遗

---

① 平凡社版《世界历史大系》3. 桥本增吉《东洋古代史》,第 565 页。

迹，得知佛塔原型系覆钵型①，特以塔门、栏楣（玉垣）所施佛传图与本生谭雕刻技术水准著名的第二塔，半球形覆钵直径且至十二公尺②。由是佛塔从习惯上发展为筑以收藏佛教名僧圣骨供膜拜之所，印度的范式，乃在梯形基台上，覆以半圆或半椭圆形的钵石主体，亦即塔身，其上耸立圆柱而贯穿重重相叠的金属盘形物，所谓"刹"（相轮）。此类基准形式佛塔，印度较晚期的菩提伽耶（Bodh-Gaya）地方石刻模型与传说中佛陀初转法轮的鹿野苑（Mrgadava）纪念性石窣堵婆，是两处著名的样品。

中国佛教思想固导源于印度，但塔已非纯粹印度模仿。印度覆钵型基准形式的佛塔建筑式样移植为中国早期佛塔时，以依记载多用木材构造，非只如一般木构房屋的容易受兵燹之灾，以及自然性败坏，抑且，往往因香火繁盛，容易失火燃烧，所以，建材改用砖、石才渐渐普遍。也惟其如北，时代在唐朝以前的佛塔，绝大多数已无法自历史上保存迄今，只能从四世纪以后的石刻浮雕或模型而见。所见这些中国式早期佛塔，平面大抵呈四面形、六面形或八面形，塔身延长成层层楼台，每层楼台各有屋檐向上重叠，也逐层上削，层数通常三层、五层、七层、九层，最高十三层，顶端再置相轮，每层檐角斗拱又显然呈现中国固有的楼阁建造艺术。现存最早佛塔实体遗迹乃河南嵩山嵩岳寺的砖塔，建筑年代推定约在纪元五二〇年（北魏孝明帝正光年间），虽其遗迹的平面作十二面形，高十五层，以及沿塔身非层层屋檐并行上叠而以一列列环轮状凸起体替代，在中国佛塔中乃是特殊例子，但一般而言，可了解中国化佛塔，

---

① 晓教育图书版《现代教养百科事典》7. 历史，第 85 页，STUPA，桑吉的佛塔条。
② 小学馆版《原色百科事典》别册《世界文化》古代文化，印度篇，第 108 页。

已由印度窣堵婆半圆形覆钵状原状发生变化，多层屋檐可能便以之替代印度窣堵婆相轮意义；另一种意见，又解释为以中国固有多层楼阁形式为主体，顶端才安置印度式的窣堵婆[①]。不论如何，塔表现为中国固有文化调和外来佛教思想的中国—印度建筑艺术合流，为可认定。

　　印度与窣堵婆同在佛教艺术，系窣堵婆建址周围石垣与石门表面所施高水平技术的纪念性浮雕，取材都是佛传，或者，说明伟大的佛陀今生成佛，前生如何积菩萨功德，如投身饿虎牺牲自身等过去世慈悲、布施、忍耐的实践行为，所谓本生图或本生谭。而堪注意，此类浮雕中仍无佛陀姿貌，只以菩提树、莲华以及法轮代表，以供信徒倾虔诚追慕之情，礼拜也无任何仪式。

　　必须一至二世纪时的西北印度佛教界，对于教义与仪礼实践发生重大变化之际，佛灭后印度佛教从来所无的佛像，陪伴复古的、进步的、开放的新佛教运动或大乘佛教提倡而诞生。诸佛、诸菩萨救世济度信仰发展的结果，自国势昌隆的大月氏—贵霜朝治下，佛教界吸收希腊 Hellenism 文化，于是现实人间的佛陀被超人间化与神格化，仿效希腊人信仰中的诸神，以及希腊系人像雕刻技术导入佛教界，付予佛陀以理想面貌，而开始希腊神像形式的佛像、菩萨像创作。世界造型艺术史上光芒万丈的佛像雕刻艺术，自此以迦腻色迦王支配下的犍陀罗（Gandhera）为传播中心而特殊发达，著名的犍陀罗艺术由是产生。所以，所谓犍陀罗艺术，简约说明，便是希腊雕刻技术与佛教思想的混合文化。

---

① 中国"塔"的字形，解说取材自村田治郎《建筑技术的进步》，佛教艺术的发生与南北朝时代的建筑一节，平凡社版《世界考古学大系》7.东亚Ⅲ，第23—26页。

这个阶段，具有背光而表现为伟丈夫姿态的佛像，制作兴盛程度已超过佛塔，佛教信者也自此而有具体的崇拜对象与其仪礼。犍陀罗艺术随大乘佛教散布，自西北印度迅速向中印度以至全印度以及印度域外扩散，二世纪以至三世纪前半为全盛，以后随大月氏国势之衰而退潮，但全佛教已铸定为佛像祭祀宗教形态。续至五至六世纪完成印度文化的广幅变化，又是与犍陀罗艺术前后辉映的笈多式佛像艺术。纯粹的印度风格，超越的印度精神，用印度画特色阴影法优美技术衬托的壁画，鲜明表现了东方艺术的极致，印度佛教艺术至此时期而发达至顶点位置。

便因佛像诞生与佛像祭祀流行，佛教界以佛像为中心而构成的新的宗教仪礼实践形式兴起。安置佛像的殿堂与僧院、佛塔，已共同是伽蓝或汉式寺院的组成要素。僧侣在悬崖绝壁之间，凿岩立寺修行的思想，自纪元前二世纪左右最早自印度崛起以来，二至三世纪以后，也向中亚细亚、中国新疆、黄河流域一系列推展。此类由印度佛教徒展开的建筑艺术独特创造，佛教圈内相续开凿的岩窟寺院，大体分两类形式，其一，构造呈现马蹄形而内部建立小型窣堵婆的 Caitya（塔庙窟）；其二，方形广堂中央安置佛像，而四壁开凿甚多小窟供僧侣居住的 Vihara（僧房窟）。此类岩窟寺院，其建筑本体、佛像、浮雕与壁画，无一非佛教艺术精髓。古代印度世界广泛营造而残存迄今之例，阿富汗斯坦的 Bamiyan（巴米扬）岩窟寺院，于绝壁雕凿高度五十三公尺与三十五公尺的巨大立佛像，推定乃五世纪前半造型[①]，佛教艺术闻名遗构之一。

中国境内，岩窟寺院陪伴佛教传入开凿最早的地区，便是与

---

① 长广敏雄《石窟寺院》，角川版《世界美术全集》14.中国（三）六朝，第170页，同页附图说明。

中亚细亚以葱岭相隔的新疆。今日新疆喀什噶尔、库车、吐鲁番、和阗、尼雅（Niya）、弥朗（Miran），或者说，古代国名的疏勒、龟兹、高昌、于阗、鄯善等地，累累发现岩窟艺术遗迹。依佛教自西向东传播顺序，然后又是东方越出新疆范畴的河西走廊，暨其再往东的岩窟寺院经营。这些保存古代佛教艺术的岩窟寺院存在，强烈指示了早期中国佛教的西域影响，以及说明印度—西域—中国的佛教推移路线。

　　新疆岩窟寺院集中最多的地区，今日已发现之一，是库车县或古代龟兹国境的科多拉（Kumtura，又译库木吐喇、库土土拉）千佛洞，位于库车县城西南（？北）约二十五公里处，调查报告指出，山崖连续不断有约八九十窟。其地壁画题材与风格，颇多已与玉门关以东，凿建时间表上较后的汉族岩窟艺术相似，而且，其中十余洞窟已能确定便是汉人所开凿。库车县城西方三十六公里余地方的魁徐尔（Qyzil，通译克孜尔）千佛洞，尤以考古发掘成果的丰硕著名，此处总数约三百的庞大石窟群，非只数量上在新疆为规模最大，于中国全体诸岩窟寺院也仅次于敦煌莫高窟。其艺术上特具的高价值，在于强烈表现中国—西域文化的在其地冲击与交汇，包含了壁画题名与题记。魁徐尔洞窟何时开创，固无明确的文字记录可以查证，依其壁画风格显示，最早可能始自二至三世纪之际（中国汉朝末年或三国时代），多数作品年代则属四至五世纪间，不论如何，已是中国现存最早佛教壁画的宝库。其洞窟四壁与窟顶所布列壁画，彩绘佛陀本生谭的多彩多姿各种故事，画家熟练的技巧与每一画面概括一则故事主题的高度才能，令人惊叹。同时存在的《二牛并耕图》《农民锄作图》，以及生动描绘长发贵族端坐椅间，双手击拍，悠闲欣赏裸女舞蹈的舞姿图等，充分反映古代龟兹人生活而具备历史价值，成为今日研究古代社会最宝贵的实态资料[①]。

远东汉字文化圈中，代表中国佛教艺术历史最早的遗迹、遗物，文献记录中众多著名的艺术品，以后历史中多数都已散失与毁灭。残存供今日考古学、学术界赞美的，岩窟寺院与所留存的佛像、浮雕与壁画已系主要。这些夺目光辉创造力表现的中国早期佛教伟大造型艺术，已系今日保存的世界性文化财产。如上汉族中国岩窟寺院最早年代，资料中可追潮到纪元四世纪中甘肃省敦煌鸣沙山地方莫高窟的造窟，虽然此处第一座洞窟构筑的正确年份，究竟系纪元三五三年（东晋永和九年）抑纪元三六六年（前秦建元二年），尚未获得定说。敦煌之为汉族中国最早开凿岩窟寺院地区，其理由，便以当地系古代包含新疆的"西域"与汉族中国间往返门户，中国—中亚细亚国际交通大道起讫站。自此以后，造窟事业继新疆之后，续在汉族中国域内活泼展开，今日调查，已知数有三十余处，但多数集中于北方黄河流域，创凿年代也多在北朝时代。南方只邻近甘肃、陕西的四川省北部广元县千佛崖、通江县千佛崖，以及巴中县南龛山，存在窟或佛龛，时间上且均迟至唐朝始营建。长江流域其余地区更少，江南惟一之例，是南京栖霞山千佛洞，南齐永明七年（纪元489年）开凿，窟龛为数共四十，但保护条件至为恶劣，仅足辨认诸像痕迹而已。以下是黄河流域现存岩窟寺院的调查一般状况：[②]

---

[①] 参阅拙著《古代北西中国》考古—古代学上的新疆章，南北道古代史闭幕节。
[②] 长广敏雄《石窟寺院》，角川版《世界美术全集》14. 中国（三）六朝，第168—169页。

| | | | |
|---|---|---|---|
| 敦煌千佛洞 | 甘肃省敦煌县鸣沙山 | 486窟 | 前秦—北凉、北魏—隋唐、宋元 |
| 敦煌西千佛洞 | 甘肃省敦煌县鸣沙山 | 19窟 | 北魏、唐、五代、宋初 |
| 安西万佛峡 | 甘肃省安西县 | 40窟 | 北魏、唐、五代、宋初 |
| 天梯山石窟 | 甘肃省武威县张义堡大佛寺 | 13窟 | 北魏、隋唐 |
| 炳灵寺石窟 | 甘肃省永靖县 | 36窟98龛 | 北魏、唐、宋、明 |
| 麦积山石窟 | 甘肃省天水县 | 194窟龛 | 北魏、北周、隋唐 |
| 王母宫石窟 | 甘肃省泾川县 | 1窟 | 北魏 |
| 王家沟石窟 | 甘肃省泾川县 | 8窟 | 北魏 |
| 罗汉洞石窟 | 甘肃省泾川县 | 1窟 | 北魏 |
| 寺沟石窟 | 甘肃省庆阳县 | 1窟 | 北魏 |
| 大佛寺石窟 | 陕西省汾县 | 数十窟龛 | 唐 |
| 水帘洞石窟 | 陕西省汾县 | 数十窟龛 | 北魏、隋唐 |
| 龙门石窟 | 河南省洛阳县 | 491龛 | 北魏、北齐、隋唐 |
| 巩县石窟 | 河南省巩县 | 5窟1龛 | 北魏、唐 |
| 宝山石窟 | 河南省安阳县 | 2窟 | 东魏、隋 |
| 响堂山石窟 | a) 河北省磁县、b) 河北省武安县 | 14窟 | 北齐、隋唐、宋、明 |
| 下花园石窟 | 察哈尔省宣化县 | 1窟 | 北魏 |
| 天龙山石窟 | 山西省太原县 | 24窟 | 东魏—北齐、隋唐 |
| 宽峪口石窟 | 山西省广灵县 | 30龛 | 北魏 |
| 云冈石窟 | 山西省大同县 | 43窟 | 北魏、辽 |
| 五峰山莲华洞 | 山东省肥城县 | 1窟 | 北齐 |
| 灵岩寺证明龛 | 山东省长清县 | 1窟 | 隋 |
| 黄石崖石窟 | 山东省历城县 | 1窟25龛 | 北魏、东魏 |
| 千佛山佛龛 | 山东省历城县 | 佛龛 | 隋 |
| 玉函山石窟 | 山东省历城县 | 佛龛 | 隋 |

续表

| 佛峪磨崖 | 山东省历城县 | 佛龛 | 隋 |
|---|---|---|---|
| 龙洞寺龙洞 | 山东省历城县 | 3窟（自然） | 东魏—北齐、元 |
| 青铜山大佛洞 | 山东省历城县 | 1窟 | 初唐 |
| 神通寺大佛崖 | 山东省历城县 | 佛龛 | 初唐 |
| 云门山石窟 | 山东省益都县 | 5窟 | 隋唐 |
| 驼山石窟 | 山东省益都县 | 5窟 | 隋唐 |
| 义县万佛堂 | 辽宁省义县 | 12窟 | 北魏 |

——敦煌千佛洞，便是特以中国佛教艺术伟大宝库负盛名的莫高窟，位于敦煌县城东南十四公里鸣沙山东面断崖，以壁画、佛像、塑壁、石窟构造、藻井图案等系统性艺术作品的丰富与完备，为国际学术界惊叹。洞窟数字的调查统计，历年都有增加，只是四世纪中东晋、前秦，抑或文献资料所指示五世纪初北凉沮渠蒙逊于鸣沙山以东三危山创建的最早诸洞窟，今日都已不存在。近年编号总数至四八六时的式样分配与年代考定，计魏窟三二、隋窟一一〇、唐窟二四七，其他则五代、宋以后诸窟，以迄十三世纪为止。

——甘肃省最堪注目的岩窟寺院，另一地区乃天水县麦积山，其地记有纪元四二〇年左右释玄高事迹，可了解洞窟造建亦早在五世纪初，但确切的最古记年文字，则有待北魏景明三年（纪元502年）铭文发现。塑像、塑壁、壁画，与敦煌可归列同一艺术系统。

——北魏式最古石窟的存在，现有遗迹，应系山西省北部大同（北魏国都平城）西方十五公里地方，位于武州川北岸的云冈石窟。云冈造窟运动以北魏文成帝复佛次年，即兴安二年（纪元

453年）沙门统昙曜奏请文成帝营造安置五大石佛的五大石窟开始，至五世纪末迁都洛阳的约四十年期间，北魏诸帝均以云冈造窟、造佛列为朝廷事业，进行庞大工程。迁都以后虽急速衰退，诸小洞的造窟仍继续到北魏灭亡，才陪伴停止。残留至今日，全长东西及于三公里的地域内前后所遗留四十余窟，主要系第一至第二十洞所在地的约二公里，其最著名昙曜五窟或国都南迁后五世纪末统一命名的灵岩寺，便是此地区内断崖西端的编号第十六洞至第二十洞。只是，现存铭刻所记最早年代的中期洞窟第十一洞造像铭之一北魏太和七年（纪元483年），较昙曜五窟开凿已迟约三十年。

——北朝造窟规模最盛大的河南省洛阳县南方十七公里，面临洛水两岸的龙门石窟，一般说明系自北魏孝文帝太和十八年（纪元494年）由平城移都洛阳开始凿造，但考古调查，其二十一洞，亦即最古洞窟古阳洞的孙秋生等造像铭，动工记年却与云冈十一洞同系太和七年（纪元483年），较史料记录早过十年以上。次早的记年铭也见诸同一洞窟，则已是十二年后与迁都洛阳次年的太和十九年（纪元495年）。所以，大体的事实，龙门地区似乎平城国都时代已开始造窟，移都洛阳而洛阳发达为新的佛教中心，乃展开大规模造窟、造像运动。到孝文帝次代宣武帝景明元年（纪元500年）又下达诏书，以云冈灵岩寺石窟为基准，营造大工事的石窟两所，永平年间（纪元508—511年）追加一窟，此中、南、北三洞窟，总称之为宾阳洞，亦即今日的龙门第二至第四洞，最早的古阳洞则编号第二十一洞。其后朝代变换，龙门造窟由发达而衰退，至纪元七五六年"安史之乱"而全灭。前后约两个半世纪大力经营，铸定如今日调查龙门全域洞窟数字的惊人壮观。但龙门主要洞窟，几乎都在洛水西岸，包含古阳洞与宾阳三洞，且龙门与云冈同以石雕（雕像、浮雕）闻名世界，而非为壁画，又是异于敦煌的特征。

炳灵寺石窟初期遗迹，如同麦积山始自五世纪末至六世纪初的北魏太和末以迄景明—正始年间。六世纪前半北魏末年与东西魏分裂期间，敦煌千佛洞、西千佛洞、龙门石窟，以及炳灵寺、麦积山、河南省巩县诸地区，洞窟营造并行活泼，山西省天龙山最早诸洞窟也自其时出现，北方造窟事业于此时期全面展开。六世纪后半的北齐、北周时代龙门造窟渐衰，代兴的便是同样驰名国际的天龙山石窟与河北省南、北响堂山石窟造建。

汉族中国如上岩窟寺院，结构大体模仿印度，但以中国气候非似印度的燠热，变化亦甚强烈。如敦煌第二八五洞僧房窟的例子，便已自僧房窟内部塑定佛像的原型，独立发达为中国特征之一，纯以佛像为中心的尊像窟。尊像窟内，也已无僧房回壁开凿。塔庙窟同样由印度式马蹄形发生大变化，往往改呈方形或长方形，窟内覆钵状（半球状）窣堵婆，也转换成方柱状三层或五层塔，而构成北魏时代佛教艺术一大特色。换言之，印度僧房窟与塔庙窟传统，移植到中国时，其类型因此可谓已为尊像窟与方柱（塔庙）窟替代。尊像窟内部壁面与方柱塔各层，便都回雕佛龛，施以佛、菩萨像雕刻、壁画、塑壁或浮雕。

敦煌莫高窟、甘肃炳灵寺石窟、麦积山石窟等北魏尊像窟平面呈方形，四壁至为明显，本尊佛像都安置于洞窟内部深处沿壁的佛龛，另又于左右壁各设佛龛，各壁并且往往非只一龛而设多龛。须至代表北魏末期的龙门时代，每壁各设一龛的形态才占压倒多数，三壁三龛制一时成为定式。以后龛形渐渐衰退，到唐朝，佛龛便全行消失，尊像自壁面脱离而独立雕刻，龙门西边诸洞与敦煌莫高窟的唐窟等，都已转换为此一形态。

大小洞窟佛龛，乃是继窣堵婆后，最能表现佛教建筑装饰意匠与艺术价值的泉源。此类开凿岩壁而成的佛龛，基本形式呈拱形的尖拱龛或楣拱龛，发源都自犍陀罗艺术，与佛像成立具有共同渊源，用以庇护佛像顶部，表示在于屋内的意味。敦煌洞窟拱额部分描刻唐草图案，直接导源于中亚细亚的传统。其后拱形佛龛至云冈时代开始发生变化，拱额的幅度加广，其上加雕坐佛或供养者列像，转向为中国风格的独特形态。云冈若干洞窟仿照一般屋顶结构的屋形龛，尤系惟中国特创的新形式。所以，云冈石窟显已集合最丰富的所有佛龛形式，楣拱龛如何于新疆（魁徐尔）、阿富汗斯坦（巴米扬）、巴基斯坦（犍陀罗）等地，以及汉族中国自身发生变迁，云冈便予诸模式以集大成。诸型佛龛之外，同系犍陀罗起源而仅有天盖的佛龛，或所谓天盖饰，同样普遍于汉族中国岩壁寺院，却也已与中国固有艺术意匠相混合。

装饰图案，南北朝时代以植物图案压倒性盛行。洞窟佛教艺术中典型与常用的，乃系与佛陀莲华座思想相关连的莲华纹。自希腊起源，通过古代伊朗、中亚细亚、新疆而传入汉族中国的唐草纹，北魏以来也广大流行，敦煌石窟便屡见此波浪形带状图案。虽然唐草图案已在东渐过程中逐步东方化，而脱离西方原型，至汉族中国时已发展为自身独特的式样，但外来形式的混入，色彩仍然鲜明。

中国岩窟寺院著名的藻井装饰图，对中国—西方意匠的混合存在最明显倾向。中国岩窟寺院洞内窟顶平面，习惯上遍施装饰彩绘的所谓"藻井"，其形式，系分划很多几何形画格，相似于印度建筑中真实的镶板与木架，方形、菱形、三角形等各式画格间，以及外侧缘饰，各各描绘以华美彩色的莲华等植物图案，西域格调的宝珠与半裸体飞天，或者中国传统手法所表现的山川、树木、瑞云、飞禽、走兽。通常，都归入壁画的范畴。

中国古代绘画史上，壁画制作占有莫大比重，宫廷建筑、贵族殿堂，以及祠堂、墓室中均盛行描绘壁画。但汉朝传统，均系儒教画题，以佛教故事为题材的佛教壁画，历史上与佛像雕刻同时开始，亦即晋朝以后，特别是南北朝时代，陪伴造寺、造塔运动兴起而特殊发达。东晋—南朝士大夫画家与有名的壁画家，作品多数属于佛画。遗憾则此类杰作，今日已全灭无遗存，仅能从史料记载中得知当时盛况。相对方面，文献记录所无而活跃的北朝无名画家，却留下了众多不朽作品供后人欣赏，岩壁寺院壁画便是其一类。这些无名作家的伟大壁画，非只反映了南北朝佛教壁画真实面，中国佛教艺术也以这些大量保存于岩窟寺院的壁画，而光辉照耀世界。

汉族中国佛教壁画，敦煌莫高窟蕴藏特丰。残存至今日的数量，专家统计，如果以平均五公尺的宽度连接延伸，全部长度可达二十五公里之数。前后近千年的制作年代，无异断取了中国整部绘画史的最珍贵部分。西域流入的犍陀罗艺术，如何自初期佛教壁画形态表现的北魏式样，其后与汉族中国传统式样混合，终至如何纯粹发展中国画风的推移过程，都可自莫高窟得以考定制作年代或朝代的壁画而明显了解，成为中国抑或东亚文化史的贵重遗产。

莫高窟壁画的存在，一般分上下两部，上部全系佛传图、本生谭，下部则供养人群像，亦即壁画制作时人民生活的写实，如狩猎、扎鱼、伐木、耕耘、舆乘、划船、出巡、骑射、宴会、哺乳、祈祷、讲经等。北魏早期壁画的被保存，乃是莫高窟世界艺术馆足堪特笔大书的精华，用浓而粗、简化而奔放的线条，勾描面部五官、首胸与手脚轮廓，强烈授人以立体化感受，色彩也简单而仅强调黑与白、红与绿的对照。如此粗犷美的手法，裸裎上身或几乎裸露上半身形态，以及强劲的艺术表达力量，可能直接系由西域系画工，或向之学习的汉人画工创作。二七二洞、二六三洞的菩萨立像，四二八洞释迦涅槃图等，都是五、六世纪作品显例。北魏后期以后壁画作风渐渐转换，二八五洞的北魏早期壁画与西魏壁画共存，可作最佳对照，此一五世纪时营造的北魏洞窟，安置本尊的西壁所绘，仍系强烈呈现西域异国气氛的半裸上身供养菩萨群像。其余诸壁便已是西魏作品，北壁存在西魏大统四年（纪元538年）、五年（纪元539年）的墨书造像铭记，南壁又是著名的《五百强盗革心成佛图》，画面表现，已无强劲立体感，而轮廓采用了中国传统的纤细线描手法。经过隋朝到唐朝，终全然改变为汉族中国自身风格，艳丽、圆润、灵活而成熟的写实笔触，画风富于非凡的生命气息，较之北魏式样，迥然异趣。此等唐窟，在莫高窟千佛洞中居全数之半，唐朝壁画、塑像，也都在数量上占最优胜的地位。

敦煌壁画主题固属佛教题材，但藻井壁画也发见汉朝传统的西王母、神灵与飞天、宝珠混在，二四九洞狩猎图又最能发挥西域风格与中国风格融合的洗炼效果。汉族固有思想于敦煌五世纪北魏窟藻井壁画已予浸透，毋宁乃系佛教壁画中国化的先声。麦积山现存壁画都在藻井部，其北魏末期作品大莲华与飞天群图、北周作品天马与飞天图等作风，又知敦煌北朝窟壁画余波，于五世纪前后已向中原方面深刻影响。五世纪后半的云冈石窟中，藻井颇多出现纯中国式，被汉族视为祥瑞的龙形浮雕，也须加以重视。

岩壁寺院供奉主体的佛像雕刻，有塑像与雕像区别，前者以泥土造像安置，后者则直接自岩壁雕刻立体形佛像。大体而言，甘肃省诸窟多塑像，河南省以东则雕像，理由主要固依洞窟岩质的是否适宜雕刻，但承受的西方影响也有关系。中亚细亚岩质粗劣，塑像为多，甘肃地方情况相仿，因之直接承受西方习惯，以后自北魏末年迄于北齐、北周期间，造窟运动益益普遍，强烈的西方影响感染度却渐渐减弱，而石雕要求乃行强化，石雕技术也特殊发达。

敦煌莫高窟以砾岩质地的不堪刀凿，松脆易剥落，而造像以塑像为特色，并与壁画同样施加彩色，所谓彩塑。莫高窟现存黏土塑像，以时代区分，包含破坏、重修，属于北魏的三一八体，隋朝三五〇体、唐朝六七〇体，总数二四一五体。其年代考定属于五世纪，衣着通肩而密贴躯体，衣纹粗大的北魏初期式样塑像，明确表现其自西方直输入倾向。炳灵寺、麦积山石窟岩质的红砂岩，如同莫高窟不适宜雕刻，所以北魏式佛像同系泥塑像，须西魏式样，才见石雕异例。而超出甘肃省境，岩窟寺院的佛像多已转换为石雕，同时，壁画地位也由壁面浮雕取替，乃一大差异，其原因，又便在于诸地区的石质良好。

汉族中国初期佛教艺术，敦煌与云冈乃两大代表，北魏式卓越成就，须分别自敦煌彩色壁画与塑像，以及包含立体造像与浮雕的云冈优秀石雕见之。敦煌莫高窟造型与印度—中亚细亚佛教艺术存在亲密关系，强烈接受犍陀罗艺术影响，为世所周知，云冈初期佛像也追随同一倾向，区别主要只在已非如敦煌之为泥塑而系石雕。换言之，云冈初期时代造像遗构，其简洁的线与面，授人明朗、质朴感受，印度风格的薄衣，衣纹作通肩式与偏袒右肩式，仍都与敦煌初期作品相似，而共通反映中亚细亚造型艺术意识。

云冈开窟期较之敦煌莫高窟迟约一个世纪，但莫高窟现存最古遗构却与云冈初期为约略同时代，更早的全已不存在，换言之，都属五世纪中以后，为何双方尚共通显露浓厚西方风味，以及造型技术相仿，其历史理由为须理解。五世纪为北魏国势登入巅峰的时期，敦煌所在地五凉国中最后的北凉被北魏并灭（纪元439年），史料记载，凉州之民三万余家被强制移住大同，其中可能便包含了僧侣与大量工人或造窟、造像技术人员。所以，早期敦煌开窟灿然具备的艺术经验，对云冈造窟、造像应有莫大贡献，或者说，云冈造窟、造像技术便与敦煌（凉州）存在直接的，以及深切的关系。事实上，云冈石窟开凿的提议人昙曜便自凉州俘虏，文成帝复兴佛教时以受朝野尊敬而被任命为佛教总监意义的"沙门统"，他意念中的云冈石窟设计蓝图便是莫高窟，自又可以了然。

云冈于中国佛教艺术史上傲视古今，其作品产生年代几乎全在北魏，北魏式造像因之较敦煌愈具有代表性，考古分期也较敦煌有异。二十大窟自昙曜五窟开始，多数系北魏式初期洞窟，中间期次之，后期最少，大窟以外所有小窟则又全属北魏末期。云冈最主要部分北魏初期造像，以帝王直营而成国家事业构筑，规模之宏巨，造像之伟大，都远胜过敦煌同时期作品。所表现力量的强健丰沛，气魄的雄浑庄严，最能表达北魏新兴朝代创造力。特别关于昙曜五窟，已系中国最伟大的尊像窟，五大本尊佛（坐像或立像），各各都是高达十三公尺至十八公尺的端庄巨像，体躯雄伟，容貌堂堂，高大的楔形鼻部，修目，挺然伟丈夫仪态，考古、学术界推崇之与阿富汗斯坦巴米扬石窟大佛媲美，于世界佛教艺术史上东西呼应，相互交辉，不能不令人由衷赞美一千五百年前中国人对世界文化的贡献，以及庆幸保存如此至高艺术价值的遗产迄今。

云冈第六洞又是以复杂、豪华闻名的伟构代表，此一时代考定为五世纪末的方柱窟，其东壁之例，佛龛分上下两层，上层雕有覆以天盖的三尊佛立像，次层则楣拱龛内的坐佛，佛像式样已较云冈初期造作发生变化，衣服也全然中国式。次层佛龛下缘丰富使用唐草图案装饰，再以下展开相续的佛传浮雕，最下部又雕刻瓦屋顶形下供养者群像。特具深刻印象的，乃是次层佛龛两侧的五层塔形浮雕，模仿北魏时代木造塔形态，每层以瓦屋顶间隔，而各雕佛龛与佛像，塔顶覆钵上矗立三枚相轮。同型的塔形浮雕，也同样见诸南壁与西壁佛龛之侧。主体的洞窟中央方柱塔，四面回雕佛龛，外形呈楣拱龛而内部套以尖拱龛。此窟建立已在孝文帝时代，便是说，北魏后期式样的开始。约略同时期的第十洞豪华门口装饰，瓦屋顶形浮雕，两端鸱尾向上的屋脊上具有凤凰饰，屋檐与门口间横列唐草图案装饰带，以及以香炉为中心的左右一系列飞天组合，两侧又各雕立手持金刚杵，穿着西域格调窄袖长衣的金刚力士。同时期稍后的第三十九洞中心方柱五重塔，塔顶连接藻井，五层塔每层四面，各雕安置各型佛像的尖拱龛或楣拱龛五个，石窟造壁回雕千佛。

由此可以了解，北魏云冈艺术自初期经中间期而继续发展，正向以华丽与绚烂的特质推进，其时代背景，恰当北魏迁都洛阳以后，支配中心转移到汉族文化心脏地区的时代。反映到佛教艺术，佛像制作意识因此发生激烈转变，加入了显著的汉族要素，从汉族风格的衣服、衣纹的转换，到面相、头部、体躯的呈现为细长形，都与初期佛像雕刻式样存在明显的区别界线。经此过渡期，终衔接自隋朝起步，于煊赫的唐朝而登入佛教艺术新精神黄金时代，汉族中国自身的佛教艺术系统建立，同时又充分受容印度笈多式影响，面相丰满温雅，体躯圆浑，雕刻繁缛细密，衣纹褶叠凹凸毕露，线条柔和精致，石窟造像一般都已改以优美、华丽、纤细为特征。

自北魏后期历北齐、北周、隋朝诸中间期以迄唐朝的佛像艺术历史，云冈已经中断，替代其地位的，乃是创建年代迟过云冈纪约半个世纪的龙门石窟，以及再以后的天龙山、响堂山石窟。特别关于龙门石窟的充沛活力，与云冈共同形成中国南、北两大石雕宝库，龙门石窟也自云冈接棒，与继续抒发其艺术光芒的敦煌并肩共垂千秋不朽盛名。龙门较之云冈，以龙门岩质非如汾泾地方的砂岩，而与河南、河北、山东诸石窟同属坚固致密的石灰岩，工事不容易，而且，面临伊水的地势逼窄，非如云冈地形宽舒，所以，龙门石窟不能如云冈似具有雄伟奔放的气魄。相对方面，龙门石窟工程的精细、造型艺术的优美，便都超过了云冈，而且，全域极度丰富的造像中，成立年代愈后的愈能显现此特征。宾阳中洞（第三洞）构造条件在龙门北魏窟中最为统一，也是佛教艺术龙门式的代表作，其壁面浮雕佛传、菩萨故事与供养图的习惯，以及莲华、唐草图纹，固与云冈相共通，而本尊释迦坐像面形拉长，以及雕刻的雅致，构筑的豪华，壁面构图的复杂，都已非云冈范畴，强烈授人以创新的观感。宾阳南、北两洞（第二与第四洞）结构与中洞同一规格，造像却属隋唐式样，可了解系届北魏覆亡尚未完成而由后朝所继续。关于龙门石窟构造形式，宾阳中洞·古阳洞（第二十一洞，龙门最古洞窟）所代表的圆顶藻井与马蹄形平面是一类型；第十四洞魏家洞等水平藻井的方形平面构造又是另一类型。至于塔庙窟或方柱窟，则已全不存在于龙门①。

人类历史上罕见的中国岩窟佛像工程，为中国文化大放异彩，其惟中国艺术与汉字国家独有，而特被珍视的，又系附见于洞窟佛龛的石刻造像记。这些对于金石学上、石窟造像史上以及书法史上都具有重要地位，残存于中国岩窟寺院中的造像石志，龙门发现最多，也最著名。造像记便是发愿造像者与供养人的愿文，内容大同小异，无非为国家、为亡人或生人祈福，或与一切众生同享功德，共登正果之语。愿文实例之一（依原文排列形式）：

　　　　天保三年十一月
　　　　廿日佛弟子杨哲
　　　　敬造释迦白玉像
　　　　一区上为国家七
　　　　世父母己身眷属
　　　　法界众生愿俱尽
　　　　苦愿同登正觉。②

今日了解佛像、佛龛建立的明确年代，依据都在造像记纪年，也

---

① 中国石窟寺院塑像、雕像、壁画、建筑与装饰意象解说，主要取材自长广敏雄《石窟寺院》，角川版《世界美术全集》14. 中国（三）六朝，第168—181页与卷末有关图版解说。

② 中国石窟寺院塑像、雕像、壁画、建筑与装饰意象解说，主要取材自长广敏雄《石窟寺院》，角川版《世界美术全集》14. 中国（三）六朝，第189页。

从而得知造像者身份。

特堪注意，佛教徒造像，最早固由上层阶级支持，龙门北魏窟便自造像记铭文而知造像者身份以皇族占最大比例，其他则达官要人，以及比丘或比丘尼。但属南北朝佛寺大量营建的同时，平民阶层也已广泛热心造像供奉，所以，造寺、造像已普遍兴起为宗教运动，形成弘通社会各阶层的流行风气。特别关于造像，以无须如造寺的雄厚资力，而风气遍布各个地域民间。民间供养的造像形态，主要呈现碑状或立体型，所以通称碑像。投资方式也已突破个人或家族范畴，而发展为众人合资，乃有一大社会特征的造像结社成立。此一风气的流行，起源于北魏佛教教团组织。北魏自五世纪五十年代复佛以来，每年州郡剃度僧侣人数，法令已予限制，以未正式登录而不能定着寺院的定额以外无籍僧侣，只能行散民间，形成所谓"为三宝巡民教化者"的教化僧，当时碑像铸造也受他们指导。自六世纪三十年代东—西魏以至北齐—北周之初，碑像最为发达，造像结社当时被称邑仪或邑义，结社会员自称佛弟子、信士、信女、优婆塞、优婆夷。而造像时又依职能分别称谓，如邑子乃出资人，像主、邑主为主事者，邑师则指导者（即教化僧）。所造碑像种类繁多，形式也各异，其四面形的多呈浮图（塔）状，四方四面各各雕刻不同佛像，以祈福各种功德。制作年代推定约在纪元五六〇至五七〇年间的北周权氏一族三层成双石浮图之例，佛像每一浮图十二面，成对共二十四面之多[1]。碑像造作的繁简与大小，大体与造像人资力丰俭，抑或共同参加供养邑子人数多寡，都有关联。而已具资料中，个人、一家一族之外，合资人数自数人、数十人，至于

---

[1] 角川版《世界美术全集》14. 中国（三）六朝，卷末图版解说黑白59。

百人以上合力，都曾见其记录。所知人数最多的一次邑仪，是北齐河清四年（是年四月以后改元天统，纪元565年）铭的一光三尊（三尊佛立于同一背光）佛立像，供养者联名四百人以上[①]。造像铭文与题刻的在于碑侧、碑背，抑或台座表面及背面，并无定式。同时，供养人行列浮雕也往往见诸佛像下，如诸岩窟寺院中所发见。

造像运动勃兴期间，随大乘教义佛陀、菩萨救世济度，以及诸佛、诸菩萨神格化的结果，个别供养的释迦牟尼、阿弥陀佛、弥勒佛、药师如来、观世音菩萨、文殊菩萨、普贤菩萨等信仰大众化，而各式各样的佛像、菩萨像都被虔诚制作。造像热潮的展开，与中国佛教定型过程相配当，如下现象的铸定为堪注目——

中国佛教教理的普及，女性信仰力量支持之大出乎想象，从今日所发见诸佛像、菩萨像的造像铭文，可了解北魏时代以来，女性发愿、女性参加造像的倾向益益加大，自东—西魏至北齐—北周期间，非只可与男子对等，若干造像场合，如东魏武定三年（纪元545年）铭白玉观世音立像，自铭文可知且已压倒性超过男子数字[②]。诸造像中，观世音菩萨以代表慈悲与救济，适合女性品格而最为女性信仰所寄托。也惟其如此，观世音信仰自五世纪后半兴起，北魏太和时代造像为特盛，时代愈向后推移，愈向柔和静美女性化的方向推移[③]，结局乃如今日所见，观世音像由凛然丈夫一变而成女性姿态。

佛教发展为民间通俗信仰，以及在汉族社会广泛扎根，代表

---

① 角川版《世界美术全集》14. 中国（三）六朝，卷末图版解说彩色14。
② 角川版《世界美术全集》14. 中国（三）六朝，卷末图版解说彩色18。
③ 角川版《世界美术全集》14. 中国（三）六朝，第188页。

西方极乐净土思想的无量寿佛信仰突出。北魏前期造像大体以释迦牟尼（佛陀）为中心，约略五世纪中以后，较观世音菩萨同时或稍前，无量寿佛造像乃渐渐推广。到隋朝，无量寿佛又从习惯上改变原语名而为汉译名的阿弥陀佛。地藏菩萨，亦即自净土思想衍化所出。同样的征象，又是祈愿于来生，代表未来救世意识的弥勒佛信仰成立。印度佛教，弥勒佛原非独立的信仰，便自南北朝以后而在中国—东亚特为流行，意谓：佛法不灭，弥勒佛将自佛陀或释迦牟尼灭后，继为下一生救世主。阿弥陀佛与对阿弥陀佛的憧憬，似乎都以南朝为早，北朝系受南朝民间信仰的影响，而有释迦牟尼、弥勒佛、阿弥陀佛等观的造像愿文铸刻发见。龙门石窟系佛的神格化造像宝库，造像重点所反映，足堪提供为中国佛教信仰变化实态兴味深浓的重要资料，专家龙门石窟佛像种类与数字的调查报告指出：北魏时代佛陀四三、弥勒三五、观世音十九、阿弥陀八；唐朝高宗—武后时代（七世纪后半），则阿弥陀一一〇、观世音三四、弥勒十一、佛陀九[①]。

　　五世纪以来佛教弘布中国社会，南北朝固无偏倚，而佛教艺术的解明，今日却只能以北朝为主干。原因系南朝石质造型条件与习惯均未能如北朝的普遍，石质以外金铜（青铜涂金）、木、香木、夹纻（干漆）、捻（泥塑）等材质的佛像，当时制作虽多，却以容易破损或体积较小易致散失，以致保留迄今足供参考的遗迹、遗物贫乏，较之北朝所遗存不成比例。今日幸能发见的少数南朝金铜佛像，对南朝造像的了解，已系弥足珍贵的资料。

　　进而言之，时代属于三世纪以前的任何材质佛像，在汉族中国域内都无发见，属于四世纪的遗例，也只是少数金铜制佛像，

---

① 平凡社版《思想的历史》4. 渡边照宏《佛教的东渐与道教》，第311页。

须五世纪而石雕佛像盛行。汉族中国最古金铜佛像的发现，系陕西省三原县出土，年代推定属于三世纪末至四世纪前半的古式菩萨立像（高约三十三公分，现藏日本京都藤井有邻馆），大头、大手、大足，脸部又是大眼、大鼻、大口，鬃发垂披两肩，与中国诸佛像相异，因此考古界怀疑系来自印度或中亚细亚，非中国自制。河北省石家庄出土，推定四世纪前半约略五胡后赵石勒、石虎时代所制作古式金铜佛坐像（高约三十二公分，现藏 Fogg Museum of Art Harvard University Cambridge），台座中央莲华，左右狮子像，佛像两肩各呈火焰状肩光、大耳、高鼻、长目、上唇蓄上翘八字须、容貌纯似犍陀罗原型，因此，可能也非中国而系外来。

依铭文指示为四世纪的中国自制金铜像，高约三十九公分，作风优雅，富哲理思考状，眼呈杏仁形而殊美，此一金色佛像之为南朝作品而非北方制，可无疑问。但建武四年岁次戊戌的铭文，年号显然错误，东晋元帝建武仅一年，干支戊戌须是成帝咸康四年（纪元 338 年），而且字体纤弱，似乎乃后来所加刻，则正确的制作年代，仍发生了疑问。具有可靠纪年的金铜佛像，都待第五世纪到临。今日发现的最早遗例，系五胡十六国后期，建国于西北地方的夏国胜光二年（纪元 429 年）胡族金铜佛（高十九公分）。纪年次早则容貌典雅如前述东晋咸康四年（？）佛像的宋元嘉十四年（纪元 437 年）铭佛坐像（高二十九公分）。再次又是北魏太平真君四年（纪元 443 年）铭佛立像。三者形式相似，而北魏作品尤为新颖，已近乎云冈式样[1]。接续，便是佛教艺术伟大成就的云冈石窟、龙门石窟营造，石质造像全盛期展开。

---

[1] 金铜制佛教解说，主要取材自北野正男《雕像》，角川版《世界美术全集》14. 中国（三）六朝，第 183—187 页与卷末有关图版解说。

# 乐浪时代结束前后
# 远东新态势

## 高句丽的从中国史转移入韩国史

　　历史上远东—中国文化圈的成立，南方越南、东方朝鲜与日本，共同发达为主要成员，各各因沐中国文明之光而启蒙，也各各不断在中国文明培育下成长，乃得跻身文明国家之列。届至今日，儒家思想、书写、餐具等日用品与生活方式、民间习俗的仍然中国化，以及与中国相共通，而构成其本国文化基本形态。如此与西方判然有别的文化特征，进食用筷子是任何其他文化圈所无的独特征象，另一从外貌便显见最明白处，便是文字的共同应用中国汉字。

　　文字的应用，乃是文明生活里程碑，高级文明必须依赖文字作传播工具，而中国文化圈中，中国文字或汉字便是通用的文字与共同标志。日本的汉字应用为世所周知，今日所见，固系汉字与"假名"夹杂，但明治维新以前，正式文书都用纯汉文，明治改元诏书之例便是："诏体太乙而登位膺景命以改元洵圣代之典型而万世之标准也（转行）朕虽否德幸赖祖宗之灵祇承鸿绪躬亲万机之政乃改元欲与海内亿兆更始一新其改庆应四年为明治元年自今以后革易旧制一世一元以为永式主者施行。"[1] 所以汉字被称

---

① 平凡社版《世界历史大系》13. 日本史第三篇，第 462 页图版写实。

"真文",使用假名的场合,仅在记录日常生活。朝鲜的汉文、汉字习俗同样牢固,待韩国于二次大战后摆脱日本殖民统治独立,政府极端的民族主义意识驱使之下,曾大力推行淘汰汉字运动,一九七〇年命令全国高初中学生一律读用专由韩文编辑的新教科书,废除汉字,但也由此发现窒息了传统文化,人际接触发生重大障碍,因之在民间强烈反对下,政府不得不于次年(1971年)立即恢复汉字使用。事实上,即使韩国所谓纯粹的本国文字,纪元一四四六年李氏朝鲜世宗(中国明朝英宗在位)时代创定发布代表语言发音符号的"谚文",以及早约七百年时日本,传说中纪元七七六年光仁天皇(中国唐朝代宗在位)时代制作同性质的音标文字"假名",仍不能与汉字脱离关系,乃以汉字为母体,模仿与简化汉字笔划为基点。例外仅东南亚的越南,越南语言原即中国南方方言之一,迄于二次世界大战也始终使用汉文、汉字,较之东北亚韩国或日本的显著差异,系二次世界大战独立后,越南政府强迫改以法国殖民统治期间,法籍传教士用拉丁字拼越南方言的音标文字替代迄今,成为今日中国文化圈中全废历史传统性汉字的惟一国家,但尽管如此,越南民间的汉字应用,却仍然流行。

  韩国、日本与中国语言不同而同以汉字为根本的文化形态,正如同中国自身,各个地理区域内人民语言并不统一,统一的乃是文字。关于语言,日本与中国间还存在一层深刻因缘,日本现行通用的名词,太多便从历史上由中国移殖与累积,所以非只此大量名词使用汉字,抑且以假名表达的发音也便是中国语音。值得重视的,这些移殖日本的中国名词,在日本长久维持了移殖时代原音与移殖地域的方言性格。而于中国自身,却反以时代推移,今日语言往往已非古音。

扩展而言,东方文明、东方精神之源的中国文化,呈现于中国的面貌,系随不同时代而不断修正,保留古代某一时代形态停滞不变,正是接受中国文明之惠的韩国与日本。传统服装,中国今日是男人长袍马褂、女人旗袍;韩国历史上与中国明朝感情最融洽,也对明朝最为感恩,明朝服装便形成了今日韩国的标准古装;日本式服装,又维持了锁国以前,中国更早的唐、宋时代式样。所谓"和服",日本人自称乃是"吴服",原因又系传入地乃中国长江下流域。古代中国习惯的席地而坐与其时坐具,也须自日本而得复见。所以,了解中国文化外在面貌如何从历史上演变,今日不能求诸中国自身,反而须视韩国与日本为中段历程的样品,毋宁乃是至有兴味的现象。

韩国、日本文化的立于中国系统与成为中国文化延长,自非全然与中国统一之谓。事实上,即使本源地中国,当交通未如今日般发达以前,各地区便也存在地域性,尤其南、北之分为强烈。对于中国文化圈内的外国成员,意义自又不同,其本质说明是:以中国文化为主导与骨干,影响其地方性、特殊性而成立的本国文化。日本的中国化姓名便是例证,汉字姓氏已多如中国复姓,其源由系依地名、职名而得,亦如同中国。韩国姓氏直接自中国移入而与中国相同,金、李占压倒多数,朴、崔、郑、赵、姜、张、韩、尹、吴、林等次之。一九五六年韩国《国会年鉴》所列二九六姓中,且含有南宫、皇甫等十一复姓,仿佛中国的情形。

地缘关系上,朝鲜半岛原是中国东北大陆的延长,鸭绿江的意义与功用如同辽河,非分隔两岸而系协调。这条著名国际的河流，今日虽成为中、朝分界的国境河流，古代则非，乃是大陆社会与大陆政治区分的内部河流。所以，半岛风土固与中国大陆同一单元，人文地理早期也相统一，特别在于半岛北部，同属通古斯种族或中华民族主要构成分子满族同一系统人民的活动天地。半岛古代历史，因此最早便以中国古代史的一页开端，相与不可分割。朝鲜半岛政治上脱离中国历史轨迹，铸定其独立发展方向，系自四世纪五胡乱华期开始，所以，性质仍属中国内乱的延长，而且半岛独立势力即使形成，一直到十四世纪末（中国明朝初期）王氏高丽与李氏朝鲜交替，李朝初期的半岛统一政权，其北方国境线最远也仍只推展到咸镜南道，须李氏朝鲜第四代英主世宗，亦即谚文或正称《训民正音》发布者在位，始以驱逐女真人而以国界向北推展到鸭绿江、图们江一线，如今日所见分划中国与朝鲜的形势，其时已是十五世纪。于此过程中，大韩民族或朝鲜民族的名词也渐渐成立，如今日面貌。如上地理与历史背景，同样构成战后韩国人自身历史著作的叙述重心，虽然出发于民族自尊立场而已予逆方向的解释，非只否定包含日本殖民统制期的战前传统箕子开国说，而以古朝鲜的檀君神话展开韩国史序页，谓系中国侵略才沦半岛为中国领土，然后朝鲜民族奋起，得再驱逐中国势力，收复半岛古朝鲜之地，抑且，对鸭绿江以外的辽东地区亦持同一观点。今日韩国史叙述五世纪初高句丽名王好太王功业的通说，便谓：辽东自中国战国时代被燕国占领以来，外族统治亘七百年，好太王时始重归东人之手，此其一；其二，纪元七〇〇年左右大陆东北境内建设的通古斯系渤海国，今日也被列入为韩国史一部分。如此的"韩满一体"说，意识上似乎已非单纯的民族主义心理激发，对于历史、地理的解说，也倒反以朝鲜环境包含了中国东北地区在内，换言之，已非朝鲜半岛乃大陆东北的延伸，而系以大陆东北附入朝鲜半岛范畴。然而，韩国人新的韩国史尽管持此态度，对于韩国的中国统治、中国文化影响，以及中国大分裂期乃系韩国信史的基石意义，都仍不得不予承认。

自二世纪末至三世纪初，以中国为轴心的东亚政治情势一变，强大的汉朝崩坏而黄河流域、长江上游与中、下流域的魏、蜀、吴三国鼎立形势成立。全面性局势的激烈波动，自亦影响中国领土极东部分，便是汉末动乱环境中蜂起割据势力之一公孙氏，以中国东北域内原辽东郡长官身份而勃兴。其时，佟佳江流域的通古斯夫余系貊族一支流高句丽，当朝鲜半岛汉四郡调整编制，半岛受乐浪郡统一支配，而玄菟郡移动到鸭绿江以北时，便以接受玄菟郡直接统治，并附庸于其治下而汉式文化渐渐成熟，因之待公孙氏势力圈扩大时，高句丽与同属通古斯系的乌桓等族，共同服从公孙氏。汉朝献帝建安年间（纪元200年左右，《三国志》魏志中的伊夷模或韩国《三国史记》中高句丽第十代山上王时代），高句丽人为逃避来自辽东的压力，聚居地被迫向南迁移，退至鸭绿江北岸通沟平野今日安东省辑安县地方。此一新的生活地区，以后被定名为丸都或国内城，在未来的岁月中，渐渐壮大的高句丽部族国家也以此为中心，一变退却的意义而为前进。其努力尝试的最早成绩，便是抵达丸都后，立即沿鸭绿江上游向东，屈服居住半岛东海岸的同种族东沃沮与濊貊，而以日本海为出口。

自二世纪末以来，以辽东郡为中核的公孙氏独立地方政权，全有辽河流域与朝鲜半岛大半，势力并渡海向山东半岛进出，渤海湾南北以及鸭绿江内外的广大地域，统一于此一迅速强盛而以"燕"为国号的王国支配之下。其接收汉朝东北部郡县后，对于半岛领土的历史性改革，系以乐浪郡一分为二，慈悲岭（今黄海北道凤山附近）以北仍为乐浪郡，以南则带方郡，郡治设置于今汉城西北。带方郡除辖内诸县外，连接半岛南部诸韩族，以及越海与当时日本诸倭族作政治、经济的交涉。公孙氏政权自公孙度，历康、恭、渊，计祖孙三代四世五十年，被后汉衰退期树立决定性支配势力，而三国成立时统合北方黄河流域的魏国消灭，时间是魏明帝景初二年（纪元238年）。燕国包含半岛乐浪、带方两郡的领域，全体转移入魏国主权。其次年（纪元239年），便是日本史上大事，倭女王卑弥呼向魏国国都洛阳入贡，日本与中国间开启直接交通的第一页。

燕国的消灭，对以燕国附庸地位而初卜幸运的高句丽并非佳兆，三世纪四十年代，魏国对东北境内与民族政策积极化，高句丽悲惨的命运乃注定不可避免。魏废帝正始五年（纪元244年）大将毌丘俭的大攻击来临，高句丽遭遇空前严重的致命一击，丸都陷落被屠城，兵锋下高句丽东川王（韩国《三国史记》中第十一代王，或中国《三国志》魏志中的位宫）辗转逃亡，先至半岛东海岸的东沃沮，再回头渡越图们江避入北沃沮，最后北走牡丹江、乌苏里江方面通古斯系肃慎诸种族界内，才得逃脱。也幸得魏国巨大压力，于追赶至北沃沮后解除，大军凯旋，高句丽人始获喘息机会，重返丸都，在废墟上重建新城。刻文记述魏军攻屠高句丽丸都城，追向日本海方面功绩，著名的毌丘俭记功碑断片，清朝光绪三十一年（纪元1905年）的于辑安县北境板石岭发现，可明了此次惨烈战争的史实内容。而高句丽蒙此毁灭性创伤，发展一时陷入低潮，迁移丸都初期的高句丽历史亦至此告一段落。相对方面，魏国便以正始五年幽州刺史毌丘俭与次年玄菟太守王颀两次攻伐下的高句丽为跳板，进而续向半岛大力经营，北自高句丽控制下接收东濊、东沃沮支配权，南又予半岛南部韩族集团以强力统制，如《三国志》魏志韩传所说明的"二郡（乐浪、带方）遂灭韩"，时在正始七年（纪元246年）。

朝鲜半岛历史转折的一页，起自经历魏—晋交代，中国由短暂的统一以至再分裂，而且是史无前例的极端波动，四世纪"五胡乱华"导致了中国历史上最大、最久的混乱局面展开，中国北方全面崩解形势成立，政治急激陷入最低潮，铸定了中国势力从四面八方总撤退的形势。半岛上的乐浪、带方两郡，便于此期间以被东北各各崛起的割据势力隔离而形成孤立。获得机缘于东北分解大漩涡中抬头的割据势力之一，以及地理位置上直接予两郡以隔断者，又便是原在玄菟郡卵翼下成长，而以鸭绿江北岸丸都城为根据地的高句丽。同一时期，半岛南部三韩之地，也因长时期受乐浪、带方郡的孕育导引，从蒙昧与停滞中脱出，达成活泼的社会、政治统一运动，非只国家成立条件成熟，也追随北方同族先进国家高句丽而茁壮。历史上半岛支配基地，中国长期的东方政治与文化中心，以及中国文明照耀东方异民族的强力灯塔，而于其时已成"孤岛"的乐浪郡，乃以中介切断与辽河流域连系的高句丽势力南进，顿被消灭。高句丽势力继续南下，韩族西部集团又在貊族另一分支指导下北上，带方郡也在此南北夹击形势中被攻灭。乐浪郡最后存在的年代为晋愍帝建兴元年（纪元313年），带方郡灭亡无文献记录查证，似乎时间与之相连接。半岛的乐浪时代于焉终止，越过鸭绿江进出半岛的高句丽人，则成为历史上第一个支配鸭绿江内、外领域的貊人统一国家建设者。

四个半世纪中国郡县支配结束与更长久的中国人势力撤出半岛,历史上中国的半岛统治告一总结,此一重大政治事态反映到文化方面,所代表的转折性意义,便是受乐浪(带方、玄菟)文化之惠而中国化了的半岛人民,已自中国人之手接棒,自发性承受中国文化的传播。其后壮大、进步的中国文化洪流继续冲击半岛,半岛文化固因之继续向上,立场却已改变。

高句丽系韩国(朝鲜)史上最早登场的主权国家,但这个国家与其人民,在中国域内创造历史,也以在中国的汉族环境中接受文明洗礼而得建国,其为汉族中国领土内的附庸异民族,性格与同样生活于中国东北的同种族通古斯系鲜卑、乌桓诸族,抑或北方的匈奴,西方的氐、羌诸族,并无差异。四世纪的勃兴,意义也与包含鲜卑、匈奴、氐、羌等的所谓"五胡乱华"如出一辙,本质都属中国事态,简言之,乱华的"五胡"环节之一。所不同的乃是结局,其余诸"胡"复归于北魏的统一,高句丽独以统治中心其后转移半岛乐浪郡治旧址,并对半岛南方新兴势力频繁交涉而与大陆离心。高句丽与半岛南方貊人与韩族混合政权百济(虽然貊人与韩族仍系同种族),以及东南部纯韩族统合国家新罗,在半岛形成三足鼎立态势,独立朝鲜或今日韩国自身的最早历史"三国时代"开始。《三国史记》(纪元1145年王氏高丽时代的汉文著作)便是以三国史书为蓝本,韩国自身撰写的此一时期历史,以及最古的历史文献。

而且,即使届至"三国时代",历史上中国的半岛土地固然自此被划出,但高句丽领土的北半部或鸭绿江以北土地,今日仍是中国最重要一部分的"东北"省份,抑且,高句丽的朝鲜半岛活动舞台，又系鸭绿江以北的延长与扩大，此一事实为不可忽视。所以，韩国史上最早的民族国家高句丽，仍然保留了原有的中国性格，未能全然切离中国历史，高句丽此一双重特性，较之半岛南方韩族国家迥然相异。

乐浪时代结束与半岛划期性变貌形成，自四世纪初以来半岛诸势力的对立，实际乃是百济、新罗共同代表的半岛南方势力，与屹立北方而雄踞半岛大部分地区的高句丽间南、北对立。进而言之，无论三国并行发展或南、北势力对立，彼此比重并非均衡，三国史页以高句丽的强盛而开启，迄于六世纪前半的历史也均由高句丽主导展开，而高句丽掌握主导权的三国抗争形势，政治尽管脱离中国，地理关系的仍属中国范畴，又使中国方面所发生的一切事态，会立即影响半岛，特别又便是高句丽。因此，半岛历史仍与中国息息相关，而须追随中国历史。

析言之，自纪元三〇〇年以来至汉化匈奴人攻陷晋朝国都洛阳，中国激烈的大变乱一发不可收拾。国力渐渐回复充实的高句丽，随其同种族汉化鲜卑人共同获得奋起契机，乐浪郡背后今日朝鲜东北海岸地带的沃沮之地先被占领，已孤立无援的乐浪郡也在高句丽地理优势下成为被攻略目标，而纪元三一三年晋朝政府正式放弃乐浪、带方二郡，撤出半岛的政治支配力，高句丽完成乐浪郡全域与带方郡之半的强力占领，便立于此背景，也以此一举取得肥沃而生产力丰富的大同江下流平野与汉城以北广大地域，以及大量汉族居民加入为国民中核，乃形成其后高句丽多彩多姿兴盛国运的关键。其时，高句丽正当《三国史记》记录中第十五代的美川王（好壤王）在位。

但四世纪高句丽的发展尚非完全顺利，原与高句丽同为中国东北境内附庸部族,渐渐发展为五胡十六国初期强大势力的通古斯东胡系慕容氏鲜卑,已在辽东郡崭露头角,渐渐抬头的高句丽,终因这支通古斯同种族的勃兴而再蒙受惨重打击。乐浪郡消灭后第三年,晋亡,改建东晋政权于江南的第一代元帝太兴二年(纪元319年),留驻辽东方面中国军事统帅连络鲜卑族的另两支宇文氏与段氏,以及高句丽,四方面联军向慕容氏发动攻击,结果却全面失败,辽东之地完全陷入慕容氏鲜卑之手,老哈河上流的宇文部也最早被慕容氏征服。东晋成帝咸康三年(纪元337年),慕容氏领导者自称燕王,便是五胡十六国中的前燕。而待旭日初升似的前燕势力向四方膨胀,东面的高句丽终于乃遭厄运,美川王之子故国原王在位的咸康八年(纪元342年),丸都沦落被夷为平地,大杀戮与大焚掠展开,美川王坟墓被发掘暴尸,故国原王逃亡,王母、王妻与男女五万余口被俘虏,高句丽接受极端耻辱的条件被征服为前燕附庸,才免其民族于毁灭。这是自后汉末期以来一个半世纪间,高句丽遭受来自辽东方面的第三度大摧残。不幸,继此第三度惨酷的辽东侵略之后,又蒙受以半世纪前分割带方郡为象征,南方新兴的百济势力所施加压力。

百济原系三韩"马韩"五十四"国"(部落)中的伯济,传说中开国年代为纪元前一八年,并谓王统由中国东北境内夫余系的高句丽族所分出系高句丽族发展初期,分支之一着落于汉江以北带方郡治所附近的马韩人居住地建慰礼城,这支部落便是"伯济"。[领导阶层内讧,王子之一,率领一分支移民团向南逃奔,路线可能迂回半岛东海岸貊人之地,最后着落于汉江以北带方郡治所附近的马韩人居住地建慰礼城,便是"伯济",并与马韩人相混血。]所以,记录中百济人自称出于与高句丽同一血统的夫余氏系，而原住民系韩族，亦即中国文献所谓百济王室为夫余，人民则韩族。也因而中国文献称高句丽王姓氏为"高"（如高连、高云），百济王姓氏也便是"余"或"餘"（如余句"近肖古王"，餘映"腆支王"）。但今日的史学家，也有认百济支配者系出大陆移住的夫余人之说，不过百济人自述，中国记载又采自百济人，都无历史事实可以证明，只因高句丽发达，百济王室攀附夫余血统以示尊贵而已①。

不论如何，在并灭汉族中国的带方郡前后，百济此一国家的前身伯济，正以惊人速度活跃于分散京畿道、忠清道、全罗道的马韩诸国或诸部落间，进行并合运动。纪元三五〇年左右，《三国史记》中百济第十三代近肖古王（中国史上的"余句"，纪元346？—375？年在位）时代，半岛西南部韩地的统一达成，结束部落政治与正式建设国家，国都移建汉江以南的汉山（今日京畿道广州），而确立"百济"国名。

百济国家能从部落政治跃进而发展为新兴中心势力，值得注意是如下背景：可能因二世纪末以来中国动荡，半岛上郡县民投入韩地的已非少数，当伯济又取得半岛上最为肥沃而生产力丰富，汉族人口又众多的带方郡本部汉江流域，便愈加大与加速其统一政治的推动助力。惟其如此，《三国史记》百济起源说尽管很早，但第十二代王以前都只传说时代，统一国家的建设与其历史，必须自四世纪中近肖古王开始。

传说时代的百济（伯济），有关其王室始祖是谁分歧诸说的澄清，战后意见，也有待于中国记录。依据传统的韩国史，谓

---

① 如诚文堂新光社版《世界史大系》3. 东亚Ⅰ，第348页三上次男《朝鲜》满洲的状况，即持此意见。

始祖系前述开国年代在纪元前的温祚，此人物乃高句丽始祖东明王朱蒙与卒本王女所生之子，朱蒙指定前于夫余所生子琉璃为继承人，于是温祚偕兄沸流，各引部众南下，分别成立慰礼部落（弟）与弥邹部落（兄），继再合并。《三国史记》百济本纪始祖条所记如此，但同条注又列沸流为始祖，两说已相互矛盾。第三说则日本方面史书（《续日本纪》卷四十）所传，以都慕（东明）为始祖，更属失当。今日学者认定，最稳妥毋宁还是第四说的中国方面史书所传，便是：百济王室始祖应为仇台（《周书》异域传百济条），因为，此系中国使者亲至百济的直接了解，堪称正确史料。韩国学者考证，仇台原音 Kui，与《百济本纪》温祚以后第八代古尔 Koi 王发音相当[1]。古尔王时代正当中国三国鼎立冲突，百济有利的内在发展条件，与以中国为主轴的国际形势推移，都自其时成熟。经历一个多世纪，乃有近肖古王新的韩人国家定型，"近肖古"之号，正明显指示了一个新的转折。

新兴国家百济的蓬勃朝气，纪元三六九年近肖古王（传说中其在位第廿四年）北进堪夸为得意手笔。降服于前燕而受职征东大将军营州刺史，中国史上的高句丽王钊或故国原王，于两年后平壤防卫战中阵亡。高句丽的悲剧，说明了百济所获伟大胜利，北方国境因此推展到以慈悲岭为界。也于其时，百济还渡汉江而于今日汉城附近建设新国都，名北汉山。次年（纪元 372 年，中国东晋简文帝咸安二年）向东晋朝贡，受职镇东将军、乐浪太守。以中国分裂而得独立机缘的朝鲜半岛国家，其事大主义对象之于南方中国，便自百济开始。安帝义熙十二年（纪元 416 年），

---

[1] 许宇成译，李丙焘著《韩国史大观》，第 53 页附"参考"。

腆支王（中国史上称馀映）再受"使持节、都督百济诸军事、镇东将军、百济王"全衔封号（宋朝成立，进镇东大将军），半个多世纪后盖卤王时代（中国史上称余庆），北魏孝文帝延兴二年（纪元472年），百济又同时与大陆北方政权缔结宗主—属国关系，继高句丽展开事大两面外交。

与百济相对，洛东江以东，今日庆尚道东部里朝鲜的辰韩之地十二"国"，也以"斯卢"为主体而展开新罗统一运动。朝鲜历史的分期，一般固以纪元三一三年两郡消灭而谓进入三国时代，但堪注意，并非自此半岛并头齐进出现三个国家，南方两国，百济国家固待纪元三五〇年左右才形成，辰韩统一体的新罗，于时间上尤晚，虽然约略纪元三五五年以后传说中新罗第十七代奈勿麻立干已被重视，还只统一运动的开始。也就是说，新罗的发展是接续百济的，而非平行的。原因，乃其地理位置偏在半岛东南地方，不但少受大陆文化影响，而且当地环境中亦无强敌，所以氏族社会发展较为和平，开化也显得缓慢，尽管新罗传说中的开国年代较高句丽还早，被推前到纪元前五七年，却不足信赖可知。

分布于今庆州周围南川、西川与北川流域的六村（六个氏族）相互团结所形成辰韩诸"国"之一的斯卢或原始新罗，其开始接受汉式文化与文化向上，可能便以三世纪以来马韩—伯济跃进的刺激。自此以后，原始新罗明显受北方先进国高句丽提携，记录中奈勿麻立干二十六年（纪元381年），且曾派出使臣伴随高句丽使臣，以国家名义，向中国前秦苻坚作最早的朝贡，可视为新罗其时已有迹象脱越长期维持的古代型氏族制。但辰韩地域政治统一的达成，似须延后到六世纪初中国南朝齐、梁交替之际，为接近事实，亦即《三国史记》所排列新罗第二十二代智证王（纪元 500？—514？年在位）的时代，其时始用王号与制定新罗国号，都堪说明，国都则自始固定在斯卢所在地的金城（今日庆州）。次代法兴王，又于梁武帝普通二年（纪元 521 年）伴随百济使者向南朝朝贡，但新罗对中国独立外交的开始，记录中最早还须再次代真兴王时代，于河清三年（纪元 564 年）向北齐称臣。

南朝鲜情势，自百济勃兴于先，新罗继起发达，而全然改观，三国时代也才名实相符。此情势反映到中国文献中，"百济"以及"新罗"国名便先后替代了原先的韩族或韩地名词，其时，已自《后汉书》《三国志》《晋书》的记述，推展至记录南北朝事迹的著作。《宋书》与《魏书》首先列入百济国专条，新罗国专条比较晚见，以南朝再隔两个朝代的《梁书》为最早，与半岛南部政治、社会推移，正相符合。

中国史料关于半岛的记载，自两郡撤退，南方之事一度中断，待百济、新罗国家组织成立并向中国朝贡受封，而恢复记述时，以彼此使者的频繁往返，记事的客观性与正确性，为今日学术界所信任。然而，对于时间上曾出现空白的一段，亦即马韩—百济、辰韩—新罗如何各各演变与立国，已只能依赖两国自身的传说补录。抑且，三韩独缺弁辰（弁韩）的发展，为堪注意。其原因，三韩惟弁辰终局未能建设独立国家，正当发展过程中，便被外力扼杀了。如同马韩、辰韩的机运，也长期被控制于外力，中断后又恢复的中国方面对此了解，因此止于简略的发展中程政治形态"任那·加罗"部落联合体名称，与其前身弁辰的关系已不能连接，是为遗憾。

而此介乎百济与新罗之间，语言、风俗与辰韩相同，居住洛东江以西庆尚道的弁辰，当中国记录中断，马韩、辰韩分别作程度不同的政治转变时，也正以洛东江中流域"任那"（"大加耶"或"上加罗"，今高灵）与下流域"加罗"（"本加耶"或"下加耶"、"金官加耶"，今金海）为领导，展开联盟团体的结合，所谓六加耶。却是，六加耶或其前身弁辰诸"国"，与汉人甚早便有交涉，经今日发现金石并用时代的金海贝冢中存在王莽货币可知。而且，因地理位置与日本列岛隔海相望，甚早已与倭人发生密切的贸易关系，尽其汉—倭交通中枢站作用。倭人与乐浪（带方）郡间往来，人员与船只的寄港地，便是本加耶或加罗。新罗开始成长之际，任那·加罗所受压力顿形增大，此一联盟集团为图对抗而引进倭人武力，却便以此为分际，铸定了任那·加罗较之新罗全然相反的命运。四世纪后半（纪元369年左右），大和朝廷以设定任那为直辖领土，任那·加罗全域被置之保护之下，出现于日本人历史著作中的此地区泛称，因之便是"任那"，侵略半岛的基地固定化。自此倭人势力波及新罗，并与历史上倭人通往大陆之道的第二中继站百济携手。这段史实，对于自四世纪后半以来半岛南、北势力联合或抗争的消长，存在推波助澜关系。

当高句丽势力陷于最低潮时，中国情势又兴起激烈变化，前燕被声势浩大的氐族苻氏前秦灭亡，前秦政权又被后秦与后燕分解。此一夹缝中，被征服者高句丽获得了最有利的解放机会，非只复兴，且从此迈向国运巅峰。其时，雄才大略的领导人便是太子谈德，即位后的广开土王或好太王，记录中高句丽第十九代王，正称"国冈上广开土境平安好太王"，又号永乐大王，永乐乃其年号。此王在位虽仅二十二年（纪元391—412年），寿亦只三十九岁，但对国土的开拓，伟大则如其号——

对于西北方，辽东攻略的愿望实现，纪元四〇二年，一鼓自骤兴骤灭的后燕衰落期占领玄菟新城（今抚顺）、辽东城（今辽阳）。逼迫后燕再分裂后的北燕，势力退至辽河以西而以辽河为界，高句丽完成辽东半岛全域的占有。

关于东方，再度攻灭原乐浪郡附庸，自图们江流域沿朝鲜半岛东海岸方面的东濊、东沃沮，全有其半岛中部以北的东面领土。

另一个方向南方，对百济侵伐得手尤早。百济自近肖古王以来，与倭国关系密切，所以对高句丽的复仇行动，百济曾得倭国出兵支援。但联合军仍难抗拒高句丽雷霆万钧压力，前所损失汉江以北带方郡北境故地多被夺回，冲突激化的纪元三九六年（丙申），高句丽大进击下，百济以王城失陷而不得不屈辱求和。败北的倭军，基于百济危机所系共同利害关系，加强半岛侵略，纪元三九九年，新罗国境便遭倭军大举入侵，在位的奈勿麻立干向高句丽告急，次年（庚子）好太王发动步骑远征军救援，协助新罗驱逐倭人，乘胜直入半岛倭人势力本源地，占领任那·加罗诸"国"而迫其投降，纪元四〇四年（甲辰），倭军再因百济导引渗入旧带方境域，高句丽军复大破之，倭军溃败逃退。

好太王如上丰功伟业，均详刻于屹立好太王陵墓的碑石上。此著名的"好太王碑"，乃次代长寿王为纪念其父而建，于自然石四面记刻好太王一代攻并"城六十四，村一千四百"的事迹。清朝光绪十年（纪元1884年）由日本人于旧时高句丽国都丸都，今日安东省辑安县通沟所发见，为东洋史作有力的史料提供。

长寿王（纪元413—491年在位）时代，中国北方正当五胡十六国纷乱结束，鲜卑拓跋氏建立北魏统一朝代，而与南方汉族政权相对立的南北朝时期。长寿王英明如其父，外交、政治、军事才华于其一生中充分表露，一方面除继续与中国北朝维持宗主关系，同时于义熙九年（纪元 413 年）向东晋输恭顺之忱，受封为"使持节、都督营州诸军事、镇东将军、高句丽王、乐浪公"（宋朝成立，进征东大将军），二十多年后的北魏太武帝太延元年（纪元 435 年），又自久已效忠的北朝争取得类似的"都督辽海诸军事、征东将军、领护东夷中郎将、辽东郡开国公、高句丽王"封号全衔，以两面外交平稳国际关系，避免中国南北任何一方面的强大压力。高句丽对中国的两面"事大"外交，原自中国最早分裂期的三国时代即已实行，同向魏、吴两国服属与承认宗主权，但所获却是反效果，魏国毋丘俭大征伐，罪状便是高句丽交通吴国而加以惩罚。而至中国南北朝新情势形成，长寿王或出现于中国史上高句丽王"琏"的两面外交，却能熟练运用，成为发展其自身的护身符。所以另一方面，其即位第十五年（纪元 429 年），高句丽历史的划期性一大事实现，断然放弃鸭绿江外通沟的国都（丸都、国内城）而迁都至半岛大同江流域原乐浪郡治所在地平壤，建筑新都"长安城"。但堪注意，当时平壤城，系包含今日大城山城与其下的安鹤宫址，宫址即当时王城（常居城）。至于移至今日平壤，则系其后一百六十五年的平原王时代（纪元 586 年）之事。长寿王移都平壤后，即着手经略半岛南方，王六十三年（纪元 475 年）的百济大征伐，南、北汉山同被攻拔，百济盖卤王（传说中的第二十代王）被执杀，高句丽领有汉江全流域或原带方郡地的全境，北汉山也以转移归高句丽支配而改名南平壤。百济受此严重打击，都城不得不南迁锦江南岸熊津（今忠清道公州）苟保残局。

待长寿王卒而其孙文咨王继位，高句丽民族渊源的夫余，也倒转被并入了高句丽（纪元494年）。夫余自后汉末公孙氏在辽东建立独立王国而自玄菟郡改属于辽东郡后，逐渐衰微，三世纪末又归属慕容氏鲜卑为附庸。最后，终淹没于高句丽发达的大浪潮中。

至此阶段，高句丽完成了历史上北方貊人种族的大统一，分散的名词消失而全以"高句丽人"代表，貊人历史从此告一总结。也便于四世纪末以迄六世纪初的好太王、长寿王、文咨王三代百余年间，高句丽出现建国以来的全盛期，巍然屹立东方，领域南面至牙山湾与竹岭内外，包含今日忠清道、全罗道、庆尚道，几乎朝鲜半岛绝大部分地域均置之支配之下，向北又直达中国东北的吉林长春平野，西以辽河为界，东临日本海而包有了俄罗斯沿海州的部分土地。其历史性的国都迁移平壤，意义又指示高句丽自大陆国家性质向半岛国家转变的里程碑，半岛上才同时出现三个国都并立，而韩国史上真正的"三国时代"来临。

但堪注意，也便以六世纪之半为转折，半岛的国际形势与相互关系再起巨大变化。高句丽优势写下休止符，结束其黄金时代而国运退向倾斜，三国中最后起，入第六世纪始完成统一的新罗替代了主导地位。历史内容的叙述，主体也自此必须由高句丽转移至新罗。

新罗于四世纪后半最早出现于半岛国际舞台，系在以任那·加罗为跳板的倭人压制之下，以得高句丽扶植、领导而解除倭国侵略的威胁。但待新罗于高句丽保护伞下政治、文化逐渐成长，以一弱小国家日益发达，自立势力稳固时，高句丽势力便已失却利用价值，又值高句丽南进雄心万丈，非只百济，新罗同样惴惴不安。当汉城陷落与百济国都南移熊津，济、罗便以同病相怜，相互亲密。另一方面，新罗自智证王统一而代代英主相续，国运蒸蒸日上，历法兴王至真兴王的六世纪中，便与百济继慰礼→汉城→熊津，第四度迁移国都至锦江三面环绕新筑的泗沘城（纪元538年，今忠清道扶余邑），国号也改称南夫余的中兴明君，百济传说中第二十六代圣王携手，协同向高句丽发动大攻击（纪元551年，时高句丽阳原王在位）。北伐完全成功，新罗追高句丽军于汉江以北，向半岛东北海岸地带攻略得手，沿日本海的高句丽领土或今江原道的大半均改隶新罗。其后两年，国力急激发展的新罗又突背毁同盟，予百济自高句丽所收复南、北汉城等汉江下流之地以强行接收，支配了半岛首屈一指的广大肥沃平野，得到与中国直接联络的海港。济、罗长期友好关系因之破裂，百济圣王反攻阵亡。

另一个方向，新罗西南经略也急转直下，法兴王时代已自倭人势力下强占加罗，领有洛东江下流地域（纪元532年）。真兴王继位后，任那的倭国统治终于无法苟延残喘而倒塌，半岛残余倭人势力一扫而空，新罗完成任那并合（纪元562年），洛东江流域整体入于新罗统一支配。

自六世纪中以后百年间，新罗国力如何登峰造极，以及半岛变局形成后三国如何相互抗争，自都与中国史无涉，但最后改变半岛形势的力量，却仍来自中国大陆，也随中国史的转变而转变半岛历史。六世纪末隋朝统一分裂的中国南北，七世纪初隋朝事业再由唐朝继承，半岛百年三国间交争局面，便由唐朝的朝鲜征伐而获得总解决。新罗得唐朝提携，唐—罗联军于纪元六六〇

462　|姚著中国史·南方的奋起|

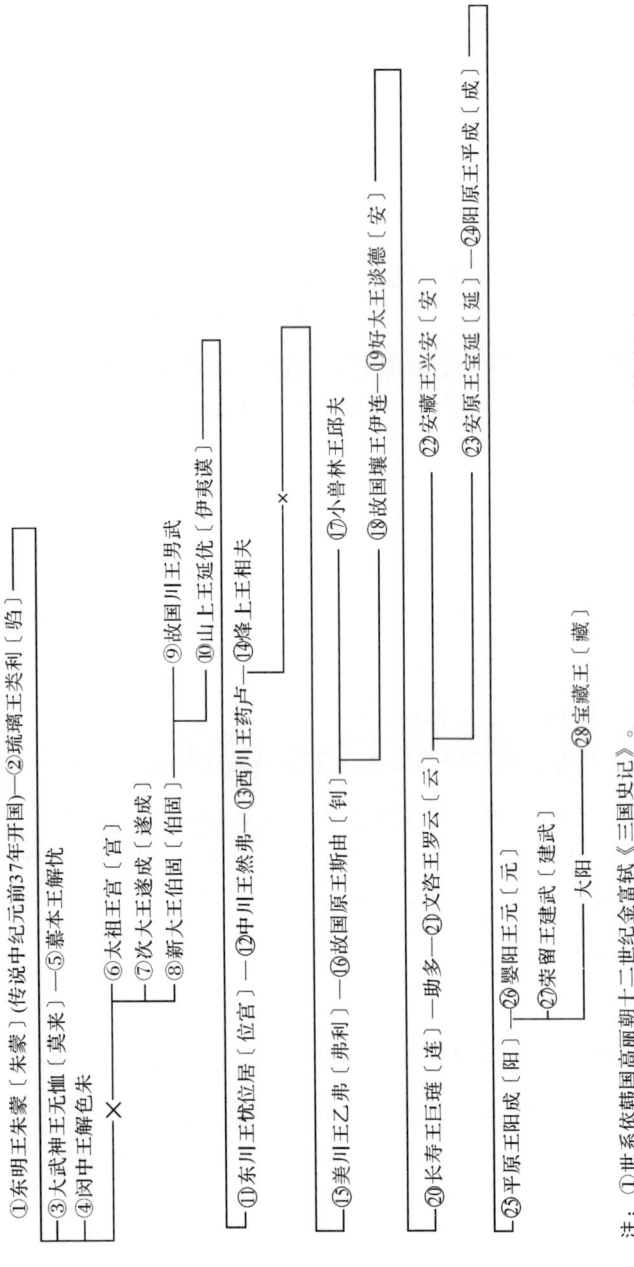

①东明王朱蒙〔朱蒙〕(传说中纪元前37年开国)—②琉璃王类利〔骀〕
├─③大武神王无伽〔莫来〕—⑤慕本王解忧
├─④闵中王解色朱
　　×
　　　　　　⑥太祖王宫〔宫〕
　　　　　　⑦次大王遂成〔遂成〕
　　　　　　⑧新大王伯固〔伯固〕—⑨故国川王男武
　　　　　　　　　　　　　　　　⑩山上王延优〔伊夷谟〕—⑪东川王位宫〔位宫〕—⑫中川王然弗—⑬西川王药卢—⑭烽上王相夫
　　　　　　　　　　　　　　　　　　　　　　　　　　　　　　　　　　　　　　　　　　　　　　　×
⑮美川王乙弗〔弗利〕—⑯故国原王斯由〔钊〕
　　　　　　　　　　　　　　　　　⑰小兽林王邱夫
　　　　　　　　　　　　　　　　　⑱故国壤王伊连〔安〕—⑲好太王谈德〔安〕
⑳长寿王巨琏〔连〕—助多—㉑文咨王罗云〔云〕
　　　　　　　　　　　　　　　㉒安藏王兴安〔安〕
　　　　　　　　　　　　　　　㉓安原王宝延〔延〕—㉔阳原王平成〔成〕
㉕平原王阳成〔阳〕—㉖婴阳王元〔元〕
　　　　　　　　　　㉗荣留王建武〔建武〕
　　　　　　　　　　　　大阳—㉘宝藏王〔藏〕

注：①世系依韩国高丽朝十二世纪金轼《三国史记》。
②自始祖朱蒙卿生至慕本王第五代慕本王为传说人物，高句丽建国事迹，自二世纪太祖王始脱离传说范畴。
③〔〕内乃乃中国文献中所见相当之王名。

年消灭百济，六六八年击亡高句丽，半岛北部仍由中国收回为直辖领土，其余部分全由新罗建设单一政治支配。统一新罗的民族国家出现，朝鲜或韩国史政治的、民族的统一契机初次呈现。同时，高句丽国的灭亡，北部人民非被吸收为中国人，便退回东北大陆森林深处，与通古斯肃慎系民族混合；南部的又卷入了新罗—韩族漩涡。高句丽人或貊人的名词，自此从历史上消失。

## 朝鲜半岛三国的南北朝文化浸润

半岛三国的成长与自立，其如何共通受惠于中国文化，脉络至为鲜明。乐浪郡被并，尤其对高句丽文化向上具有特殊重大的意义，一二十万汉族归化为高句丽人，无疑成为推动已经中国化了的高句丽指往此一方向的主要力量。五胡乱华最巨大一波前秦氏苻的热心提倡中国文化与弘扬佛教，又燃起新兴高句丽导航明灯。传说中第十七代小兽林王（故国原王之子与好太王的伯父）时代，纪元三七二年，已追随苻秦创立中国式的太学，同年，苻秦僧侣向高句丽输入佛教。第二年，颁布律令。带动高句丽雄飞的英主好太王，亦即中国史上高句丽王安在位期，又以受支解前秦的后燕第二代王慕容宝授予平州牧官职，以及被封辽东、带方两国王（纪元396年或397年），而《梁书》诸夷传高句丽条有如下说明："安始置长史、司马、参军等官"，重要的便是辽东郡汉族的被转移国籍为高句丽，巩固了中国文化的基础。

百济领导阶层起源，如同高句丽直接立于中国领土上，其后南迁半岛，又立脚于位置最邻近汉族领土与受汉文化影响深刻的马韩社会中。时间推移下的大量吸收汉族变为本国国民,带方郡并灭便是最重要一波。所以当近肖古王再次一代枕流王,约纪元384年,也已仿照中国设立太学,以及颁布律令,时间上差不多紧随了高句丽。此期间中国人因大陆动乱而移住半岛的倾向特堪注意,《三国志》魏志已说明后汉末年:"桓、灵之末,韩、濊强盛、郡县不能制,民多流入韩国",此尚系半岛两郡撤销以前,其后趋向愈益加大。至《隋书》的记述中,仍指百济领域内,"其人杂居新罗、高丽、倭等,亦有中国人";新罗也是"其人杂有华夏、高丽、百济之属",可了解中国人移住韩地,非仅到达百济,且继续向东停留于新罗国境。

  惟其如此,新罗虽不具备建国于中国直属领土上的优厚先天条件,立国地理位置的偏于半岛东南,也于通往文明之道多所阻隔,而开化较丽、济都迟。然而,当在半岛国际的政治、文化进化刺激力下突破闭塞,接触东方文明共同泉源的中国文化之光时,其从停滞中起飞,欢迎以及渴求摄取中国文化的热忱,此后进国家却堪称后来居上。其向丽、济迎头赶上速率的惊人,从建国历史内容可得明证:a.智证王时代,仿效所输入汉族文物与中国式统治方式,称"王"、定国号、立法制、创建郡县制度;b.法兴王时代,颁布律令、公许佛教、始制定年号(纪元538年)。便是说:新罗的统一与兴隆,如以纪元五〇〇年为起点,则几乎未满半个世纪间便已达成汉式制度。相对方面,三国中最先进的高句丽,尽管其国家组织早自二世纪已完成,但制度的完备,如中央相当中国丞相、相国职位的"大对卢""大莫离支"增设,以及本质上由五部族蜕变的五"部"统治自畿内扩展到全国领域,而区别"内评"(都内五部)、"外评"(地方五部),都须延后到五世纪迁都平壤以后，换言之，乃是后期高句丽之事，较之新罗的飞跃性超越氏族社会范畴，不可同日而语，虽然演变轨迹仍是相同。

南朝鲜百济、新罗终于追随北朝鲜同一路线发展，中国《三国志》中的韩地氏族社会描述，至叙述六世纪与其后之事的著作中，对两国已都是堂堂国家组织的详细介绍，从来以血缘关系为基石的部族编制被扬弃，整然的地方行政区划成立。百济首都地区分五"部"，全国规划五"方"，下辖各郡；新罗首都分六"部"，地方分划州以及郡、县。王室中心主义下，百济官阶十六等，中央政府分内、外两大部分而领各部；新罗官阶十七等，中央也设各部，地方官同样由王直接派遣。社会间阶级差别陪伴国家的建立而铸定，上层乃环绕于王周围的贵族，下层则下户以及奴隶，与高句丽相类似。百济八姓贵族，《新唐书》所谓"大姓有八"；新罗则五等"骨品"尤为有名，王的地位，便以骨品制为背景而强固。原始新罗六村团结时代，核心三村的代表姓氏分别为朴、昔、金，统治者固定由此三村（三姓）选出，最早朴姓，以后朴、昔交替继位，金氏最后参加君位选择，彼此间互通婚姻，但四世纪奈勿麻立干以后，君位已全归金氏子孙世袭。转折非仅止此，韩国《三国遗事》王历表的记载，也自此时起，才开始用"麻立干"的尊称，义与汉文陛下、殿下相当，以前则"居西干""次次雄""尼师干"，智证王以来又直接移用中国的"王"号。所以中国文献所记，便是"王姓金，贵人姓朴"。但骨品中"真骨""圣骨"本质的区别，迄乏明晰了解，《唐书》新罗传所谓第一骨，似乎兼指了圣骨与真骨，均系王种。

所以，中国南北朝后半时代所见的半岛三国，政治、赋税、法律、教育等制度，各各均已灿然齐备。半岛南、北文化水准已由向北偏高而拉平，惟其如此，得有六世纪时真正的三国并立对抗局面出现。从此，朝鲜半岛全域均衡移植与建筑中国文化积层，也便以中国文化的延伸为历史特性，而铸定朝鲜或韩国自身的文化。

乐浪时代结束而半岛三国形成，历史界注视三国共通对中国事大主义的南北朝两面外交，特具兴味，又是三国各各向大陆朝贡的特殊热忱。对此现象，一般相信其动机系政治的，然而，原始要求可能如此，迨频繁交通发展至如高句丽对北魏的有时一年三四朝，接触焦点显然已自政治转移，便是经济、贸易需求，以及汉式高文明的向往与追求。依于此吸引力而自发的热心学习与模仿中国，陪伴也培育了对中国超乎政治利害的感情，特别是百济之于南朝。《梁书》记载，梁太清三年（纪元549年）"侯景之乱"，百济"不知京师寇贼，犹遣使贡献。既至，见城阙荒毁，并号恸涕泣"。这则故事，说明的正是半岛中国化的动力为何，以及半岛文明如何便是中国文明缩影与移殖的原因。虽然三国地理位置的不同，百济、新罗以海洋交通为便而倾向南朝，高句丽又传统以北朝为靠山，但彼此以对中国南北朝两面外交而共同存在依附关系，南北朝又只是政治对立而非整体中国文化的分割。惟其如此，三国摄受中国文化，南主北副或北主南副的主线固有区别，追随南北朝文化立于同一中国文明泉源的本质则一。

中国精神文明厚植半岛三国人民思想领域，以及汉文、汉字的普遍应用，也便自此一期间而根深不拔。关于汉文、汉字，北朝鲜早在汉四郡以前，古朝鲜或中国战国燕国统治时代可能便已开始应用，南朝鲜韩地稍后，但与汉人频繁交涉以来，至迟三韩各别统一期间，汉文使用范围也日形扩大为可想象。所以，半岛三国形势铸定，汉文的发达，以及以汉字为本国文字，已是三国共同现象。历史编集系智慧与文明的结晶，半岛三国以汉字编纂历史技术的成立，正是熟练应用汉字、汉文，接受中国文化指导已达开花结果阶段的指标。遗留今日的朝鲜或韩国最古史书，已是迟至王氏高丽朝的官撰文书《三国史记》与私撰文书《三国遗事》，三国时代著作久已失传。但据了解，高句丽早有《留记》百卷编定，婴阳王的纪元六〇〇年左右，又命删修《留记》为《新集》五卷。新罗统一未满半个世纪，真兴王也已于纪元五四一年命令编纂国史。百济与中国文化接触既早，摄取中国文化又特为热心，近肖古王立国时代的博士高兴乃是百济最早的史学家，其后百济史记累有编著，其中事迹记述至盖卤王乙卯年（纪元 475 年）的《百济记》，且被八世纪日本《日本书纪》著作时引用为主要资料，虽然引用的原文已被窜改，原书干支纪年也于还历时被蒙蔽推前了两个甲子，以迁就杜撰的日本架空"史实"[①]。可惜，《百济记》编撰年代与编撰者姓名都已失传。不论如何，中国文字发展为半岛三国抑且日本列岛的共同文字，正代表东方中国—汉字文化圈的成立，也以彼此史书的同系汉文而相互间容易增进历史了解。

在于同时，半岛国家通用中国公文程式，教育制度与人才储备以中国太学为蓝本，中国儒家的学术思想，对于半岛三国上层阶级与知识分子铸定了一定的教养方向。他们研读五经与一切中

---

① 参阅井上光贞《日本国家的起源》，第 95—98 页。

国书籍，而尤喜爱《昭明文选》《千字文》，以及文字训诂诸书，也能与中国人写作同等典雅的诗文。《周书》百济传的说明："俗重骑射，兼爱坟史。其秀异者，颇解属文。又解阴阳五行，用（南朝）宋元嘉历，以建寅月为岁首。亦解医药卜筮占相之术。有投壶、樗蒲等杂戏，然尤尚弈棋。僧尼寺塔甚多，而无道士。赋税以布绢丝麻及米等，量岁丰俭，差等输之。嫁娶之礼，略同华俗。……父母及夫死者，三年治服"，分明便是中国社会写照。中国南北朝代，半岛三国与大陆中国间人民生活、思想沟通至如何境界，可以想见。

东方佛教之光以中国为中核而散发，半岛中国文化传播系统的建立，佛教便是重要环节之一。依文献记载，纪元三七二年五胡十六国时代苻秦僧侣受政府派遣，携带佛像、佛经抵达高句丽，乃是佛教传播朝鲜半岛的最早记录。四世纪八十年代故国壤王（好太王之父）时代，佛教在高句丽已被认可一般人民信仰。约略同时期的百济枕流王时代，西域僧也已自东晋渡来百济，始建佛寺，佛教以得百济国家保护而盛。新罗则传说中五世纪前半讷只麻立干（奈勿之子，高句丽长寿王在位）时代，最早有僧人由高句丽入国布道，但未获信徒，同一世纪后半的毗处（照知）麻立干在位，高句丽僧人续来新罗传教，新罗佛教才渐渐兴起（一说，上述两事即同一回事）。特堪注意，新罗信佛固为最迟，向丽、济迎头赶上的速度却惊人，纪元五〇〇年左右统一新罗诞生，可能便与佛教有关，或者说，佛教已与政治结合而发展为立国一大助力。智证王此一名号，相信已具佛教意味，次代法兴王，再次代真兴王，色彩尤为强烈。也惟其如此而法兴王时代或记录中的纪元五二八年，佛教已被颁令承认为国家宗教，真兴王晚年且自署僧名法云，剃发服僧衣，王妃也仿效为尼。

所以，佛教传来三国，尽管高句丽由大陆北方，百济由大陆南方，新罗又由高句丽，途径不同，但传入后崇佛呈现非常盛况，以及寺院文化之光照耀半岛全域，融通三国，却正如同中国大陆。也追随中国僧人西行求法运动，前往中国抑或佛教本源地印度朝圣取经。相对方面，朝鲜半岛继承中国佛教的传入，接力式向日本再输出，而塑定佛教弘通东亚，发展为东亚人民精神支配与普遍信仰的一般现状。

半岛三国于此时代中，可敬处是努力自身的文化向上，也扩大其文化影响及于周围。换言之，他们一方面"受"，一方面又"授"，他们自身从中国摄取进步的精神与物质文化，再转手向周围相邻民族间传播，在东方—中国文明圈中充分发挥了中途站或转输站性格。高句丽的接收乐浪郡与辽东郡，陪伴也接过了东方—中国文化的接力之棒，北方对夫余与新兴的肃慎系靺鞨民族，东方对旧沃沮、濊貊人区域，南方对百济、新罗，负起中国文化的指导责任。待到百济兴起，同样自高句丽接棒，大力向南方推广中国文化，其不朽的历史事业，便是对日本的文化扶掖与向导。

百济早自四世纪后半近肖古王立国而向东晋朝贡的同时，已与汉委奴国王、亲魏倭王时代虽已曾与中国建立直接关系，吸收中国文化，却仍滞留幼稚阶段的倭国时代日本，建立友好关系。史料中的著名故事，阿直岐、王仁（和迩吉师）等先后自百济渡日，传授儒学，便是近肖古王、近仇首王父子时代之事。自此百济人与经由百济的中国人学者、专家与技术人员源源渡日，或受聘请归化日本。中国南北朝期间的日本，一方面倭之五王与中国再开交通，直接输入中国文化；另一方面，主要仍仰仗于百济对于学术思想，以及农业、织造、建筑、工艺、音乐、美术、医药、天文、地理，至于阴阳、占卜等各方面知识的供应。所以，日本确定为中国文明圈重要一员，百济的中介力量不可漠视。但中国佛教经由百济输入日本，则时间表上须较儒学延迟得很多，待百济迁都泗沘城与南迁国力蓄积黄金时代的圣王（日本史上称圣明王），文献中相当于纪元五五二年之年，才第一次派遣佛教使节抵达日本。随后佛工、寺工、画工、冶工、瓦工等，均偕僧侣相继渡日，协助日本创建佛教，展开日本的佛寺文化与佛像艺术。也便以百济国都南迁，与日本愈因距离拉近而关系紧密，当倭国日本恢复的南朝关系再度中断，遣隋使尚未派出的期间，百济高度发达的文化已全行替代为移殖日本的文化主体，五经博士、医博士、易博士、历博士等更替派遣渡海，与僧侣、美术工艺专家群，共同对日本文化的成熟，提供了伟大贡献。今日日本学术界便曾肯定，七世纪初圣德太子时代的飞鸟文化源流，便拜百济所赐与，或者说，百济文化的延长。

　　半岛三国时代文化的成熟与绚烂，自今日发现的遗迹、遗物可明了。[①] 高句丽以中期首都今日安东省辑安县通沟地方与后期首都平壤为中心而散布古墓中的壁画，特为有名而著具代表性。这些古墓分石冢、土冢两型，今日发现约二万起，而以规模宏伟的石冢保存比较完整，但发掘发现壁画的，则仅三十余处。著名的通沟方面将军冢，由七层五坛石材，如埃及金字塔式叠积而

---

[①]　半岛三国考古调查解说，主要取材自有光教一《三国时代的文化》，平凡社版《世界考古学大系》9. 东亚Ⅲ，第 118—130 页。

成，基部宽大，逐渐向上狭小化，建筑形式与其规模，堪谓雄伟，惜此巨大石冢并无壁画残存。于墓中通路与玄室四周描绘壁画的诸墓，其单色或彩色壁画的年代，考定自三世纪迄于六世纪，多以立于保护灵魂意愿的四神（青龙、白虎、朱雀、玄武）为主题，以及日月星辰、龙凤、麒麟、神仙人物的超越现实诸题材，或死者家庭、宴会、狩猎等反映其时高句丽贵族阶级生活与风俗的写实画面。而堪注意，凡此意识与习俗，以及绘像中仕女装束与服饰，显然便系向中国北魏看齐，代表作平北龙图郡双楹冢与平南江西郡大墓画面的雄伟豪放，也渊源于北魏艺术系统并发挥北魏式特质。同样，通沟好太王碑笔致的劲健，也较中国魏碑无逊色。

百济前期文物，今日已无发现，南迁后都址公州、扶余一带，经学术发掘的古墓，壁画内容与技术均不输于高句丽，玄室装饰也与高句丽冢相同，而莲华、飞云等图案，又多模仿中国南朝式样。一九七一年公州一大考古发掘成果，熊津时代最末一代六世纪初武宁王（传说中百济第廿五代王，再迁扶余邑的圣王前一代）陵墓的发现，掘出珍物一千多件，包含纯金制王冠两件，饰金王、后棺枢各一，金饰、玉物、铜镜、金银器皿，以及仿造中国式的陶器。墓宽三公尺半，长七公尺，状作拱形。穴口有石狮与石碑，碑上刻汉字约五十个，据以证明系武宁王陵。此为朝鲜半岛迄今出土最古的石碑，过去陪伴宝物出土的石碑，多无从考定其年代。地上建筑物的今日留存最古最大者，系益山废弥勒寺石塔（现存六层），为熊津（公州）时代东城王至武宁王间的遗作，已是研究韩国古塔最珍贵的资料。

新罗遗迹、遗物，今日调查发现最为丰富。但如都址庆州附近佛国寺、石窟庵等伟大宏丽的寺院建筑与佛像，都已是统一以后之物，即使年代最早的芬皇寺塔（现存三层），也已属七世纪。艺术品绘画无资料，所遗留多系雕刻。只是，近年陆续发现的新罗古墓，庆州周围金冠冢、瑞凤冢等，却都被证明早自统一以前遗留。这些古墓都是积石土椁的土冢，亦即所谓杂石墓，很少有玄室构造，与百济的石室土冢或高句丽墓制迥异。但墓中特殊丰富的副葬品，如金冠、腰佩、黄金具、耳饰、指环、腕饰、翡翠勾玉、玻璃球等，镌刻式样则与百济坟墓的副葬品同样表现浓厚的中国南朝作风，而在朝鲜文化史上大放光彩。

　　局部统一期的新罗，充分显露了新兴国家的活泼朝气。迨中国南北统一而世界帝国性格的唐朝出现时，新罗也以迎合大国唐朝的政策成功，以及自身传统民族性的坚韧、勇敢，而压倒百济与高句丽，联合唐朝势力，完成其半岛统一大事业。此政治史全新一页展开，堪注意也系泛东方形势再起大变化，陪伴隋唐的中国统一，而结束东方世界大小分立国家的对抗时代，各个单元地域的统一国家成立，包括中国东北地方的渤海、半岛的新罗，以及日本。其动力，高度发达的汉族文化以隋、唐为代表而再成长，又堪重视。此时代中国周围诸民族国家，便在思想文化、物质文化极度高扬的唐朝指导与强力文化输出之下，推动自身进入新机运、新阶段。新阶段的国家体制，又全模仿唐朝而实现政治改革，其各别的首都渤海上京、新罗金城、日本奈良，无不都以唐朝文化光芒散发中心的国都长安为模型，完成东方—中国文明圈各个支柱的并行屹立。

## 魏志倭人传·宋书倭国传

一九七一年三月，日本宫内府对驻在东京一批外国记者所提出天皇在宗教上地位问题的书面答复，说明："天皇在日本神话中被称为天照大神的后裔，在皇室的传统信仰中，天照大神被尊为皇室的始祖。这一传统，并非一项可由官方确定其真实性的历史事实。"日本政府此一答复，内容虽否定天皇为神裔，但否定的措辞已无二次世界大战刚结束后数年间的积极。日本问题研究者以此事与一九六七年，日本政府经由立法手续确定纪元节（二月十一日）为国定假日的举动配合观察，担心可能将是战前日本天皇神圣与军国主义复活之途的表征或前奏。所谓纪元节，便是神话中日本第一位统治者神武天皇于纪元前六六〇年开国的纪念日，战前原系国定假日，而如今再予恢复。

依于如上理由的顾虑，以现阶段时间而言，似乎过早。与之相似，韩国同样炫耀其檀君神话，以及国定纪念日"开天节"（十月三日）被制订为国庆日，衡情度理，似乎都出发于各别的自尊心理。韩国自二次大战而摆脱日本殖民统治恢复独立，此一心理的具有为可以想象，也存在必须具有的理由。日本可谓如出一辙，大战结束已陷沦亡边缘，而一旦复兴，自卑心理如何全然转向，如以"终战"字样替代大战结束初期所自称的"败战""降伏"，也为可以谅解。

日本军国主义是否复活，确乎是个值得正视与必须正视的严重问题，但此顾虑，已与天皇问题无关，则也须剖明。换言之，未来即使军国主义死灰复燃，呈现的也将是另一面貌，而非战前"大日本帝国"时代，人民称皇民，军队称皇军，神武天皇以天照大神后裔而万世一系统治日本的神话理论被利用作基本历史知识，强迫人民接受，才发展为军国主义、帝国主义、侵略主义原由的同一形态。其凭证，便是明治维新以来与"天皇神圣"理论结合，反动的日本历史观与一概隐蔽的日本国家、民族起源真实面，已以战后惊人进步的历史学成果而揭开，为日本全体人民所理解，神话与历史的分野也被共同明晰判别。

日本明治维新最大逆流，系加诸学术自由的桎梏，史学界奉八世纪天皇权威最初树立期著作《古事记》与《日本书纪》为圣经，以非科学的神话、传说为史实，全不尊重史学原则。而其原因，便以《古事记》《日本书纪》天皇制神圣观的国家起源论，对君权绝对化的明治政治家们相适合，乃沦学术于政治的强制压力之下，形成历史与考古学证据矛盾脱节的窘境，非只滑稽，抑且悲哀。二次大战后旧日本权威崩坏，天皇由"神"降以为"人"，学术尊严回复建立，史学家敞开自由讨论之门，从科学与纯学问立场追究历史，以考古学、人类学、民俗学、语言学等成果为基石，洗涤反动的政治色彩而奋力跃入历史学新的境界，以严正态度整理、研究、批判日本原始—古代史。其较战前截然相反的重要结论之一，便是否定所谓神武天皇其人的历史存在。

《古事记》与《日本书纪》渲染神武天皇于相当中国周朝的纪元前六六〇年开创日本国运故事，以及由此而立的神武纪元，日本现代人已无人相信，国民间也甚少加以重视。神武天皇此一架空人物如何制造，神武纪元又如何虚构的因缘，今日已全然明了，乃系平安时代之人依中国干支纪年历法，附会自中国传入的谶纬之说而产生。中国谶纬，以六十年为一元，二十一元为一蔀（一千二百六十年），又以辛酉年为大变革或所谓"革命"之年。而圣德太子摄政时代的推古天皇九年（纪元601年，中国隋文帝仁寿元年）恰值岁在辛酉，自是年上推一千二百六十年的辛酉年，便成了神武开国神话与神武纪元之始，以及出现为《古事记》干支纪年的神武辛酉。此一架空的日本初代天皇，最早所塑定为"神日本磐余彦天皇""由高天原天降御临天皇""始驭天下之天皇"的和风谥号，至八世纪《古事记》《日本书纪》编集与追加汉式谥号时，才定名"神武天皇"。事实上，纪元以前，日本历法、文字皆无，其后历法、文字应用技术虽由中国传入，记事年代仍不正确，必须推古朝遣隋使开始派出，才以能获得中国方面史书年代参证，而日本自身历史记载的年代堪以采信。尤堪注意，"日本"与"天皇"这两个名词，今日了解，便都须迟至七世纪时始予制作，其前并无此等称谓。

自天皇制咒文解除，战后日本史学界新的思想学说体系建立，古代史专家发现，中国文献记录与战后繁荣的考古成果惊人符合。抑且，考古学并非万能，得自学术发掘的遗迹与遗物对当时人生活只堪作静态的认定，如无带有文字的遗物同时发现，于政治推展过程与社会组织，还是不能明了，而考古学上日本国家形成以前的文字遗物，却概系直接渡来的中国之物，则日本古代史的客观了解与惟一探求之道，便也惟有利用中国古代记录。在如上莫大的研究刺激之下，因此日本史学界一度全然摒弃《古事记》（以下简称《记》）《日本书纪》（以下简称《纪》）神代历史，端以中国史料方面的有关日本部分为史实依凭。今日研究态度，虽已视一概否定与抹杀《记》《纪》价值为非当，认为隐蔽的神话、传说底面仍有探索必要，若干日本人且曾谓日本国家起源的古传承，一变而专仰仗异国记录，未免过分外国崇拜与服膺事大主义。然而，即使如此，届至今日，中国古代文献仍与考古发掘同被引为解说日本古代史的主体，中国史书仍被认定乃说明古代日本状况最堪信赖的资料，立场不变。《记》《纪》古传说的新解释，只具从属与配合意义。

中国古文献中，日本学术界特予推崇的贵重资料之一，乃是《三国志》魏志倭人传。

日本考古历史学的说明，自纪元前四世纪中国战国国力分散向周围膨胀，前三世纪秦—汉又建设君临亚洲的空前大帝国，东亚诸民族历史，便以周—秦—汉三朝代的东方经略而迎接黎明。纪元前二世纪左右，中国水稻栽培技术与金属器通过朝鲜半岛波及日本，日本居民乃得脱却采集经济范畴，自考古学上绳文时代的新石器时代，跃向金石并用时代而有弥生式文化的转换与成立。尤其纪元前二世纪末汉武帝的朝鲜半岛乐浪四郡设置，日本蒙受中国文化愈益广幅度加速向东方移殖的波涛激荡，如同朝鲜半岛的跳越文明创造中间历程与铜器时代，青铜器、铁器同时自中国输入并用，而考古学上弥生式文化再有进步阶梯的分期，以及文化形态的鲜明快速转变。所以，弥生式时代的文化内容，正说明了日本如何追随半岛被吸引入高度发达的中国文明传播半径。魏志倭人传的记录，便等于弥生后期文化的调查报告，此其一。

其二，纯学问立场的日本学者又指出：迄于十六世纪中欧洲人最早到达日本以前，日本历史始终都与中国，抑且较日本更早接受中国影响的邻国韩国，相互关联，日本与日本人所受中国文化影响，也迄今仍是决定性的，非后来注入者的欧洲、美国文化可比。中国文化之于日本，已于吸收之间血肉化合。而魏志倭人传内容与所说明的时代，又正便是倭国或日本直接的、明确的、密接的、频繁的向高水平文明母胎融和，以及血肉关联的开端。

魏志倭人传的学术价值，依于上述可充分了解。而其普受日本学者信任与珍视更直接的理由，又不外：

第一，著者陈寿以三国时代人记载同时代事；第二，资料来源，可能便出自派赴倭地使者的亲身旅行备忘录；第三，这也是现存世界性最早有关日本政治、经济、交通、产业、民族与社会状况系统的详细报导。《后汉书》记述的年代虽早过《三国志》，成书反迟，其后汉时代的中—日交涉摘录固视《三国志》为独有，也以事件发生年代早过三国而非魏志记录范围，但倭地情况描述，大体便是以魏志为蓝本的节要。

日本或倭地情态的传入中国与为中国人所详知，始自乐浪郡设置，以及自此倭人向乐浪郡建立朝贡关系之后。《汉书》地理志"乐浪海中有倭人，分为百余国，以岁时来献见"，便是对日本最初的确实记录。后汉时代倭奴国王受封获赐印绶（纪元57年）与倭国王帅升献生口（奴隶）（纪元107年），其交涉对象仍系乐浪郡抑或已遣使至洛阳，虽不明了，但受惠于中国文明的原始日本，以与中国关系进一步密切，而得自原始社会向古代社会移行，其转变期上限约在一世纪前后，则已可与考古印象获致参证。便是说，陪伴农耕经济生活面成立，日本社会结构方面，从长期停滞的原始社会氏族与小部落分立形态脱出，步步向大单位"国"统一，系自一世纪左右开始。

原先以血缘纽带氏族关系为骨子而成立的社会组织所发生变化，反映到政治方面，便是部族联合式氏族国家的时代来临。最早例证是否可以倭奴国代表，尚嫌暧昧，但二世纪初倭国王帅升向后汉朝廷贡献生口，所献数字又多至超过百人，则足以证明开创氏族国家机运的必需条件，社会阶级分化与奴隶制度，已在倭地具备。至魏志倭人传，便明示纪元二〇〇年左右，一个联合约三十小国，以邪马台为领导中心的政治统一体于倭地出现，而此一联合体又以接受中国保护与得中国大力提携而屹立。又堪注意，自二世纪过渡到三世纪的魏志时代，便是中国对韩地与倭地知识，以行政管辖变更而愈益充实的时期。其时，韩人与倭人都以乐浪郡南部境域分划新成立带方郡，被移归带方郡统制，魏志韩传所谓"是后韩倭，遂属带方"是也。惟其联系接触点的地理距离拉近，使者相互往返次数加密，中国的倭地了解愈益周详，自可想象。

自魏志倭人传所见三世纪中倭地事情，其一般社会现象如下：

　　男子无大小皆黥面文身。诸国文身各异，或左或右，或大或小，尊卑有差。
　　男子皆露紒，以木绵招头。其衣横幅，但结束相连，略无缝。妇人被发屈紒，作衣如单被，穿其中央，贯头衣之。
　　今倭水人好沉没捕鱼蛤……种禾稻、纻麻、蚕桑、缉绩，出细纻、缣绵。
　　其地无牛马虎豹羊鹊……所有无与儋耳、朱崖（海南岛两郡）同。
　　兵用矛、盾、木弓。木弓短下长上，竹箭或铁镞，或骨镞。
　　冬夏食生菜，皆徒跣。有屋室，父母兄弟卧息异处，以朱丹涂其身体，如中国用粉也。食饮用笾豆，手食。

其死，有棺无椁，封土作冢。始死停丧十余日，当时不食肉，丧主哭泣，他人就歌舞饮酒。已葬，举家诣水中澡浴，以如练沐。

其俗举事行来，有所云为，辄灼骨而卜，以占吉凶。

其会同坐起，父子男女无别，人性嗜酒。

其犯法，轻者没其妻子，重者灭其门户。及宗族尊卑，各有差序，足相臣服。收租赋。有邸阁国，国有市，交易有无，使大倭监之。

见大人所敬，但搏手以当跪拜……下户与大人相逢道路，逡巡入草。传辞说事，或蹲或跪，两手据地，为之恭敬。对应声曰噫，比如然诺。

如上记录，展示并有力支持了日本民族起源问题的澄清。关于此一课题，海外起源或海外移住说于战后日本学术界虽已成为定论，但移住由来的意见仍然分歧，今日则早期移住者来自南方的学说，已经确立为共同一致的见解。然后，大约四世纪后半或中国东晋时代，再有通过朝鲜半岛，属于阿尔泰语系的北方大陆系种族移住，征服南方系既住民而支配日本列岛。所以，历史上日本文化具有南方、北方要素的重层性，换言之，原先南方稻作文化的生活基础上，再因北方系人种参加为指导者，而应用了支配阶级的阿尔泰系文法结构形，乃形成今日日本语形态。

当《三国志》中的倭人时代，则尚纯然立于与南方文化存在深切关系的先行南方系人种阶段，其所形容倭人风俗的纹身、贯头衣等，便全属南方系风俗习惯。同一意义，民族学、考古学的成果，也便以魏志倭人传的文献说明书而获确认。学说上残余的歧异，便都转移到早期移住日本的南方系人种系一元抑多元，血统单纯抑复合，系来自中国中南部、中南半岛，抑或更南方的东南亚或海洋方面，以及渡来时间与重叠性渡来的次序等问题，尚在续求探究。事实上，日本最早移住民来自南方的今日人类学、民俗学、社会学、考古学综合研究理解，中国与《三国志》魏志同时代的三世纪著作以后附入魏志的《魏略》，便已有"闻其（倭人）旧语，自谓太伯之后"的提示。其系出诸南方系，毋宁已由三世纪时倭人自身所道出。

邪马台联合体由来与女王尊严，魏志记载谓："其国本亦以男子为王，住七八十年，倭国乱，相攻伐历年，乃共立一女子为王，名曰卑弥呼，事鬼道，能惑众，年已长大，无夫婿，有男弟佐治国。自为王以来，少有见者。以婢千人自侍，惟有男子一人给饮食，传辞出入。居处宫室楼观，城栅严设，常有人持兵守卫。"可明了其时倭地政治与信仰结合，以及所表现祭司统治的性格，简言之，便是萨满原始信仰的说明。巫或巫女的神圣职务，乃守望团结象征的圣火，使永远燃烧不灭，也以此而拥有权威。"火"便是"日"，以后倭人或日本人崇拜太阳神的习俗由来，猜测可能与此有关，也由此制造了天皇世系源出"天照大神"的神话，此其一。其二，邪马台联合与卑弥呼女王记事的另一启示，农业重要项目稻禾桑麻等均被列举，倭地农业已发达为主要生产手段可知。社会再分工形态下，血缘家族的社会组织由母系氏族完成父权制，酋长之由选举取得世袭特权与强力特权，大人—下户—生口的阶级秩序建立（所谓"尊卑各有差序"），对外利害相关的部落相互团结，以"王"为中心统治的国家原型部族联合或氏族国家成立，都自倭人传而明显见出。此一系列变化，也相信以纪元二〇〇年为标志的卑弥呼时代以前即已展开，卑弥呼故事说明的则是变化最后环节祭司权威丧失前的最后挣扎，换言之，政、祭分途时代来临前夕回光返照。记载中所谓"自为王以来少有见者"与"有男弟佐治国"，指示的当即统治实权者另有其人。

魏志曾详记邪马台联合诸成员，所谓"统属女王国"的诸"国"名称。对于位置在女王国以北，亦即自带方郡出发至邪马台国间诸国，且有旅途行程方向、水陆交通里程、所在国户数等行程记录："从郡至倭，循海岸水行，历韩国，乍南乍东，到其北岸狗邪韩国，七千余里，始度一海，千余里至对马国。方可四百余里，有千余户；又南渡一海千余里，至一支国，方可三百里，有三千许家；又渡一海，千余里至末卢国，有四千余户。东南陆行五百里，到伊都国，有千余户，郡使往来常所驻；东南至奴国百里，有二万余户；东行至不弥国百里，有千余家；南至投马国，水行二十日，可五万余户；南至邪马壹（台）国，女王之所都，水行十日，陆行一月，可七万余户……自郡至女王国，万二千余里。"（原文摘要。女王统制圈内的其余"远绝"诸国，便仅各各记其国名，然后"其南有狗奴国，男子为王，不属女王"作结语。）

立于女王统制权力下诸国的今日位置，"对马""一支"与今日朝鲜半岛与九州间"对马""壹岐"两岛对音，显无疑义。户数次于邪马台与投马的大国奴国，推定与今日被日本列为国宝，福冈县出土脍炙人口的"汉委奴国王"金印所证明，一世纪中已存在而可解释为"倭之奴国"的此一国家，有其渊源。邻近的伊都国，魏志对之记载为："自女王国以北，特置一大率，检察诸国，诸国畏惮之。常治伊都国，于国中有如刺史。王遣使诣京都、带方郡、诸韩国，及郡使倭国，皆临津搜露，传送文书赐遗之物诣女王，不得差错。"虽国小人寡，在邪马台联合体中，却居于朝鲜半岛—大陆交通的枢纽地位。魏志时代距离单位的一里，经日本学术界考定约当日本一町，由郡至不弥国二万七百里，约日本二百九十里，华里一千九百七十七里。凡此女王国北界诸国，今日依此里程而得判明，均在最早摄受中国文明与弥生式文化发源地的北九州，为无异论。学术界意见的纷歧，则在联合体主体邪马台国所在地的今日位置比定。

邪马台国原址问题，向来以方位与旅程解释的不同，而有九州说与畿内说的论争，而且论争反复迄今仍未结束。与此问题相牵连的，又是其时日本国土统一意见的分歧。邪马台国九州说，以认此国所在地与伊都诸国同在九州北部，势力范围也只限于北九州，日本国土统一须待四至五世纪，与考古学上古坟文化的展开为同时，尚非弥生后期文化代表者的邪马台联合体时代。换言之，须三世纪邪马台联合体的历史自中国记载中消失，第五世纪再以古坟文化背景而恢复与中国交通的，才是畿内大和朝廷。大和说于今日为占优势，主张邪马台国所在地已在畿内大和（奈良县），而权力及于北九州奴国、伊都等国。此一事实，考古发现曾予有力支持，便是：北九州弥生式出土的舶来品中国镜，全属汉镜，亦即汉朝时代制作的铜镜，而无年代属于三国以下之物，魏—晋镜已转移以畿内为发达中心而出土特多。魏志记载女王国自魏景初二年后，累累向魏国派出使节，携归获赠恩赐种种珍品中，便多铜镜。而近年自大阪府境古墓发现的铭年景初三年魏镜，堪谓与魏志记载内容全然相当。正始八年（纪元247年）以后"卑弥呼以死，大作冢，径百余步，殉葬者奴婢百余人"的魏志记载，又给予考古学上，弥生后期与以三世纪后半为上限的古坟时代相连接的文献凭证。卑弥呼时代，毋宁占有了弥生式文化过渡到古坟文化的中间位置。

倭地时代日本历史如何与中国历史相结合，邪马台联合体与卑弥呼女王如何得中国大力提携，以连结亲密的从属关系，又自魏志倭人传内容可明知。魏志倭人传全文以三大部分构成：邪马台联合体的组成体系、倭地事情，再便是卑弥呼与其后继者，通过带方郡关系而获得宗主国魏国强大背景支持，以及恃魏国力量抗拒外侮、稳定内政的叙述。如下记载都是：

（明帝）景初二年（纪元238年）六月，倭女王遣大夫难升米等诣郡，求诣天子朝献，太守刘夏遣吏将送诣京都。其年十二月，诏书报倭女王曰："制诏亲魏倭王卑弥呼：带方太守刘夏遣使送汝大夫难升米，次使都市牛利，奉汝所献男生口四人，女生口六人，班布二匹二丈，以到。汝所在逾远，乃遣使贡献，是汝之忠孝，我甚哀汝。今以汝为亲魏倭王，假金印紫绶，装封付带方太守假授汝……今以绛地交龙锦五匹、绛地绉粟罽十张、蒨绛五十匹、绀青五十匹，答汝所献贡直。又特赐汝绀地句文锦三匹、细班华罽五张、白绢五十匹、金八两、五尺刀二口、铜镜百枚、真珠铅丹各五十斤。"

（齐王）正始元年（纪元240年），太守弓遵遣建中校尉梯俊等，奉诏书印绶诣倭国，拜假倭王，并赍诏赐金、帛、锦罽，刀、镜、采物，倭王因使上表答谢恩诏。

其四年（纪元243年），倭王复遣使大夫伊声耆、掖邪狗等八人，上献生口、倭锦、绛青缣、绵衣、帛布、丹木、猾、短弓矢。

其六年（纪元245年），诏赐倭难升米黄幢，付郡假授。

其八年（纪元247年），太守王颀到官。倭女王卑弥呼与狗奴国男王卑弥弓呼素不和，遣倭载斯、乌越等诣郡，说相攻击状。遣塞曹掾史张政等因赍诏书、黄幢，拜假难升米为檄告喻之。

卑弥呼以死………更立男王，国中不服，更相诛杀，当时杀千余人。复立卑弥呼宗女壹与，年十三为王，国中遂定。政等以檄告喻壹与，壹与遣倭大夫率善中郎将掖邪狗等二十人送政等还，因诣台，献上男女生口三十人，贡白珠五千、孔青大句珠二枚、异文杂锦二十匹。

倭地—中国历史的连锁关系，日本若干史学家且以之推展到一世纪中倭之奴国时代。指出：《三国志》魏志与《后汉书》都曾强调邪马台联合体成立以前的"倭国大乱"，《后汉书》倭传并明言其年代系"桓、灵间"，因之，导源实即由于后汉中央权力衰退。谓其时环绕于汉朝政府的国际诸国朝贡组织崩坏，倭地原先受后汉政府保护，依存后汉扶植而存在的倭之奴国（再度出现于《后汉书》中便是倭国王帅升）权威丧失，于是才招致倭地诸国反叛而演出大乱事态。到中国确立为三国分立的局面，各各对周围统治势力回复稳定，朝鲜半岛带方郡也已分设，倭地便诞生了以卑弥呼为领导的邪马台联合体，继续向继承汉朝的魏国朝贡。以后中国经过晋朝发展到五胡乱华期间，朝鲜半岛势力撤退，乐浪、带方郡县支配历史结束，又导引诸倭国中与邪马台敌体势力的狗奴国渐渐强大，相对邪马台国从衰弱而至消灭。所以，文化偏低的倭国，其对中国所持事大主义，以及依于中国保护者势力的强大或衰退而转移自身命运，从如上一系列事件间，都有线索可寻。如上中国—倭地强固关联性的说明，信凭性自嫌不够，但不论如何，单以邪马台时代而论，其与中国关系的牢固则至为明显。纪元二三八年起十年间，五度与洛阳直接联系，与带方郡的交涉自愈频繁。而大国依靠者邪马台存亡背景的蒙受中国自身局势影响，也为显然，所以当晋武帝泰始二年（纪元266年）邪马台续再"遣使重译贡献"后，中国秩序再度波动，而"八王之乱"导引五胡乱华大混乱局面展开，倭人记录一时乃自中国历史中断。

中国收拾五胡乱华残局，初步回复统一秩序的南北朝时代来临，中日交通重开，中国史书中空白一百五十年后倭国记载恢复，朝贡对象却已自一个半世纪前的洛阳移向江南建康，便是记述分裂期南方之事，《晋书》《宋书》《南齐书》《梁书》中的"倭之五王"。汉朝成为世界性强大帝国时确立维持亚洲国际秩序的原则，系对周围诸外国国王为承认其地位的册封，连接各该外国与中国间宗主—属国关系而组成朝贡网。南北朝重建东亚日常国际关系轨范时，此一原则仍被继续，倭国是继朝鲜半岛高句丽、百济之后，纳入中国朝贡—册封网的东亚第三个国家。只是，汉朝（魏国）朝贡网构成时中介中国边郡，便以边郡维系属国关系，如邪马台—带方郡时代的原型，已被修正，便是边郡重要性降低，而属国与中国中央直接关系相对升高，属国国王如旧例受封王位之外，又陪伴接受了中国朝廷的官爵、官位授予。此一类型下，自五世纪初至六世纪初近一个世纪间，中国史书所见有关倭国的记事，统计有十七次，而且，主要便是倭国国王的出使朝贡与官爵授封。

——东晋安帝义熙九年（纪元413年），倭夷献方物（《晋书》安帝纪。《梁书》倭传补充说明"晋安帝时有倭王赞"）。

——宋武帝永初二年（纪元421年），诏"倭赞万里修贡，远诚宜甄，可赐除授"（《宋书》倭国传）。

——宋文帝元嘉二年（纪元425年），赞又贡献（《宋书》倭国传）。

——宋文帝元嘉七年（纪元430年），倭国王遣使献方物（《宋书》文帝纪）。

——（年代不明），赞死、弟珍立，遣使贡献，自称使持节，都督倭、百济、新罗、任那、秦韩、慕韩六国诸军事，安东大将军，倭国王，表求除正（《宋书》倭国传）。

——宋文帝元嘉十五年（纪元438年），授倭国王珍安东将军（《宋书》文帝纪）。

——宋文帝元嘉二十年（纪元443年），复授济安东将军、倭国王（《宋书》倭国传）。

——宋文帝元嘉二十八年（纪元451年），加使持节，都督倭、新罗、任那、加罗、秦韩、慕韩六国诸军事，安东将军如故（《宋书》倭国传）。

——同年，济进安东大将军（《宋书》文帝纪）。

——（年代不明），济死，世子兴遣使贡献（《宋书》倭国传）。

——宋孝武帝大明四年（纪元460年），倭国遣使贡献（《宋书》孝武帝纪）。

——宋孝武帝大明六年（纪元462年），诏授倭王世子兴安东将军、倭国王（《宋书》倭国传）。

——（年代不明），兴死，弟武立，自称使持节，都督倭、百济、新罗、任那、加罗、秦韩、慕韩七国诸军事，安东大将军，倭国王，上表求除正（《宋书》倭国传）。

——宋顺帝升明元年（纪元477年），倭国遣使献物（《宋书》顺帝纪）。

——宋顺帝升明二年（纪元478年），诏除武使持节，都督倭、新罗、任那、加罗、秦韩、慕韩六国诸军事，安东大将军，倭国王（《宋书》倭国传）。

——齐高帝建元元年（纪元479年），倭王武进镇东大将军（《南齐书》倭国传）。

——梁武帝天监元年（纪元502年），倭王武征东将军（《梁书》武帝纪）。

倭之五王事迹，如表列可知《宋书》记载为特详，所述内容距离《三国志》时代也最近，而有关倭国政情，却较《三国志》魏志已全行变貌，明显反映了日本一个崭新的时代转换完成。在于今日的日本史上，这个时代，乃是古代日本建设期的开始，或者说，今日日本国家形成的基石时代，所谓大和朝廷，经略国内、国外正迈向本格化。其代表性发展，一是国土统一，二是朝鲜进出。实力臻于雄厚的大和朝廷，非只已自大和、河内为中心而建立濑户内海周围统一的西部日本支配圈，势力且越过对马海峡，以《三国志》魏志列举的"狗邪韩国"、《宋书》中的"任那·加罗"，或今日金海周围为跳板，而伸入朝鲜半岛。

四世纪后半以来日本对朝鲜半岛的侵略，迄于六世纪时最后势力被肃清，无论于日本史或韩国史，都是共通的大事，中国南朝史料可能以无关中国而未记其详。但此日本史所谓"朝鲜经略"高潮期动态，从中国文献仍可窥知其大概，便是累累而见，倭王自称"都督倭、百济、新罗、任那、秦韩、慕韩六国诸军事"表求除正的记事。"六国"中除倭国自身外，其余都是朝鲜半岛南部地域名词，秦韩、慕韩乃是三韩中辰韩、马韩异称，各各都已转变为百济、新罗国家而实质不存在，仍列此旧地名，可了解只是夸大声势意义，任那乃倭人占领的朝鲜侵略本据地，新罗系新的侵略意图所寄，百济则其半岛的亲密携手者，却希冀大国亦予承认入其统御力范围。结果，便有宋朝自倭国自行划定的半岛势力圈剔出百济，改列已在倭国保护之下任那诸国之一"加罗"的处置，形式上符合倭王所要求"六国"之数，实际"任那""加罗"境域为二而一。宋朝此一巧妙处置，日本历史界指出，显然表示了南朝对当时倭与半岛形势真相的全盘了解，至堪叹佩。而此一倭王所提出的名衔问题，相关联的韩国方面，今日其学术界又另有意见，认为倭王所开列关系到朝鲜半岛方面的地名，都非实质上朝鲜之地，而是当时日本国内便已存在此等地名。其原因，乃适应百济、新罗、任那人民渡来日本所成立的"分国"，渊源在于仿效南朝侨郡县的习惯。但即使如此主张，所显示五世纪时大和朝廷或倭国与朝鲜半岛关系的密切则一。

事实上，倭国对半岛关系的发展，与中国关系仍系不可分，乐浪、带方设郡以来，倭人努力自郡摄取中国文化，陪伴也导引了颇为积极的朝鲜活动。其时，除了通航乐浪（带方）的主线，为渡壹岐、对马，抵达半岛南端弁辰（弁韩）之地，然后沿西海岸马韩地区北进，惟其弁辰最早与倭人接触，交涉的活泼也可以想象。《三国志》魏志所称狗邪韩国，位置即在于此，而已列卑弥呼统御图"北岸"。到四世纪初中国主权自朝鲜半岛撤退，南朝鲜诸韩国进行并合运动，倭人延续所受三百年的乐浪、带方领导瓦解，所施强力统制力消失。大和朝廷于同时期成立，于是从来倭人与半岛的关系一变，终于继西日本统一运动的实现，而渡海插足南朝鲜，在其时尚未稳固的百济（马韩）、新罗（辰韩）、任那·加罗（弁辰）勃兴局面中从事冒险活动。传说中著名的神功皇后故事，背景原属此一国土统一初期的海外侵略，出现于《记》《纪》中，却渲染附会制造了架空人物。虽然中国与日本学术界过去都曾比定此一女人便是邪马台国的卑弥呼女王，今日科学的批判之下，已知所谓神功皇后纯属伪造，与其谓卑弥呼便是神功，毋宁相信神功神话的产生为受到卑弥呼故事影响。

倭国对朝鲜半岛炽烈的野心，以纪元三六九年（推测年代）建立半岛立足地与任那直辖支配成功，控制洛东江中、下流范围的土地，以及同时期展开对半岛新兴势力百济的外交顺利，得到鼓励。百济其时正当马韩诸国统一体建立完成，并对北方高句丽作战大获全胜的黄金时代近肖古王〔日本史料称"照（肖）古王"〕在位。其子近仇首王（日本史料称"贵须王"）以后百济势力渐陷低下，四世纪末愈呈颓势。百济为对抗其时好太王在位高句丽如日中天之势，与倭国缔结军事同盟，乃有倭军的大举进出朝鲜半岛。而结局，与高句丽战争却全面溃败，倭国的朝鲜事业开始走向下坡。

倭国出兵半岛北进失利，自纪元三九一年至四〇四年间连续的战争经过，安东省辑安县出土有名的高句丽好太王碑文曾予详记："百残（济）、新罗，旧是属民，由来朝贡。而倭以辛卯年（东晋太元十六年，纪元391年）来渡海破百残□□□罗，以为臣民。以六年丙申（纪元396年），王躬率水军，讨伐残国。"此战役百济—倭联军败北，破五十八城，村七百，百济王归好太王自誓，从今以后永为奴客，而好太王凯旋归都。其后之事，好太王碑续记，"九年己亥（纪元399年），百残违誓，与倭和通。王巡下平穰，而新罗遣使白王云，倭人满其国境，溃破城池，以奴客为民，归王请命。太王恩（慈），称其忠□，特遣使还，告以□□。十年庚子（纪元400年），教遣步骑五万，住救新罗………倭贼退□□□□□□□来背息，追至任那加罗，从拔城，城即归服………十四年甲辰（纪元404年），而倭不轨，侵入带方界………王幢要截荡刺，倭寇溃败，斩煞无数"。高句丽以大获全胜结束战争。只是碑文缺字，今日日、韩学术界解释不同，日本学者对"百残"以下□□□三字作"任那新"解，韩国学者则指此不明的三字为"招倭侵"，上下文句读也应为"倭以辛卯年来，（高句丽）渡海破（倭），百残招倭侵罗"。但解释的不同，无妨于四、五世纪之交倭人与高句丽冲突迭居下风的事实。惟其如此，倭人自半岛北上的野心顿被压制。而且倭国的半岛南方经营，也未能持续长久。入于倭人占领区域的任那诸国之一的加罗，于中国南朝建立齐朝的纪元四七九年，直接向南朝派出使者朝贡，接受辅国将军、加罗国王册封，日本史学界说明，自此才使倭王得自中国的官衔"都督加罗诸军事"具有了实质。而亦另有日本学者指出，此事发生，已是倭国任那统制开始动摇的警告，象征了任那土著势力抬头，正酝酿废止倭人支配。而现地自立意志等待机会表面化，终因纪元四〇〇年新罗的得高句丽救援军而追逐倭军至任那、加罗而触发，进入六世纪，朝鲜半岛的倭国势力尤其明显地不振。挫折的最大缘由，便是新罗勃兴，倭国的半岛殖民地被此新兴力量蚕食吞噬，到纪元五六二年，新罗终于完成"任那"全域并合，倭人势力从半岛上驱逐干净。

中国南朝倭之五王记录的断限，便上起倭国带方之役败北，下迄开展新罗国运兴隆期的智证王继位，简言之，日本的五世纪史。《宋书》收录纪元四七八年倭王武向中国皇帝所上表文，今日被日本史学界珍视为研究日本古代史的最重要文献资料之一。这篇以堂堂典雅汉文写成的表文，内容分三部分，第一，说明祖、父、兄的国土统一；第二，与高句丽的冲突；第三，要求封授。原文如下："封国偏远，作藩于外。自昔祖祢，躬擐甲胄，跋涉山川，不遑宁处。东征毛人五十五国，西服众夷六十六国，渡平海北九十五国。王道融泰，廓土遐畿，累叶朝宗，不愆于岁。臣虽下愚，忝胤先绪，驱率所统，归崇天极，道遥百济，装治船舫。而句骊无道，图欲见吞，掠抄边隶，虔刘不已，每致稽滞，以失良风。虽曰进路，或通或不。臣亡考济，实忿寇仇，壅塞天路，控弦百万，义声感激，方欲大举，奄丧父兄，使垂成之功，不获一篑。居在谅暗，不动兵甲，是以偃息未捷。至今欲练甲治兵，申父兄之志。义士虎贲，文武效功，白刃交前，亦所不顾。若以帝德覆载，摧此强敌，克靖方难，无替前功。窃自假开府仪同三司，其余咸各假授，以劝忠节。"足资了解大和朝廷以经略关东地方而国土开拓的实态（日本史"国土统一"或"全国"，此时仅意味西日本与东日本的一部分，非即今日列岛范畴，为须辨明），以及长期朝鲜经营开端，时间表上都不会早过倭王武祖父时代或倭王武以前一个世纪，也便是说，四世纪后半。关于后一事情，又得与好太王碑文相互印证，所以，战后日本古代史专家的重视倭之五王问题，与卑弥呼相仿佛。对于中国南朝文献记录，特别是《宋书》倭国传，研究热忱也不减于《三国志》魏志，以与考古发掘成果，以及《记》《纪》中的叙述，对应比较，给予日本史新的阐明与解释。

　　日本学术界的共通认识，《记》《纪》所列四十四代天皇，其系图系依据六世纪以来的《旧辞》《帝纪》加以改作所制成。《旧辞》《帝纪》已系口传资料的后代笔录，《记》《纪》再加铺张，信凭性自愈值得怀疑。而且，《记》《纪》原型的《旧辞》《帝纪》，学者考定系六世纪时最初成立，而其时仅只神武（传说的第一代）、崇神、垂仁（第十、十一代）以及应神（第十五代）以后的三个部分。第十二代景仁、第十三代成务、第十四代仲哀与神功皇后的传说，乃七世纪时加入；传说中的第二代绥靖以迄第九代开化，又是迟至八世纪初再增录，如此不断地堆积制造与凑合，才出现如《记》《纪》所见。其证据，由追加的两个集团天皇名与和风谥号，各各与推古天皇（三十代）以后的两个共通要素的集团相同。便是，第一集团（景仁至神功）与第三十五代皇极、三十六代齐明具有共通性；第二集团（绥靖至开化）又与第四十一代持统、四十二代文武、四十三代文明、四十四代元正相共通。简言之，《记》《纪》帝系甚多架空人物，记事真假掺杂，年代错乱，从中国方面求证客观记录，才比较上能得判明日本古代国家王的系谱、血统关系与其绝对年代，而明了日本真实历史，这是今日日本学者对南朝诸文献的价值观点。日本史学界注重的另一部外国著作，乃是韩国高丽朝仁宗时代《三国史记》完成时被收入的《百济本纪》，日本人所谓《百济记》。日本虚构的架空人物神功皇后故事，《古事记》附于其夫仲哀天皇卷，《日本书纪》编撰，才独立撰有《神功摄政纪》，前半与《古事记》内容相似，均以《帝纪》与《旧辞》为资料来源，后半附会新罗征伐故事，与《古事记》判然有别，而资料来源即系依赖朝鲜史料《百济记》。但使用时却已歪曲原型，《百济记》的干支纪年，八世纪《书》《纪》编集时也故意各各提前了两个甲子一百二十年。所以，《百济记》可谓正确反映史实（记载迄于盖卤王乙卯年，纪元 475 年）的古代纪录，被《书》《纪》引用所见便已非全堪信凭。

南朝史料中，日本学者重视"五王"王名的比定，只是，今日能获定论无异说的，仅只最后一王"武"之为《记》《纪》中第二十一代雄略天皇。武以前的赞、珍、济、兴四代，以《宋书》与《梁书》对血统关系的说明不一致，而解释颇为混乱，尤其愈推前至最前一王"赞"，残留的问题也最多，从履中（《记》《纪》中的第十七代，雄略伯父）、仁德（《记》《纪》中的第十六代，雄略之祖）至应神（《记》《纪》中的第十五代，雄略曾祖），均有主张。但不论如何，专攻五世纪史的日本学者，以倭之五王为中核，比较中、日两国古代文献与克服《宋书》记事的限定性时，日本国土统一大事业之于武（雄略）不太远的先代，今日学术界所共同了解的应神—仁德时代始行达成，如纪元四七八年倭王武表文所说明，则印象至为明晰。应神被今日日本历史界承认为日本历史的开创人，其治世年代因此亦特被关心，学者依南朝记录而有如下认识：如果《宋书》中的赞系仁德或履中（《记》《纪》中履中与次代其弟反正，在位时间均短，日本学者因此怀疑中国记录中可能曾有脱漏），而纪元四一三年最早向东晋朝贡，则仁德之父应神，至迟须纪元四一三年以前在位。又依《百济记》，可了解应神与百济肖古王同一世代，但系以彼此治世的前期与后期连接，后者之死为纪元三七五年，则应神在位时间又获另一指示。再参照《古事记》应神崩年干支甲午，则纪元三九四年最为恰当。惟其如此，应神在位的合理年代，可以推定为三七〇年至三九〇年，此即大和朝廷国土统一之始，以及四世纪后来之事的朝鲜经略展开期，而被转嫁制造神功皇后新罗征伐故事。

日本学者研究《宋书》倭国传，对"珍又求除正倭隋等十三人平西、征虏、冠军、辅国将军号，诏并听"，"并除（济）所上二十三人军郡"的记载表示重视，认系正确反映大和朝廷建立期，五世纪初国内诸豪族权威被承认的历史意义。他们注视"倭隋"名词的用法，与宋武帝"倭赞"的诏书用语、《宋书》文帝纪元嘉廿八年条"倭济"称谓，都系同格的表现，与《宋书》记述赞派遣奉献方物的使者司马曹达，抑或较远以前女王卑弥呼派遣大夫难升米之为直结主人的臣下，性质迥异。便是说，倭隋与倭赞、倭济，基本上同系一地域的豪族，也与倭赞等站丁相等的立场，如今日所已知，大和朝廷所呈现系多元合同国家的性格。诸豪族在其自身领域，各各对王具有相对的、平等的自立性，简言之，自身便是其领域的"王"。天皇名词与天皇尊严，今日了解须七世纪时始成立，其前代表个人优越地位与王中之王的"大王"尊称，考古方面的说明，也须大约传说中第十八代反正（履中之弟与雄略另一伯父）的时代初见。而反正依日本历史界的意见，一般多比定为中国文献中所称的"珍"。所以珍向中国要求封授自身官爵的同时，也须代倭隋等要求任官，而且名号如同稍后加罗国王向南齐朝贡所得"辅国将军"，甚或更高的等级。此举意义，大王非如是不足抚慰国家共同构成体的诸有力豪族，抑或，向宋朝求封乃出自大和国家有力豪族共同意志，两者理由必居其一，而两者表现五世纪大和朝廷政治构造的性格则一。倭之五王珍的次一代济，多数比定传说中反正之弟与雄略之父，《记》《纪》中第十九代久恭。《宋书》济的记事，明示了郡与军事、行政面（所谓军郡）身份制观念的于此时期导入，此又与今日新的日本史说明五世纪半部民·国造制、屯仓制的发展，相互对应。今日日本五世纪史再编定，完全否定《记》《纪》的政治构造时间虚构，得力于《宋书》记录，可谓非小。*

## 大和国家的形成与归化人 **

"倭之五王"或《宋书》所记录的时代，代表了一个广大面的日本史全新分期展开，政治史便是上限接续卑弥呼记载的大和时代；考古、文化史与之配当，则自弥生式文化转换入更高境界

---

\* 本节有关日本古代史解说参考书：诚文堂新光社《世界史大系》3. 东亚Ⅰ，关晃《日本古代国家的成立、发展》；人物往来社《东洋历史》4. 分裂的时代，森鹿三《卑弥呼和倭之五王》；市村其三郎《现代人的日本历史》，角川版，第一至第四章；读卖版《日本的历史》1. 日本的开端，第二至第六章、第八章、第十三章；井上光贞《日本国家的起源》前篇：国土统一的过程；大野晋《日本语的起源》Ⅳ，古代日本语和阿尔泰语、朝鲜语；藤间生大《被埋藏的金印》。

\*\* 本节参考书：读卖版《日本的历史》1. 日本的开端（第一章、第七至第十章）；藤间生大《被埋藏的金印》，三、落日②坟丘，③复活，岩波版；井上光贞《日本国家的起源》前篇：二、记纪的传承可信吗，后篇：两个国家起源论，岩波版；家永三郎《日本文化史》Ⅰ、Ⅱ两章，岩波版；江上波夫《骑马民族国家》2. 日本的征服王朝，中公版；藤间生大《倭之五王》，岩波版；森浩一《古坟的发掘》，中公版；小林行雄《古坟史话》，岩波版；上田正昭《归化人》，中公版；小松茂美《假名》Ⅰ，发生，岩波版；藤堂明保《汉字的智慧》，第二编：日本语和汉语，德间版。

的古坟文化。

三世纪后半以后，畿内地方（奈良、大阪与京都南部地域）高冢式古坟的开始发生与向东、西分散，乃日本考古界划期性大发现，弥生式文化自此向古坟文化时代推移。其普及日本，又代表了日本真正的国家建设，以及统一事业正渐进行的事实。

《古事记》《日本书纪》以无具体史料而不足信凭，中国文献也自纪元二六六年邪马台国卑弥呼的继位女王壹与遣使晋朝以后，约一个半世纪全然未见有关日本的记事。至中国南朝时重开交通，如前述已是倭地统一的倭之五王时期，其间如何达成统一的过程，后世学术界便只能凭借推测。而此一国土统一期间，时间上却恰恰正与中国记录的空白期相当，自此大和国家或大和朝廷乃以古坟文化为背景而出现于日本历史。高冢墓式为特征的古坟兴起后，经营至七世纪后半始告段落，政治上的大化薄葬令与纪元七〇〇年左右火葬流行，都是古坟终止的原因。于此约四个世纪的古坟发生与发达期间，特别当朝鲜进出的纪元四〇〇年前后，具有巨大坟丘的前方后圆坟出现为堪注目，其余形式又有圆坟、方坟等，自近畿、濑户内海周围、九州，一处处散布，都是王以及支配各个小政治圈，所谓"国"的豪族之墓，而足示为大和国家支配阶层共通的力量象征。迨时代到达六、七世纪，古坟倾向缩小化与各地构成小古坟墓现象，又指示了地方豪族支配弱体化，中央集权制正在酝酿过程的史实，经过大化改新，日本终于成立为律令国家。

古坟文化时期展开，今日日本学术界的定论，才是日本国家真正起源，以及日本历史的真正开始，留下的问题，便是如何以传说配合考古成果，或者说，从传说中剥露"历史"的真实面，究竟开始于何一代。对于此一问题，日本史学界一度相信，须自《记》《纪》中第十代崇神截取，崇神和风谥号"御肇国天皇"，便显示大和国家或大和朝廷最早成立的可能。以崇神"御肇国"构想与弥生—古坟的文化期形态转换相配当，史学界指出，其事已与邪马台国无关，邪马台国结局，已于中国文献中断其记录后不久即行灭亡。三世纪后半降临畿内，征服邪马台联合体与倭地其他国家的，乃自朝鲜半岛渡来，与高句丽、百济同属阿尔泰语系通古斯种族的一支，古坟文化便是此一征服者携来所建立的征服文化。如此主张的学者说明，日本父权支配的社会组织，必须待到古坟时代才成立，自此才出现为父系大家族的氏族组织，而此种现象，便与同时期高句丽、百济的社会制度相类似。特堪注目，在于骑马文化的自古坟文化时代突然出现。骑马一事，弥生时代无可想象，魏志倭人传且明言倭地无马，所以学者确信日本国家的起源，乃与高句丽同源流的北方骑马民族一派，通过半岛而侵入日本。此一支骑马征服者，便是天皇族或早期的大王家，他们在畿内大和确立主权，达成了日本国土最早的统一，《记》《纪》神武东征开国神话，也即脱胎于此——此一骑马民族自外部侵来而建设征服王朝的学说，系战后颇为流行的研究结论。

然而，矛盾随之发生，考古界接续发现，骑马文化并非亘于古坟文化全时期的共通特征，早期古坟毫无骑马痕迹留存。须约一个世纪之后，文化内容才突然转换，而且，转换也非只"马"的一端，乃系全面的质的激变，于此，古坟学者又成立古坟时代必须再区分前、后期的理由，转换了的文化内容，从古坟前期与古坟后期的副葬品种类迥异可知。关于前期（四世纪），副葬品最多为铜镜，中国制或日本仿制品兼具，以及铁刀、铁剑、铁镞、铜镞与勾玉、管玉，均为主体，还有石钏、锹形石、模仿腕饰的石制模造品等，大体都甚简单。后期（五世纪以后）副葬品中，金、银质地的冠、耳饰、钏、带金具、腰佩、饰履等，一系列新的饰物与精致工艺品、日常用品，凡被葬者生前生活所需与所喜爱，莫不尽量副葬，骑马风习的此时期起盛行，也因金铜制华丽马具的用于副葬与成为习惯而知。铁制武器数量同样于此文化期激增，甲胄发达（今日一般化的古坟文化分期，也采行三分法，即以"后期"细分中期与后期。三分法的后期，指坟丘倾向于缩小化，以及古坟数减少的六、七世纪，此一时期，干漆棺开始制作，衣物类被用为副葬，佛教艺术影响开始显著）。

依于上项理解，日本民族学者与考古学者对日本民族文化源流所流行的骑马民族征服说，乃有再修正意见的提出。认为前期古坟文化密接北九州的弥生式文化，北九州发现堆土而埋瓮棺（以及石棺），其形迹便是高冢式古坟封土的源流。瓮棺中副葬主体的镜、玉、剑，于古坟前期，同样被古坟埋葬者的豪族所珍重（镜、玉、剑的发展，后世便代表了天皇权威，以及供祭仪用的国家三种神宝）。一九六五年福冈县系岛郡前原町的学术发掘，系近年考古界对弥生后期如何向前期古坟时代移行的一大发现，从发掘资料与调查报告，被推定弥生后期魏志倭人传所记载伊都国国王坟墓，规模形式都已较弥生时代坟墓有异，中央部竖穴中有二具木棺的痕迹，木棺遗迹周围发现大量汉镜，以及铁刀、玛瑙、玻璃、管玉。凡此考古学上的立证，指明的都是北九州文化与古坟文化存在质的共通性。所以，也似乎便以北九州文化主人于弥生后期移向大和，而有畿内前期古坟文化的发达。换言之，前期古坟时期仍系弥生时代的延续，而非外来北方大陆骑马民族征服王朝的建立时代。

前朝古坟文化承受弥生式文化镜、玉、剑的政—祭不分性格，以及此时期被葬人物仍具司祭者身份，比较后期古坟时代副葬品性质的强烈表现战斗的、王侯贵族型的北亚细亚共通征象，已划定了明显界限。至此后期古坟阶段，被葬者也才脱却宗教权威，而完成豪族层政治权力的强大支配。以古坟形式而言，虽然前方后圆要素为前期—后期相一贯，但独特形态的壮大坟丘，仍自纪元四〇〇年左右（后期古坟时代开始）才突形发达。巨大坟丘建筑的必须征集大量劳动力，又足以说明被葬者生前的权力，与平民以残存墓标而知仅就地下埋葬的情况相对照，阶级分化强力进行的一般，也可明了。惟其如此，学术界推断，大陆系骑马民族侵入日本建立大和征服王朝，传说中的崇神时代仍无可能。

依《古事记》，崇神的崩年干支为戊寅，六十年回转的年代推定，可为纪元二五八年，可为纪元三一八年，也可为纪元三七八年。第一项假定嫌太早，与魏志倭人传的实态了解相违；第三项假定又太迟，与应神事迹冲突。崩年干支的信凭性固然非必无疑，但第二项假定之为四世纪初人物，似较合理与可信，而所代表，却是毫无骑马因素的前期古坟文化。再如假定崇神或系先头的骑马民族侵入，也不可能侵略者的侵略经过历一个世纪之久，然后有五世纪的后期古坟出现。所以，一切迹象都指向治世年代在四世纪末的应神，才是日本的外来骑马征服集团指导者，后期古坟文化陪伴自此时间替代前期文化而展开。年代判定属于五世纪初前方后圆坟代表典型与最巨大的仁德陵，以及规模较次的应神陵与履中陵屹立，都是今日据以明了昔日政治、文化转型实态的代表性纪念碑，与中国文献记录"倭之五王"时代国土统一的了解，相互表里。虽然自《宋书》倭王武表文内容获致的印象，从大和基地达成西至九州、东及关东的广幅度支配，非为应神而系其子仁德（武祖父赞）时代，考古方面仁德陵巍峨独尊的实体认识，也是同一结论，而所建立应谓之"仁德王朝"，此其一。其二，骑马习俗导入日本的考古学上最古实例，堪注意也便是仁德陵出土的马形埴轮。应神陵陪冢之一丸山古坟固被发见金铜制马具，但从制作手法了解为迟过应神年代若干时间之物。然而，尽管后期古坟须自五世纪初始确实存在，却无妨于认知仁德之父应神为实在人物，四世纪后半最早的侵略倭地指导者，以及征服王朝开创者。《记》《纪》皇室系图，至应神始有信用，于今日学术界乃建立为定说。

对此历史的转折，日本学术界尚存在一项至有兴趣的大胆假设，便是崇神王朝（《记》《纪》中第十代崇神至第十四代仲哀、神功）被以应神为始的仁德王朝（第十五代应神至第廿五代武烈）消灭。谓《记》《纪》传说中，谓应神出生地在北九州，所以与被指系其父母而居住大和宫中的仲哀、神功，关系至为暧昧与淡薄，便暗示应神系以九州豪族而征服大和，开创新王朝的事实。抑且，仲哀于熊袭之役中战死，所谓遭神罚丧命的传说亦堪注目。日本学者考证，熊袭便是邪马台时代与邪马台国敌对战争的狗奴国，邪马台国以晋朝衰亡，失却后援而势力顿挫，渐渐形成九州主势力的狗奴国，势力伸向大和，仲哀之死，又即熊袭—狗奴国推翻此前王朝的暗示，而应神—仁德王朝，也便是狗奴国东征所建。简言之，外来王朝的渡来，最早非征服大和，而是侵入九州，平定倭人，形成小型原始国家，（狗奴—熊袭国）经过一段时间后再自九州侵略大和，建立征服王朝的大和朝廷。关于这些，都只战后百花齐放式古代史诸解说的浪花之一，尚非为学术界所共同接受。

只是，战后日本学术自由新环境中，学说的混乱中统一现象，于战后迄今逾三十多年间，也已渐渐成立，四世纪古坟前期与五世纪以后，或者说，倭之五王以来古坟后期文化内容的异质，便是战后考古学上最大贡献与最重要的贡献之一。后期异质原因，又系由后来的移住民集团征服先已移住的倭人，此一学说，也已形成今日日本古代史的基础理论。所有分歧的主张，都只环绕于如上学说中核的外延部分。于此，《唐书》日本传的记载便被日本学者重视："日本国者，倭国之别种也，以其国在日边，故以日本为名。或曰：倭国自恶其名不雅，改为日本。或云：日本旧小国，并倭国之地"，被引为文化形态转换的支配者交替，配当考古调查成果的明确文献说明。

后期古坟文化，非只以与前期异质为日本学术界注视，尤受瞩目的，在于文化内容的与中国大陆密接。而且，程序上早期必须通过朝鲜半岛的，至倭之五王时代，又以直接与中国南朝交通而由半岛、大陆双线移殖南北朝文化。此一特质，也以古坟文化前、后期的区分而为学术界所共通了解。马的文化输入，陪伴便是适应骑马战术的中国式铠甲（小型铁板所制而手臂可屈伸自如），以及自马上发射，深度刺贯为目的的细长铁镞等骑马战装备积极采用，武器、武具都因之改变。同时，铁的文化急速发达。弥生式文化时代已懂得砂铁制炼方法为无疑义，但铁制品出土稀少则属事实。铁器普及，必须至古坟后期，猜测便起因于国土统一同时期与朝鲜关系的密切，与朝鲜半岛铁的原料输入有关联（原料主要供应地即其占领下的任那，《三国志》魏志韩条弁辰项曾载："国出铁，韩、濊、倭皆从取之。诸市贾（买）皆用铁，如中国用钱，又以供给二郡"）。高度陶器制作技术所寄，硬质致密的所谓须惠器，也于其时初见生产，而以五世纪为划期，通行日本。以及模仿南北朝铜镜的仿制镜、金色的王侯贵族式服装、环头大刀、强烈受中国文化影响的高级精巧实用工艺品等副葬品，与人物、动物、器材、住屋、舟船各式各样种类的形象埴轮，都曾丰富出土，可供今日得知五世纪以来豪族层物质生活面一般，以及中央、地方豪族间如何流行高级的中国文化生活。

特堪注目，又在后期古坟葬法较之前期迥异。前期古坟封土类多庞大，遗骸仅纳入简单的棺内，而浮埋于封土上层的竖穴式，后期古坟封土转变稀薄，以巨石组成与生前住屋结构相似的墓室，从横侧掘穴埋葬，半岛—大陆的"横穴"式也已明显导入，而且所有年代属于后期的坟墓葬法，全已转换了横穴式石室。可了解五世纪开始，日本如何从墓制完成中国—高句丽—百济系统的连接。考古学术界另一重要发现，考定王的陵墓一律系以晋尺为计算标准：应神陵长度 430 公尺，恰合 1800 晋尺；仁德陵 480 公尺，合 2000 晋尺，履中陵 360 公尺，合 1500 晋尺（24 公分 = 1 晋尺），又足以证明后期古坟文化与中国间的紧密关系。

后期古坟文化之被证明为鲜明中国因素广泛导发的文化复合体，愈对大和朝廷征服王朝学说给予强力支持。便是说，先已在日本以外摄取中国文化与接受中国文化指导的征服集团，于四世纪后半进入日本，才有五世纪后期古坟文化的转换。从而也得以认定，并非天皇族或大王家单独的一支或其单独力量得以征服倭地，而系结合中国文化共同渊源的各个部落集团的共同移民行动。见诸《记》《纪》的记载，便转变为众多归化人的自应神时代起，源源自朝鲜半岛渡来日本。如此来自半岛多方面的庞大移民集团，以天皇族为结合主体，一波波随应神的征服事业来到日本，于是，一幅历史复原图可以想象——五胡乱华大混乱局面展开，汉族对朝鲜半岛的政治支配力削弱，半岛内外汉化通古斯系诸种族自立意志激发。

四世纪前半朝鲜半岛中国领土的乐浪、带方两郡倒塌，高句丽势力急速向半岛伸张，百济人南下半岛南部建国，新罗从蒙昧中跃进。此时，日本列岛的倭人间，也已以畿内大和为中心而进行统合。继之，半岛通古斯系一族，更可能便是与百济同系夫余族一分支，以天皇氏族为领导，依凭倭人从未经历的骑马威力与速度，自九州地域上陆，入大和，而于四世纪末或五世纪初确立畿内王权与国土统一，魏志倭人传中"无牛马"的倭地被征服。所以，大和国家成长，意义的表现为四世纪间东亚整体变化与半岛—列岛征服事业的一环节，当与高句丽、百济、新罗初无二致。也惟其如此而国土统一事业与朝鲜进出，乃为一体两面的同时期事，大和朝廷与百济悠久的亲密历史，也可能便以基于与百济王室同出夫余系统的亲缘关系。《日本书纪》六世纪中累自百济输入良马繁殖的记录，又是日本征服者"马"的渊源说明——此一理解的延伸，学者间又有猜测，指骑马民族天皇族自韩至倭的半岛根据地，便是日本方面所称的任那，韩国《三国史记》中的加耶或驾洛，中国记录《三国志》魏志的弁辰一部分与狗邪韩国，《宋书》中的任那·加罗。任那以"倭韩联合王国"姿态而存在的结局，便是自其中一地域狗邪韩国为跳板，而向日本进行征服战。然而，如上任那土地曾为骑马民族盘踞的主张，今日于考古学上却为毫无证据。

应神建国学说，其与北方民族间的关系，以及大和朝廷支配集团便是天皇族与追随天皇族渡航日本诸民族的联合，以天皇族与其追随者定着日本后，如何予支配秩序以组织化，而有大和朝廷统制机构的编定，愈能作有力的解明。

五世纪大和国家支配体制，今日了解，仍系与阶级社会相结合的氏族国家，为三世纪以来形态的延续。阶级分化以前的原始氏族社会，待至社会基础构造的氏族变质而阶级分化获得进展时，父家长制的族长出现为阶级支配者与代表者，也对氏族成员间原先的血缘关系，一变而为隶属民的政治支配，氏族血缘集团从性质上向地域集团推移。此种情况，倭地邪马台国时代便已存在，半岛三国的发展轨迹也相同，大和国家构造未能例外，王室或天皇族以诸豪族（渡来诸氏族）中最大豪族而成王室，大和国家也以王室得诸豪族内外力量的结合而成立。所以，诸豪族虽以王室为中核而形成对权威的从属，却与王或大王，或后来的天皇，共同具有世袭的特定机能，也与王对立而各各于自身统治地域铸定"国"的观念，保有其土地、人民的支配权，由朝廷赋予"国造""县主"称谓，分别承认其从来的地位而予统合。简言之，王与这些大小豪族，设立联合政权，才有大和朝廷的成立。其时，中央（畿内、大和）、地方诸豪族血缘集团结合形态为各个的"氏"，氏又依领地（地方）或职别（中央）而有姓，此一由诸氏共同构成倭地或日本全体支配阶级的形态，出现为古代日本有名的氏姓制度。诸"氏"，包含天皇族自身，各各所隶有的人民集团，系以"部"为支配方式，编入了部而受氏姓指导人支配者称"部民"，氏姓身份秩序便以此部民制为基盘。部民在付以种种部名之下经营村落生活，世袭从事特定工艺生产与技术职能，非专业技术者便是耕作的农民，其中的有力者又各自领有奴隶。

巨大古坟出土种类众多遗物所需的石工、铜工、锻冶、玉作、铠工、刀工等，便都分属古坟所有者豪族的手工业技术者诸"部"。古坟文化时代的社会形态，也便以各氏地位的固定化、秩序化而确立为氏姓—部民—奴隶间支配关系的阶级性氏姓社会。氏姓制度与部民制度，于其时是社会组织，也是职业组织与政治组织，三位一体的复合构筑。而此一人民支配体制"部"的名称，以及依此把握人民集团的方式，堪注意又都学自百济"部"的制度，也因此被今日日本学者举以为大和联合政权源自朝鲜半岛的另一证据。"倭之五王"时代，正即处于征服王朝论的新学说中，日本古代氏族国家、氏姓社会的隆盛期。

五世纪之半，生产关系与部民制度的发展，在日本系一划期时代，直接自大和朝廷散发的政治结集力强化并伸入各地方的契机初现，便是品部制度的发达与屯仓制度的成立。工艺技术者由特定氏族管理而赋以部名的集团，中央与诸氏姓并无不同，此由朝廷所设特技之部，名谓品部。五世纪以来，亦即著名的"倭之五王"时代，日本与朝鲜半岛抑且中国南朝交涉频繁，中国文化加速与加大移殖下，急剧刺激支配者物质生活的奢侈欲望，必要的服装、祭器、建筑、家具、用具等制作与其熟练技术，需要同形增大。原系朝鲜制度的品部，其时机能便膨胀性发达，锦部、鞍部、金作部、陶部、韩锻冶、铠作与其他武器制造者、吴羽部、秦部（养蚕、机织）、百济户（各种缝作）、貊户（各种皮革细工）、画部等品部技术，均随中国方面特定知识与技术的经由直接（南朝）、间接（半岛）双线途径，源源导入日本而成长。同时，新的土地经营形态，也以利用中国传来土木技术与新的农具、农法而成立，便是朝廷直接经营的屯仓。屯仓非设于中央而分散在地方豪族领内，现地任命管理。如上被新的日本史学者考定约在允恭或倭之五王济的时代前后所起大变化，对朝廷绝对有利。一方面，朝廷经济力、文化力飞跃向上；另一方面，直辖领屯仓累加增设，朝廷权力不断强化，国造、县主的地方君主性格相对渐渐减退，而向依于朝廷任命的地方官僚化方向转变，中央豪族同样追随潮流变质。到六世纪后半，屯仓制再迈出一大步而向农业"部"发展，田部成立，户籍与税制整备，合理化支配农民，朝廷的全国性统制力直线上升。七世纪大化改新，天皇制中央集权与转变归国家支配的公民制得以实现，基盘都建立于此。自五世纪中以来，如上以中国文化为原动力的基盘效率调整，氏姓社会各豪族的固有特权与其独立性得以被夺，朝廷对豪族与豪族所隶人民双方面的统制力得以加强，骑马民族征服论的学者认定，其原因又系直结天皇氏族（大王家），追随自半岛渡来而环绕其周围的中国系、朝鲜系诸集团，或者说，《记》《纪》中所谓归化人或渡来人活跃的结果。大和朝廷对来自半岛众多归化人优遇重用，以及组织化的归化人垄断品部指导与管理，而政治上、文化上都呈现为朝廷实力豪族大事活跃，可证明他们追随天皇族日本占领支配的具体事实，虽然归化人与天皇族无血统关系。

　　七世纪日本天皇制成立的背景在于中国文化摄取，为世所周知。五世纪日本以品部制、屯仓制而大和朝廷政治的、经济的力量蓄积，有力因素也系支配者积极输入中国文化，以及受入中国文化又以半岛系、汉系归化人源源渡来日本为主要凭借的基础了解，即使对骑马民族征服论不表赞同者也承认。对此等归化人定着日本后活跃的一般研究，于战前反动的军国主义压制下固曾被抹杀，但战后以至今日，应神时代以来归化人如何对日本古代国家以及对日本的迈向律令国家具有关键性推动力量，则已为研究者所共同接受。也必须具备此项理解，才得与七世纪日本史的解明相连接。

归化人或渡来人在于氏姓社会的古代日本地位，不难从九世纪初平安时代官方所编定日本最古姓氏系谱《新撰姓氏录》得知。九世纪时日本已自氏族国家·氏姓社会昂然登入律令国家的阶段。当中央集权制确立前大和朝廷以氏姓制度维护政治秩序的时代，氏姓惟支配阶级专有，所以，为防止氏姓混乱或冒滥，处罚至为严厉，但至国家组织再编成时，冒滥风气顿形流行，因此乃实行氏姓统制而有嵯峨天皇弘仁六年（纪元815年）阐明氏姓基准的《新撰姓氏录》完成。《新撰姓氏录》系模仿中国唐朝太宗时代的《氏族志》与高宗显庆四年（纪元659年）所颁《姓氏录》的一代巨构，予住居京城（左京、右京）、五畿（山城、大和、摄津、河内、和泉）的氏族以皇别、种别、蕃别与未定杂姓等四大类别区分，收录共一一八二个姓氏（现存本仅余一一七七之数）。内中除一一七姓氏为家系难以考定的杂姓以外，"皇别"指神代以来出自皇室的分支，三三五姓氏；"神别"则神代诸神，亦即高天原诸神的子孙，四〇四姓氏；"蕃别"便是朝鲜与经由朝鲜的中国系渡来归化氏族后裔，三二六姓氏。归化人再依原来国籍区分时，堪注意最占多数又是汉裔的一六三姓氏，依次百济一〇四姓氏，高句丽四〇姓氏，新罗一〇姓氏，任那九姓氏。汉裔姓氏又依归化年代与始祖附会中国历朝皇室的不同，而归纳之为九个集团，各各依地名或职名而赋有日本姓氏如下：

| 被称为秦始皇后裔的"秦氏" | 太秦公、秦长藏、秦、山城秦、大和秦、摄津秦、河内秦、和泉秦、长冈、山村、樱田、高尾、秦冠、已智、三林等十五姓 |
| --- | --- |
| 被称为汉高祖后裔的"河内文氏"（西文氏） | 文、武生、马、栗栖、古志等五姓 |
| 被称为后汉灵帝后裔的"东汉氏"（倭汉氏） | 坂上、木津、当宗、丹波、桧原、内藏、山口、平田、佐太、谷、亩火、樱井、路、文、掠人、石占、桧前、藏人、苇屋、汉人、池边、栗栖、志贺、火抚、广原等二十八姓 |
| 其他汉帝之后 | 桑原、下、桧前、若江、田边、谷、丰冈、八户、高安、高道、春井、河内、武丘等 |
| 汉朝之后 | 大原、吉水、真神、台、交野、伯涞等 |
| 周王之后 | 山田、志贺闲、长野、河内山田、志我闲、三宅、大里等 |
| 魏帝之后 | 大岗、幡文、筑紫、广阶、平松、高向、云梯、郡民、使、竺上、河原、野上、河原藏人、河内画师等 |
| 吴国之后 | 牟佐、和药师、松野、工、祝部、额田、刑部、茨田、蜂田等 |
| 其他汉人 | 伊吉、常世、山代、杨侯、阳胡、净村、清宗、清海、嵩山、荣山、长冈、清川、新长、大石、高村、台、锦织、八清水、杨津、净山、大山、锦部、朝妻、史、户、温义、高丘、凡中人家等 |

《新撰姓氏录》系天皇权威已形成，以及归化人所染强烈色彩与其浩大势力趋向平淡的时代完成。统计其姓氏，尚占全体约百分之三十，汉裔又再于其中独占半数，则氏姓社会时代，汉裔抑或广泛所谓归化人或渡来人身份的豪族，于国土统一运动中立于支配阶级的比重，殊为明显。这个比例与战后所调查，现在的日本人中五分之一系中国人后裔，颇为接近。

但堪注意，后一统计对象，因古代归化人久已化为日本人而其后裔意味全不存在，所指都系后代陆续渡日的中国人后裔。这些中国人于明治以前固已改日本国籍，但仍保留他们传统的汉姓，尤其秦、林、刘、吴诸姓。须明治以来，才多在政府强制命令下改换日本姓如现状，以"秦"为例，已改姓"羽田""波多"等是。

五至六世纪归化人渡来日本壮大广阔浪潮突然形成，除了骑马民族征服论的解说之外，别无比较令人满意的原因说明可以提出。立于中国人立场阐述日本历史，尤须注意的，《记》《纪》累有记录的汉裔"来朝"重大历史事态，中国自身却缺少此等报导，而无从自中国史料了解古代汉族移住日本的情形。其缘由，可能中国人渡航日本，其时以通过朝鲜半岛为桥梁，所以，中国史料只见汉族前往半岛，如魏志韩传："桓灵之末，韩濊强盛，郡县不能制，民多流入韩国"，以及更早时代散见的人民流亡朝鲜记录，却不明了其中一部分人其后又转移去了日本。这些日本历史上的汉人集体渡来，其最大规模两次波涛为值得重视，便是"秦氏"与"东汉氏"（倭汉）。

《记》《纪》应神卷与其他书物的记述，谓秦始皇十三世孙的秦氏之祖弓月君（一称融通王），以人夫百二十县于应神十四年（癸卯）来；后汉灵帝三世孙的东汉氏之祖阿知使主（一称阿知王）与其子都加使主，以党类十七县于应神二十年（己酉）来。这两个年代，旧时分别比之纪元二八三年与二八九年，已知为不可信，今日考证《三国史记》百济纪干支推定的实际年代（依《日本书纪》干支还历旧说加两个甲子一百二十年），各各应系五世纪初的纪元四〇三年与四〇九年。秦氏系统乃汉裔归化人中人数最多的事例，移住集团以山城（京都）、近江（滋贺）为中心而四方分散。《日本书纪》雄略纪、钦明纪指明雄略时代（五世纪后半）的秦氏，在京畿人口中占有九十二部、一万八千六百七十人，约一个世纪后的六世纪后半钦明时代，秦人户数又至七千零五十三户。秦氏于其时，地方有力豪族的性格特强，一直到平安时代，都是日本产业中心势力，以及经济、文化发展的领导人，政治上也以皇室财政受其支持而发言具重大分量。东汉氏以在支配层豪族中势力与秦氏同等雄厚著名，移民集团通过百济渡来日本后，定着大和（奈良），支配面亘于文史、外交、财政等多方面。应神纪的说明，此一系统归化十多年后，又曾奉派赴吴（中国江南地方）征求女工、汉织、吴织来日，可知又与纺织事业相关联。特堪注意，系东汉氏军事面的活跃，非只支配鞍部、锻冶部等武装制作集团，也世代系军事力的实际统率者与控制者。以后平安京桓武天皇时代虾夷征伐（八世纪末）赫赫有名的统帅坂上田村麻吕，仍便是东汉氏系汉人后裔。

较秦氏、东汉氏的渡来更具名望，但规模较次的另一汉裔归化集团，系附着了汉字与学问开始传来日本传说的王仁系统西文氏。《古事记》中卷记其事："亦百济国主照（肖）古王，以牡马一匹，牝马一匹，付阿知吉师以贡上（此阿知吉师者，阿直史等之祖），亦贡上横刀及大镜。又科赐百济国，若有贤人者贡上。故受命以贡上人，名和迩吉师，即《论语》十卷，《千字文》一卷，并十一卷，付是人即贡进（此和迩吉师，文首等祖）。"至《日本书纪》所载，则谓百济学者阿直岐来朝，为其时太子菟道稚郎子讲学问，应太子要求，于次年二月，聘王仁来朝，才为王仁正名。遣使至百济聘请的年代，则谓应神十五年甲辰，而于次年抵达日本，时间介乎弓月君与阿知使主之间，抵达的实际年代依《三国史记》百济纪推定，以纪元四〇四年为妥当。王仁自称汉高祖刘邦后裔，至百济后始易姓，实在的背景，已自今日考证得知，王氏原系乐浪郡大族，相信且与山东琅邪王氏有关，《三国史记》曾有纪元三一三年乐浪郡灭后王氏亡命百济的记录。迨王氏一族转移日本，便以河内（大阪）为定着地，以"文"氏闻名，与系出东汉氏的另一文氏系统相对，于文笔职分中平分势力。所以有东（大和）、西（河内）文氏的对称，王仁后裔也因之而称西文氏或河内文氏。稍后归化的王辰尔一族船氏，住居地也同以河内为本据，此造船技术系归化汉裔的与水军有关，更容易明了。

自六世纪半任那灭亡以至七世纪半新罗统一的约一个世纪间，朝鲜半岛情势完全变易，历史性经由半岛的日本移民浪潮终于平息。相对方面，日本国内以纪元四〇〇年左右以来两个多世纪间渡来归化人的协力，而从氏族国家渐次完成中央集权，大和时代转换奈良时代，豪族联合势力性格的氏姓制度也以大化改新解放部民，氏姓社会因之解体，变貌为官僚。豪族实力者的归化人自身，则过程中已随波逐流，向日本土著意识转换，"归化人"特色以立场的丧失，终由暗淡而渐渐消灭。经奈良时代到平安时代，《新撰姓氏录》的撰定，便立于此背景。日本的国外交通以直接与唐朝绚烂文化接触，摄受中国文化也已另行进入了新的境界，归化人直接都已是"日本人"。

约略以四至五世纪之交为开端的渡来归化人，对大和国家建设的不朽事业，较之物质文化更堪重视的，在于汉字使用技术与历术的干支纪年法导入。弥生式文化以受中国文化流入而启发，尚无缘接触精神面。所以，弥生式中期坟墓中，尽管有一世纪初王莽新朝铸造的货币"泉货"出土，被认定为迄于今日，日本所发现文明基石的文字遗品最古实物，以及后汉光武帝中元二年（纪元57年）所颁赐"汉委奴国王"金印的于江户时代天明四年（纪元1784年）在九州筑前国（今福冈县）近博多湾突端志贺岛发现，但堪了解，当时虽已有汉字渡来的事实，日本人间，对文字意义却全不认识。必须氏姓社会时代，陪伴生产用具、奢侈性工艺品等物质文化向上，有记录的必要时，才通过归化人之手，使从来没有文字的日本，开始传入汉字、汉文应用。

今日日本发现缀成文章的最早年代汉字遗品，乃记有二世纪末后汉灵帝中平年号的刀铭，铭文是："中平□年，五月丙午，造作支刀，百炼清刚，上应星宿，下辟不祥。"此刀自天理市东大寺的前期古坟发掘调查时发现，五口青铜制镮头大刀之一，铁质刀身长一〇三公分，刀背具此金象嵌铭文。而古坟的年代考定乃属四世纪，可了解大刀系中国传入的舶来品，被制成后两个世纪的古坟主人引为宝器而予副葬，仍非日本现地制作的文字。

另一有名铭文，系现存石上神宫（奈良县天理市）的七枝刀。刀长七五公分，铁制，刀身向左右参差各分三支刃，表里各具金象嵌铭文：（表）"泰和四年六月十一日丙午正，阳□造百炼七支刀，以辟百兵，宜供侯王，□□□作"；（里）"先世以来未有比刀，百濊（济）王世子奇生圣音，故为倭王旨造，传示后世"。日本学术界考证泰和即东晋废帝太和年号，而推定其四年即纪元三六九年，且依此实物指认日本与百济国外交关系开始的指标。但"泰和"即"太和"的考定似非恰当，以百济首次出使朝贡东晋须至纪元三七二年，不可能前此便了解东晋情况，并已奉正朔。不论如何，七枝刀乃百济制赠，刀铭文字亦非日本作品可知。

考古学上确认日本现地文笔的著名两金石文——

其一，九州熊本县玉名郡船山古坟出土的大刀刀背铭文："治天下猨（蝮的异字）□□□齿大王，奉事典曹人名旡利弓，八月中，用大锜釜并四尺廷刀，八十炼六十捃三寸上好□刀。服此刀者长寿，子孙注注得三恩也，不失其所统。作刀者名伊太□，书者张安也。"

其二，和歌山县隅田八幡宫所藏，以三至四世纪左右中国画象镜为范式而日本自行模仿制作的较小型"人物画象镜"，其铭文："癸未年八月十日，大王年（与？）男弟王在意柴沙加宫时，斯麻念长奉寿，遣开中费直秽人今州利二人等，所取白上同（铜）二百旱，作此竟（镜）。"

前者缺字，补足时大王全名乃"蝮宫弥瑞齿大王"已系定说，亦即《记》《纪》中反正天皇的和风谥号。如果反正又确与《宋书》倭之五王中第二位珍相当，治世当在四三〇年代，而大刀出土古坟年代推定却属五世纪后半。后者"意柴沙加宫"，乃是汉字"忍坂宫"的日本语音读，也无异义。但癸未年干支还历则有二说，一为允恭的纪元四四三年，男弟王系其异母弟大草香皇子；一为仁贤的纪元五〇三年，男弟王则《日本书纪》中的"男大迹王"与继位的继体天皇，所以铭文年代尚残留未解决的问题。然而，便以如上两铭文的遗留，已供今日了解五世纪时日本如何使用汉字的实态，也从而证实了大和时代日本政治支配的两项了解，便是：

其一，刀、镜铭文要旨，都以表明其为大王颁赐物，而从船山古坟刀铭大王如同中国"带砺山河"意义的誓语，可明了被葬豪族自立性之强。关于铜镜，学者间重视各地古坟发掘出土多属模仿中国舶来品的日本制同范镜（相同铸型的镜）事态。镜的同范，显然表示系朝廷统一制作后所分配，对大和朝廷与地方国家间联系系依于大王与豪族间的相结，透过诸豪族相对的自立性，才构成大和国家整体的政治关系，也愈可获得正确印象。但相对方面，统一分赐与统一副葬，亦正是地方豪族向大王表示服从，大王与大和朝廷对于地方，势力渐渐扩大的征象。

其二，七枝刀铭尚称"倭王"，固因系赐与场合，但此时代倭王自我优越感尚未形成亦为可知。而至船山古坟刀铭，则反正已自称治天下的"大王"，"大王"称号自此初见。日本或倭地最高支配者意识确立，对于日本氏姓社会身份制发展，此乃一划期。

对于汉字文化源源流入时日本的汉字理解力与使用力，如上刀、镜金石文资料本体，也提供了不寻常的说明。便是汉字训读化发生，采用汉字借训法，一字一音，以表达专有名词的日本语发音，以及五世纪氏姓社会中，日本文字使用者系属归化汉裔专利，大刀铭文固已明记"书者张安"，人物画象镜铭文中的"费直"被考定仍系汉裔。以汉字发音而记录日本语地名、人名、职名等，早在三世纪编纂的《三国志》魏志倭人传中已开其例，如卑弥呼（人名）、邪马台（地名）、卑奴母离（职名）。氏姓社会中的汉裔归化人，便循此方向加大利用时，乃于纯粹汉文方式的正式记录中，混入了众多日本语，如前列金石文所显示。惟其如此，当五至六世纪，日本当地土著，甚或一般非归化系的支配阶级，尚无理解与表达汉字、汉文能力，立于全不知晓中国知识学问与宗教的阶段。因此形成中央政府或大和朝廷有关文字使用场合，无不统归归化系氏姓职掌的现象，政治文书记录、财物出约、租税征收与其他文笔之职，由东、西两文氏与史的姓属独占，今日已为日本学术界所共同了解。日本历史界又自《宋书》发现一项中国史学界向未注意的事例，便是倭王赞两度派遣至宋朝的使者都是司马曹达，由其人姓名得知便是汉裔。也从而明了，归化汉裔在倭之五王时代活跃面的如何广泛及于内政、外交。

氏姓社会末期的六世纪，于日本文化史又是个关键性时代。儒学经典与其解读学者的五经博士，追随汉字、汉文于日本成立的趋向，此时期累累通过百济介绍抑或日本要求，而自百济渡来大和朝廷。同时，天文历法、阴阳五行思想、医学、药物，甚或有关龟卜等多方面中国知识与其书籍受入，都是日本史划期大事。佛教与佛像、佛典自百济传入日本，也在文献上被记录为纪元五五二年，建筑、塑雕、壁画等一系列艺术要素，陪伴僧侣与造寺工、绘师等渡来而发展。所以，此时期起，才意味中国文化的高度精神领域移殖日本成功，存在其可能性。也因此开启古代日本人精神文明之门，而于学问、思想方面深植受惠。历史上的日本与日本人，以中国意识为准则而牢固立于中国文明圈，奠基完成，便于其时。

日本儒学与学问开始时所附着王仁携来《论语》与《千字文》的传说，其涉及的《千字文》，今日认定年代过早。依现有资料，须《正仓院文书》中所发现，记有天平胜宝二年（纪元750年）三月三日日期的《造东大寺司牒案》文书纸背所书《千字文》部分字迹，以及记有天平十五年（纪元743年）年代的《写疏所充纸张案》里页自"天地玄黄"开始的《千字文》起头三行文句，始能估定。便是说，《千字文》至此时才有迹象成为研读汉文所必修，以及具备了教科书的性质。也惟其如此，以《千字文》为工具而日本普遍性文字文化的开始，须迟至以八世纪为准，始较妥当。

与文字存在联带关系，由汉族与中国传入的字汇发音，今日日本语言学界研究报告，也便以氏姓社会的大和时代所受入为基盘。这些于今日日本语、文中占有绝大比重的汉系发音，大体可区分吴音、汉音、唐音三类，其中以吴音受入时间最早。而所谓吴音，便是五至六世纪中国南北朝时代的南方"吴"地之音。日本汉字推广始自其时，其时吴音也自与日本关系密切的南朝领先输入，而在日本语文领域扎下深厚根底。其后奈良时代，再由日本留学生与中国方面渡来的音博士，传入唐朝首都长安一带发音的所谓汉音，汉音至平安时代初期且被定为汉字标准读音，铸定与早期所定着吴音同成主流的态势。却也因而形成同字异音复杂现象，如"京"（东京〔きょう〕、京〔けい〕都）、"行"（行〔ぎょう〕列、行〔てう〕る）、"明"（明〔みょう〕年、明〔めい〕治），前一发音均吴音，后一发音则汉音。其后汉音虽以时间推移而发生相当变化，但居至今日，仍与早期定着的吴音同成主流。继汉音渡来，镰仓时代以后，乃再有宋、元传来的唐音参加，而构成日本受自中国的字汇发音整体。迄于今日，日本语中所含汉语成分的比率，据统计，仍在百分之四十以上，所以汉语有"第二日本语"的形容。

自六世纪以后约一个世纪，中国思想终于在日本文化中产生具体成果，日本土著间汉文学习进度快速成长，上层阶级儒学教养已成为必备。摄政圣德太子于推古十二年（纪元604年）颁布有名的御制《十七条宪法》，便是堂堂本格化汉文。换言之，亦即本格化汉文已能出自非归化系日本人之手的证据。

纪元六〇〇年（隋开皇二十年，推古八年）起遣隋使开始派出，南北朝以来中断约一个世纪的中日交通重开，通过朝鲜半岛受容中国文化的形势转变自中国大规模直输入，中国书籍大量携抵，归化氏系独占文笔的局面，乃随"归化"意义渐渐泯灭而打破。同时，与纯粹汉文并行，从以汉字一字一音表现日本语专门名词的方向发展，作相当程度的切离汉文文法结构，改以日本式文法配列的方式也开始出现，此从年代属于七世纪的颇多金石文（尤其佛教造像记）可得知。这个时期，日本史上也已自孝德天皇大化元年（纪元645年）大化改新为界限，而开始采用中国式年号。

改革文笔表现方式的努力，至八世纪初《古事记》（元明天皇和铜五年，中国唐玄宗即位之年，纪元712年完成）而集大成。其序文首记："然上古之时，言意并朴，敷文构句，于字即难。已因训述者，词不逮心；全以音连者，事趣更长。是以今或一句之中，交用音训，或一事之内，全以训录。"所以内文全如"久罗下那洲多陀用弊流之时，如苇牙因萌腾之物而成神名……"之例，此"久罗下那洲多陀用弊流"为表音，"时""苇牙""萌腾""物"等则系表意的用法。至于迟于《古事记》编纂的《日本书纪》（元正天皇养老四年，中国唐玄宗开元八年，纪元720年完成）则仍然以纯粹汉文方式记述。

如上过程中，日本政治史的划期性大事，乃是"天皇"与"日本"的两个名词先后成立——

圣德太子摄政时代的推古（传说中被列为第卅三代天皇）

十五年（纪元607年）法隆寺金堂药师如来像背光铭文："池边大宫治天下天皇，大御身劳赐时，岁次丙午年，召于大王天皇与太子，而誓愿赐，我大御病太平欲坐故，将造寺药师像，作仕奉诏……"此天皇即圣德太子之父用明，历崇峻以至推古期圣德太子时代，考古学金石文乃初见"天皇"之名。背光铭"大王天皇"并列，明显残存转移痕迹，而堪认定系"天皇"名词的起源。五世纪半以来使用约一个半世纪的"大王"尊称，自此随早期的"王"，同被扬弃。

"天皇"名词出现时，宫中已开始崇拜日神，神统也渐建立。"天皇"起源，可能直接便是已具"太阳子孙"自觉后的结果。惟其如此，陪伴天皇思想成立，又有自炫"日出之国"的"日本"此一名词产生，如大化元年（纪元645年）"明神御宇日本天皇"的铭文。然而，迄于八世纪初，"倭"的国名仍与日本之名并行，倭国或"大倭国"且仍是正式国名，外交文书仍记"倭王"或"倭国王"。《古事记》已予编定大化改新以前的皇室系统与追尊历代天皇名号，也全书未见日本其名。须纪元七一八年《养老令》，才正式改正国号，规定对国内称"大八州"，对国外则国号"日本"。所以，《养老令》发布后制定的《日本书纪》，便以《古事记》中所见"倭"的字样，一律更正为"日本"，如中国史书所指出："倭国自恶其名不雅，改为日本。"可了解"日本"的名词虽系追随大和时代结束前夕"天皇"名词起源而来，确定为国号制度，则须至以大化改新为标志的奈良时代来临。

国名交替，全国总称与全体性国号改为日本的同时，"倭"或"大倭"，被专指行政区域的奈良县地方。纪元七三七年，奈良一带地方名词，又再被正名"大和"，而今日习知的"大和"

名词初见。大化改新以前的日本，包含倭之五王时代，于今日日本史上，因之也便称为"大和时代"。

如上的一系列名词与意识转移，都反映为七世纪以来日本人如何对中国思想组织化理解的具体成果。"大王"已系摄取半岛文化所采行氏族制·部民制国家制度外形与内容变貌的起步，"天皇"名词成立，尤系中国式中央集权思想成熟期的更高境界表现。"倭"的名称起源可能由古代日本人自称"ゎ"而来，汉字书写便成为"倭"。由一世纪《汉书》的"倭人"而三世纪《三国志》魏志的"倭国"，再至民族自觉激发阶段改为"日本"与"大和"，中国精神文明的辛勤指导，此时期可谓已在日本开花结果。大化改新开始组织律令机构，待大宝律令（文武天皇大宝元年，纪元701年）、养老律令（元正天皇养老二年，纪元718年）相续发布，日本律令制度、律令国家组织终于名副其实。此过程中所继受自都已是中国最伟大朝代之一的唐朝律令精神与其实质，也以历史上日本直接交通中国最大洪流展开，得其源源归国的留华学生、留华僧人指导之惠而得国家组织再编成。其受入中国文化的规模、形态与方式，自亦较之六世纪以前归化人时代迥异。然而，大化改新的传说中第卅六代孝德天皇上溯，间隔皇极、舒明而于推古时代，掀起遣隋、遣唐使浪潮与开创日本国家新机运契机的圣德太子事业基石，却便是归化人时代所受中国南北朝学术的深厚造诣。

《记》《纪》正确可信赖的史实记录，今日被认仅《日本书纪》的天武、持统天皇诸卷，其余如非以天皇祖先诸神的神话编制，便是臆测追记历代天皇系谱、时代以及所谓事迹，因加工而史实变形的记述甚多。尽管《记》《纪》编集可相信已系日本人自身，其记述也以汉字、汉文使用的熟练为前提，但天皇权威合理化而有神代传说的系统组织，所受同系中国思想与先进的同一类型中国著作深刻影响。抑且，《记》《纪》固足视为日本人精神自立指标，内容素材却多依据六世纪以来的《帝纪》《旧辞》润饰而成，相反，即使叙述四至五世纪以前的社会、政治构造，也仍是六世纪以后体制的反映。便是说，《帝纪》《旧辞》诸文献原系氏姓社会产物，却再添加其后时代各阶段要素成了重合作品。而六世纪氏姓社会时代，则日本土著尚不可能使用文字为所周知，所以《帝纪》《旧辞》的出诸汉系归化人手笔为可了解。从此一意义而言，则《记》《纪》成立，实质仍系大和时代归化人余绪。

因之，七至八世纪日本新生命的开创与活跃，必须以五至六世纪"归化人"渡航日本为条件。归化人挟带中国南北朝文化而至日本，相对方面，日本又以最大容受量摄取中国文化，才有再接续奈良时代的平安时代，所谓"自主文化"或"和样文化"的出现。

# 主要参考书

平凡社《世界考古学大系》7.东亚Ⅲ,昭和四一年。
角川书店《世界美术全集》14.六朝,昭和三八年。
平凡社《世界历史大系》4.东洋中世史,第一篇,昭和九年。
诚文堂新光社《世界史大系》3.东亚Ⅰ,昭和三九年。
平凡社《思想史》4.佛教东渐和道教,昭和四〇年。
每日新闻社《世界史》〔东洋〕,昭和二九年。
读卖新闻社《日本史》1.日本的诞生,昭和四三年。
岩波书店《日本历史》1.原始及古代1.、2.古代2,1967年。
和田清《中国史概说》(上卷)(岩波全书),1966年。